David Fromkin

Europas letzter Sommer

David Fromkin

Europas letzter Sommer

Die scheinbar friedlichen Wochen
vor dem Ersten Weltkrieg

Aus dem Amerikanischen von
Hans Freundl und Norbert Juraschitz

Karl Blessing Verlag

Titel der Originalausgabe: Europe's Last Summer
Who Started the Great War in 1914?
Originalverlag: Alfred A. Knopf, New York

Der Karl Blessing Verlag ist ein Unternehmen
der Verlagsgruppe Random House GmbH

1. Auflage
Copyright © der deutschsprachigen Ausgabe by
Karl Blessing Verlag GmbH München 2005
Copyright © by David Fromkin
Umschlaggestaltung: Hauptmann und Kampa, München–Zürich
Satz: Uhl + Massopust, Aalen
Druck und Bindung: GGP Media GmbH, Pößneck
Printed in Germany
ISBN 3-89667-183-9
www.blessing-verlag.de

Für Alain Silvera

Der plötzliche Übergang von einem
scheinbar tiefen Frieden zu einem heftigen
allgemeinen Krieg innerhalb weniger Wochen
des Hochsommers 1914 trotzt immer noch
Erklärungsversuchen.

John Keegan, *Der Erste Weltkrieg.*
Eine europäische Tragödie

Inhalt

11

Prolog

Aus heiterem Himmel

Es war kurz nach 23.00 Uhr am Sonntag, dem 29. Dezember 1997. Eine Boeing 747 von United Airlines mit der Flugnummer 826, die 374 Passagiere und 19 Crewmitglieder an Bord hatte, war seit zwei Stunden über dem Pazifik unterwegs auf ihrem Flug von Tokio nach Honolulu.[1] Das Flugzeug hatte seine vorgesehene Höhe zwischen 31 000 und 33 000 Fuß erreicht. Die Ausgabe der Mahlzeiten stand kurz vor dem Abschluss. Bislang war es ein völlig normaler, ereignisloser Flug gewesen.

Aber dann änderte sich alles schlagartig. Ohne Vorwarnung wurde das Flugzeug von irgendetwas getroffen, von einer unsichtbaren Kraft. Der Jumbojet bäumte sich ruckartig auf und schoss dann mit der Nase voraus nach unten. Kreischende Passagiere wurden in der Kabine umhergeschleudert, knallten an die Decke oder gegen Servierwagen. Eine 32-jährige Japanerin wurde getötet, 102 Personen erlitten Verletzungen. Nachdem der Kapitän und seine Crew den Jumbo wieder unter Kontrolle gebracht hatten, steuerten sie Flug Nr. 826 zurück zu dem japanischen Flughafen, auf dem sie ein paar Stunden zuvor gestartet waren.

Dieser Vorfall war vor allem deswegen so beunruhigend, weil er völlig rätselhaft schien. Bis zu diesem Einschlag oder Aufprall war der Flug völlig normal verlaufen. Nichts hatte darauf hingedeutet, dass etwas passieren könnte. Es hatte keine Warnzeichen gegeben, auch keine Blitze am Himmel. Man hatte es nicht kommen sehen können, was immer »es« auch gewesen sein mochte. Die Passagiere hatten keine Ahnung, wovon das Flugzeug getroffen worden war, und die Fluggesellschaft konnte der Öffentlichkeit nicht glaubhaft versichern, dass etwas Derartiges nicht irgendwann wieder geschehen könne.

Nach Ansicht von Fachleuten, die von den Medien befragt wurden, war Flug Nr. 826 Opfer einer so genannten »Clear Air Turbulence« geworden, einer Turbulenz bei klarem Wetter. Die Experten verglichen diese Erscheinung mit einem horizontalen Tornado, den man jedoch nicht sehen könne. Was ruhig und ausgeglichen erscheint, so lernte die Öffentlichkeit durch diesen Vorfall, kann sehr wohl trügerisch sein; ein friedlicher Himmel kann genauso schnell in Aufruhr geraten wie ein stiller Ozean.

Etwas Ähnliches wie diese Attacke durch plötzliche Luftturbulenzen ist nach Auffassung mancher Historiker im Jahr 1914 über die europäische Zivilisation hereingebrochen, die sich im Übergang vom 19. ins 20. Jahrhundert befand. Die Jahre zwischen 1890 und 1910 waren, ähnlich wie heute, eine Zeit internationaler Kongresse und Abrüstungskonferenzen gewesen, in der Weltwirtschaft hatten Globalisierungstendenzen zunehmend an Bedeutung gewonnen, und man hatte sich bemüht, eine Art von Völkerbund zu schaffen, um Kriege künftig zu verhindern. Die Menschen erwarteten immer währenden Frieden und dauerhaften Wohlstand.

Stattdessen wurde die europäische Welt urplötzlich aus den Fugen gerissen, brach in sich zusammen und versank für Jahrzehnte in Tyrannei, Krieg und Massenmord. Welcher zerstörerische Tornado war über das zivilisierte alte Europa hinweggefegt und über die Welt, die es beherrschte? Im Rückblick erscheint uns dies weniger rätselhaft, als es den Menschen der damaligen Zeit vorgekommen sein muss. Die Jahre 1913 und 1914 waren

14

geprägt durch vielfältige Probleme und Gefahren. In den ersten beiden Jahrzehnten des 20. Jahrhunderts fehlte es durchaus nicht an Warnzeichen, dass eine Katastrophe heraufzog; sie sind für uns heute deutlich sichtbar, aber auch die politischen und militärischen Führer jener Zeit hätten sie erkennen können.

Der Himmel, aus dem Europa damals abstürzte, war kein leerer Raum; er wurde im Gegenteil bestimmt durch vielfältige Prozesse und einflussreiche Mächte. Die Kräfte, die Europa verwüsten sollten – vor allem Nationalismus, Sozialismus und Imperialismus –, sammelten sich seit geraumer Zeit. Die europäische Welt wurde bereits von stürmischen Winden zerzaust. Sie bewegte sich seit langem in einem gefährlichen Umfeld. Der Kapitän und seine Mannschaft waren darüber im Bilde. Aber die völlig überraschten Passagiere fragten immer wieder: Warum hat es denn keine Warnsignale gegeben?

Die Frage nach den Gründen

Im Sommer 1914 brach in Europa ein Krieg aus, in den bald auch Afrika, der Mittlere Osten, der Pazifik und Amerika hineingezogen wurden. Dieser Konflikt, der etwas ungenau als Erster Weltkrieg bezeichnet wird, entwickelte sich zum ersten totalen Krieg der Menschheitsgeschichte. Er wurde daher zu Recht später als der »Große Krieg« bezeichnet.

Nahezu alle Länder der Erde fanden sich schließlich in einem der beiden weltumspannenden Bündnissysteme wieder. Das eine Bündnis, das von Großbritannien*, Frankreich und Russland angeführt wurde, nannte sich Triple-Entente**, das andere, unter Führung des Deutschen Reiches und Österreich-Ungarns,

---

* Seit 1801 lautete der offizielle Staatsname von Großbritannien »Vereinigtes Königreich von Großbritannien und Irland«, abgekürzt »Vereinigtes Königreich«.
** Diese Länder wurden im Krieg als »Alliierte« bezeichnet.

wurde zunächst unter der Bezeichnung Dreibund* bekannt. Insgesamt brachten die beiden Kriegsallianzen 65 Millionen Soldaten auf die Beine.[2] In Deutschland und Frankreich, die nahezu ihre gesamte männliche Bevölkerung aufboten, wurden 80 Prozent aller Männer zwischen 15 und 49 Jahren eingezogen.[3] In den nachfolgenden Gemetzeln wurde ein großer Teil von ihnen abgeschlachtet.

Mehr als 20 Millionen Soldaten und Zivilisten fanden im Großen Krieg den Tod,[4] weitere 21 Millionen wurden verwundet.[5] Viele weitere Millionen Menschen erlagen den Krankheiten, die der Krieg mit sich brachte: Mehr als 20 Millionen starben allein während der Grippe-Epidemie in den Jahren 1918/19.[6]

Doch diese Zahlen, so beeindruckend sie auch erscheinen mögen, können nur unzureichend erklären, welche Bedeutung dieser Krieg für die Welt von 1914 besaß. Die Folgen der Veränderungen, die durch diese Krise der europäischen Zivilisation ausgelöst wurden, sind äußerst vielschichtig und wurden aufgrund ihrer Tiefe und ihrer Reichweite zu einem Wendepunkt der modernen Geschichte. Dies wäre selbst dann nicht zu bestreiten, wenn der Krieg, wie manche Historiker meinen, lediglich die Umwälzungen beschleunigte, die er nach sich zog.

Am 8. August 1914, nur vier Tage nach dem Kriegseintritt Großbritanniens, bezeichnete der Londoner *Economist* diesen Krieg als »die wahrscheinlich größte Tragödie der Menschheitsgeschichte«.[7] Diese Einschätzung ist auch heute noch nicht überholt. Im Jahr 1979 beschrieb der angesehene amerikanische Diplomat und Historiker George Kennan, wie er dazu kam, »den Ersten Weltkrieg so zu betrachten, wie ihn viele denkende Menschen zu sehen gelernt haben: als *die* Ur-Katastrophe dieses Jahrhunderts«.[8]

Der Historiker Fritz Stern, einer der besten Kenner der jün-

---

* Italien war in Friedenszeiten das dritte Mitglied des Bundes. Im Krieg nannte man diese Staaten »Mittelmächte«.

geren deutschen Geschichte, sprach von »der ersten Katastrophe des 20. Jahrhunderts, dem Großen Krieg, aus der sich alle folgenden Katastrophen ergaben«.[9]

Die militärischen, politischen, wirtschaftlichen und sozialen Erschütterungen veränderten die politische Landkarte der Welt nachhaltig. Große Reiche und Dynastien wurden hinweggefegt. Neue Staaten nahmen ihren Platz ein. Der Zerfall der politischen Strukturen des Globus setzte sich im weiteren Verlauf des 20. Jahrhunderts fort. Heute gibt es auf der Welt ungefähr viermal so viele unabhängige Staaten wie 1914, als die Europäer in den Krieg zogen. Viele dieser neuen Staatsgebilde – wie etwa Jordanien, der Irak und Saudi-Arabien – hatten vorher in dieser Form noch nicht existiert.

Der Erste Weltkrieg brachte furchtbare Kräfte hervor, die für den Rest des Jahrhunderts die Welt heimsuchen sollten. Um Russland aus der gegnerischen Front herauszubrechen, unterstützte die deutsche Regierung Lenin und die Bolschewiki und sorgte sogar dafür, dass Lenin 1917 nach Russland zurückkehren konnte – was Winston Churchill damit verglich, »als würde jemand ein Fläschchen mit Typhus- oder Cholera-Kulturen verschicken, das in die Wasserspeicher einer Großstadt entleert werden soll«.[10] Der Bolschewismus war nur das Erste dieser im Krieg geborenen Ungeheuer, dem später der Faschismus und der Nationalsozialismus folgten.

Doch der Krieg gab auch zwei der wichtigsten Befreiungsbewegungen des 20. Jahrhunderts Auftrieb. Während sich Europa zerfleischte, brach seine Herrschaft über den Großteil der Erde zusammen, und im weiteren Verlauf des Jahrhunderts erlangten buchstäblich Milliarden Menschen ihre politische Unabhängigkeit. Auch den Frauen gelang es, zumindest in manchen Teilen der Welt, einige Fesseln der Vergangenheit abzustreifen – was allerdings auch eine unmittelbare Folge ihrer verstärkten Einbeziehung in die Kriegswirtschaft war, die 1914 begann.

Darüber hinaus ging mit dem Krieg auch eine Befreiung von

alten Zwängen einher, die sich im Laufe der Zeit im Alltagsleben, im Verhalten der Menschen, in der Sexualität, der Kleidung, der Sprache und der Kunst durchsetzte. Dass so viele überkommene Regeln und Beschränkungen überwunden wurden, stieß nicht überall auf Zustimmung. Doch unabhängig davon, ob diese Veränderungen gut oder schlecht waren, erlebte die Welt einen nachhaltigen Wandel, der sie vom Viktorianischen Zeitalter ins 21. Jahrhundert führte, und für den die Krieger von 1914 die Weichen stellten.

Es ist bemerkenswert, wie oft wir bei der Suche nach den Ursprüngen der großen Fragen, welche die Welt im 20. Jahrhundert bewegten oder mit denen wir uns heute befassen, auf den Ersten Weltkrieg zurückkommen. George Kennan bemerkte in diesem Zusammenhang: »Alle Suchpfade führen, wie es mir scheint, immer wieder darauf zurück.«[11] Nach dem Krieg verengten sich die Wahlmöglichkeiten und die Handlungsalternativen der Staaten. Die USA und auch Großbritannien beispielsweise konnten noch frei entscheiden, ob sie in den Ersten Weltkrieg eintreten sollten – wenngleich bis heute Uneinigkeit darüber herrscht, ob sie klug beraten waren, in den Krieg einzugreifen –, aber beiden Ländern blieb realistischerweise keine Wahl mehr, was die Beteiligung am Zweiten Weltkrieg betraf.

Dass auf diesen ersten großen Konflikt ein zweiter folgte, war keineswegs zwangsläufig. Die lange, glimmende Zündschnur hätte in der Zeit von 1914 bis 1939 an vielen Stellen ausgetreten werden können, aber niemand tat es. So führte der Erste tatsächlich zum Zweiten Weltkrieg, obwohl dies keine unausweichliche Entwicklung war, und der Zweite Weltkrieg mündete, unabhängig davon, ob dies unvermeidlich war, in den Kalten Krieg. Die Historiker Steven E. Miller und Sean M. Lynn-Jones schrieben 1991: »Die meisten Beobachter bezeichnen die gegenwärtige Phase der Weltpolitik als ›Zeit nach dem Kalten Krieg‹, in vielfacher Hinsicht jedoch ließe sich unsere Epoche besser beschreiben als die ›Zeit nach dem Ersten Weltkrieg‹.«[12]

Die Explosion von 1914 setzte unmittelbar eine Reihe von Kettenreaktionen in Gang, und die Menschen der damaligen Zeit erkannten schnell deren schwer wiegende Konsequenzen: Im Vorsatz zu seinem *Zauberberg* sprach Thomas Mann 1924 von dem »großen Kriege, mit dessen Beginn so vieles begann, was zu beginnen wohl kaum schon aufgehört hat«. Und es lässt uns bis heute nicht los. Am 21. April 2001 berichtete die *New York Times,* dass in Frankreich Tausende von Menschen aus ihren Häusern evakuiert worden seien, nachdem in der Nähe der betreffenden Siedlung ein Munitionslager aus dem Ersten Weltkrieg entdeckt worden war, darunter Handgranaten und Senfgas. Nachdem 50 Tonnen der gefährlichsten Munition entfernt worden waren, hatten die Leute wieder in ihre Häuser zurückkehren dürfen. Aber rund 100 Tonnen todbringenden Materials verblieben dort – bis heute. So kann Munition aus dem Krieg von 1914 auch noch im 21. Jahrhundert zur Detonation gelangen.

In gewisser Weise ist sie auch bereits explodiert. Am 11. September 2001 zerstörten die Selbstmordanschläge islamischer Fundamentalisten das Herz von Lower Manhattan und brachten rund 3000 Menschen den Tod. Osama bin Laden, der Drahtzieher des Terrors, der diese schrecklichen Anschläge wohl maßgeblich initiierte und weitere androhte, erklärte in seiner ersten Videobotschaft nach dem Ereignis, dies sei eine Vergeltung für ein Unrecht, das vor acht Jahrzehnten geschehen sei. Er meinte damit vermutlich das Vordringen der christlichen europäischen Mächte – als Konsequenz des Ersten Weltkriegs – in den von Muslimen beherrschten Mittleren Osten. Somit hätten bin Ladens Anhänger die entführten Passagierflugzeuge in die Zwillingstürme gesteuert, um eine Auseinandersetzung voranzutreiben, deren Ursprünge in den Konflikten von 1914 wurzeln.

Und während des Irak-Konflikts, der 2002/03 eskalierte, suchten viele Journalisten und Fernsehleute bei renommierten Historikern Aufklärung darüber, wie der Irak aus dem Glutofen des

Ersten Weltkriegs entstand. Ihre Fragen waren durchaus berechtigt, denn wäre 1914 nicht ein Weltkrieg ausgebrochen, hätte es wohl im Jahre 2002 auch keinen Staat namens Irak gegeben.

Dieser Krieg erwies sich tatsächlich als das zentrale, nachhaltig prägende Ereignis der Moderne.

Worum ging es im Ersten Weltkrieg? Wie begann er? Wer fing ihn an? Weshalb brach er an diesem Ort und zu dieser Zeit aus? »Auch nach Millionen von Toten und unzähligen Diskussionen konnten sich die Historiker nicht darüber verständigen, weshalb es dazu kam«, schrieben die Autoren der »Millennium Special Edition« des *Economist* (31. Dezember 1999/1. Januar 2000) und fügten hinzu, »und es wäre auch nicht nötig gewesen«. Allgemein wird behauptet, den Startschuss für den Krieg habe ein serbischer Student aus Bosnien abgefeuert, als er den österreichisch-ungarischen Thronfolger erschoss. Aber es herrscht auch weitestgehend Einverständnis darüber, dass dieses Attentat nicht die Ursache, sondern lediglich der Auslöser dafür war, dass zuerst der Balkan, dann Europa und schließlich der Rest der Welt zu den Waffen griffen.

Das Missverhältnis zwischen dem Verbrechen dieses Studenten und dem Weltenbrand, der 37 Tage später entflammte, war für viele Beobachter zu gravierend, als dass sie das eine ernsthaft als die Ursache des anderen anzunehmen bereit waren. Es konnten nicht Abermillionen Menschen sterben, nur weil ein Mann und seine Frau – zwei Personen, von denen die meisten Leute noch nie etwas gehört hatten – zu Tode gekommen waren. Das schien nicht möglich zu sein.

Weil der Große Krieg ein solch einschneidendes und folgenschweres Ereignis war und weil wir verhindern wollen, dass etwas Ähnliches künftig wieder geschieht, ist die Erforschung seiner Gründe nicht nur die schwierigste, sondern auch die wichtigste Frage der modernen Geschichte. Eindeutige Antworten darauf lassen sich jedoch nur schwer finden, wie auch der Historiker Laurence Lafore bemerkte: »Der Krieg hatte viele Gründe, nicht nur einen einzigen, und auch dieser Begriff selbst hat sehr vielfältige Bedeutungen.«[13]

In den 1940er und 1950er Jahren glaubten die Historiker, die Ursprünge des Krieges erschöpfend erforscht zu haben, und vertraten die Auffassung, es gehe nun lediglich noch darum, das Material richtig zu interpretieren. Doch seit den 1960er Jahren, angeregt vor allem durch die Arbeiten des deutschen Historikers Fritz Fischer – auf dessen Ansichten ich später eingehen werde –, wurden neue Informationen zu Tage gefördert, vor allem aus deutschen, österreichischen und serbischen Quellen, und mittlerweile vergeht kaum ein Jahr, in dem nicht neue Monographien erscheinen, die unser Wissen erweitern. Fischer ermutigte die Wissenschaftler, die Archive nach verborgenen Schätzen zu durchkämmen. Im vorliegenden Buch wird versucht, die alten Fragen im Lichte der neuen Erkenntnisse zu betrachten, die Fakten zusammenzufassen und daraus Schlussfolgerungen abzuleiten.

Wann und wo begann nun der Weg in den Krieg? In einem Hörsaal in Boston habe ich Studenten gebeten, die ersten Schritte auf diesem Weg – in der Zeit bis 1908 – zu benennen. Anhand ihrer Antworten, die nachfolgend aufgeführt werden, lässt sich ermessen, wie viele unterschiedliche Wege in Betracht kommen, die nach Sarajewo führten.

4. Jahrhundert n. Chr. Die Spaltung des Römischen Reiches in einen lateinischsprachigen West- und einen griechischsprachigen Ostteil zog einschneidende Folgen nach sich. Die kulturelle Trennung, die zu zwei unterschiedlichen Strömungen des Christentums, zu zwei Arten der Zeitrechnung und zwei konkurrierenden Alphabeten (das lateinische und das kyrillische) führte, hatte dauerhaften Bestand. Die römisch-katholischen Österreicher und die griechisch-orthodoxen Serben, deren Auseinandersetzungen den Anlass für den Kriegsausbruch lieferten, waren somit gewissermaßen dazu verurteilt, zu Feinden zu werden.

7. Jahrhundert. Die Slawen, die zur zahlenmäßig stärksten Volksgruppe Europas heranwachsen sollten, wanderten in den Balkan ein, wo sich bereits die Teutonen niedergelassen hatten. Der Konflikt zwischen slawischen und germanischen Völkern entwickelte sich zu einem wiederkehrenden Grundmuster der europäischen Geschichte und veranlasste im 20. Jahrhundert die germanischen Deutschen und Österreicher dazu, gegen die slawischen Russen und Serben zu Felde zu ziehen.

11. Jahrhundert. Die formelle Trennung der griechisch-orthodoxen Christen von der römischen Kirche erzeugte einen Glaubenskonflikt, der sich entlang derselben Bruchlinien entfaltete wie die Gegensätze der Volksgruppen, des Alphabets und der Kulturen – einer Bruchlinie, die den Südosten Europas bedrohte und schließlich zu dem politischen Erdbeben von 1914 führte.

15. Jahrhundert. Die Unterwerfung des christlichen Südosteuropas durch das muslimische Osmanische (oder Türkische) Reich nahm den Völkern des Balkans ihre jahrhundertealte Tradition der Selbstverwaltung. Dies förderte die Gewalttätigkeit und die Zersplitterung, die in dieser Region bis 1914 herrschten – und leistete wahrscheinlich ebenfalls einen Beitrag zum Ausbruch des Krieges.

16. Jahrhundert. Die Reformation spaltete das abendländische Christentum. Sie teilte Deutschland politisch und begründete das komplizierte Verhältnis zwischen Deutschland und Österreich, das den Kern der Julikrise von 1914 bildete.

17. Jahrhundert. Der Beginn des sich über mehrere Jahrhunderte erstreckenden Rückzugs der Osmanen aus Europa bedeutete, dass die Türken wertvolle Gebiete aufgeben mussten, auf die die christlichen Großmächte bereits begehrliche Blicke geworfen hatten. Das Bestreben, sich diese Territorien anzueignen, schürte die Rivalität zwischen Österreich und Russland, die 1914 zum Krieg führte.

1870/71. Durch die Gründung des Deutschen Reiches und die Annexion französischer Territorien nach dem französisch-preußischen Krieg wuchs die Wahrscheinlichkeit eines weiteren Krieges in Europa, weil Frankreich, sobald es sich wieder erholt hatte, seine verlorenen Gebiete zurückfordern würde.

1890. In diesem Jahr entließ der deutsche Kaiser Reichskanzler Otto von Bismarck. Der neue Reichskanzler vollzog eine Abkehr von Bismarcks friedenserhaltender Bündnispolitik, die auf Verträgen mit Österreich wie auch mit Russland beruht hatte. Stattdessen unterstützte Deutschland nun Österreich gegen Russland in seinem Kampf um die Vorherrschaft auf dem Balkan, was Österreich dazu ermutigte, einen gefährlichen, aggressiven Kurs einzuschlagen, der irgendwann eine russische Gegenreaktion herausfordern musste.

1890er Jahre. Nachdem das reaktionäre zaristische Russland von Deutschland brüskiert worden war, sah es sich gezwungen, sich mit dem republikanischen Frankreich zu verbünden. Dies bestärkte die politischen Führer Deutschlands in ihrer Überzeugung, dass ein Krieg mit Russland früher oder später unausweichlich sein werde und dass Deutschland größere Chancen auf einen Sieg haben würde, wenn dieser Krieg so früh wie möglich geführt wurde.

Ab 1900. Deutschlands Flottenpolitik, mit der Großbritanniens Position als Seemacht herausgefordert werden sollte, wurde in London als ernste Bedrohung aufgefasst.

1903. Bei einem blutigen Staatsstreich ermordeten serbische Offiziere, die einem Geheimbund angehörten, den proösterreichischen König Serbiens und seine Frau und brachten eine Russland freundlich gesinnte Dynastie an die Macht. Die Herrscher Österreichs erwogen daraufhin eine Bestrafung Serbiens – ein Plan, der bereits zu dieser Zeit einen größeren Konflikt hätte heraufbeschwören können.

1905. Die erste Marokko-Krise war eine komplizierte Angelegenheit. Sie wird in Kapitel 12 dargestellt. Deutschlands aggressive Diplomatie in dieser Krise hatte die unbeabsichtigte Folge, dass sich die übrigen Länder gegen das Deutsche Reich zusammenschlossen. Großbritannien vertiefte seine bisher lockere Freundschaft mit Frankreich – in der Entente cordiale – zu einem informellen Bündnis, das zu engen Regierungskontakten und Gesprächen zwischen den militärischen Führungsstäben und später auch zu einer Verständigung mit Frankreichs Bündnispartner Russland führte. In Europa bildeten sich allmählich zwei rivalisierende, potenziell feindliche Blöcke: Frankreich, Großbritannien und Russland auf der einen und ein isoliertes Deutschland – mit halbherziger Unterstützung Österreich-Ungarns und Italiens – auf der anderen Seite.

Alle diese Antworten waren in mancher Hinsicht richtig. Darüber hinaus wurden weitere Daten genannt – beispielsweise das Jahr 1908, über das ich auf den folgenden Seiten schreiben werde –, an denen die Zündschnur gelegt wurde, die schließlich zu der Explosion von 1914 führte. Alle diese Ereignisse haben in irgendeiner Weise zum Krieg beigetragen.

Doch zugleich sind dies alles auch falsche oder unzureichende Antworten auf die Frage, weshalb es zu diesem Konflikt kam. Noch 37 Tage vor dem Ausbruch des Großen Krieges machte die europäische Welt einen recht friedlichen Eindruck. Die politischen Führer Europas traten ihre Sommerurlaube an, und keiner von ihnen rechnete damit, in seinen Ferien gestört zu werden. Was ist schief gelaufen?

All die Krisen und Rivalitäten, die meine Studenten aufgeführt hatten, waren für den Frieden in Europa schon 1910 und 1912 genauso gefährlich gewesen wie 1914. Weder 1910 noch 1912 aber hatten sie zu einem Krieg geführt, warum dann 1914? Man muss daher nicht nur die Frage stellen, weshalb es zum Krieg kam, sondern auch, warum er gerade im Sommer 1914 ausbrach; nicht nur, *warum* der Krieg begann, sondern auch, warum es gerade zu *diesem* Krieg kam?

Weshalb etwas auf eine ganz bestimmte und nicht auf eine andere Weise geschehen ist, ist eine Frage, mit der sich Historiker schon beschäftigen, seit sie Herodot und Thukydides im 5. Jahrhundert v. Chr., also vor 2500 Jahren, zum ersten Mal stellten. Es lässt sich darüber streiten, ob solche Fragen präzise zu beantworten sind; oft vereinigen sich so viele Nebenflüsse in einem großen Strom, dass man seine Hauptquelle nur noch schwer angeben kann.

Aufgrund seines Ausmaßes und seiner Mehrdimensionalität ist der Erste Weltkrieg wahrscheinlich das beste Beispiel für die Komplexität, die Historiker immer wieder herausfordert und in Erstaunen versetzt. Der konservative britische Politiker und Philosoph Arthur Balfour, ein Premierminister aus der Vorkriegszeit, der sich intensiv für einen Judenstaat in Palästina einsetzte, meinte einmal, dieser Krieg sei zu groß gewesen, um ihn richtig zu verstehen.

Daher ist die Erklärung dieses Krieges die wichtigste Frage der modernen Geschichte; es ist eine exemplarische Frage, die uns zwingt, uns noch einmal mit der Bedeutung des Begriffs »Ursache« oder »Grund« zu befassen. Für die europäischen Großmächte gab es zahlreiche Gründe, gegeneinander in den Krieg zu ziehen. Darüber hinaus aber existierten weitere Gründe – unmittelbare Anlässe, mit denen sich dieses Buch befasst – für einen

Waffengang zu diesem Zeitpunkt, in diesem Teil der Welt und in dieser Form.

Ein denkwürdiger Sommer

Den Menschen, die in den pulsierenden, lebenssprühenden ersten Jahren des 20. Jahrhunderts lebten, lag nichts ferner als der Gedanke an Krieg. Männer, die vom Ruhm auf dem Schlachtfeld träumten, taten sich in jener Zeit schwer, einen großen Krieg zu finden, an dem sie teilnehmen konnten. In den Jahren nach 1901 entwickelten sich die Einwohner Westeuropas und des englischsprachigen Amerikas von Kriegern zu Konsumenten. Sie verlangten nach mehr: nach mehr Fortschritt, mehr Wohlstand, mehr Frieden. Die Vereinigten Staaten »segelten auf einer sommerlichen See«, wie es ein englischer Beobachter damals ausdrückte,[14] dasselbe galt für Großbritannien, Frankreich und die übrigen Länder. Seit fast einem halben Jahrhundert hatten die Großmächte keine Kriege mehr gegeneinander geführt, und die Globalisierung der Weltwirtschaft ließ die Vorstellung gedeihen, dass Kriege nunmehr der Vergangenheit angehörten. Diese Zeit fand ihren Höhepunkt in dem heißen, sonnenverwöhnten, prachtvollen Sommer des Jahres 1914, dem schönsten Sommer seit Menschengedenken, der in der Erinnerung vieler Europäer geradezu paradiesische Züge annahm. Stefan Zweig sprach für viele, als er schrieb, er habe selten einen Sommer erlebt, der »üppiger, schöner, und fast möchte ich sagen, sommerlicher gewesen« wäre.[15]

Vor allem Briten der Mittel- und Oberschicht glaubten in einer idyllischen Welt zu leben, in der die wirtschaftlichen Verflechtungen die europäischen Großmächte davon abhalten würden, gegeneinander Krieg zu führen. Für Menschen, die ein gutes Einkommen hatten, gab es damals mehr Freiheit als heute. »Bis zum August 1914«, schrieb der Historiker A. J. P. Taylor, »konnte ein vernünftiger, gesetzestreuer Engländer weitgehend unbehel-

26

ligt vom Staat sein Leben führen.«[16] Man konnte leben, wo man wollte und wie man es für richtig hielt. Man konnte überallhin reisen, ohne jemanden um Erlaubnis fragen zu müssen. Für die meisten Länder benötigte man keinen Pass, viele Menschen besaßen auch keinen. Als der französische Geograph André Siegfried damals um die Welt reiste, reichte ihm allein seine persönliche Visitenkarte zur Identifikation aus.[17]

John Maynard Keynes erinnerte sich staunend daran, dass es in dieser Zeit weder Devisenkontrollen noch Zollschranken gegeben habe.[18] Man konnte Güter jeglicher Art in sein Heimatland mitbringen oder ausführen. Man konnte jeden beliebigen Betrag auf Reisen mitnehmen oder mit heimbringen beziehungsweise nach Hause schicken; die Bank meldete dies keiner staatlichen Behörde wie heute. Und wer in einem anderen Land Geld investieren wollte, brauchte dazu um keine Genehmigung nachzusuchen und konnte dieses Geld und eventuelle Gewinne auch wieder zurückholen, ohne eine Erlaubnis beantragen zu müssen.

Die Freiheit des Kapitalverkehrs, die Freizügigkeit der Menschen und der Freihandel waren damals stärker ausgeprägt als heute. In einer brillanten Untersuchung des Zustands der Welt im Jahr 2000 wird darauf hingewiesen, dass vor dem Krieg von 1914 die Globalisierung schon weiter fortgeschritten war als heute: »Ein Großteil des letzten Quartals des 20. Jahrhunderts wurde damit zugebracht, Boden wieder gutzumachen, den man in den vorherigen 75 Jahren verloren hatte.«[19]

Aufgrund der wirtschaftlichen und finanziellen Verflechtungen und der gegenseitigen Abhängigkeit der Staaten erschienen kriegerische Auseinandersetzungen zwischen den großen europäischen Mächten nicht nur als praktisch unmöglich, sondern auch als überholt.

Man konnte sich leicht sicher fühlen in dieser Welt. Dies galt für die Amerikaner mindestens im selben Maße wie für die Europäer. Der Historiker und Diplomat George Kennan wies darauf hin, dass sich die Amerikaner vor 1914 in einem Gefühl der

Sicherheit wiegten, »das vermutlich noch kein Volk seit der Zeit des Römisches Reiches gekannt hat«.[20] Eine Regierung erschien ihnen als weitgehend verzichtbar. Bis 1913 ein entsprechender Verfassungszusatz ratifiziert wurde, besaß der US-Kongress noch nicht einmal das Recht, Einkommenssteuern festzulegen.

Der österreichische Schriftsteller Stefan Zweig schrieb Jahrzehnte später im Rückblick auf diese Vorkriegszeit: »Wenn ich versuche, für die Zeit vor dem Ersten Weltkriege, in der ich aufgewachsen bin, eine handliche Formel zu finden, so hoffe ich am prägnantesten zu sein, wenn ich sage: es war das goldene Zeitalter der Sicherheit. Alles in unserer fast tausendjährigen österreichischen Monarchie schien auf Dauer gegründet…«[21]

Auch die einfachen Menschen in den westlichen Ländern hatten im Allgemeinen nicht das Gefühl, dass sich Unheil zusammenbraute. Wie wir sehen werden, gab es einige Politiker, die sich Sorgen machten, aber auch sie rechneten im Winter und im Frühjahr 1914 nicht mit einem Kriegsausbruch im Sommer.

Gewiss, Frankreich wollte sich gern einige Gebiete zurückholen, die ihm Deutschland vor Jahrzehnten abgenommen hatte, aber Leute, die es beurteilen konnten, waren überzeugt, dass Frankreich deswegen keinen Krieg anfangen würde. Frankreichs Verbündeter Russland war gut informiert über die offizielle Haltung der Franzosen; am 13. Dezember 1913 berichtete der russische Ministerpräsident dem Zaren, dass »alle französischen Staatsmänner Ruhe und Frieden wollen. Sie sind bereit, mit Deutschland zusammenzuarbeiten.« Die Deutschen schienen eine ähnliche Einstellung zu haben. John Keiger, einer der führenden Experten für die Politik dieser Zeit, schrieb: »Es besteht kein Zweifel, dass die Beziehungen zwischen Deutschland und Frankreich Ende 1913 auf einer stabileren Grundlage standen als seit Jahren.«[22] Deutschland fürchtete zwar, dass es zu einer Auseinandersetzung mit Russland kommen werde, aber 1913 wurde Berlin klar, dass Russland noch nicht in der Lage war, einen Krieg zu führen und sich dies auch in den kommenden Jahren nicht ändern würde. Dass Großbritannien Frieden wollte, galt ohnehin als ausgemachte Sache. Daher, so schreibt Professor Keiger, »waren das Frühjahr und der Sommer 1914 in Europa eine Zeit außergewöhnlicher Ruhe«.[23] Keine der europäischen Großmächte glaubte, dass eine der anderen einen Angriffskrieg vom Zaun brechen würde – zumindest nicht in der näheren Zukunft. Ähnlich wie die Passagiere des United-Airlines-Flugs Nr. 826 waren die Europäer und die Amerikaner in den wunderbaren letzten Tagen des Juni 1914 über einer sommerlich ruhigen See und unter einem wolkenlosen Firmament unterwegs – bis sie von einem Blitz getroffen wurden, von dem sie fälschlicherweise annahmen, er sei aus heiterem Himmel gekommen.

Teil eins

Die vielfältigen Spannungen in Europa

Kapitel 1
Konflikte zwischen den Großmächten

Zu Beginn des 20. Jahrhunderts hatte Europa einen Gipfel seiner zivilisatorischen und kulturellen Entwicklung erreicht. Auf den Gebieten der Industrie, der Technologie und der Wissenschaft übertraf es alle vorhergehenden Gesellschaften. Auch in Bezug auf Wohlstand und Machtfülle hatte es alle früheren Zivilisationen überrundet.

Europa ist einer der kleinsten Kontinente: Es umfasst nur eine Fläche von 7,8 bis 10,3 Millionen Quadratkilometern, je nachdem, wo man seine östliche Grenze festlegt. Demgegenüber dehnt sich Asien, der größte Kontinent, über gut 44 Millionen Quadratkilometer aus. Manche Geographen betrachteten Europa früher lediglich als eine große Halbinsel Asiens.

Doch zu Anfang des 20. Jahrhunderts beherrschten die europäischen Großmächte – zusammen nicht mehr als eine Hand voll Staaten – den größten Teil der Welt. Österreich-Ungarn, Frankreich, Deutschland, Großbritannien, Italien und Russland teilten sich die Herrschaft über Europa, Afrika, Asien, den pazifischen Raum und sogar Teile der westlichen Hemisphäre. Die restlichen Gebiete gehörten überwiegend zum Einflussbereich weniger mächtiger europäischer Staaten wie Belgien, Niederlande, Portugal und Spanien. Fasste man alle seine Kolonialreiche zusammen, so erstreckte sich Europa nahezu über den gesamten Globus.

Doch die europäischen Kolonialreiche waren unterschiedlich groß und unterschiedlich stark, und diese Ungleichgewichte hatten eine gewisse Instabilität zur Folge. Die rivalisierenden Staatsführer Europas spielten ihre Kolonialreiche ständig gegeneinander aus und grübelten darüber nach, wer im Kriegsfall wen besiegen würde und mit wem man sich daher am besten verbünden sollte. Militärische Stärke war von entscheidender Bedeutung in einer Zeit, in der man glaubte, Charles Darwins Lehre vom »Survival of the Fittest« beziehe sich auf die aggressivsten Vertreter einer Spezies und nicht (wie wir es heute sehen) auf die am besten angepassten.

Das britische Empire war die reichste und mächtigste europäische Großmacht. Sie beherrschte mehr als ein Viertel der Landmasse der Erde und ein Viertel der Weltbevölkerung, und ihre Marine besaß die unangefochtene Vormachtstellung auf den Weltmeeren, die mehr als 70 Prozent des Planeten ausmachen. Deutschland, ein neu gebildeter Staatenbund unter Führung des militaristischen Preußen, verfügte über die schlagkräftigste Armee. Russland, ein rückständiges Riesenreich, das sich über zwei Kontinente erstreckte, blieb weiterhin ein Rätsel; nachdem es durch einen verlorenen Krieg gegen Japan (1904/05) und die Revolution von 1905 geschwächt worden war, begann es mit finanzieller Hilfe Frankreichs die Industrialisierung und die Aufrüstung voranzutreiben. Frankreich besaß zwar ebenfalls ein großes Kolonialreich, konnte Deutschland aber nicht mehr gefährlich werden und unterstützte daher Russland als Gegengewicht gegen die deutsche Überlegenheit. Die österreichisch-ungarische Doppelmonarchie herrschte über eine Vielzahl von Nationalitäten, die sehr ruhelos waren, und zwischen denen es häufig zu Konflikten kam. Italien, ein neuer Staat, der seinen Platz unter den Großmächten erst finden musste, hungerte danach, als gleichberechtigt anerkannt zu werden.

In Europa hing man allgemein der Überzeugung an, dass Wohlstand und nationale Größe nur durch den Erwerb von Kolonien zu erlangen seien. Doch die Großmächte herrschten bereits über so große Teile der Welt, dass für Nachzügler nicht mehr viel übrig blieb. So gerieten die europäischen Staaten im Wettlauf um Kolonien immer wieder aneinander. Mehrmals drohten kriegerische Auseinandersetzungen, die jedoch jedes Mal durch geschickte Diplomatie und Selbstbeschränkung abgewendet werden konnten. Die Jahrzehnte vor 1914 waren durch zahlreiche Krisen gekennzeichnet, von denen fast jede in einen Krieg hätte ausarten können.

Nicht zufällig wurden einige der gefährlicheren Krisen durch bestimmte Handlungen Deutschlands ausgelöst. Dies lag daran, dass der deutsche Kaiser mit der Entlassung seines Reichskanzlers 1890 auch einen außenpolitischen Kurswechsel vollzogen hatte. Otto von Bismarck, der »Eiserne Kanzler«, der 1870/71 das Deutsche Reich geschaffen hatte, war skeptisch gegenüber dem Imperialismus.* Er war nicht überzeugt davon, dass Kolonien in Übersee zusätzlichen Wohlstand und mehr Macht bedeuteten, sondern betrachtete sie eher als Gefahr für beides. Um Frankreich davon abzuhalten, in Europa Gebiete zurückzufordern, die Deutschland ihm abgenommen hatte – nämlich Elsass und Lothringen –, ermutigte und unterstützte Bismarck Frankreich bei dessen kolonialen Bestrebungen in Nordafrika und Asien. Da Frankreich durch diese Politik mit England und Russland in Konflikt geraten musste und dadurch zwei potenzielle Rivalen Deutschlands gespalten und geschwächt wurden, kam eine solche Entwicklung Bismarcks Absichten durchaus entgegen.

In der Nach-Bismarck-Ära begann sich Deutschland für jene Überseegebiete zu interessieren, die der »Eiserne Kanzler« noch als Narrengold abgetan hatte. Es brachte sich in Position, um an der bevorstehenden Teilung Chinas teilzuhaben. Aber die Herrscher in Berlin waren zu spät in das Spiel eingestiegen. Deutsch-

---

* Aus nicht völlig geklärten Gründen wich Bismarck Anfang der 1880er Jahre jedoch von dieser Linie ab und forcierte den Erwerb einiger Kolonien durch das Deutsche Reich.

land konnte kein Kolonialreich mehr aufbauen, das seiner Stellung als größter Militärmacht Europas entsprach. Es gab schlicht nicht mehr genug freie Gebiete. Die Kontinente waren schon vergeben. Dennoch bekundete das Wilhelminische Deutschland unverhohlen weiterhin sein Interesse an Überseeterritorien.

Als Frankreich Anfang des 20. Jahrhunderts tiefer nach Marokko vorstieß, um sein Imperium in Nordafrika abzurunden, unterstützte es das Deutsche Reich dabei nicht mehr, wie es Bismarck getan hätte, sondern widersetzte sich diesem Schritt. Dadurch wurden die Marokko-Krisen von 1905/06 und 1911 heraufbeschworen, zwei der gefährlichsten internationalen Konflikte jener Zeit. Für die deutsche Regierung stellte dieses Manöver vermutlich nur einen Versuchsballon dar, aber in Europa sorgte es für beträchtliche Unruhe.

Im Rückblick zeigt sich eindeutig, dass Deutschlands Hunger nach Kolonien nach 1890 nur dadurch gestillt werden konnte, dass es anderen europäischen Mächten Überseegebiete entriss. Dies ließ sich aber nicht mit friedlichen Mitteln erreichen. Konnte sich Deutschland daher damit begnügen, zwar die führende Militär- und Wirtschaftsmacht auf dem europäischen Kontinent zu sein, aber in Afrika und Asien nur über Besitzungen zu verfügen, die wesentlich kleiner waren als jene von England oder Frankreich? Auch in Deutschland selbst existierten unterschiedliche Meinungen, was die Antwort auf diese Frage betraf.

Im Jahr 1914 war das Deutsche Reich das einzige Land in Kontinentaleuropa, in dem es mehr Industrie- als Landarbeiter gab. Aufgrund der erstarkenden sozialistischen Bewegung und der wachsenden Arbeiterschaft erschien es vordringlicher, sich mit heimischen Problemen zu beschäftigen, als sich in außenpolitische Abenteuer zu stürzen. Andererseits aber konnten sich die deutschen Staatsführer auch dazu veranlasst sehen, eine aggressive Außenpolitik zu betreiben, um von ungelösten Problemen zu Hause abzulenken.

Kapitel 2
Soziale Auseinandersetzungen

Nicht nur Deutschland war innerlich gespalten. Vor dem Krieg vollzogen sich in ganz Europa weit reichende soziale und wirtschaftliche Umwälzungen, die seine politischen Strukturen nachhaltig veränderten. Die Industrielle Revolution, die im 18. Jahrhundert in Frankreich und England begonnen hatte, setzte sich beschleunigt fort und zog in beiden Ländern radikale Umbrüche nach sich, ebenso in Deutschland und anderen Ländern. Das agrarische Europa, das teilweise noch feudalistisch geprägt war, und das industrialisierte Europa, das die Moderne verkörperte, existierten nebeneinander, zugleich aber Jahrhunderte voneinander getrennt. Manche Menschen lebten noch wie im 14. Jahrhundert, mit Packeseln und im langsamen, fast unveränderlichen Rhythmus ihrer dörflichen Gemeinschaften, während andere sich in den überfüllten, wuchernden Städten des 20. Jahrhunderts drängten, deren Dynamik sich aus dem kurz zuvor erfundenen Verbrennungsmotor speiste, und in denen die Telegraphie zum wichtigen technischen Kommunikationsmittel wurde.

Gleichzeitig führte das Anwachsen einer städtischen Arbeiterschaft im Gefolge der Industriellen Revolution zu Konflikten zwischen diesen Arbeitern und den Fabrikbesitzern, in denen es um Löhne und Arbeitsbedingungen ging. Doch es bildeten sich auch neue Gegensätze zwischen den Arbeitern und den Fabrikanten auf der einen Seite, die ihre Exporte nur in einem Freihandelssystem ausweiten konnten, und den Bauern, die auf Schutz angewiesen waren, sowie dem verarmten Landadel auf der anderen Seite. Die Klassenzugehörigkeit wurde zu einer Trennungslinie – für viele sogar zum wichtigsten sozialen Unterscheidungsmerkmal. Innere Unruhen und Auseinandersetzungen bedrohten alle Länder Westeuropas.

In Großbritannien wurde die Labour Party gegründet als Repräsentantin einer Arbeiterklasse, die sich nicht länger von den Liberalen vertreten lassen wollte, die zwar Mitgefühl für die Lohnempfänger empfanden, im Grunde aber die politische Stimme der gehobenen Berufe und zum Teil auch der höheren Stände waren. Auch auf dem europäischen Festland wandte sich die Arbeiterbewegung dem Sozialismus zu und gewann zunehmend an politischer Bedeutung: In Deutschland wurden die Sozialdemokraten bei den Reichstagswahlen 1912 stärkste Fraktion. Deutsche und britische Konservative konnten sich jedoch damit trösten, dass die Arbeiter in ihren Ländern ihre sozialistischen Bestrebungen friedlich, auf dem Weg über Wahlen, verfolgten und nicht (wie die Syndikalisten in Frankreich, Spanien und Italien) durch Streiks, Unruhen oder Attentate. Doch in dieser Zeit, in der immer wieder internationale Krisen aufflackerten, wuchs bei den Regierungen auch die Sorge darüber, dass ihre Völker ihnen die Gefolgschaft verweigern könnten, sollte tatsächlich einmal ein Krieg ausbrechen. Diese Frage hatte indes noch eine weitere Dimension: Abenteuer im Ausland konnten von sozialen Konflikten im Heimatland ablenken und die Menschen dazu bringen, sich hinter der Fahne zu scharen. Was würde sich letztlich durchsetzen? Würden die Klassengegensätze die Bevölkerung trennen oder die internationalen Konflikte sie einen?

Kapitel 3
Nationalismus und Nationalitätenkonflikte

Der Gegenspieler des sozialistischen Internationalismus war der Nationalismus, der immer stärker die Köpfe und die Herzen der Menschen erfasste und alles andere in den Hintergrund drängte, als sich das 19. Jahrhundert verabschiedete und das 20. heraufzog. Sogar Großbritannien wurde von diesem Fieber angesteckt. Die katholische Bevölkerungsmehrheit Irlands forderte energisch Unabhängigkeit oder zumindest Autonomie und geriet mit den Protestanten in Ulster in Konflikt, die entschlossen waren, die Union mit Großbritannien mit Waffengewalt zu verteidigen. England war ein erstaunlich konfliktreiches Land geworden unter König Edward VII., zerrissen vom Streit über Löhne und Arbeitsbedingungen in den Fabriken und über das Frauenwahlrecht. Zudem wurde es durch eine Verfassungskrise erschüttert, die im Kern ein Klassenkonflikt war. Dabei ging es um zwei miteinander verbundene Fragen: um das Staatsbudget und das Vetorecht des vom Erbadel bestimmten Oberhauses gegen Gesetze des Unterhauses, das vom Volk gewählt wurde. Diese Konflikte untergruben das nationale Zusammengehörigkeitsgefühl der Briten.

Als sich das Land in der Frage der Selbstverwaltung für Irland polarisierte, wuchs in großen Teilen der Armee sowie der Konservativen und Unionistischen Partei die Bereitschaft, gegen die Gesetze und die Regierung aufzubegehren, um die Union mit Irland aufrechtzuerhalten. Das Beispiel der Vereinigten Staaten wirkte beunruhigend. Würde es auch in Großbritannien zu einem Bürgerkrieg kommen?

Auf dem europäischen Festland drohten indessen die Flammen des Nationalismus selbst jahrhundertealte, gewachsene Strukturen zu vernichten. Das von den Habsburgern regierte Österreich, ein im Mittelalter entstandenes Staatsgebilde, das noch bis vor kurzem zum so genannten Heiligen Römischen Reich gehört hatte, war wie schon im 19. Jahrhundert ein entschiedener Gegner des europäischen Nationalismus. Die beiden neuen Nationen Deutschland und Italien umfassten nun große Gebiete, die einst von den Habsburgern beherrscht worden waren. Um die Abspaltung von der Doppelmonarchie ging es auch in jenen Gesprächen und Diskussionen, die in den ersten Jahren des 20. Jahrhunderts überall auf dem Balkan und in Mitteleuropa an Universitäten, in Kaffeehäusern und den Versammlungsorten von Geheimgesellschaften geführt wurden. Diese Nationalisten standen untereinander in Kontakt, pflegten aber auch Verbindungen mit Nihilisten, Anarchisten, Sozialisten und anderen Gruppen im politischen Untergrund. Serbische, kroatische und tschechische Nationalisten sowie Angehörige anderer Völkerschaften ersannen in diesen Zirkeln Pläne, um in Österreich Unruhe zu stiften und das Habsburger-Imperium zu zerstören.

Die Habsburger hatten sich im Laufe eines Jahrtausends eine bunte Mischung von Territorien und Völkern untertan gemacht und einen Vielvölkerstaat aufgebaut, aus dem niemals ein homogener Nationalstaat werden konnte. Österreich-Ungarn, dessen Zentrum das deutschsprachige Wien bildete, umfasste eine Vielfalt von Sprachen, Völkern und Klimazonen. Seine rund 50 Millionen Einwohner setzten sich aus Angehörigen von elf Nationalitäten zusammen. Viele dieser Territorien waren als Mitgift bei Heiraten zum Reich gekommen, denn die Familie Habsburg hatte immer eine sehr geschickte Heiratspolitik verfolgt. Auf dem Höhepunkt ihrer Macht, im 16. Jahrhundert, als die Habsburger auch Spanien und einen großen Teil der Neuen Welt regierten, herrschten sie über das damals größte Weltreich. Die Wurzeln der Habsburger reichen zurück bis zum Jahr 800, als Karl der Große vom Papst zum römischen Kaiser gekrönt wurde. Seit dem 15. Jahrhundert stellten die Habsburger nahezu ununterbrochen die Kaiser des Heiligen Römischen Reiches, bis dieser Titel Anfang des 19. Jahrhunderts abgeschafft wurde, und herrschten damit über Mitteleuropa und die deutsch- und italienischsprachigen Gebiete.

Im Gefolge der Revolutionen von 1848 verloren sie ihre italienischen Besitzungen an das neu entstandene Italien, und 1870/71 wurden sie aus dem von Preußen geführten, geeinten Deutschland ausgeschlossen. Der Habsburger Kaiser als einstiger Führer der deutschen und italienischen Volksgruppen Europas sah sich an den Rand gedrängt.

Mit einem kleinen deutschen Kernland – von den 28 Millionen Einwohnern Österreichs waren nur rund zehn Millionen Deutsche – und einem unruhigen Reich aus mitteleuropäischen und Balkanvölkern, überwiegend Slawen, herrschte der Habsburger Franz Joseph I. nun über ein politisches Gebilde, das auf Dauer nicht lebensfähig war. Die Lösung, die 1867 gefunden wurde, bestand in dem so genannten Ausgleich, der den österreichischen Gesamtstaat in die österreichisch-ungarische Doppelmonarchie umwandelte. Beide Teile waren in Personal- und Realunion miteinander verbunden, das heißt, sie unterstanden einem gemeinsamen Herrscher und hatten gemeinsame Institutionen, galten aber staatsrechtlich als eigenständige Staaten. Ungarn erhielt eine eigene Verfassung sowie innere Selbstverwaltung und blieb nur in der Außen-, der Finanz- und der Heerespolitik an Wien gebunden. In Österreich regierte nun die deutsche Minderheit, in Ungarn die ungarische Minderheit. Damit wurde der Versuch unternommen, wie es ein Habsburger Staatsmann ausdrückte, »acht Nationen, 17 Länder, 20 Parlamentsgruppen und 27 Parteien« unter einen Hut zu bringen – ein breites ethnisches und religiöses Spektrum.

Europa entwickelte sich schnell zu einem Kontinent der Nationalstaaten. Die größte Schwäche Österreich-Ungarns zu Beginn des 20. Jahrhunderts bestand darin, dass es gewissermaßen mit der historischen Entwicklung nicht hatte Schritt halten können. Gefährlich zu werden drohte ihm jedoch vor allem der Nationalismus, eine Kraft, die keineswegs als rundweg fortschrittlich einzustufen war, sondern durchaus auch atavistische Aspekte besaß.

Man konnte den Nationalismus als eine politische Philosophie betrachten oder auch als deren Gegenteil, als eine Art von Massenhysterie: Er war zweifellos eine ambivalente Erscheinung. Er verkörperte einerseits die demokratische Überzeugung, dass jede Nation das Recht besitze, unabhängig zu sein und sich selbst zu regieren. Andererseits schlummerte darin aber auch die illiberale

Auffassung, dass Menschen, die nicht der eigenen Nation angehörten, sich assimilieren müssten, dass man ihnen die Bürgerrechte vorenthalten könne, sie vertreiben oder gar töten dürfe. Obendrein herrschte keine Übereinstimmung darüber, wie eine Nationalität zu definieren sei. In der Ausgabe von 1911 der *Encyclopedia Britannica* wurde sie als »vager Begriff« bezeichnet und darauf hingewiesen, dass »eine ›Nationalität‹… ein gemeinschaftliches Gefühl und einen organisierten Anspruch verkörpert, aber keine spezifischen Eigenschaften besitzt, die sich zu einer eindeutigen Definition zusammenfassen lassen«. Daher konnte man sich nicht darauf einigen, welche ethnischen Gruppen als Nationen anzusehen seien und welche nicht. Somit gab es eine weitere Frage, über die Europa streiten konnte. Manche Forscher vertraten die Auffassung, dass sich die Auseinandersetzungen in Europa sogar hauptsächlich um diese Frage drehten.

Da die öffentliche Meinung damals noch nicht mithilfe wissenschaftlicher Methoden erfasst werden konnte, können die Historiker nicht mit Gewissheit angeben, welche Einstellungen und Ansichten in der europäischen Bevölkerung in der Zeit vor 1914 vorherrschend waren. Dadurch entsteht eine gewisse Erkenntnislücke, die jedoch nicht so gravierend ist, wie sie es heute wäre, denn vor einem Jahrhundert spielte die öffentliche Meinung noch keine wichtige Rolle in der Außenpolitik. Dennoch besaß sie eine gewisse Bedeutung, denn die Entscheidungsträger zogen sie durchaus in Betracht – zumindest soweit sie sie kannten.

Es gibt Hinweise darauf, dass Fremdenfeindlichkeit damals die am weitesten verbreitete Einstellung in Europa war: Die Volksgruppen begegneten einander mit ausgeprägter Feindseligkeit. Das beste Beispiel für Fremdenhass boten die Völker auf dem Balkan, aber auch in höher entwickelten Ländern gab es solche Tendenzen.

England ist ein Sonderfall. Es lag gewissermaßen seit dem 11. Jahrhundert mit Frankreich im Streit oder im Krieg – also seit fast 1000 Jahren. Frankreichfeindliche Einstellungen waren hier daher auch im 20. Jahrhundert noch tief verwurzelt. Selbst im Ersten Weltkrieg, als beide Länder verbündet waren, versuchten britische und französische Offiziere, sich gegenseitig auszuspielen, um sich im arabischen Mittleren Osten eine bessere Ausgangsposition für die Nachkriegszeit zu verschaffen.

Mit Russland geriet Großbritannien erst viel später in Konflikt, aber dann vertieften sich die Gegensätze sehr rasch. Die beiden Länder bezogen auf allen Gebieten gegeneinander Stellung, wirtschaftlich, politisch, militärisch und ideologisch, bis die Briten schließlich die Russen nicht mehr nur wegen konkreter Handlungen, sondern grundsätzlich bekämpften. Dieses Thema wird ausführlich behandelt in dem wegweisenden Werk *The Genesis of Russophobia in Great Britain* von John Howes Gleason.

Deutschland, das erst 1871 als Nationalstaat gegründet worden war, erschien Großbritannien zunächst als möglicher Verbündeter – diese Idee wurde in den höchsten politischen Kreisen häufig diskutiert –, aber dann wuchs bei den Briten das Misstrauen gegen die Deutschen, und die beiden Länder wurden Gegner. Die vielfältigen Gründe dafür werden in Paul Kennedys Buch *The Rise of the Anglo-German Antagonism* umfassend dargestellt.

So entwickelten sich bei den Briten, die sich sonst für sehr aufgeschlossen hielten, Abneigung und Hass gegen die Bevölkerung der drei anderen europäischen Großmächte: die Franzosen, die Russen und die Deutschen.

Die politischen Probleme, mit denen sich die europäischen Staatsmänner zu Anbruch des 20. Jahrhunderts konfrontiert sahen, wurden somit verstärkt durch die Ressentiments, bisweilen auch kriegerischen Einstellungen, welche die Völker gegeneinander hegten.

Durch das Aufkommen der Massenpresse im 19. Jahrhundert in Ländern wie England und Frankreich entstand ein weiterer Faktor, der die politische Entscheidungsbildung beeinflusste, aber nicht genau zu kalkulieren ist. Indem die Zeitungen verbreitete Ängste und Vorurteile aufgriffen, um ihre Auflage zu steigern, verstärkten sie vermutlich die Hassgefühle und Ressentiments unter den Europäern. Im Hinblick auf die antideutsche britische Presse und die antibritische deutsche Presse schrieb der deutsche Kaiser 1911 an den englischen König: »Die Presse ist auf beiden Seiten fürchterlich.«[1]

Kapitel 4
Militärische Aufrüstung

Der Nationalismus, so hatten Giuseppe Mazzini und seine Anhänger im 19. Jahrhundert verkündet, werde den Frieden bringen. Stattdessen jedoch führte er zum Krieg. Ähnliches galt auch für eine andere umwälzende Entwicklung der damaligen Zeit: die Energierevolution, die durch die von Michael Faraday entdeckte elektromagnetische Induktion in Gang gesetzt wurde.

Die Elektrizität war eine neue Kraft, die über unbegrenzte Möglichkeiten zu verfügen schien. Der Historiker und Prophet Henry Adams, ein amerikanischer Janus, der den Blick gleichermaßen in die Vergangenheit wie in die Zukunft richtete, brachte diese Faszination sehr anschaulich zum Ausdruck. Nachdem er bei den Weltausstellungen in Chicago (1893) und in Paris (1900) staunend Dynamos besichtigt hatte, spekulierte er darüber, dass die Elektrizität die gesamte menschliche Geschichte verändern werde. Sie werde »Schulmeister in helle Aufregung versetzen«, schrieb er, aber den Professoren sei bereits vor der Entstehung Europas einige Male »das Genick gebrochen« worden, und die »Revolution von 1900« könne man in ihrer Bedeutung am ehesten mit jener des Jahres 310 vergleichen, »als Konstantin das Kreuz annahm«. Die elektrischen Wellen erschienen Adams beinahe als etwas Übernatürliches, als »eine Energie vergleichbar jener des Kreuzes«.[2]

Adams' Optimismus ist nicht verwunderlich, denn er lebte in einem Jahrhundert, in dem sich der Fortschrittsglaube auf breiter Front Bahn gebrochen hatte. Bis zum 19. Jahrhundert hatte die Menschheit stets *zurück*geblickt auf ein goldenes Zeitalter. Jetzt richtete sie den Blick nach vorn.

Europäer und Amerikaner waren gleichermaßen fasziniert von Spekulationen über die Zukunft. Ein neues literarisches Genre kam dieser Stimmung entgegen. Jules Verne und H. G. Wells, die Pioniere der Sciencefictionliteratur, verfassten Romane über wissenschaftliche und technologische Wunder: über fliegende Maschinen, Leben unter dem Meer und Reisen zu anderen Planeten.

Doch die Begeisterung für all die Wunderdinge, die in der Zukunft auf die Menschheit warten würden, hatte eine gewisse Schlagseite. Nur wenige sahen die dunklen Aspekte dieser prometheischen Entwicklung, denn die Menschheit brachte damit zugleich auch gewaltige zerstörerische Kräfte hervor.

In einem häufig zitierten Brief, der 1914 bei Kriegsausbruch geschrieben wurde, meinte Henry James, der berühmte amerikanische Romancier, der in England lebte: »Dass die Welt in einen derartigen Abgrund aus Blut und Dunkelheit abstürzte... setzt einen Schlusspunkt unter jene lange Zeit, in der wir glaubten, dass sich die Welt, wenn auch mit Rückschlägen, allmählich bessern werde, und wir müssen erkennen, dass in diesen trügerischen Jahren etwas heranreifte, was in seiner Bedeutung zu tragisch ist, als dass es sich in Worte fassen ließe.«[3] Durch die Wissenschaft waren die Menschen keineswegs friedlicher oder zivilisierter geworden; sie hatte all diese Hoffnungen enttäuscht und vielmehr die Armeen in die Lage versetzt, wesentlich zerstörerischer zu Werke zu gehen, als es sich die Krieger früherer Zeiten zu erträumen wagten.

Europa befand sich keineswegs auf dem Weg zu einer besseren

Welt, sondern trieb auf einen gewaltigen Zusammenstoß zu, weil die immensen explosiven Kräfte, die von der Wissenschaft hervorgebracht worden waren, im ersten Krieg des 20. Jahrhunderts, der zwischen modernen Industriegesellschaften stattfand, auf das Ziel der Massenvernichtung ausgerichtet werden würden.

Weshalb glaubten die Menschen der damaligen Zeit, sie würden in eine friedlichere Welt eintreten? Wieso schlossen sie die Möglichkeit aus, dass es zwischen den europäischen Mächten wieder zu einem Krieg kommen könnte? Warum wurden sie vom Ausbruch des Krieges so sehr überrascht? Hatten sie sich nie damit beschäftigt, was die großen Industriebetriebe eigentlich herstellten?

Im Rückblick erscheint das sich beschleunigende Wettrüsten als das auffälligste Merkmal der internationalen Politik in der Vorkriegszeit. Die deutsche Waffenschmiede Krupp war das größte Unternehmen in Europa. Aber auch seine Konkurrenten – Skoda, Creusot, Schneider und Vickers-Maxim – standen ihm kaum nach. Im neuen Industriezeitalter befassten sich die Firmen maßgeblich mit der Schaffung der technischen Voraussetzungen für die Kriegsführung. Seltsamerweise erkannten die Menschen dies damals nicht mit ähnlicher Klarheit wie wir heute.

Die europäische Kriegswirtschaft wurde immer mehr ausgeweitet, was aber den Staaten nicht mehr Sicherheit brachte. Ein technologischer Durchbruch wie die Entwicklung der *Dreadnought* durch die Briten, eines neuartigen Schlachtschiffes, durch das alle anderen bis dahin gebauten Kriegsschiffe deklassiert wurden, veranlasste die übrigen Länder dazu, ihre Bemühungen zu verstärken, um nicht gegenüber ihren Gegnern ins Hintertreffen zu geraten.

Jedes Land vergrößerte den Umfang seiner Streitkräfte – die reguläre Armee wie auch die Reserveeinheiten –, um potenziellen Gegnern zumindest Paroli bieten zu können. Dieser unerbittliche Rüstungswettlauf erwies sich jedoch als kontraproduktiv. Der

Ausbau der Streitkräfte sollte die nationale Sicherheit der Staaten verbessern, stattdessen untergrub er sie: Infolge des Wettrüstens, das durch wechselseitige Ängste vorangetrieben wurde, fanden sich alle europäischen Großmächte schließlich in einer sehr prekären Sicherheitslage wieder.

Alle Großmächte – auch Russland nach der Revolution von 1905 – waren relativ offene Gesellschaften, in denen die vom Parlament bewilligten Militärausgaben auch für Außenstehende ersichtlich waren. Daher war jeder Staat über die Rüstungsprogramme der konkurrierenden Mächte weitgehend im Bilde und konnte sich dadurch möglicherweise zu einem Präventivschlag verleitet fühlen.

Im 19. Jahrhundert waren die Armeen dazu übergegangen, routinemäßig Pläne für einen Krieg gegen die Nachbarstaaten auszuarbeiten. Diese waren natürlich geheim, aber die Regierungen hatten zumindest eine ungefähre Vorstellung davon, welche Strategien die Konkurrenten verfolgen würden.

Auch wer die potenziellen Gegner sein würden, war kein großes Geheimnis. Frankreich und Russland galten trotz ideologischer Gegensätze als Verbündete, die durch die von Deutschland ausgehende Bedrohung zusammengeschweißt wurden. Deutschland war eng verbunden mit Österreich-Ungarn, aber auch mit den unzuverlässigen Italienern befreundet, die noch Gebietsansprüche gegen Österreich hatten. Großbritannien, das eigentlich neutral bleiben wollte, rückte durch das wachsende deutsche Vormachtstreben näher an Frankreich und damit – was den Franzosen durchaus gelegen kam – auch an Russland heran.

Die zahlreichen Krisen zu Beginn des 20. Jahrhunderts veranlassten die Großmächte, sich auf Generalstabsebene mit den Armeen ihrer Verbündeten auszutauschen. In geheimen Gesprächen von Heer- und Marinevertretern Großbritanniens und Frankreichs 1905/06 und 1911 ging es um die Frage, wie man einem möglichen Angriff durch Deutschland begegnen könne. In den Jahren 1908 und 1909 führten die Chefs der Generalstäbe von

Deutschland und Österreich-Ungarn ähnliche Gespräche, in denen das Vorgehen in einem Krieg mit Russland erörtert wurde. Im Mai 1914 erlaubte das britische Kabinett die Aufnahme geheimer Marinegespräche zwischen Großbritannien und Russland, die nach ihrem Bekanntwerden in Berlin große Besorgnis auslösten. Durch solche Gespräche legten sich die europäischen Regierungen zwar noch nicht unwiderruflich fest, aber indem sie Theorie in Praxis umwandelten, taten sie einen großen Schritt auf dem Weg, der zu 1914 führte. Zugleich definierten sie damit den kommenden Krieg. Sie schrieben das Drehbuch, dem sie später folgen sollten. Immer deutlicher zeichneten sich die Kriegsbündnisse ab: Deutschland und Österreich würden zusammenhalten, während sich Großbritannien auf die Seite von Frankreich und Russland stellen würde.

Ob durch das beschleunigte Wettrüsten ein Konflikt unausweichlich wurde, wie der britische Außenminister Sir Edward Grey meinte, sei dahingestellt, aber der Krieg rückte zweifellos näher, weil die europäischen Großmächte bereits eine Art Generalprobe veranstalteten – nicht für irgendeinen Krieg, sondern für den Anfang jenes Großen Krieges, den zu führen sie gewillt waren.[4]

War es die Furcht voreinander, die durch das Wettrüsten zusätzlich geschürt wurde, die Europa an den Rand des Abgrunds brachte? Oder war es eine natürliche Aggressivität zwischen den Großmächten, die in den vier Friedensjahrzehnten unterdrückt worden war und sich nun zu entladen drohte? Trieben die Regierungen ihre Länder vielleicht absichtlich in einen Krieg, um von inneren Problemen abzulenken, die ihnen unlösbar erschienen? Oder verfolgten einige Regierungen absichtlich einen aggressiven, gefährlichen Kurs, der früher oder später auf den Widerstand anderer Länder stoßen musste? Helmuth von Moltke, der Chef des deutschen Generalstabs, jedenfalls erklärte gegenüber dem deutschen Reichskanzler in einem Memorandum vom 2. Dezember 1912: »Alle Seiten bereiten sich auf einen Krieg in Europa vor, mit dem alle früher oder später rechnen.«[5]

Die bestehenden Kriegspläne wurden revidiert und überarbeitet im Licht der Erkenntnisse, die man durch Planspiele gewann. Auch wurden sie an veränderte Bedingungen angepasst sowie an neue Informationen, die von den Geheimdiensten beschafft wurden. Eine Ausnahme bildete Frankreich, das sich in seinen Kriegsplänen an einer modernen Philosophie ausrichtete. Die neue französische Doktrin ging davon aus, dass die Kampfmoral der Soldaten die entscheidende Voraussetzung für den Sieg sei. Diese Lehre beruhte auf Schriften von Offizieren wie Ardant du Picq (1821–70)* und Ferdinand Foch (1851–1929). Dass es mehr auf die Moral als auf das Material ankomme, schien eine Bestätigung zu finden durch die Philosophie von Henri Bergson (1859–1941), der den *élan vital* – die Lebenskraft – als jene Energie pries, welche die Evolution vorantreibe. Diese Ansichten führten zu einer Verherrlichung des Angriffs und einer Übergewichtung der Offensive. Gerade dies wurde später vielfach am Plan XVII kritisiert, dem organisatorischen und strategischen Plan, den Frankreich im Mai 1913 offiziell annahm.

Von allen Strategien, die von den europäischen Generalstäben entworfen wurden, sollte das von dem preußischen Generalfeldmarschall Alfred Graf von Schlieffen entwickelte Konzept das militärische Denken am nachhaltigsten beeinflussen. Schlieffen (1833–1913) war in Preußen von 1891 bis 1906 Chef des Großen Generalstabs. Der preußische Generalstab trug seit 1871 die Zusatzbezeichnung »Groß«, um ihn von den Generalstäben der übrigen Staaten des Deutschen Bundes wie Bayern, Sachsen oder Württemberg abzuheben. Diese elitäre Vereinigung von rund 650 Offizieren bildete das Gehirn und das Nervenzentrum der preußischen Armee.

In seinem ersten hypothetischen Kriegsplan nach der Reichseinigung 1871 ging der Große Generalstab von einem Konflikt aus, in dem sich Deutschland einem Bündnis aus Frankreich,

---

* In einigen Quellen wird 1831 als sein Geburtsjahr angegeben.

Österreich-Ungarn und Russland gegenübersehen würde. Diese gefährlichste aller Möglichkeiten entsprang der deutschen Angst davor, umzingelt zu sein: der »slawische Osten und der lateinische Westen gegen die Mitte Europas«, wie es Helmuth von Moltke ausdrückte – auch »Moltke der Ältere« genannt –, der damalige Chef des Generalstabs.[6] Nachdem Deutschland 1879 einen Bündnisvertrag mit Österreich-Ungarn abgeschlossen hatte, konzentrierte es sich in seinen Kriegsplanungen auf eine Auseinandersetzung mit Frankreich und Russland, was aus ideologischen Gründen jedoch als ein eher unwahrscheinliches Bündnis erschien, da Frankreich eine entwickelte Demokratie und Russland eine rückständige Tyrannei war. Aber nachdem sie aufgrund der Bedrohung durch Deutschland enger zusammengerückt waren, bildeten Frankreich und Russland 1894 tatsächlich eine Allianz, wodurch die deutschen Kriegspläne ihren hypothetischen Charakter verloren. Die späteren Chefs des Großen Generalstabs beschäftigten sich nicht mehr mit der Frage, ob ein solcher Krieg stattfinden könne, sondern wann es dazu kommen würde. Die große Herausforderung, der sie sich konfrontiert sahen – wie man einen Zweifrontenkrieg erfolgreich bestehen könne –, hatten sie der außenpolitischen Unbeholfenheit der deutschen Staatsführer zu verdanken.

Moltke und sein Nachfolger Alfred Graf von Waldersee planten einen begrenzten Krieg gegen Russland, der den Zaren zwingen würde, rasch Frieden zu schließen, während man zugleich gegen Frankreich vorgehen wollte mit dem Ziel, sich günstige Ausgangsbedingungen für Friedensverhandlungen zu verschaffen. Dies war eine moderate, eher defensiv angelegte Strategie, die darauf zielte, möglichst ungeschoren aus einer Auseinandersetzung hervorzugehen. Aber sie bedeutete, dass man die Kräfte aufteilen musste, um gleichzeitig gegen zwei Feinde kämpfen zu können.

Alfred Graf von Schlieffen trat sein Amt als Chef des Generalstabs am 7. Februar 1891 an. Er war trotz mangelnder Kriegserfahrung mit diesem Posten betraut worden. Der Mann, der nach dem Tod seiner Ehefrau alleine lebte, eine außergewöhnliche Persönlichkeit, interessierte sich nur für seinen Beruf. Mit seinem gekrümmten Monokel sah er aus wie die Karikatur eines preußischen Offiziers.

Schlieffen schuf eine Art Militärakademie für die Offiziere, die ihm unterstanden. Sie mussten regelmäßig Aufmarschpläne überprüfen und anpassen anhand der Erkenntnisse, die aus den häufig veranstalteten Planspielen und Ausritten auf das Gelände gewonnen wurden. Unter seiner Leitung erarbeiteten die Stabsoffiziere 49 unterschiedliche Strategiepläne für den großen europäischen Krieg, mit dem sie rechneten: Allein 16 Pläne befassten sich mit Frankreich, 14 waren gegen Russland gerichtet und 19 gegen beide zusammen.

In einem Zweifrontenkrieg blieben Deutschland drei Möglichkeiten. Eine davon – gleichzeitig gegen Frankreich und Russland zu Felde zu ziehen – war viel zu riskant angesichts der zahlenmäßigen Unterlegenheit Deutschlands. Zuerst gegen Russland vorzugehen, erschien praktisch undurchführbar; denn auch wenn die Russen besiegt wurden, konnten sie sich in die endlosen Weiten ihres Landes zurückziehen, und man würde ihnen keinen schnellen, entscheidenden Schlag versetzen können. Außerdem vergrößerten die Russen ihre Streitkräfte sehr rasch, bauten ihre Bahnstrecken aus und wurden dadurch zu einem immer gefährlicheren Gegner. Andererseits traute Schlieffen, zumindest noch 1905, den Russen militärisch nicht allzu viel zu.

Eine Reihe von Faktoren sprach daher dafür, sich zunächst gegen Frankreich zu wenden, und nach Ansicht der Militärplaner konnte ein Angriff auf Frankreich nur über das neutrale Belgien erfolgen. Das hatten einige Offiziere im französischen Hochkommando ebenfalls erkannt. Auch Winston Churchill war darüber im Bilde; er war 1911 bei einer vertraulichen Besprechung des britischen Committee of Imperial Defence von diesen Überlegungen unterrichtet worden. Die Gründe, die aus Sicht der

Deutschen für ein derartiges Vorgehen sprachen, waren dem Komitee von Generalmajor Henry Wilson, dem Director of Military Operations im britischen Kriegsministerium, im Einzelnen dargelegt worden.

Am Ende seiner Amtszeit als Generalstabschef fasste Schlieffen in einem Memorandum für seinen Nachfolger zusammen, wie eine solche Invasion Frankreichs über Belgien ablaufen könne. Dabei ging er davon aus, dass Deutschland für diese Invasion mehr als 90 Divisionen zur Verfügung stehen würden – obwohl damals kaum 70 vorhanden waren. Bedeutet das, dass diese Denkschrift im Grunde eigentlich gar kein ernst gemeinter Vorschlag war? Sollte damit wirklich nur auf dem Papier demonstriert werden, dass Deutschland eine größere Armee brauchte, die das Kriegsministerium aber nicht aufzustellen bereit war? Zielte dieses Dokument nur darauf, das Kriegsministerium unter Druck zu setzen? Welche Absichten auch immer damit verfolgt wurden, es diente als ein Planspiel und wurde auch als solches aufgefasst.

Das Schlieffen-Memorandum von 1905/06 ist bis heute heftig umstritten. Nach dem Ende des Ersten Weltkriegs behaupteten einige der überlebenden deutschen Generäle, der Krieg sei nur deshalb verloren worden, weil sich die Verantwortlichen nicht exakt an Schlieffens Geheimplan gehalten hätten, der den Weg zum Sieg gewiesen habe.

Ihre Behauptungen stießen nur auf wenig Widerspruch. In diesem Plan sei gefordert worden, dass die deutsche Armee eine rechte Flanke bilden solle, die an die Küsten der Niederlande und Belgiens vorstoßen solle, um anschließend Westfrankreich zu umfassen und dann nach Paris vorzurücken. Im Osten der französischen Hauptstadt sollte sie schließlich die französische Armee vernichtend schlagen, die zu diesem Zeitpunkt vollständig umzingelt sein würde. Frankreich wäre dadurch für immer als Großmacht ausgeschaltet worden. Dies alles hätte nur wenige Wochen beansprucht, anschließend hätte sich die deutsche Armee nach Osten wenden und Russland angreifen können. Bis heute diskutieren die Historiker über die Konsequenzen des so genannten Schlieffen-Plans. Der darin aufgestellte rigide Zeitplan soll Deutschland angeblich gezwungen haben, den Krieg zu diesem Zeitpunkt und in dieser Form zu beginnen. Der Ablauf der Ereignisse im Sommer 1914 wird häufig als eine Art Automatismus dargestellt, als sei die Regierung in Berlin fest und ohne jeden Spielraum an ihren eigenen Geheimplan gebunden gewesen. Heute jedoch können wir erkennen, dass dies eine verzerrte Sichtweise ist.

Uns stehen mittlerweile Quellen zur Verfügung, zu denen frühere Generationen noch keinen Zugang hatten. Schlieffens Aufzeichnungen, die den Amerikanern in die Hände fielen, wurden 1953 im Nationalarchiv in Washington, D.C., entdeckt. Aus den wegweisenden Arbeiten von Gerhard Ritter in den 1950er Jahren, an die 2001 John Keegan anknüpfte, geht hervor, dass das Schlieffen-Memorandum von 1905 und seine Ergänzung 1906 keineswegs einen konkreten Plan beinhalteten. Sie waren nicht operativ ausgearbeitet. Sie gingen nicht auf Einzelheiten ein und enthielten auch keine Handlungsanweisungen. Man muss sie vielmehr im Zusammenhang mit Schlieffens gesamten militärischen Schriften sehen, die kürzlich beispielsweise in einer Auswahl von Robert T. Foley herausgebracht wurden.

In dieselbe Richtung zielt auch das jüngst erschiene Buch *Inventing the Schlieffen Plan* von Terence Zuber. Aus Archivmaterial, das nach seiner Aussage noch nie zuvor verwendet wurde, zieht der Autor die Schlussfolgerung, dass die Denkschrift und ihre Ergänzung weder Schlieffens konkrete strategische Vorschläge noch seine Kriegspläne und Ideen zum Ausdruck brachten.

Natürlich marschierte Deutschland über Belgien nach Frankreich ein, wie es im Schlieffen-Memorandum empfohlen worden war. Doch diese Vorgehensweise beruhte auf einem Konzept, das man eigentlich als Moltke-Plan bezeichnen müsste, denn erst während Moltkes Amtszeit wurde das operative Dokument – der konkrete Plan für eine Invasion Frankreichs – erarbeitet.

Als sich Moltke das Schlieffen-Memorandum 1911, fünf Jahre nach seiner Entstehung, noch einmal ansah, notierte er in seinen Anmerkungen, dass er ebenfalls der Meinung sei, dass man über Belgien nach Frankreich einmarschieren solle. Diese Entscheidung vervielfältigte aber gewissermaßen die Probleme, mit denen sich Deutschland später konfrontiert sehen würde. Im Zusammenhang mit der ab 1890 vom Deutschen Reich verfolgten Außenpolitik führte sie zum Entstehen eines von den Deutschen so gefürchteten Einkreisungs-Bündnisses. Zudem verwandelte sie einen deutschen Krieg zwangsläufig in einen europäischen Krieg, der sich schließlich zu einem Weltkrieg ausweiten musste. Wenn Deutschland Russland angriff, würde es seinen Feldzug mit einer Invasion Belgiens, Luxemburgs und Frankreichs beginnen, wodurch diese Länder ebenfalls in den Krieg verstrickt werden würden, was anschließend auch Großbritannien hineinziehen würde, gefolgt von Indien, Australien, Neuseeland, Südafrika, Kanada und weiteren Staaten, vielleicht auch Japan, Großbritanniens Verbündetem im pazifischen Raum.

All diese zusätzlichen Gegner schuf man sich, weil man eine Strategie umsetzen wollte, die selbst nach Ansicht eines Wissenschaftlers, der an die Existenz des Schlieffen-Konzepts glaubt, »nie jene endgültige, ausgefeilte Form erlangte, die ihr bisweilen unterstellt wird«.[7]

Schlieffen hielt es für erforderlich, die Neutralität Luxemburgs, Belgiens und der Niederlande zu verletzen, um in Frankreich einzumarschieren. Moltke entschloss sich dagegen, die Niederlande unbehelligt zu lassen. Zum einen hätte der bewaffnete Widerstand der Holländer den Invasoren Schwierigkeiten bereiten können, zum anderen benötigte Deutschland neutrale Niederlande, über die es seinen Nachschub heranführen konnte, falls es zu einem Abnutzungskrieg kam. Diese beiden Gründe sprachen dafür, die Neutralität der Niederlande zu respektieren.

Doch dadurch verengte sich die Invasionsschneise für die deutschen Truppen. Es verblieb ihnen nur noch ein knapp 20 Kilometer breiter Korridor, der zudem durch die belgischen Festungsanlagen in Lüttich kontrolliert wurde. Deshalb mussten die deutschen Truppen, indem sie auf das Überraschungsmoment und auf Schnelligkeit setzten, Lüttich einnehmen, bevor dem Feind richtig klar wurde, dass der Krieg schon begonnen hatte. Dies setzte jedoch absolute Geheimhaltung voraus. Moltke informierte daher nicht einmal die übrigen hohen deutschen Generäle – geschweige die Politiker – von diesen Überlegungen.

Ein weiterer Aspekt gewann später, im Sommer 1914, zunehmend an Bedeutung. Da Russland seine Truppen mittlerweile schneller mobilisieren konnte und seine Streitkräfte stark ausgebaut hatte, fürchteten die Deutschen, im Falle eines Krieges einen russischen Angriff nicht allein abwehren zu können. Sie mussten sich daher um Unterstützung durch Österreich-Ungarn bemühen. Dies ist ein Schlüssel zum Verständnis der Krise vom Juli 1914.

In dem geeinten Deutschen Reich, das Preußen durch die Kriege in den 1860er und 1870er Jahren geschaffen hatte, spielte das Militär eine überproportional große Rolle und damit auch der König von Preußen, der nicht nur deutscher Kaiser, sondern auch militärischer Oberbefehlshaber war. Wenn Reichskanzler Otto von Bismarck, der zivile politische Führer des Landes, in Militäruniform auftrat, signalisierte er, dass er sich mit der Armee identifizierte und dass er, gewissermaßen der Staatsgründer und Vater der Verfassung, durchaus wusste, wo das eigentliche Machtzentrum lag.

Der Kaiser verfügte in den großen Fragen von Krieg und Frieden über nahezu diktatorische Vollmachten. Er konnte den Krieg erklären oder Frieden schließen – sofern er dazu die Unterschrift des Kanzlers erhielt. Aber da der Kanzler vom Kaiser ernannt wurde und ihm untergeordnet war, stellte dies keine ernsthafte Beschränkung der Macht des Monarchen dar.

Der Kaiser war der oberste Kriegsherr der Armee des Deutschen Reiches. Unmittelbar ihm unterstellt waren drei Institutionen, die bisweilen miteinander rivalisierten: das preußische Kriegsministerium, das Kriegskabinett und der Große Generalstab. Sie hatten unterschiedliche Funktionen, die sich jedoch teilweise überschnitten. Auch die Leiter dieser Institutionen wurden vom Kaiser ernannt.

Häufig wurde behauptet, der jüngere Moltke sei 1906 nur deshalb an die Spitze des Generalstabs gelangt, weil er die besondere Sympathie Kaiser Wilhelms genossen habe. Moltkes Biographin Annika Mombauer berichtet in ihrem jüngst erschienenen Werk, das sich teilweise auf bislang unbekannte Primärquellen stützt, dass »er mit dem Kaiser befreundet und sein langjähriger Adjutant gewesen war«, dass er »als junger Mann im Militär eine eindrucksvolle Erscheinung abgab« und »aufgrund seiner angenehmen Manieren und seiner vielfältigen kulturellen Interessen zu einem überzeugenden Kandidaten wurde«.[8]

Der in Ostpreußen geborene Moltke besaß zweifellos den passenden gesellschaftlichen Hintergrund. Seiner Bewerbung schadete es keinesfalls, dass er ein Neffe des großen Moltke war – Moltke des Älteren, wie man ihn später nannte –, des militärischen Befehlshabers von Bismarcks Armeen, der durch die Siege über Dänemark, Österreich und Frankreich die Voraussetzungen für die Gründung des Deutschen Reiches geschaffen hatte. Der Neffe wusste, was er dem Namen seines Onkels verdankte. Bei seiner Ernennung zum Chef des Generalstabs fragte er Kaiser Wilhelm: »Eure Majestät, glauben Sie ernsthaft, dass Sie zweimal den ersten Preis in derselben Lotterie gewinnen?«[9]

Helmuth von Moltke, ein großer und stämmiger Mann, war zum Zeitpunkt seiner Ernennung 58 Jahre alt. Er malte, spielte Cello und interessierte sich auch für spirituelle Dinge, aber in militärischen und politischen Belangen vertrat er konservative Ansichten. Goethes *Faust* soll sein »ständiger Begleiter« gewesen sein,[10] doch seinem eher durchschnittlichen Intellekt dürfte es fern gelegen haben, Mutmaßungen über eventuelle Parallelen

56

anzustellen zwischen der Figur des Doktor Faust und dem Vormachtstreben, das Preußen seinerzeit an den Tag legte.

Da ihm bewusst war, dass Österreich von entscheidender Bedeutung für seine Pläne war, bemühte sich Moltke, durch die Zusammenarbeit mit seinem österreichischen Kollegen Franz Graf Conrad von Hötzendorf das österreichisch-deutsche Bündnis zu festigen. Es gelang ihm, eine Beziehung wieder mit Wärme zu erfüllen, die in der Vergangenheit etwas erkaltet war. Doch beide Generalstabschefs hielten auch wichtige Informationen zurück und vertrauten sich nicht vollständig. Moltke gab nicht zu erkennen, wie dringend er auf die Unterstützung Österreichs bei der Abwehr eines erwarteten russischen Angriffs angewiesen war. Conrad seinerseits gestand nicht ein, dass sich Österreich auf die Vernichtung Serbiens konzentrierte und es Deutschland allein überlassen wollte, mit den Armeen des Zaren fertig zu werden.

Bis in die jüngste Zeit haben Historiker, vor allem in Deutschland, die Ansicht vertreten, Moltke sei schwach, seiner Aufgabe nicht gewachsen und eher eine Randfigur gewesen. Mombauers Biographie jedoch könnte diese Beurteilung ins Wanken bringen. Helmuth von Moltke war demnach durchaus eine wichtige, einflussreiche Figur, sowohl wegen seiner Handlungen als auch aufgrund seiner Unterlassungen.

Als Günstling des Kaisers, bei dem er stets ein offenes Ohr fand, setzte Moltke zwei Kerngedanken durch: erstens, dass das Bündnis mit Österreich von entscheidender Bedeutung sei und absoluten Vorrang genießen müsse, und zweitens, dass ein Krieg gegen die Triple-Entente – Großbritannien, Frankreich und Russland – spätestens 1916 oder 1917 ausbrechen würde, und dass Deutschland diesen Krieg verlieren würde, wenn es nicht so schnell wie möglich einen Präventivangriff unternahm. Da Moltke überzeugt war, dass es zu diesem Krieg kommen würde, wollte er ihn lieber früher als später führen. Er war für diesen Krieg, obwohl er wie viele seiner Kollegen fürchtete, dass dieser das Ende für die europäische Zivilisation bedeuten würde.

Kapitel 5
Zarathustras Prophezeiungen

Das größte Wettrüsten, das die Welt bislang erlebt hatte, fand nicht nur zwischen verfeindeten Nationen statt, die sich gegenseitig zu vernichten planten, sondern auch in einem kulturellen Umfeld, in dem weithin die Überzeugung vorherrschte, dass allein aus Zerstörung eine Erneuerung erwachsen könne. Der Prophet dieses Zeitalters war der wortgewaltige, aber unsystematische deutsche Philosoph Friedrich Nietzsche (1844–1900). Nietzsche pries die Werte des Irrationalen. Seine Botschaft fand nicht nur in Deutschland, sondern auch in vielen anderen Ländern Anklang. Er war ein Europäer, kein provinzieller Deutscher. In seinen späteren Jahren lebte er in der Schweiz und in Italien.

Die Französische Revolution von 1789 hatte ein Jahrhundert der Revolutionen eingeläutet, die jedoch die Träume nicht hatten verwirklichen können, von denen sie beflügelt worden waren. Unvollendete oder verratene Revolutionen hatten in Europa Enttäuschung hervorgerufen und eine Bereitschaft zur Gewalt entstehen lassen. Nietzsche brach mit den überkommenen europäischen Werten und verkündete in *Also sprach Zarathustra:* »Gott ist tot!«

Die Uraufführung des Ballets *Le Sacre du Printemps* von Igor Strawinsky und Waclaw Nijinskij am 29. Mai 1913 im Théâtre des Champs-Élysées in Paris wird vielfach als Symbol für Nietzsches Rebellion gegen die Kunst betrachtet. Dieses Ballett, in dem ein heidnisches Frühlingsfest mit einer derben, rhythmisch gänzlich ungewohnten Musik auf die Bühne gebracht wurde, löste im Publikum einen heftigen Tumult aus und wurde einer der größten Skandale der Musikgeschichte. Aufgeregtheit und Hysterie waren allenthalben im Schwange.

Vielleicht förderte diese Frustration – das Gefühl des Stillstands im Leben, in der Kunst und der Politik – eine Hingabe an die Gewalt, aber auch eine gewisse Gleichgültigkeit: Man glaubte, die Welt müsse in die Luft gejagt werden, ungeachtet der Folgen, die sich daraus ergeben würden. Somit mag auch die von Nietzsche verkörperte Stimmung in Europa dazu beigetragen haben, den Großen Krieg zu ermöglichen.

Der Historiker A. J. P. Taylor schrieb in diesem Zusammenhang: »Die Menschen schienen schon mindestens zwei oder drei Jahre vor dem Krieg von einer großen Nervosität erfasst gewesen zu sein, als seien sie des Friedens und der Sicherheit überdrüssig geworden. Dies zeigte sich vor allem in Bereichen, die nichts mit internationaler Politik zu tun hatten – in der künstlerischen Strömung des Futurismus, in der Bewegung der Suffragetten…im Aufkommen des Syndikalismus in der Arbeiterbewegung. Die Menschen suchten die Gewalt um ihrer selbst willen; sie hießen den Krieg willkommen, weil er sie vom Materialismus befreite. Die europäische Zivilisation war bereits zusammengebrochen, bevor der Krieg sie vollends zerstörte.«[11]

In den Anfangsjahren des 20. Jahrhunderts wurde in Europa die Gewalt verherrlicht, und zumindest einige gesellschaftliche Gruppen drängten auf einen radikalen Wandel. In fast allen Bereichen des Daseins vollzogen sich Veränderungen mit bisher nicht gekannter Geschwindigkeit – und viel schneller, als Europa darauf reagieren konnte. Ein Panoramabild Europas zwischen 1900 und 1914 würde zeigen, dass der Kontinent von einer wissenschaftlichen, technologischen und industriellen Revolution erfasst wurde, die von einer scheinbar unbegrenzten Energie vorangetrieben wurde und alles veränderte; dass die Gewalt ein charakteristisches Merkmal der sozialen, wirtschaftlichen, politischen und ethnischen Auseinandersetzungen war; dass sich in

Europa ein eskalierendes, Schwindel erregendes Wettrüsten Bahn gebrochen hatte, das die Welt noch nicht gesehen hatte; und dass im Herzen des Kontinents das mächtige, dynamische Deutschland strategische Arrangements getroffen hatte, die im Falle eines Krieges fast das gesamte Europa und einen großen Teil der übrigen Welt in den Konflikt hineinziehen mussten.

Beantwortet sich angesichts dieser Umstände die Frage »Wie konnte in einer solch friedlichen Welt ein Krieg ausbrechen?« nicht von selbst? Sollte man nicht besser die Frage stellen, wie die Staatsmänner den Krieg noch weiter hätten hinauszögern können, oder wie es ihnen überhaupt gelungen war, so lange den Frieden zu bewahren? Was allerdings nicht heißen soll, dass der Krieg *nicht* hätte abgewendet werden können, sondern nur, dass es 1914 schon eines außerordentlichen Geschicks bedurft hätte, ihn doch noch zu verhindern.

Heute hält man es für selbstverständlich, dass sich die Regierungen um die Erhaltung des Friedens bemühen. Dies ist eine kaum noch hinterfragte Grundannahme. In Anbetracht der Entwicklung von Massenvernichtungswaffen, so heißt es, würden alle zu den Verlierern zählen, sollte zwischen den Großmächten ein Krieg ausbrechen. Die Menschheit würde einen solchen Konflikt nicht überleben. Unsere wichtigste internationale Institution, die Vereinten Nationen, wird als eine friedenserhaltende Einrichtung betrachtet, weil die Verhinderung von Kriegen der Hauptgrund für die Schaffung dieser Weltorganisation war.

Es wäre jedoch falsch anzunehmen, dass die Staatsführer vor einem Jahrhundert ähnliche Auffassungen vertreten hätten. Ihr Denken kam besonders prägnant in der, wie man sie später nannte, »ersten großen Rede« von Theodore Roosevelt zum Ausdruck, der damals stellvertretender Marineminister in der Regierung des neu gewählten US-Präsidenten William McKinley war. Vor dem Naval War College sagte Roosevelt 1897: »Kein Triumph des Friedens kann so groß sein wie der überragende Triumph des Krieges.« Der Krieg sei etwas Gutes und Heilsames. »Alle großen herrschenden Rassen haben gegen andere Rassen gekämpft, und in dem Augenblick, in dem eine Rasse ihre kämpferischen Tugenden verliert... büßt sie auch das Recht ein, den Besten gleichgestellt zu sein.« Er fuhr fort:»Feigheit ist für eine Rasse, wie auch für das Individuum, eine unverzeihliche Sünde.« Irgendwann würden sich die Umstände verändern, sagte er, doch solange dies nicht der Fall sei, werde man nicht ohne Krieg auskommen können.»Keine Nation kann ihren Platz in der Welt behaupten oder wirklich wertvolle Arbeit verrichten, wenn sie nicht bereit ist, ihre Rechte mit der Waffe in der Hand zu verteidigen.«[12]

Diese Rede wurde in den großen amerikanischen Zeitungen in vollem Wortlaut abgedruckt, und die einhellige Zustimmung der Presse in allen Teilen der Vereinigten Staaten zeigte, dass Roosevelt nicht für sich allein gesprochen hatte. Er lebte in einer Welt, in der Krieg als erstrebenswert galt – und sogar als unverzichtbar betrachtet wurde.

Auch Franz Graf Conrad von Hötzendorf, der Generalstabschef des Heeres der österreichisch-ungarischen Doppelmonarchie, erklärte wiederholt, dass»der Krieg das Grundprinzip hinter allen Ereignissen auf der Welt« sei.[13] Für ihn war er darüber hinaus der Schlüssel zu persönlichem Erfolg. Conrad unterhielt ein Verhältnis mit einer verheirateten Frau und glaubte, wenn er als Held vom Schlachtfeld heimkehrte, würde er seine Geliebte dazu bewegen können, ihren reichen Gemahl zu verlassen.

Das Streben nach»Ehre« war ein wichtiges Thema in dieser Zeit. Nach Conrads Auffassung errang ein Krieger durch seine Ehrbarkeit die Liebe der Frauen und die Bewunderung der Männer. Viele Staats- und Regierungschefs behaupteten in den Konflikten des Jahres 1914, die Ehre ihres Landes *zwinge* sie dazu, in den Kampf zu ziehen. US-Präsident Woodrow Wilson verwendete diese Begrifflichkeit 1917 in seiner Rede vor dem Kongress, als er die Abgeordneten um Zustimmung zur Kriegserklärung gegen Deutschland bat. Einige militärische oder politische Führer – darunter Conrad und der greise Kaiser Franz Joseph I. – waren überzeugt, dass ihr Ehrenkodex es ihnen gebiete, ihr Land gelegentlich in einen Krieg zu führen, auch wenn sie damit rechnen mussten, diesen zu verlieren.

Diese Haltung – die von den meisten Militärkommandeuren und Adeligen, aber auch von vielen Künstlern und Intellektuellen geteilt wurde – fand jedoch nicht unbedingt die Zustimmung der gewöhnlichen Menschen, der Arbeiter und der Bauern sowie der friedliebenden Mittelschichten und Gewerbetreibenden. Aber die Öffentlichkeit hatte keinen Einfluss auf die Entscheidungen über Krieg oder Frieden: Viele Entscheidungen, von denen das Volk nie etwas erfuhr, wurden hinter verschlossenen Türen gefällt.

Die Entscheidungsträger, eine kleine Gruppe von einigen Dutzend Personen, die über diese Angelegenheiten diskutierten und Beschlüsse fassten, lebten in einer eigenen Welt, einer Welt, in der alles Militärische glorifiziert wurde.

Kapitel 6
Das Zusammenspiel der Diplomaten

Zwischen den europäischen Großmächten hatte von 1871 bis 1914 Frieden geherrscht. Man könnte behaupten, dass diese lange Friedenszeit nicht nur dem Geschick, sondern auch den Wesenszügen und den Grundhaltungen der europäischen Staatenlenker geschuldet war. In gewisser Weise handelte es sich bei ihnen um Angehörige einer großen Familie, um Monarchen und Aristokraten, die durch die Französische Revolution nicht hinweggefegt worden waren. Geprägt durch die Toleranz und die Werte des 18. Jahrhunderts, hatten sie ihre Ämter und ihre Stellung im 19. Jahrhundert bewahren können. Sie waren durch ihre Erziehung, durch kulturelle Bande und vielfach auch durch

Blutsverwandtschaft miteinander verbunden. Die Außenpolitik betrachteten sie als ihre Berufung. Bisweilen neigten diese kosmopolitischen und vorurteilsfreien Staatsmänner sogar dazu, das Wohlergehen Europas den Interessen ihres eigenen Landes überzuordnen. Es war auch nicht ungewöhnlich, dass ein Diplomat in den Dienst einer ausländischen Macht trat – dass beispielweise ein Deutscher oder ein Korse Außenminister Russlands wurde. So war etwa im 18. Jahrhundert der österreichische Graf von Stainville als Wiener Geschäftsträger in Paris tätig, während gleichzeitig sein Sohn als französischer Gesandter in Wien fungierte. Der bekannte deutsch-amerikanische Politikwissenschaftler Hans J. Morgenthau (1904–80), der sich ausführlich mit internationalen Beziehungen und machtpolitischen Problemen befasste, beschrieb diese Art von Politik fast nostalgisch:[14]

Im 17. und 18. Jahrhundert, und zu einem geringeren Grade bis zum Ersten Weltkrieg, war die internationale Moral die Angelegenheit eines persönlichen Souveräns, d. h. eines bestimmten einzelnen Fürsten und seiner Nachfolger und die einer relativ kleinen, zusammenhängenden und homogenen Gruppe einer aristokratischen Oberschicht. Der Fürst und die aristokratische Oberschicht eines bestimmten Staates standen in dauerndem intimen Kontakt zu den Fürsten und aristokratischen Oberschichten anderer Staaten. Sie waren miteinander verbunden durch familiäre Bindungen, eine gemeinsame Sprache (Französisch), gemeinsame kulturelle Werte, einen gemeinsamen Lebensstil und durch gemeinsame moralische Überzeugungen, was einem Adeligen in seinen Beziehungen zu einem anderen Adeligen erlaubt war zu tun, und was nicht, ob dieser nun dem eigenen oder einem fremden Staat angehörte.

Anders ausgedrückt, diese Staatsmänner hielten sich im Spiel der Weltpolitik an gewisse Regeln. Der Verlust an aristokratischen

Werten und die Schwächung der überkommenen Bindungen ermöglichten schließlich jenes Verhalten, das einige Staatsmänner
im Juli 1914 an den Tag legten.

In unserer demokratischen Gesellschaft vergessen wir gern,
welch bedeutende Rolle Könige, Kaiser und der Erbadel noch
bis vor einem Jahrhundert spielten, nicht nur durch ihre Werte
und ihren Verhaltenskodex, sondern auch als Personen. Die vor
kurzem erschienene Untersuchung *Royalty and Diplomacy in
Europe, 1890–1914* von Roderick R. McLean hat dieses Thema
aufgegriffen. Persönliche Freundschaften zwischen Monarchen
konnten dazu beitragen, Länder zusammenzuführen. Aber auch
das Gegenteil war möglich. Diese beiden Möglichkeiten waren
auch in dem ambivalenten Verhältnis zwischen den zwei mächtigsten Herrschern Kontinentaleuropas angelegt, dem russischen
Zaren Nikolaus II. und dem deutschen Kaiser Wilhelm II. Beide
besaßen in ihren Ländern nahezu unbeschränkte Entscheidungsgewalt in den Fragen von Krieg oder Frieden.

Zar Nikolaus II. war Ende 1894 auf den russischen Thron
gelangt und im folgenden Jahr gekrönt worden. Noch ein Jahr
vorher war der höfliche und unerfahrene junge Mann von seinem Vater als ungeeignet für das Amt bezeichnet worden: »Er ist
nichts weiter als ein Junge mit kindlichen Ansichten.«[15]

Kaiser Wilhelm II. erklärte sich bereit, seinem jungen Verwandten auf dem gefährlichen Terrain der Weltpolitik zur Seite zu
stehen. Der Altersunterschied zwischen den beiden Männern betrug fast zehn Jahre. Außerdem war Nikolaus von Natur aus eher
zögerlich, Wilhelm dagegen energisch. Die Höflichkeit des jungen
Zaren interpretierte der Kaiser häufig fälschlicherweise als Einverständnis oder Zustimmung. Wilhelm begann eine geheime
Korrespondenz mit ihm, die sich über nahezu zwei Jahrzehnte erstreckte. Anfänglich waren Nikolaus diese Briefe durchaus willkommen.

Im Jahr 1896 trafen sich die beiden Herrscher zu einer Konferenz im heute polnischen Breslau. Sie gelangten schnell zu einer

Verständigung. Aber Wilhelm verärgerte Nikolaus dadurch, dass er ihn zu bevormunden und zu gängeln versuchte. Von nun an entwickelte der Zar eine Abneigung gegen Wilhelm, die bald an Feindseligkeit grenzte. Nikolaus entschloss sich, ihre Korrespondenz abzubrechen. Wilhelm jedoch ignorierte diesen Wunsch und schrieb ihm weitere achtzehn Jahre lang. Hin und wieder trafen die beiden Monarchen zusammen. Nach einer dieser Begegnungen, im Jahr 1902, bemerkte Nikolaus:»Er ist vollkommen verrückt!«[16]

Gelegentlich jedoch schien der deutsche Kaiser doch einen gewissen Einfluss auf Nikolaus auszuüben; er hatte vermutlich Anteil daran, dass der Zar sein Reich in einen verlustreichen Krieg gegen Japan (1904/05) führte. Im Allgemeinen aber war es Nikolaus lieber, wenn er von seinem lästigen Verwandten nichts hörte und sah. Und damit stand er nicht allein.

Die englische Königin Victoria, die Großmutter des deutschen Kaisers, warnte Nikolaus vor Wilhelms»bösartigem und unaufrichtigem Verhalten«.[17] Gegenüber ihrem Premierminister bezeichnete sie Wilhelm als einen»hitzköpfigen, eingebildeten und starrsinnigen jungen Mann«. Sie lud Wilhelm weder zu ihrem Diamantenen Thronjubiläum (1897) ein noch zur Feier ihres 80. Geburtstags (1899). In seiner eigenen Version der Geschichte bezeichnete sich Wilhelm dagegen als Lieblingsenkel Viktorias.

Doch trotz all seiner Verfehlungen war der deutsche Kaiser ein Blutsverwandter und wurde auch als solcher behandelt. Diese Grundsolidarität zwischen Vettern sorgte auch für Frieden und Stabilität zwischen dem Zaren und dem Kaiser. McLean schreibt dazu:»Zumindest bis 1908 war jeder der beiden Monarchen davon überzeugt, dass der andere keine feindseligen Handlungen gegen ihn unternehmen würde.«

Auch diese persönlichen Beziehungen zwischen den Herrschern trugen dazu bei, dass Europa in den ersten Jahren des 20. Jahrhunderts noch von einem Krieg zwischen den Großmächten verschont blieb. Aber schließlich vermochten die Familienbande die Spannungen nicht mehr zu entschärfen, die sich zwischen den Mächten aufgebaut hatten. Vielmehr hätte es nun höchster staatsmännischer Kunst bedurft, um die Staaten Europas durch jene explosiven Probleme hindurchzulavieren, mit denen sie es zu tun hatten. Es war wie ein Gang über Minenfelder.

Teil zwei

Ein Gang über Minenfelder

Kapitel 7
Die Balkanfrage

Seit Beginn des 19. Jahrhunderts glaubten die Staatsmänner Europas – jene Hand voll Regierungschefs, Außenminister und Kanzleibeamte, die sich mit den geheimnisvollen Fragen der Außenpolitik befassten – ganz genau zu wissen, auf welche Weise die bestehende Weltordnung einmal ihr Ende finden würde (sie wussten nur nicht wann). Der Krieg zwischen den fortschrittlichen, industriellen Großmächten würde, davon waren sie überzeugt, durch den Zusammenbruch des Osmanischen Reiches ausgelöst werden, weil dessen weite und wertvolle Territorien die Raubgelüste der rivalisierenden, expansionistischen europäischen Reiche weckten. Vor Jahrhunderten hatten die Türken nicht nur den Nahen Osten beherrscht, sondern auch einen großen Teil Nordafrikas und den gesamten Balkan – bis vor die Tore Wiens. Nunmehr zogen sich die rückständigen und demoralisierten Truppen des Sultans auf ganzer Linie, zwar langsam, aber stetig, vor den Christen zurück. Die Frage, welche europäische Macht insbesondere Südosteuropa für sich gewinnen konnte – »die Balkanfrage« oder allgemeiner »Orientfrage« –, wurde gemeinhin als das Thema der internationalen Politik angesehen, das langfristig den größten Sprengstoff barg. Der Ausspruch: »Eines Tages wird der große europäische Krieg wegen irgendeiner Dummheit auf dem Balkan ausbrechen«, wird Bismarck kurz vor seinem Tod nachgesagt.

Aus Angst vor dieser Katastrophe mit unkalkulierbaren Folgen versuchte Großbritannien traditionell, die Entscheidung hinauszuzögern, indem es das verfallende türkische Reich stützte. Auf der anderen Seite verfolgte Österreich, später gemeinsam mit Russland, eine expansionistische Politik auf Kosten des Sultans und freute sich schon auf eine Teilung der osmanischen Gebiete.

Wie so oft, wenn die politische Welt das ganze Augenmerk auf eine bestimmte Bedrohung richtet, wurde die Bedrohung gar nicht erst akut: Die Gefahr wurde abgewendet. Im Laufe des 19. Jahrhunderts schüttelte ein christliches Volk nach dem anderen das Joch der osmanischen Herrschaft ab, ohne dass es von einer europäischen Großmacht geschluckt wurde. Anfang des 20. Jahrhunderts waren bereits Rumänien, Bulgarien, Serbien, Montenegro und Griechenland allesamt zumindest de facto freie Länder geworden. Die neuen Nationen waren jedoch streitsüchtig: Einige waren von Zeit zu Zeit aggressive direkte Rivalen, und jede Einzelne verfolgte ihren eigenen Kurs in der Weltpolitik. Sie warfen begehrliche Blicke auf die Territorien, die den Türken in Europa noch geblieben waren. Damals musste Konstantinopel diese Kleinstaaten mehr fürchten als die Großmächte. Die bedeutendsten Großmächte – Großbritannien, Frankreich, Deutschland und sogar Russland – hätten es mittlerweile vorgezogen, wenn die Grenze des Osmanischen Reiches ihren jetzigen Verlauf behalten hätte. Im April 1897 einigten sich Russland und Österreich-Ungarn darauf, den Status quo in dem Überrest des osmanischen Balkans zu bewahren.

Zumindest, was das betraf, konnten die Regierungschefs in Europa erleichtert aufatmen. Ein Jahrhundert lang waren sie über ein Minenfeld getappt, und sie hatten den Gang nicht nur lebendig, sondern relativ unbeschadet überstanden.

Kapitel 8
Eine Herausforderung für den Erzherzog

Die Habsburger waren ein so altes Herrscherhaus in Europa, dass darüber leicht in Vergessenheit geraten konnte, dass das Land, das sie im Jahr 1914 regierten – Österreich-Ungarn oder die Doppelmonarchie –, noch relativ jung war. Das Reich war so neu, dass der Mann, der es geschaffen hatte, Kaiser Franz Joseph, immer noch lebte und regierte. 1914 war Österreich-Ungarn 47 Jahre alt, Franz Joseph 84 Jahre.

Die Doppelmonarchie war eine Improvisation. In den Sechzigerjahren des 19. Jahrhunderts waren Reformen dringend nötig gewesen, als die Deutschen in Österreich sich von den anderen Deutschen abgeschnitten sahen, nachdem man sie aus dem Herrschaftsbereich, den Preußen sich sicherte, hinausgedrängt hatte. Mit einem Mal fühlten sie sich außerstande, sich aus eigener Kraft zu halten. Ein festes Bündnis mit den Herrschern des Madjarenreiches lautete Franz Josephs Lösung von 1867. Die wirtschaftlichen Rahmenbedingungen des so genannten österreichisch-ungarischen Ausgleichs mussten alle zehn Jahre neu bestätigt werden.

Doch Österreich und Ungarn verfolgten an manchen Punkten entgegengesetzte Interessen und Ambitionen. Erzherzog Franz Ferdinand, Franz Josephs Neffe und Thronerbe, hatte sich intensiv mit der Frage auseinander gesetzt, wie er die habsburgischen Ländereien neu ordnen könne, wenn er den Thron bestieg. Ihm wurde der Plan zugeschrieben, eine Dreiermonarchie zu schaffen, in der die Slawen an der Seite der Deutschen und Ungarn den Rang eines Staatsvolkes des Reiches einnehmen sollten. Das hätte es wiederum den Deutschösterreichern ermöglicht, die Slawen und die Ungarn gegeneinander auszuspielen. Diesen Plan ließ er jedoch offenbar zu Gunsten von anderen fallen, die allesamt die Wiederherstellung der Größe Österreichs zum Ziel hatten.

Franz Ferdinand bedauerte die Folgen der Bindung seines Landes an Ungarn. Seine Gefühle in dieser Hinsicht waren bekannt und wurden zugleich erwidert. Es bestand durchaus Anlass zu der Annahme, dass mit Unruhen zu rechnen war, wenn Franz Joseph starb und Franz Ferdinand den Thron bestieg – mit radikalen Verfassungsänderungen im Sinn.

Österreich-Ungarn war damals ein wackeliges Staatsgebilde, das sich nur mit Mühe selbst zusammenhalten konnte. Den offiziellen Rang einer Großmacht behielt die Doppelmonarchie nicht zuletzt aus Höflichkeit seitens der anderen Mächte. Im Rückblick deckte sich folglich die Balkanfrage – also die Frage, was aus den europäischen Besitzungen eines zusammenbrechenden türkischen Reiches werden sollte – mit der aufkommenden österreichischen Frage: Was sollte aus der wackeligen Doppelmonarchie werden? Einige behaupteten bereits, dass der habsburgische Kaiser, nach dem osmanischen Sultan, der neue »kranke Mann« Europas werde. In dem tödlichen Spiel der Weltpolitik ging Österreich-Ungarn zwar weiterhin auf die Jagd, doch es wurde auch selbst gejagt. Die Balkanfrage hatte mittlerweile eine neue Wendung genommen und stand Kopf: Die Habsburger hatten Ländereien auf dem Balkan begehrt; nunmehr begehrten die Balkanvölker habsburgische Ländereien.

Österreich-Ungarn zählte gemessen an der Fläche zu den größten Staaten Europas. Zwei der vielleicht elf Nationalitäten, die Deutschen und die Ungarn, übten fast die gesamte politische Macht aus. Im österreichischen Teil dominierte weitgehend das eine Drittel der Bevölkerung, das deutscher Abstammung war, die beiden Drittel, die anderer Abstammung waren. Im ungarischen Teil beherrschten die 40 Prozent Ungarn die 60 Prozent der Bevölkerung, die keine Ungarn waren.

Eine Woge nationaler Bewegungen brauste seit den Tagen der Französischen Revolution durch ganz Europa. Sie inspirierte eine Literatur, in der ein repressives Österreich als gemeiner Bösewicht dargestellt wurde. Folglich wirft das finstere und unbeugsame habsburgische Österreich, ein unversöhnlicher Feind der Freiheit, in Werken wie Stendhals *La Chartreuse de Parme* (deutsch: *Die Kartause von Parma*) einen dunklen Schatten über Europa. Einige, wenn nicht die meisten, führende, fanatische Nationalbewegungen hatten die Auflösung des Habsburgerreiches zum Ziel, oder zumindest seine Dezentralisierung – dazu zählte etwa die tschechische Bewegung und die einer Reihe von Ethnien auf dem Balkan.

Ein großer Schwachpunkt Österreich-Ungarns war der Umstand, dass es so viele slawische Völker regierte – Angehörige der größten ethnischen Gruppe Europas –, und dass das slawische Russland, so wurde befürchtet, auf deren Loyalität setzen konnte, indem es den Panslawismus propagierte.

Einige Historiker machen uns weis, dass die österreichische Armee stark gewesen sei, obwohl sie auf eine erstaunlich lange Liste verlorener Schlachten und Kriege zurückblicken konnte, die mehr als ein Jahrhundert zurückreichten.

Die Generäle der Doppelmonarchie wussten genau, dass sie auf sich allein gestellt kein ebenbürtiger Gegner für das russische Zarenreich mit seinen riesigen Ausdehnungen und der gewaltigen Bevölkerung waren. Wenn Österreich-Ungarn eine Chance haben wollte, benötigte es den Schutz des Deutschen Reiches.

Kapitel 9
Das Pulverfass Deutschland

Zu Beginn des 20. Jahrhunderts steckte der deutsche Nationalstaat noch in den Kinderschuhen. In mancher Hinsicht war seine politische Struktur jedoch bereits veraltet – oder war es möglicherweise von Anfang an gewesen. In den 30 Jahren seit seiner Gründung hatte Deutschland den Sprung von einem im Wesentlichen agrarisch geprägten Land hin zu der dynamischsten Handels- und Industriemacht auf dem Kontinent geschafft. Eine Folge davon war, dass das Land nunmehr in sich gespalten war. Die Landwirtschaft forderte immer noch Schutzzölle, um zu überleben, während die Industrie mittlerweile nach dem Freihandel rief, den sie brauchte, um sich voll entfalten zu können. Dies war nur einer von vielen Widersprüchen, die das Reich Kaiser Wilhelms II. so schwer zu ergründen – und zu regieren – machten. An der Schwelle zur modernen Welt war Deutschland in mancher Hinsicht politisch überholt und deshalb außerstande, die unterschiedlichen Tendenzen miteinander in Einklang zu bringen, die im Zuge des Modernismus aufkamen.

Laut Volker R. Berghahn war »das herausragende Merkmal der deutschen Innenpolitik vor 1914 ... ein fast völliger Stillstand«.[1] Zur Erklärung beruft er sich auf den Historiker Gustav Schmidt, der sinngemäß schrieb: Die Vorstellung mehrerer Gruppen, die sich gegenseitig blockierten und damit auch einen Ausweg aus der Sackgasse verhinderten, liefere den Schlüssel zu einem Verständnis der deutschen Politik in den letzten Jahren vor dem Krieg. Einige meinten, ganz im Bann Nietzsches, es sei die beste Lösung, gleich die ganze Gesellschaft in die Luft zu jagen. Es war gar nicht so leicht, eine Alternative auszumachen, die nicht mit Gewalt verbunden war.

Bis ins 19. Jahrhundert hinein war die deutschsprachige Bevölkerung Europas zersplittert. Allein im ehemaligen Heiligen Römischen Reich Deutscher Nation lebten sie in Hunderten von Fürstentümern, Städten und anderen Kleinstaaten. Napoleon strukturierte die politische Landschaft neu. Die Koalitionspartner, die Napoleon schlugen, versuchten sich ebenfalls an einer Restrukturierung. Am Ende kam die Vereinigung von innen heraus zustande, aus dem deutschsprachigen Raum.

Das Land, das wir heute als Deutschland kennen, geht auf das Deutsche Reich zurück, das in einer Reihe von Kriegen, mit ihrem Höhepunkt 1870/71, entstanden war – Kriege, die ein militaristisches, protestantisches Preußen unter Otto von Bismarck geführt hatte. Das Reich umfasste das Königreich Preußen, drei weitere Königreiche, 18 Herzog- und Fürstentümer und drei freie Städte. Bismarck schloss jedoch ganz bewusst Österreich aus, das die deutschen Staaten in Europa bislang angeführt hatte. Auf diese Weise wollte er natürlich Preußens eigene Führungsrolle im deutschsprachigen Europa sicherstellen. Das hatte darüber hinaus den Effekt, dass eine protestantische Mehrheit in dem deutschen Bundesstaat gesichert war. Der spätere Reichskanzler Fürst Bernhard von Bülow ermahnte seine Regierungsrepräsentanten im Ausland im Jahr 1906 an die Folgen, falls die Deutsch-österreicher in das Deutsche Reich eingegliedert würden: »Es würden 15 Millionen Katholiken zum Deutschen Reich hinzukommen, und die Protestanten würden zu einer Minderheit... Das Kräfteverhältnis zwischen Protestanten und Katholiken würde dem entsprechen, welches seinerzeit zum Dreißigjährigen Krieg geführt hat und damit zu einer Auflösung des Deutschen Reiches.«[2] In Deutschland hatte Bismarck beschlossen, ein kleineres Land in die politische Landschaft einzuführen, das er und seine preußischen Landsleute kontrollieren konnten, statt ein größeres, das sich ihrer Kontrolle entzog. Und das blieb auch weiterhin die Hauptsache für Berlin.

Deutschland gelangte jedoch zu der Überzeugung, dass Österreich, für den Fall eines Krieges, ein unverzichtbarer Bündnispartner sei, obgleich Österreich schwächer als Deutschland war. Der Fortbestand des Habsburgerreiches wurde in Berlin als vitales deutsches Interesse angesehen, ja, vielleicht sogar als das vitale Hauptinteresse in der internationalen Politik.

Das gemäß seiner Landeskultur undemokratische und militaristische Preußen wurde von der Armee und der weitgehend verarmten, Land besitzenden Junkerklasse kontrolliert, die ihr Offizierskorps anführte. Preußen übte seinerseits wiederum eine starke, in Kriegszeiten fast totale Kontrolle über den Rest des Deutschen Reiches aus. Das Deutsche Reich entwickelte sich durch eine rasante Industrialisierung zur führenden Wirtschaftsmacht des Kontinents, doch im Laufe dieses Prozesses sank ein großer Teil der Bevölkerung zu einem Industrieproletariat ab. Arbeitern musste der Zugang in das Offizierskorps der Armee verwehrt werden, sonst wäre der aristokratische Charakter des Korps ausgehöhlt worden – und damit das von ihm gestützte Regime. Folglich beschloss Deutschland, obwohl es Ambitionen hegte, Europa oder gar die ganze Welt zu beherrschen, ganz bewusst, die Stärke seiner Armee nicht in dem Maße zu erhöhen, wie es für solch expansionistische Träume nötig gewesen wäre.

Admiral Alfred von Tirpitz erklärte im Jahr 1896 sinngemäß, dass die Streitkräfte letztendlich zu dem Zweck existierten, Revolutionen im Innern zu unterdrücken.[3] Dieselbe industrielle Revolution, durch die Deutschland zum mächtigsten Land auf dem Kontinent aufstieg, brachte gleichzeitig Kräfte hervor, die das Regime bedrohten. Das war nur einer von zahlreichen Widersprüchen in der deutschen Politik.

Motor des deutschen Industriewachstums war das Bildungssystem des Landes. Doch auch hier zeigte sich ein Widerspruch: Es war sehr unwahrscheinlich, dass die gebildetste, allgemeine Bevölkerung Europas langfristig eine archaische Regierungsstruktur oder eine Führungsschicht dulden würde, die sich aus einem sehr kleinen Kreis rekrutierte.

Lange nach dem Ersten Weltkrieg argumentierten teilnahmsvolle, ausländische Beobachter, dass die anderen Mächte sich auf friedlichem Weg mit Deutschlands wachsender Größe hätten arrangieren müssen: dass sie Berlin Zugeständnisse hätten machen sollen. So gesehen, lag die Verantwortung für den Ausbruch des Krieges auf den Schultern der wichtigsten Länder (Großbritannien, Frankreich, Russland und die Vereinigten Staaten), die später Deutschlands Aufstieg zu einer Weltmacht im Wege standen. Sie gaben Deutschland, laut dieser Argumentation, keine andere Möglichkeit, sich selbst zu behaupten, außer durch einen Krieg. Der französische Historiker Elie Halévy etwa schrieb in den Dreißigerjahren verständnisvoll:»Aber angenommen, heutzutage würde erkannt, dass eine Nation immens an militärischer oder wirtschaftlicher Stärke gewonnen hat, auf Kosten einer oder vieler anderen... für eine derartige Störung des Gleichgewichts hat der Mensch noch keine Methode für eine friedliche Anpassung gefunden... sie kann nur durch einen Ausbruch der Gewalt korrigiert werden – einen Krieg.«[4] Doch auch hier stößt man wiederum auf einen Widerspruch. Wie im Folgenden gezeigt wird, waren der Kaiser und andere deutsche Politiker in den Jahren 1912 und 1913 überzeugt, dass ihr Land in Relation zu den anderen Mächten schwächer werde, nicht stärker. Der Generalstabschef hatte den Eindruck, dass Deutschland eben deshalb so bald wie möglich einen Krieg beginnen müsse, weil die Siegesaussichten mit jedem Jahr geringer würden. Mit anderen Worten, in seinen Augen war ein Krieg nicht aus dem Grund nötig, weil die anderen sich mit der deutschen Stärke arrangieren mussten, sondern weil etwas gegen die deutsche Schwäche unternommen werden musste.

Eine Zeit lang schien das Wettrüsten einen Ausweg zu bieten. Deutschland hätte nach der Ablösung Großbritanniens als führende Wirtschaftsmacht eigentlich imstande sein müssen, seine Rivalen durch höhere Militärausgaben hinter sich zu lassen. Doch eine archaische Verfassungsstruktur und das fehlende progressive Steuersystem verhinderten, dass Deutschland das steigende Wirtschaftswachstum auch in steigende Staatseinnahmen umsetzen konnte. Zu Beginn des 20. Jahrhunderts war das Land an die Grenze gestoßen und gab so viel, wie es konnte – und mehr als es sollte –, für das Militär aus. In einem englischsprachigen Standardwerk über Deutschland vor dem Ersten Weltkrieg schreibt Berghahn:»Die deutsche Rüstungspolitik war fast ausschließlich für die Finanzmisere des Reiches verantwortlich. Jahrelang gab man einen relativ stabilen Anteil von rund *90 Pro-*

zent des Reichshaushalts für Armee und Marine aus [Hervorhebung des Autors].«[5]

Ein Führer vom Format eines Franklin D. Roosevelt hätte vielleicht die Blicke der Deutschen auf eine höhere Vision richten und die Menschen allein durch sein Charisma vereinen können. Der deutsche Kaiser Wilhelm II. war allem Anschein nach bestrebt, eine solche Rolle zu spielen. Er trug prunkvolle Uniformen und bestieg edle Schlachtrösser; von Zeit zu Zeit gab er dramatische Erklärungen von sich. Doch er erfüllte die Erwartungen nicht; er hatte einfach kein Talent für diese Rolle.

In den vielen Jahren seiner Herrschaft schwand seine Unterstützung durch das deutsche Volk und stürzte im Zuge mehrerer öffentlicher Skandale, von denen noch die Rede sein wird, auf einen Tiefstand. Bemerkenswerterweise wurde er im Ausland als der Inbegriff der preußischen Junker-Militärtradition wahrgenommen, und das zu einer Zeit, als seine Popularität unter den preußischen Junkern außerordentlich niedrig war.

Kaiser Wilhelm II. war halb Engländer, seine Mutter war Königin Victorias Tochter. Er legte jedoch eine seltsame Haltung gegenüber England an den Tag: ein Kaleidoskop aus Liebe, Hass, Neid, Bewunderung und dem Wunsch, zumindest als ebenbürtig akzeptiert zu werden. Viele Biographen erklären diese Widersprüche mit den Gefühlen zu seiner Mutter oder zu seiner Großmutter.

Bei der Geburt wurde festgestellt, dass er in Steißlage in der Gebärmutter lag. Die behandelnden Ärzte waren beinahe überfordert. Damals kamen weniger als zwei Prozent der Babys in Steißlage lebend zur Welt. Wilhelm überlebte – knapp –, trug aber bleibenden Schaden davon.

Wilhelm II. war höchstwahrscheinlich wegen der verschiedenen Gebrechen, die er bei der Geburt erlitt, emotional unausgeglichen. Noch heute ist umstritten, ob auch sein Gehirn Schaden genommen hatte. Sein linker Arm blieb jedenfalls gelähmt, und die Reaktionen anderer Zeitgenossen auf seinen verkümmerten Arm dürften Spuren hinterlassen haben. John Röhl, der führende Gelehrte für Wilhelms Leben und Zeit, ist auf der Grundlage ernst zu nehmender medizinischer Hinweise zu dem Schluss gelangt, dass Wilhelm während der Geburt zu wenig Sauerstoff bekommen hatte und zeit seines Lebens unter den Folgen zu leiden hatte: Charaktermängel wie fehlende Objektivität und übersteigerte Sensibilität.[6] Dies wurde, nach Röhls Ansicht, noch durch die harte Kindheit verschlimmert. Der gekrümmte Hals etwa wurde mit einer »Kopfstreckmaschine«[7] behandelt, und sein Arm wurde in einen frisch geschlachteten Hasen gesteckt. Seine Vorliebe für Militäruniformen, seine Leidenschaft für die Jagd und seine Identifikation mit Achilles lassen darauf schließen, dass er sich nach einem kriegerischen Ruhm sehnte, den er nie erlangen konnte.

Im Jahr 1888 bestieg Wilhelm den Thron des preußischen Königs und deutschen Kaisers. 1913, im Alter von 54 Jahren regierte er folglich seit einem Vierteljahrhundert. In jener Zeit hatte er eine ganze Reihe von internationalen Krisen überwunden, die gedroht hatten, einen europäischen Krieg auszulösen. In allen Fällen konnte ein Krieg vermieden werden, wobei sich Wilhelm selbst am Ende auf die Seite des Friedens schlug. Er hatte die Entscheidung zu treffen. Die Verfassung des deutschen Bundesstaates gab ihm das Recht, Krieg zu erklären. Er spielte häufig mit dem Gedanken, es zu tun.

Wilhelm II. war ein Unruhegeist. Er war nervös, reizbar und sprunghaft. Von der Begeisterung des Augenblicks mitgerissen, drohte er mit einem Mal und warf sich in Positur, spielte den Kriegsherrn, der sein Volk in die Schlacht führen wollte; später nahm er alles wieder zurück. Militärs und zivile Beamte, die für ihn arbeiteten, wussten nie, ob sie sich auf solche spontan getroffenen Entscheidungen verlassen konnten; allzu häufig hatte es falschen Alarm gegeben.

In den Schilderungen, die uns seine Bekannten überliefert haben, sehen wir eine undisziplinierte und unbeständige Persönlichkeit, ein wenig kindisch, emotional angespannt, häufig am Rand eines Zusammenbruchs. Er war weitgehend ungebildet, scheute sich aber nicht, eine unqualifizierte Bemerkung zu irgendeinem Thema abzugeben, von dem er überhaupt keine Ahnung hatte. Egoistisch, wie er war, und zum Größenwahn neigend, sprach er häufig und handelte sogar so, als wäre er ein absoluter Herrscher. Das galt insbesondere für die Außenpolitik. Gegenüber dem Prince of Wales prahlte er einmal auf Englisch: »*I am the sole master of German policy and my country must follow me wherever I go.*«[8] Er hätte noch größeren Einfluss auf die Politik nehmen können, wenn er nicht so launisch und unberechenbar gewesen wäre, und wenn er sich nicht so oft selbst korrigiert hätte. So lernten die Minister, einfach zu ignorieren, was der Kaiser ihnen die meiste Zeit sagte, und ihn zu »dressieren« wie ein kleines Kind. Das fiel ihnen umso leichter, weil er so selten erreichbar war; während der meisten Zeit war er auf der Jagd oder auf Kreuzfahrt. Er hielt sich in einem normalen Jahr nur von Januar bis Mai in der Residenz in Berlin auf.

Vor der Thronbesteigung Wilhelms II. hatte der Kanzler Otto von Bismarck weitgehend die Außenpolitik bestimmt. Wilhelm, ein unerfahrener, junger Monarch, war nicht zufrieden mit dem älteren Staatsdiener und dessen Politik. Zum Beispiel war er in der Frage, wie mit Arbeitskämpfen umzugehen sei, anderer Meinung als Bismarck: Damals stellte sich Wilhelm auf die Seite der streikenden Fabrikarbeiter, Bismarck auf die der Fabrikbesitzer. Im Jahr 1890 stellte Wilhelm seine Autorität unter Beweis, indem er den Eisernen Kanzler entließ.

Nach Bismarcks Entlassung billigten die neuen Minister des Kaisers es im selben Jahr, dass der Rückversicherungsvertrag auslief, eine Kreation Bismarcks. Er war ein wesentliches Element der deutschen Politik gewesen und hatte die deutsche Freundschaft zu Russland bekräftigt, die Freundschaft zu Österreich-Ungarn bestand wie zuvor. Nach Bismarcks Vision verband der Vertrag die drei Reiche auf eine Weise miteinander, die die Rivalität zwischen Russland und Österreich auf dem Balkan unter Kontrolle hielt. Deutschland warf sein Gewicht gegen denjenigen Bündnispartner in die Waagschale, der die empfindliche Balance zwischen ihnen zu stören drohte. Berlin behielt sie beide als Bündnispartner und schuf damit an der Ostfront Sicherheit für Deutschland. Die Verträge wurden geheim gehalten: Russland wusste nichts von Deutschlands Vertrag mit Österreich; Österreich wusste nichts von Deutschlands Vertrag mit Russland.

Ein Jahrhundert lang haben Historiker dem Kaiser die Schuld dafür gegeben, dass er den Rückversicherungsvertrag nicht erneuerte. Inzwischen haben Experten gezeigt, dass er nicht ganz allein die Verantwortung trug. Am 21. März 1890 versicherte Wilhelm dem russischen Botschafter, dass er die Absicht habe, den Vertrag zu erneuern. Am 27. März erklärte er, nachdem er inzwischen erfahren hatte, dass seine außenpolitischen Berater dagegen waren, es gehe doch nicht. Es täte ihm furchtbar Leid.[9] Die Episode war charakteristisch für ihn: Zwar behauptete er, absolut zu regieren, ließ sich aber dann überstimmen.

Von Bismarck wechselte die Macht innerhalb der deutschen Regierung zu denjenigen, die nach Osten blickten: die womöglich davon träumten, das Reichsgebiet, den Einfluss oder die Absatzmärkte über den Balkan und vielleicht Russland in den Nahen Osten und weiter nach China auszudehnen.

Hinter dieser politischen Vision steckte deren finsteres Geschichtsbild, das davon ausging, dass ein Aufeinanderprallen der teutonischen Völker auf der einen Seite und der Völker des Ostens, Slawen und Orientalen, auf der anderen Seite vom Schicksal vorherbestimmt sei. Die Bewohner des Ostens sollten, im Fall einer Niederlage, zu Dienern und Sklaven gemacht werden. Das war das Gegenstück zu den panslawistischen Ambitionen, die einige Politikmacher in Sankt Petersburg hegten.

Noch heute wird darüber diskutiert, ob Wilhelm II. eine wesentliche Rolle bei der Formulierung der Politik spielte. Ein Feld, auf dem seine Einschätzung tatsächlich maßgeblichen Einfluss hatte, war die Verlagerung des Schwerpunkts in der großen Strategie Ende der 1890er: das neue Interesse Deutschlands für die Flottenpolitik.

Die Schlüsselfigur, mit der diese Strategie assoziiert wurde, war der Staatssekretär im Reichsmarineamt, der erst kurz zuvor geadelte Admiral Alfred von Tirpitz. Er repräsentierte in gewisser Weise die aufsteigende Mittelschicht. Sein Plan schien gleich mehrere Probleme auf einen Schlag zu lösen. Er erforderte den Aufbau einer großen Schlachtschiffflotte. Der Bau der Schiffe könnte Arbeitsplätze schaffen und Wohlstand bringen, und damit, so ganz nebenbei, einen Teil der bislang sozialistischen Arbeiterklasse gewinnen.

Dieses Flottenbauprogramm verschlang immer mehr Geld und wurde nur durch eine besondere Anweisung des Kriegsministeriums ermöglicht, es habe vorrangige Bedeutung. Dazu Berghahn: »Seit Mitte der 1890er stiegen die Ausgaben für die Marine gewaltig an, während gleichzeitig die Erweiterung der Armee *de facto* zum Stillstand kam... Es folgten zwei Jahrzehnte der Stagnation.«[10] Die Mittel standen nur deshalb für den Ausbau der Flotte zur Verfügung, weil die Armee beschloss, nicht zu expandieren: »Die Führung der Armee selbst hatte die Expansion gestoppt.« Die Generäle wollten auf diese Weise eine Öffnung des Offizierskorps für, wie sie meinten, unzuverlässige Elemente verhindern: für Personen, die nicht aus dem preußischen Junkertum kamen.

Wie Berghahn schreibt, hatte das Offizierskorps nicht zuletzt die Funktion, »absolute Loyalität zu der bestehenden Ordnung und ihrem militärischen Oberbefehlshaber, dem Monarchen, zu garantieren«. Statt das Heer zu vergrößern, um Feinde im Ausland leichter zu schlagen, beschloss das Kriegsministerium, die gegenwärtige Truppenstärke zu halten, um die Feinde im eigenen Land zu bekämpfen.

Der von Tirpitz in die Wege geleitete Ausbau der Flotte sollte es angeblich Deutschland ermöglichen, mit den anderen Mächten bei dem Wettlauf um Kolonien mitzuhalten. Er würde es Deutschland erlauben, seinen Einfluss auf der ganzen Welt auszudehnen, nicht nur in und um Europa. Deutschland würde in der Weltpolitik mitspielen, nicht nur in der Kontinentalpolitik. In seiner Art stellte das Programm eine Gefahr für Großbritannien dar, gegen das es sich ja auch richtete. Mit dem Aufbau einer großen Flotte, dem Streben nach kolonialen Besitzungen und dem Versuch, auf der Weltbühne eine Rolle zu spielen, schickte Deutschland sich an, England Konkurrenz zu machen oder gar an seine Stelle zu treten. Aus heutiger Sicht war das eine Politik der Selbstverteidigung. Deutschland liegt, wie auch sein österreichischer Bündnispartner, im Zentrum Europas. Es hat an allen Seiten Nachbarn. Geographisch gesehen, ist es umzingelt. Es ist immer schon der Albtraum deutscher Politiker gewesen, von einer Allianz feindlicher Mächte eingekreist zu werden. Das Wilhelminische Deutschland selbst ließ mit seiner aggressiven Außenpolitik und den unklugen Bündnisentscheidungen diesen Albtraum wahr werden.

Im Westen lag Frankreich, das damals durch den Verlust des Elsass und eines großen Teils Lothringens an Deutschland im Krieg 1870/71 verärgert war. Bismarck hatte die Franzosen beschwichtigt, indem er ihr Streben nach einem Kolonialreich unterstützt hatte; unter Wilhelm II. vertiefte das Deutsche Reich jedoch den Graben, indem es sich dem französischen Imperialismus widersetzte, insbesondere in den beiden Marokkokrisen 1906 und 1911.

Im Osten lag Russland, das Berlin bewusst brüskiert hatte, indem es den Rückversicherungsvertrag nicht erneuert hatte. Deutschland traf die verhängnisvolle Entscheidung, Österreich gegen Russland zu unterstützen. Folglich hatte es an beiden Seiten Feinde, im Osten und im Westen, und beschwor eben jenen Zweifrontenkrieg herauf, vor dem es den deutschen Generälen so sehr graute.

Im Süden hatte Italien territoriale Ansprüche an Österreich, folglich war zu erwarten, dass auch Rom sich auf die gegnerische Seite schlagen würde. Es war durchaus möglich, dass das deutsch-österreichische Bündnis auch an einer Südfront kämpfen musste.

Nach der Jahrhundertwende machte das Programm von Tirpitz nunmehr auch noch Großbritannien dem Deutschen Reich zum Feind. England, Frankreich und Russland blieb keine andere Wahl, als sich zu verbünden. Dabei waren sie in vieler Hinsicht untereinander natürliche Feinde und hatten sich über ein Jahrhundert lang als Rivalen um Kolonialreiche in Asien und anderen Teilen der Welt bekämpft. Die feindliche Einkreisung, die Deutschland so sehr fürchtete, wurde folglich von Deutschland selbst bewerkstelligt. Doch der Kaiser und seine Umgebung, darunter die Militärführer des Landes, beschlossen, den anderen die Schuld zu geben.

Wenn man überhaupt von einer konsequenten Unterstützung einer politischen Linie sprechen kann, so unterstützte der Kaiser durchweg Tirpitz und seine Flottenpolitik. Damit geriet der Monarch in die Nähe eines breiten Teils der Mittelschicht, die sich für eine Ausdehnung des Handels, den Aufbau einer Flotte und die Anerkennung der wachsenden deutschen Größe durch andere Mächte aussprach. Es war eine Politik, die Deutschlands Nachbarn Angst machte. Auf der anderen Seite fühlten sich die Deutschen keineswegs sicherer deswegen.

In Anbetracht der relativen Beständigkeit, mit der Wilhelm II. der Flottenpolitik den Vorzug gab, hätte man den Kaiser wohl für den Krieg von 1914 verantwortlich machen können, wenn er als Folge der Herausforderung durch die Seestreitkräfte ausgebrochen wäre. Doch das tat er nicht. Deutschland schied schon einige Jahre vor Kriegsbeginn aus dem Wettrüsten auf See aus; das Flottenprogramm verlor damit seine weltstrategische Bedeutung für Deutschland.

Vielmehr führte die andere und rivalisierende militärische

Gruppe, das von Preußen dominierte Heer, später Deutschland auf dem Weg an, den es 1914 einschlug. Um eines klarzustellen: Der damalige deutsche Militarismus darf keineswegs als ein einzelnes Phänomen mit zwei verschiedenen Aspekten aufgefasst werden, sondern es handelte sich um zwei rivalisierende Programme: das der Marine und das des Heeres.

Paradoxerweise – ein Wort, das neben »seltsamerweise« im Zusammenhang mit dem Wilhelminischen Deutschland sehr häufig benutzt werden muss – führten Tirpitz und Wilhelm die Partei des Friedens an, ob sie es nun wussten oder nicht. Das lag daran, dass die Kriegsmarine, nach Tirpitz' großem Plan, noch Jahre brauchen würde, bis sie zu einer Konfrontation mit England hätte bereit sein können. Und die Marine wollte auf keinen Fall kämpfen, solange sie nicht einsatzbereit war. Für die Marine war das Britische Empire der Feind, für das Heer das russische Zarenreich.

Das Heer schwärmte längst nicht so begeistert von dem Kaiser. Seine Unterstützung der Marine gefährdete die Kontrolle des Deutschen Reiches durch die Junker. Nicht zuletzt eröffnete dies Emporkömmlingen aus der Akademiker- und Mittelschicht neue Aufstiegsmöglichkeiten. Darüber hinaus wurde dem Kaiser die Tendenz, vor einer internationalen Konfrontation zurückzuschrecken, sobald das Risiko eines echten Krieges bestand, von dem Heer als Feigheit ausgelegt.

Die trübsinnige Stimmung, an der die Unzulänglichkeiten des Kaisers mit schuld waren, nährte eine pessimistische Weltanschauung, die charakteristisch war für das Deutschland vor 1914 und Führer wie etwa den jungen Moltke beeinflusste. Diese alles durchdringende Schwermut war, laut Fritz Fischer, auf die große Verehrung für die Ideale einer schwindenden vorkapitalistischen Welt und deren Werte zurückzuführen, die nie wiederhergestellt werden konnten.[11]

Ein Porträt von dem Deutschland vor gut 100 Jahren wäre nicht vollständig, wenn man nicht seine hervorragende kulturelle und wissenschaftliche Stellung erwähnen würde. »Einsteins Deutschland«, wie Fritz Stern es genannt hat, war bereit, die Welt in der Lehre und in den Wissenschaften anzuführen. Es brachte großartige Werke der Literatur und der Musik hervor. Deutsch war die Sprache der Wissenschaft. Wer sich Hoffnungen auf eine Karriere in der Philologie machte, in der Philosophie, der Soziologie oder in den Naturwissenschaften, war gut beraten, eine deutsche Universität zu besuchen. Die Deutschen waren das wohl kultivierteste Volk auf der Welt.

Ein fortschrittliches Land im Korsett eines rückständigen Staatsgebildes, humanistisch und zugleich engstirnig militaristisch ausgerichtet, war Deutschland ein Land der Paradoxe. Außenstehende Beobachter betrachteten es als ein aufstrebendes Land, das Land der Zukunft, während seine eigenen Führer glaubten, ihre Zeit laufe allmählich ab. Das Land war atemberaubend erfolgreich, aber zutiefst beunruhigt, mächtig, aber verängstigt bis hin zur Paranoia. Symbolhaft wurde es von seinem Herrscher verkörpert, der sowohl physisch wie auch emotional unausgeglichen war. Das geographisch im Herzen Europas gelegene Deutschland steckte auch im Herzen der Probleme Europas.

Im Rückblick erscheint es seltsam, dass Beobachter – die gleichen Beobachter, die über den Kriegsausbruch 1914 überrascht waren – nicht erkannten, dass viele deutsche Führer einen Streit suchten und früher oder später, sofern sie den Kaiser ausschalten konnten, auch ihren Willen bekommen würden. Der Amerikaner Edward House erkannte die Gefahr, doch viele Europäer nicht.*

Wenn man House Glauben schenken kann, so deutete alles auf einen Krieg hin, in dem Europa in einem Flammenmeer versinken sollte. Die Schwierigkeit bestand darin vorherzusagen, wann und wo der Konflikt ausbrechen würde. Aus heutiger Sicht spricht vieles für die These, dass der erste Schritt bereits im Jahr 1908 im Osmanischen Reich getan wurde.

* Zu Edward House siehe Kapitel 17.

Teil drei

Europa treibt auf einen Krieg zu

Kapitel 10
Mazedonien – außer Kontrolle

Das schwierigste, komplizierteste und langwierigste Problem,
das sich … [dem türkischen Sultan] stellte, war die mazedonische
Frage … Von dem Berliner Kongress bis zum Ersten Weltkrieg beschäftigte dieses Thema mehr als irgendein anderes diplomati-
sches Problem osmanische ebenso wie europäische Staatsmänner.
Shaw und Shaw, *History of the Ottoman Empire and Modern
Turkey*[1]

Es hat den Anschein, als hätte das Näherrücken des Krieges, sofern eine historische Bewegung überhaupt einen Anfang hat, in
der alten Kaiserstadt Konstantinopel begonnen, in dem einsti-
gen Byzanz und heutigen Istanbul. Da die Stadt die Straßen beherrscht, die Europa von Asien trennen, liegt sie an einem Ort,
der seit den Zeiten, da die sagenhaften und womöglich ins Reich
der Sage gehörenden Agamemnon, Odysseus und Achilles nicht
weit von hier an Land gingen, das Zentrum der Weltpolitik ist.
Mehr als 1000 Jahre lang war Konstantinopel nach dem vierten
Jahrhundert n. Chr. die Hauptstadt des Oströmischen Reiches
gewesen. Danach war sie 500 Jahre lang die Hauptstadt des
Osmanischen (oder Türkischen) Reiches. Sie hatte zwei Zivilisationen überlebt, und am Anfang des 20. Jahrhunderts schien sie
bereit, eine dritte zu überleben.

Die Stadt befand sich jedoch auf einem Tiefpunkt ihrer Geschichte. Ihr Ruhm war ebenso verblasst wie ihre Schönheit. Sie

hatte mit dem Gang der Zeit nicht Schritt gehalten. Die Straßen waren größtenteils immer noch ungepflastert. Die Elektrizität hatte noch nicht Einzug gehalten. Die Stadt war bekannt für ihre kräftigen Winde, die mal aus der einen, mal aus der anderen Richtung bliesen. Dass die Winde der Veränderung in absehbarer Zeit ihr Reich hinwegfegen würden, wurde inzwischen allgemein angenommen, doch es war nicht so einfach zu sagen, aus welcher Richtung dieser Wind blasen würde.

In Mazedonien, einem osmanischen Gebiet im Zentrum des turbulenten Balkan, auf das Griechenland, Serbien und Bulgarien gleichermaßen Anspruch erhoben, sollten die zerstörerischen Kräfte schließlich entfesselt werden. Mazedonien war ein Grenzgebiet, von Recht und Ordnung konnte hier keine Rede sein. Das Gebiet widersetzte sich allen Bemühungen, es unter Kontrolle zu bringen. Es war ein Tummelplatz für Räuberbanden, Guerillakriege, Blutfehden, Terroranschläge, Attentate, Massaker, Vergeltungsschläge, Aufstände und so gut wie jede Form der Gewalt und des Blutvergießens, die der Menschheit bekannt war. Die osmanische 3. Armee, die die Aufgabe hatte, das Gebiet zu befrieden, war von Angehörigen einer der unzähligen, subversiven Geheimgesellschaften der Türkei infiltriert: von dem »Ausschuss für Einheit und Fortschritt«, besser bekannt als die Jungtürkische Partei. Die Jungtürken setzten sich für eine Modernisierung ein. Sie hatten sich zum Ziel gesetzt, das Reich zu reformieren, damit Europa nicht noch mehr osmanische Gebiete an sich riss.

Auch für Bulgarien, das Mazedonien als seine südliche Hälfte ansah, war die kriegerische Auseinandersetzung eine Erfahrung, die das Entstehen mörderischer, ultranationalistischer Geheimgesellschaften im Militär förderte. Viel später – in den Zwanziger- und Dreißigerjahren – sollten sie sich mit italienischen Faschisten verbünden und in der Geschichte des ganzen Balkan eine blutige Spur hinterlassen.

Mazedonien spielte schließlich für Serbien, einem weiteren

Anwärter auf die Provinz, fast dieselbe Rolle. Serbische Offiziere und andere Freiwillige machten die gleiche Erfahrung des Guerillakampfes und der unschönen Kriegsführung. Auch in Serbien war die Bildung von Geheimgesellschaften durch ultranationalistische Armeeoffiziere eine Folge der Unruhen. Wie wir noch sehen werden, wird eine solche Gruppe in Serbien, die »Schwarze Hand«, häufig beschuldigt, den Ersten Weltkrieg ausgelöst zu haben. Mazedonien war die Schule, die die serbischen Ultranationalisten prägte. Da sie eine Geschichte voller Brandstiftung und Hetze hinter sich hatten, waren sie unmittelbar daran beteiligt, dass ihre Umgebung in Brand geriet. Genau wie die Bulgaren wählten auch die Serben den politischen Mord für die Verwirklichung ihrer Ziele, und genau wie die Bulgaren wandten auch sie sich gegen die eigenen Regierungen und Politiker. Die türkischen, bulgarischen und serbischen Geheimgesellschaften im Militär glichen sich sehr stark, mit dem kleinen Unterschied, dass jede Mazedonien für *sich* beanspruchte. Die Jungtürken traten als Erste in Aktion.

Die Jungtürken wurden im Juni 1908 von der Meldung zum Handeln getrieben, dass Russland und Großbritannien vorgeschlagen hätten, die Ordnung in Mazedonien wiederherzustellen, indem europäische Offiziere als Polizeitruppe dorthin entsandt würden. Wenn der Vorschlag umgesetzt worden wäre, was, zumindest aus heutiger Sicht, äußerst unwahrscheinlich war, hätte das bedeutet, dass die Türkei durchaus eine weitere Provinz verlieren könnte.

Die Jungtürken tauchten für kurze Zeit aus der Versenkung auf, nahmen Kontakt zu den europäischen Mächten auf und protestierten gegen diesen Vorschlag. Inmitten der entstandenen Verwirrung schickte der Sultan Regierungsbeamte aus, um mehrere Führer des Ausschusses zu verhaften, doch die Jungtürken entzogen sich einer Verhaftung und schürten weiterhin eine Rebellion im Land. Angesichts der wachsenden Unruhen setzte der Sultan am 24. Juli 1908 per Dekret die Verfassung wieder in

Kraft – eine der Hauptforderungen der Jungtürken. Ein Jahr später dankte der Sultan zu Gunsten seines Bruders ab.

Eine neue Phase in der osmanischen Politik hatte begonnen. Es war nicht klar, wer die Führung übernehmen würde oder in welche Richtung die Führer gehen würden. Erst im Jahr 1913 war die Regierung des Osmanischen Reiches fest in der Hand der Jungtürken. Doch die Europäer waren gewarnt, dass endlich Änderungen in der Luft lagen.

Alois Lexa von Aehrenthal, der Außenminister Österreich-Ungarns, hielt es für denkbar, dass die jungtürkische Rebellion eine echte Revolution in der osmanischen Politik markierte. Sie könnte bedeuten, dass die Reformen und die Modernisierung, für die sich die Jungtürken aussprachen, tatsächlich in Angriff genommen wurden – und die habsburgischen Interessen auf dem Balkan gefährdeten.

Die Alarmglocken läuteten. Jetzt, so konnte argumentiert werden, war es an der Zeit zu handeln – jetzt oder nie. Die Zeit lief ab. Entweder würden die Jungtürken ihr Reich stärken und weitere Annexionen durch europäische Mächte stoppen, oder das Osmanische Reich zerfiel weiter. Die Machtübernahme der jungtürkischen Partei vermittelte Wien allem Anschein nach folgende Botschaft: Sofort zuschlagen, solange die Türkei noch schwach war, und bevor eine andere europäische Macht zuerst zuschlug.

Kapitel 11
Österreich – fällt als Erster aus dem Rahmen

Im Jahr 1908 verwaltete die Doppelmonarchie Österreich-Ungarn die Doppelprovinz Bosnien-Herzegowina, die offiziell noch dem osmanischen Sultan unterstellt war. In den 1870ern hätte die Türkei um ein Haar die Provinzen durch einen Aufstand der einheimischen Bevölkerung und dann durch einen Krieg gegen Russland verloren, wenn nicht die anderen Großmächte Europas sich in letzter Sekunde eingemischt und die Angelegenheit geregelt hätten, weil sie das Kräftegleichgewicht untereinander bewahren wollten.

Auf dem Berliner Kongress 1878 hatten die Mächte die Kontrolle über die Provinzen aufgeteilt: juristisch blieben sie osmanischer Besitz, doch der Doppelmonarchie wurde das Recht zugestanden, sie – provisorisch – zu besetzen. Mit dieser Regelung war der Streit jedoch keineswegs beigelegt. Das Habsburgerreich war verpflichtet, eine Armee von 200 000 bis 300 000 Soldaten zu entsenden, um einheimische Freiheitskämpfer zu unterdrücken. Auf die Provinzen hatten es viele abgesehen; ja, beide Partner in der Doppelmonarchie, Österreich und Ungarn, wollten sie sich selbst unter den Nagel reißen. Deshalb musste eine Entscheidung auf unbestimmte Zeit verschoben werden, damit das innere Kräftegleichgewicht der Doppelmonarchie gewahrt blieb. Eine Entscheidung, wer am Ende den osmanischen Sultan als legalen Herrscher ablösen sollte, wurde aus ähnlichen Gründen verschoben, um das noch zerbrechlichere Kräftegleichgewicht unter den Staaten Europas zu bewahren. Unterdessen strebten die überwiegend slawischen Einwohner der Provinzen die eigene, nationale Unabhängigkeit an, während die Slawen im benachbarten Serbien, am anderen Flussufer, davon träumten, sie zu annektieren.

Baron von Aehrenthal, der Außenminister der Doppelmonarchie (1906–1912), der im Jahr 1909 in den Grafenstand erhoben wurde, sonnte sich in seinem Ruf als angesehenster Außenminister seiner Zeit. Im Ministerium für Äußeres umgab er sich mit einem Stab junger aristokratischer Helfer, die seine Schüler wurden. Bewunderer hielten ihn für schlau, Kritiker für *zu* schlau.

Aehrenthal sah in der jungtürkischen Rebellion die Gelegenheit, einen großen Erfolg in der anhaltenden Rivalität unter den imperialen Großmächten zu verbuchen. Ob die Eingliederung der

Balkanprovinzen sich nun als die erste – oder die letzte – Gelegenheit erweisen sollte, das Osmanische Reich aufzulösen, spielte dabei keine Rolle; Österreich-Ungarn wäre auf jeden Fall den anderen Mächten einen Schritt voraus, indem es zuerst zuschlug. Der Augenblick war günstig: Russland, der bisherige Hauptrivale Österreichs auf dem Balkan, war durch die Niederlage gegen Japan (1904/05) und die Revolution von 1905 so geschwächt, dass es praktisch als *hors de combat,* außer Gefecht, gelten konnte.

Am 6. Oktober 1908 gab die Doppelmonarchie die Annexion Bosnien-Herzegowinas bekannt. Um die Aufmerksamkeit von dieser Proklamation abzulenken, hatte Aehrenthal Bulgarien, das nominell bislang noch unter türkischer Souveränität gestanden hatte, angespornt, sich einen Tag zuvor für unabhängig zu erklären. Mit dem Ziel, den anderen europäischen Außenministern noch mehr Sand in die Augen zu streuen, schlug er ferner den Abzug habsburgischer Soldaten aus dem benachbarten türkischen Bezirk Novi Pazar vor, die er für nutzlos hielt. Aehrenthal, der seinen eigenen Monarchen, Kaiser Franz Joseph, über diese Manöver im Dunkeln ließ, belog mehrfach andere europäische Regierungen, wenn er danach gefragt wurde, welche Absichten er selbst verfolgte und zu welchen Schritten er Bulgarien drängte. Es war ein Beispiel für die Aushöhlung des aristokratischen Verhaltenskodex, der europäische Politiker zuvor ausgezeichnet hatte.

Die gewalttätigste Reaktion war in dem kleinen, aber rührigen Königreich Serbien, dem Vorkämpfer für die Rechte der südslawischen Völker, zu beobachten. Serbien hatte schon seit langem Bosnien-Herzegowina als Teil seines Kernlandes betrachtet. Viele Gruppen in der Regierung, im Militär und in der Bevölkerung dachten unverzüglich an eine Mobilisierung gegen Österreich oder an einen Krieg. »Narodna Odbrana«, eine serbische, nationalistische, paramilitärische Organisation, meldete sich als Kämpfer für die serbische Sache.

Selbst der Kaiser war bestürzt. Er nannte die Annexion eine

»furchtbare Dummheit« und lamentierte, auf diese Weise werde seine Türkenpolitik, die er so sorgfältig im Laufe von 20 Jahren aufgebaut habe, zunichte gemacht.[2] Er erfuhr erst aus den Zeitungen von dem Schritt Österreichs und zeigte sich »auf das tiefste in meinen Gefühlen als Bundesgenosse verletzt«[3] durch Aehrenthals Verschwiegenheit, worauf der deutsche Kanzler nach seinen Aufzeichnungen erwiderte: »Das Problem liege so: Wir dürfen Österreich-Ungarn mit seinen 50 Millionen Einwohnern, seiner starken und braven Armee nicht verlieren, uns aber auch nicht von Österreich in kriegerische Konflikte hineinziehen lassen, die ... zu einem allgemeinen Krieg führen könnten, an dem wir gar kein Interesse hätten.«[4]

Der Außenminister Russlands, des österreichischen Ministers Hauptrivale in der Region, Alexander Iswolski erhob anfangs keinen Einspruch gegen die österreichische Annektierung. Er glaubte, dass Aehrenthal ihm versprochen hatte, das Habsburgerreich werde ihn dabei unterstützen, dem Zaren eine Kompensation zu verschaffen: freie Passage für das Zarenreich durch Konstantinopel und die Dardanellen. Iswolski glaubte sogar, diesbezüglich eine definitive Zusage von Aehrenthal zu haben, und fühlte sich hintergangen, als sie nicht eingehalten wurde. Doch eine einschüchternde Note in sehr undiplomatischen Worten aus Berlin hielt den Zaren davon ab, sich für die serbische Sache einzusetzen. Der amtierende deutsche Außenminister, der streitbare Alfred von Kiderlen-Wächter, bediente sich in Bülows Auftrag bei der Korrespondenz mit Iswolski einer drohenden Sprache – er stellte schlicht ein Ultimatum: Die deutsche Regierung erwarte eine definitive Antwort: Ja oder Nein; jede ausweichende, verworrene oder vage Antwort müsse von ihr als eine Ablehnung gewertet werden. Russland, das sich von der Niederlage und der Revolution im Jahr 1905 noch nicht erholt hatte, blieb kaum eine andere Wahl, als klein beizugeben. Die Angelegenheit war umso demütigender für Iswolski, weil andere führende Persönlichkeiten in seiner Regierung, die seine Ziele an den Dardanellen nicht teilten, erstaunt darauf reagierten, dass er nichts dagegen unternommen hatte, als Aehrenthal sich Bosnien unter den Nagel riss.

Die österreichische Annexion Bosnien-Herzegowinas störte das empfindliche Kräftegleichgewicht auf dem Balkan. Iswolski entsandte, sei es nun, um Aehrenthal eins auszuwischen oder aus einem anderen Grund, Graf Nikolai von Hartwig als Gesandten nach Serbien (1909–1914). Hartwig war ein militanter Panslawist mit einer eigenen Anhängerschar in Russland. Er schickte sich an, die Balkanstaaten in einer gemeinsamen Front zu vereinen, mit dem Ziel, einen Teil oder sämtliche Ländereien zu erobern, die das Osmanische Reich noch in Europa besetzt hielt. Das war eine heikle Aufgabe – die streitsüchtigen Rivalen der christlichen Balkanvölker zu einem zum damaligen Zeitpunkt scheinbar hoffnungslosen Unterfangen zu überreden –, doch sie war, wie Hartwig zeigte, keineswegs unlösbar.

Hartwig begann damit, ein Bündnis zwischen Serbien und Bulgarien zu schmieden und dieses Bündnis dann zu einer Einigung mit Russland zu bewegen. Weitere Abkommen mit Griechenland und Montenegro folgten.

Kanzler von Bülow hatte die Verwendung herabsetzender Worte bei den Verhandlungen mit Russland gebilligt. Womöglich lag es daran, dass er einen sichtbaren Triumph verbuchen wollte, den er dringend brauchte.

Bülow war im Grunde durch den Einfluss Philipp Eulenburgs, des besten Freundes des Kaisers, auf seinen Posten ernannt worden. Nach einer Reihe von Skandalen und Verfolgungen wegen Homosexualität war Eulenburg gezwungen, ins Exil zu gehen. Allem Anschein nach wurde sogar der Kaiser selbst mit transvestitischen Eskapaden und dekadenten Partys in Verbindung gebracht.

Als Kanzler war Bülow gezwungen gewesen, anzuerkennen, dass Deutschland bei dem Wettrüsten mit Großbritannien nicht

Schritt halten konnte, ein zentraler Bestandteil der Politik, die Tirpitz und der Kaiser vertreten hatten. Der Kanzler erkannte selbst, wie schwer es ihnen fallen würde, den Haushalt auszugleichen, und sah keine Möglichkeit, die dafür benötigten Steuergelder einzutreiben.

Während die Bosnienkrise allmählich abklang, sah Bülow sich mit einem weiteren Skandal konfrontiert: ein umstrittenes Zeitungsinterview des Kaisers, das der Kanzler schon im Voraus freigegeben hatte.

Wilhelm hatte das Interview einem britischen Freund gewährt, der aus seinen Notizen einen Zeitungsartikel verfasste und diesen im Oktober 1908 im Londoner *Daily Telegraph* veröffentlichte. Der Artikel sollte den Nachweis erbringen, dass der Kaiser probritisch sei und Großbritannien deshalb von Deutschland nichts zu befürchten habe. Wilhelm behauptete, dass er beim Burenkrieg in Südafrika (bei dem die deutschen Interessen und Sympathien auf der Seite der Buren und gegen die Engländer gestanden hatten) persönlich verhindert habe, dass andere europäische Mächte sich gegen Großbritannien zusammenschlössen. Mehr noch, der Kaiser behauptete, er habe für Großbritannien strategische Pläne verfasst und den Briten geschickt, die es ihnen ermöglicht hätten, den Krieg zu gewinnen. Die Briten waren empört und standen damit nicht allein.

Das deutsche Volk, das deutsche Parlament und alle deutschen Parteien beschimpften Wilhelm. Es wurde sogar diskutiert, ob man den Kaiser zum Abdanken zwingen könne. Natürlich hatte er den britischen Generälen nicht, wie behauptet, ihre Aufmarschpläne geschickt. Doch Bülow, der es zuvor versäumt hatte, die indiskreten Bemerkungen seines Monarchen sorgfältig zu prüfen, versäumte es nunmehr, ihn zu verteidigen. Um seinen Kopf zu retten, log er und gab nicht zu, dass er das Interview freigegeben hatte. Im Jahr 1909 trat Bülow zurück. Ein neuer Kanzler trat das Amt an: Theobald von Bethmann Hollweg aus einer alten und reichen Familie aus dem Rheinland. Bethmann wusste genau, dass er nicht Wilhelms erste Wahl für das Amt war, und seine Bereitschaft, sich für den Kaiser einzusetzen, wurde damals und auch heute noch in Frage gestellt. Bethmann war ein Außenseiter – weder Preuße, noch Militär –, der keine persönlichen Beziehungen zu den Führern der Streitkräfte oder zum Kaiser hatte, noch jemals welche aufbaute.

In den Augen des preußischen Militärs, das wegen der Diskreditierung Wilhelms demoralisiert war, schien es einleuchtend, dass ein Krieg die einzige Möglichkeit sei, die Monarchie und damit ihre Lebensweise zu retten. Der Chef des Militärkabinetts General Moritz von Lyncker erklärte, ein Krieg sei nötig, um Deutschland »aus den inneren und äußeren Schwierigkeiten« herauszuführen.[5] Doch er fügte hinzu, dass der Kaiser vermutlich nicht die Courage haben werde, sich für diese Lösung zu entscheiden.

Graf Helmuth von Moltke, der Generalstabschef, hielt einen Krieg für unvermeidlich, je eher, desto besser. Er war enttäuscht, dass die Bosnienkrise friedlich beigelegt wurde; eine solche Gelegenheit für einen Krieg, mahnte er, werde unter so günstigen Umständen nicht so schnell wiederkommen.[6]

Nach der vollzogenen Annexion Bosnien-Herzegowinas machte sich Aehrenthal daran, den neuen Status quo auf dem Balkan zu erhalten. Er wollte keine weiteren Veränderungen. Er versuchte, die Mächte zu überzeugen, dass Österreich nicht die Absicht habe, sich Mazedonien als Nächstes einzuverleiben. Doch Russland hielt sein Vorgehen für aggressiv und glaubte deshalb, Österreich-Ungarn sei expansionistisch geworden. Um diesem Expansionsdrang entgegenzutreten, fühlte Russland sich gezwungen, prorussische und antiösterreichische Gefühle auf dem Balkan zu schüren. Die Doppelmonarchie wiederum betrachtete dies als russischen Expansionsdrang, der Defensivmaßnahmen ihrerseits erforderlich machte.

Der Vertrag von 1879 zwischen Deutschland und Österreich war ein Verteidigungsbündnis gewesen: Wenn eines der beiden Länder angegriffen wurde – aber auch nur *dann*, wenn das Land angegriffen wurde –, war der andere Partner verpflichtet, dem angegriffenen zu Hilfe zu kommen. Doch im Januar 1909, auf dem Höhepunkt der Bosnienkrise, hatte Conrad, Österreichs Generalstabschef, seinen deutschen Widerpart Moltke gefragt, was Deutschland denn tun würde, falls Österreich in Serbien einmarschieren und damit eine russische Intervention provozieren würde. Moltke erwiderte, dass Deutschland Österreich trotzdem schützen werde, obwohl es den Krieg begonnen hatte. Darüber hinaus werde Deutschland nicht nur gegen Russland in den Krieg ziehen, sondern auch gegen Frankreich, da Frankreich ja Russlands Bündnispartner sei.

In seiner Geschichte Deutschlands bemerkt Gordon Craig, dass Österreich sich im Folgenden auf Moltkes Versprechen als eine bindende Verpflichtung verlassen habe: »Tatsächlich hatte Moltke den Vertrag von 1879 von einem Schutzbündnis zu einem Offensivvertrag umgewandelt und sein Land der Gnade der Abenteurer in Wien ausgeliefert.«[7] Es sollte hinzugefügt werden, dass Moltkes Versprechen vom Kanzler unterstützt wurde.

Kapitel 12
Frankreich und Deutschland geraten aneinander

Schon seit langem hatte Frankreich ein Auge auf Marokko geworfen. Es war das letzte noch unabhängige Gebiet in Nordafrika, und es würde die Besitzungen des Landes in Algerien und Tunesien hübsch abrunden. Frankreich traf Vorkehrungen, sich Marokko zu sichern, als Deutschland im Jahr 1905 unerwartet intervenierte. Der Kaiser wurde, wenn auch widerwillig, von seiner Regierung auf eine Reise geschickt – mit dem Schiff, und bei einem Sturm mit Windstärke 8 – und sollte sich für die marokkanische Unabhängigkeit aussprechen. Auf deutscher Seite war dies ein Vorwand, der den Zweck hatte, die frisch gegründete Entente zwischen Frankreich und Großbritannien zu torpedieren. Doch das deutsche Manöver scheiterte: Großbritannien stellte sich an Frankreichs Seite. Eine internationale Konferenz trat zusammen und sympathisierte ebenfalls mit Frankreich. Die Marokkokonferenz sprach Frankreich durch einen Vertrag, der 1906 in Algeciras unterzeichnet wurde, die Führungsrolle in der marokkanischen Politik zu. Auf Drängen Deutschlands hin verpflichtete der Vertrag die Europäer, die Herrschaft des Sultans beizubehalten und Marokkos Unabhängigkeit nicht zu untergraben, was Frankreich (oder zumindest seine kolonialistische Partei) eigentlich vorgehabt hatte und in der Tat immer noch vorhatte.

Im März 1911 erhoben sich laut Auskunft französischer Regierungsbehörden rebellische Stämme im Inneren Marokkos und bedrohten die wichtige Stadt Fes. Der Sultan von Marokko appellierte an Frankreich, Truppen zu entsenden und die Ordnung wiederherzustellen. In Berlin wurde angenommen, dass der Aufstand von den Franzosen geschürt worden sei, um einen Anlass zu haben, das Land zu besetzen. Selbst wenn der Aufstand echt war, konnte man mit großer Wahrscheinlichkeit davon ausgehen, dass französische Soldaten, sobald sie einmal in Marokko stationiert waren, dort auch bleiben würden. Der neue deutsche Außenminister Alfred von Kiderlen-Wächter beschloss, eine Falle zu stellen. Bis die Franzosen handelten, unternahm er nichts, außer sie zu ermahnen, dass durch ihr Vorgehen bestehende vertragliche Vereinbarungen null und nichtig würden. Neuerliche Verhandlungen wären die Folge. Er wollte Frankreich zwingen, Deutschland eine ansehnliche Kompensation anzubieten: riesige Landstriche in Afrika. Ein solcher diplomatischer Triumph würde auch die Ausgangsposition der Berliner Regierung bei den bevorstehenden Parlamentswahlen von 1912 verbessern, bei denen sie sonst eher geringe Erfolgsaussichten hatte.

Französische Truppen besetzten am 21. Mai 1911 Fes. Ohne auch nur mit wichtigen Mitgliedern der eigenen Regierung, wie den Chefs der Streitkräfte, Rücksprache zu halten, entsandte Kiderlen ein Kanonenboot, die *Panther*. Im Hafen von Agadir an Marokkos Atlantikküste ging sie vor Anker. Daraufhin bekräftigte er am 1. Juli die deutschen Ansprüche auf Kompensation. Offenbar ging er davon aus, dass England als langjähriger imperialistischer Rivale Frankreichs sich aus dem Konflikt heraushalten würde. Das Gleiche galt für Russland, das wohl für ein so weit entferntes und unbedeutendes Land wie Marokko keinen Krieg riskieren würde. Österreich-Ungarn war ein Bündnispartner, und Italien, zumindest theoretisch, ebenfalls.

Kiderlens Kalkül zielte darauf ab, dass ein isoliertes Frankreich nachgeben würde. Doch es stellte sich heraus, dass Frankreich nicht isoliert war. Großbritannien eilte ihm zu Hilfe: Schatzkanzler David Lloyd George machte das, trotz seines tendenziell pazifistischen, antiimperialistischen, politischen Ursprungs, in einer aufrüttelnden Rede bei einem Bankett im Mansion House am 21. Juli deutlich. Auch Russland schien, bei allem Zögern, eher mit Frankreich zu sympathisieren, Österreich-Ungarn hingegen lehnte es ab, Deutschland auch nur auf diplomatischer Ebene zu unterstützen. Italien war keine Hilfe.

Der Kaiser und seine politischen Freunde, die von Anfang an gezögert hatten, diesen riskanten Schachzug des Außenministers zuzulassen, plädierten vehement für eine friedliche Lösung. Deutschland machte einen Rückzieher. Österreich war dank deutscher Unterstützung mit der Annexion Bosniens durchgekommen, genauso wurde Frankreich dank britischer Unterstützung mit der Einnahme Marokkos zufrieden gestellt. Frankreich, das bereits Algerien und Tunesien besaß, erhielt nun auch die deutsche Anerkennung seines Protektorats über Marokko. Im Gegenzug wurde Deutschland in Afrika eine Kompensation gewährt, die es allerdings für unzureichend hielt. All dies wurde am 4. November 1911 vereinbart.

Im Zuge der Agadirkrise schien alles seinen Platz zu finden. Die Umrisse eines künftigen Krieges zeichneten sich immer deutlicher ab, wenn auch nicht sein Anlass. Deutschland hatte die Erfahrung gemacht, dass Großbritannien durchaus Frankreich zur Seite stehen würde, und dass auch Russland das tun würde, falls es um Frankreichs Überleben ging und nicht nur um eine Kolonialfrage.

Deutschland hingegen konnte sich nicht auf Italien verlassen, nominell sein Verbündeter, ja nicht einmal auf die Doppelmonarchie. Deutschland betrachtete zwar den österreichischen Bündnispartner als lebenswichtig, musste jedoch in Agadir feststellen, dass die Beziehung eine Einbahnstraße war: Berlin half Wien, dessen Interessen zu verfolgen, doch Wien half nicht Berlin. Kanzler Theobald von Bethmann Hollweg hatte das schon vor der Krise gewusst; er hatte dem Kaiser gesagt: »Wenn es zum Krieg kommt, muss man wünschen, dass der Angriff auf Österreich geht, das dann unserer Hilfe bedarf, und nicht auf uns, so dass es dann von Österreichs Entschluss abhängt, ob es die Bündnistreue wahren will.«[8] Mit anderen Worten, ein Konflikt musste in erster Linie Österreich betreffen, sonst würde Wien den Krieg aussitzen.

Die Agadirkrise führte der deutschen Regierung eine weitere Gefahr schmerzlich vor Augen: die finanzielle Verwundbarkeit. Sie beschloss, das gesamte Bargeld einzutreiben, das andere ihr schuldeten. Von Mitte Sommer 1911 an forderte die Reichsbank, die deutsche Zentralbank, systematisch ausländische Schulden zurück[9] – ein Programm, das bei konsequenter Durchführung innerhalb von fünf Jahren abgeschlossen gewesen wäre. Bis zum Jahr 1916 hätte Berlin sein ganzes Geld repatriiert. Dabei würde die Regierung zugleich Schätze an Bargeld horten, die sie von anderen europäischen Mächten geliehen hatte, gegen die sie nunmehr einen Krieg finanzieren würden.

Die deutschen Handlungen und Worte im Sommer 1911 – der so genannte »Panthersprung nach Agadir« und die Wortwahl bei der Korrespondenz mit den Großmächten – alarmierten Europa und hatten eine scharfe Reaktion zur Folge. Darin lag eine gewisse Ironie, weil sie weder das Werk des Kaisers noch des Kanzlers waren, sondern das eines ein wenig außer Kontrolle geratenen Außenministers, der am Ende des Jahres starb, nachdem er sechs Cognac gekippt hatte.

David Lloyd George, der Schatzkanzler in der liberalen Regierung Großbritanniens, zählte zu den ehemaligen Antiimperialisten, deren Meinung durch die Deutschen und über sie geändert wurde. Die Folge war besagte Rede im Mansion House, in der er versprach, keine Kosten zu scheuen, um Englands Vorherrschaft zu wahren. Sein junger, politischer Schützling Winston Churchill, damals Innenminister und noch im Frühjahr 1911 ein wichtiger Freund Deutschlands, änderte seine Haltung ebenfalls und sah den bevorstehenden Weltkrieg voraus.

Churchill erinnerte sich später, dass am Nachmittag des 24. Juli 1911, während er mit Lloyd George um die Brunnen des Buckingham Palastes spazierte, ein Kurier auf sie zu eilte und dem Kanzler die Botschaft überbrachte, er solle so schnell wie möglich zu Außenminister Sir Edward Grey kommen. In seinem Zimmer im Unterhaus sagte Grey den beiden: »Ich habe soeben eine scharfe Note vom deutschen Botschafter erhalten, dass die Flotte jeden Augenblick angegriffen werden könne.«[10] Die Royal Navy wurde daraufhin unverzüglich in Alarmbereitschaft versetzt.

Grey, Lloyd George, Churchill und andere interessierte Minister trafen sich im Sommer während der Marokkokrise in unregelmäßigen Abständen. Unter dem Druck der Ereignisse wurde den Kabinettsmitgliedern klar, dass Großbritannien überhaupt nicht auf einen Krieg vorbereitet war. Geheime Gespräche mit dem belgischen und französischen Generalstab in den Jahren 1905/06, die von Zeit zu Zeit wiederaufgenommen wurden, sowie der Informationsaustausch und Diskussionen innerhalb der Streitkräfte und der Regierungsausschüsse waren zu widersprüchlichen und nicht überzeugenden Ergebnissen gelangt.

Eine ganztägige Konferenz auf höchster Ebene des Committee of Imperial Defence, des Verteidigungsausschusses, kam am 23. August auf Anregung des Direktors der Militärischen Operationsabteilung Generalmajor Henry Wilson zustande. Allem Anschein nach war dies das einzige Mal vor 1914, dass zwei Teilstreitkräfte, das Heer und die Marine, ihre jeweiligen und konkurrierenden Strategien für eine Kriegsführung skizzierten. Bei der Konferenz einigten sich die beiden auf folgende Entscheidung: Großbritannien würde den Krieg nicht nur auf See austragen, es würde auch ein Heer – ein Expeditionskorps – entsenden, das an der Seite Frankreichs auf dem Kontinent einen Bodenkrieg gegen Deutschland führen würde.

Die Teilnehmer waren schockiert darüber, dass sie zwei große Versäumnisse seitens der Royal Navy entdeckten: Die britische Flotte war nicht darauf vorbereitet, das Expeditionskorps von Großbritannien auf den Kontinent zu verlegen, und sie weigerte sich, ein Äquivalent zum Generalstab der Army zu schaffen. Um die traditionsbewussten Admiräle rücksichtslos zu übergehen, musste man einen neuen zivilen Chef der Admiralität finden, einen dynamischen. Im Oktober ernannte Premierminister Herbert Henry Asquith den tatkräftigen, aber umstrittenen Winston Churchill, einen Monat vor dessen 37. Geburtstag, zum Ersten Lord der Admiralität. In einem Memorandum, das Churchill verfasst und in Umlauf gebracht hatte, hatte er bereits die groben Umrisse des kommenden Weltkriegs dargelegt. Nun stürzte er sich in hektischer Aktivität auf dessen Vorbereitung.

In Großbritanniens Kriegsplänen war Deutschland der Feind. Der Verbündete war Frankreich.

Wenn von Frankreich in der Weltpolitik des Jahres 1914 die Rede ist, dann kommt man nicht an seinem Regierungschef Raymond Poincaré vorbei. Seine Politik wurde – und wird noch immer – von vielen missverstanden. Man ging und geht davon aus, dass er sich zum Ziel gesetzt habe, die Ergebnisse des Deutsch-Französischen Krieges 1870/71 rückgängig zu machen: dass er einen Kreuzzug führen wollte, um die verlorenen Territorien zurückzugewinnen, vor allem Territorien in seiner Heimat Lothringen. Doch das stimmte gar nicht, laut seinem jüngsten Biographen John Keiger. Vielmehr war Poincaré ein gemäßigter Zentrist, der eine friedliche Einigung vorgezogen hätte. Noch in den 1980er Jahren wussten seine beiden Biographen in Frankreich nicht, dass private Papiere Poincarés existierten. Der jüngere der beiden erklärte 1984 sogar, dass der französische Politiker seine Papiere vernichtet habe. Dem ersten englischsprachigen Biographen Poincarés, Keiger, dessen Werk 1997 veröffentlicht wurde, blieb es vorbehalten, dieses Material zu studieren und davon Gebrauch zu machen.

Der in der Stadt Bar-le-Duc im Westen Lothringens am 20. August 1860 geborene Raymond Poincaré, eine bemerkenswert gewichtige Person, wuchs zu der dominierenden Figur in der französischen Politik seiner Zeit heran. Väterlicherseits stammte er aus einer Familie von Gelehrten, die sich seit über einem Jahrhundert in der Wissenschaft und Lehre ausgezeichnet hatten. Die Vorfahren seiner Mutter waren Richter und Politiker. Sein Cousin Henri wurde zu einem der führenden Mathematiker des 20. Jahrhunderts.

Der virtuose, behutsame, enthaltsame und im Wesentlichen überparteiliche Poincaré wurde allerdings von einem starken Konkurrenzdenken getrieben: von einem Ehrgeiz, sämtliche Prüfungen des Lebens zu gewinnen. Im Alter von 20 Jahren wurde er der jüngste Anwalt in Frankreich. Mit 26 wurde er zum jüngsten Parlamentsabgeordneten gewählt. Mit 52, am 17. Januar 1913, wurde er der jüngste jemals gewählte französische Staatspräsident, ein Amt, das damals für sieben Jahre vergeben wurde. Er war auch der erste Franzose, der direkt vom Posten des Regierungschefs zum Staatsoberhaupt gewählt wurde. Als Präsident war er eine beherrschende Persönlichkeit. Im Sommer 1914 hatte er bereits fast die gesamte Kontrolle über die französische Außenpolitik übernommen. Gegenüber Deutschland nahm er eine für ihn typische, mittlere Haltung unter den Mitte-links-Parteien ein, zwischen seinem deutschfreundlichen Kollegen Joseph Caillaux und dem Einzelgänger, die Deutschen hassenden Georges Clemenceau. Doch ein zeitgenössischer Beobachter hätte möglicherweise eine leichte Wendung zu Gunsten von Berlin bemerkt. Am 20. Januar 1914 dinierte Poincaré in der deutschen Botschaft – der erste französische Präsident seit 1870, der dieses tat.

Keiger lässt durchblicken, dass Poincarés verstärkte Freundschaft zu Deutschland eine Folge seiner Siegessicherheit sei, die nicht zuletzt auf den Ersten Balkankrieg zurückzuführen war, in dem von Frankreich ausgebildete und bewaffnete Truppen der Balkanvölker die osmanischen Armeen schlugen, die von Deutschland ausgebildet und bewaffnet worden waren. Darüber hinaus griff Poincaré die Sache der französischen Kolonialgesellschaft, des Comité de l'Orient, auf, das die Kontrolle über Syrien, den Libanon und Palästina anstrebte, falls das türkische Reich auseinander fallen sollte – ein Ziel, das Frankreich durchaus mit seinen Verbündeten England und Russland in Konflikt hätte bringen können.

Doch es stellte sich heraus, dass Großbritannien, der traditionelle Rivale, sich nicht dagegen wehrte, dass Frankreich seinen Kolonialbesitz abrunden wollte, sondern es gar noch unterstützte. Und Deutschland, das einst Frankreichs koloniale Ambitionen geschürt hatte, stand nunmehr im Weg. Neue Bündnisse und Zusammenstellungen kristallisierten sich heraus. Ein Wandel lag in der Luft.

Deutschland ergriff unterdessen, nachdem es mit dem »Panthersprung« die anderen Mächte einmal mehr brüskiert hatte, Maßnahmen, um sich gegen die Feindseligkeit zu verteidigen, die es genährt hatte. David G. Herrmann, eine Kapazität zum Thema Wettrüsten vor 1914, schreibt dazu: »Die wichtigste militärische Konsequenz der Zweiten Marokkokrise blieb die deutsche Entscheidung, in Erwartung eines künftigen Krieges ein außergewöhnliches Programm für die Landrüstung in die Wege zu leiten ... Die daraus hervorgegangene deutsche Heeresvorlage startete eine internationale Spirale der Landrüstung. Die Deutschen meinten von sich selbst, dass sie auf eine Bedrohung von allen Seiten reagierten, doch sie wagten den Schritt in dem vollen Bewusstsein, dass ihre Rivalen reagieren würden« – und zwar genauso, mit einem massiven neuerlichen Waffenbau – »und dass der Krieg nur eine Frage der Zeit war. In angemessener Zeit erfüllte sich diese Voraussicht.«[11]

Als die Marokkokrise sich ihrem Ende zuneigte, meldete eine andere europäische Macht ihren Anspruch auf Teile der muslimischen Welt an: Italien. Die mehr als 30 Millionen Bewohner hielten Ausschau nach einer Rolle in der Weltpolitik.

Das Land wollte als Großmacht gelten und hatte das dringende Bedürfnis, Kolonien zu erwerben, wie ältere, etabliertere Länder sie bereits besaßen. Viele Italiener hatten sogar noch ehrgeizigere Ziele: Sie träumten von ihren Vorfahren im alten Rom und hofften, ähnlichen Ruhm zu erwerben. Österreich-Ungarns Schachzug auf dem Balkan, gefolgt von Frankreichs in Nordafrika, stachelte die Italiener an, ähnliche Ziele zu verfolgen.

Kapitel 13
Italien greift zu; die Balkanstaaten ebenfalls

Als Erstes hatte Italien es auf das Gebiet von Tripolitanien, heute ein Teil Libyens, abgesehen. Unter der trägen Herrschaft des Osmanischen Reiches wurde Tripolitanien sowie das benachbarte Cyrenaika mit minimalem Aufwand regiert und unzureichend verteidigt. Seit Jahren schon ebneten italienische Diplomaten den Weg für eine spätere Übernahme. Im Jahr 1900 hatte Frankreich sämtliche Einwände beiseite geschoben, die es eventuell hätte haben können, im Gegenzug dafür, dass Italien alle Einwände gegen die erhoffte Annexion Marokkos durch Frankreich fallen ließ.

Später trafen die Italiener mit den Österreichern ähnliche Vereinbarungen zu Bosnien-Herzegowina und mit den Russen zu den Dardanellen. Um sich Italien als Bündnispartner zu erhalten, stimmte Deutschland dem Tripolis-Abenteuer zu; die Briten gaben ihrerseits in der Hoffnung, Italien aus diesem Bündnis herauszulösen, grünes Licht.

Folglich drängten, sobald Österreich in Bosnien und Frankreich in Marokko in Aktion getreten waren, die italienische Presse und Öffentlichkeit ihre Politiker, ihrerseits zu handeln, bevor es zu spät war. In aller Seelenruhe setzte die italienische Regierung daraufhin die anderen Mächte davon in Kenntnis, dass sie die Absicht habe, Krieg zu führen – gut zwei Monate im Voraus.

Ein junger italienischer Diplomat erinnerte sich später an die Episode: »Ich ... nahm an, dass die Mitteilung allein schon einen Tumult verursachen werde. Nichts dergleichen! Niemand nahm davon auch nur Notiz ... Die Leute dachten, wir würden bluffen.«[12]

Am 29. September 1911 erklärte Italien den Krieg und warf der Türkei vor, italienische Interessen zu verletzen. Italien besetzte rasch die libysche Küste, geriet im Landesinneren jedoch ins Stocken. Die Kämpfe hielten fast ein Jahr lang an. Am 15. Oktober 1912 trat ein Waffenstillstand in Kraft, gefolgt von einem Frieden, der Italien nicht nur den Besitz Libyens zusprach, sondern auch die Insel Rhodos und andere Inseln des Dodekanes vor der türkischen Küste im östlichen Mittelmeer.

Der italienische Krieg war ein Signal für Hartwigs Balkanbund, dass für ihn die Zeit gekommen war anzugreifen – und damit Österreich zuvorzukommen. Die Konflikte folgten immer rascher aufeinander; mittlerweile überlappten sie sogar zeitlich. Der italienisch-türkische Krieg begann, bevor die Zweite Marokkokrise beigelegt war; und nun wurde aus den Funken der unzähligen lokalen Blutfehden im Jahr 1912 der Erste Balkankrieg entfacht, noch ehe der italienische Kolonialkrieg beendet war. Tatsächlich akzeptierte die türkische Regierung Italiens Bedingungen für eine Einstellung der Feindseligkeiten in erster Linie deshalb, weil sie sich auf Südosteuropa konzentrieren musste. In Albanien war ein Aufstand im Gange, ein Grenzkonflikt mit Montenegro schwelte, in Mazedonien wurde ein anhaltender Guerillakrieg geführt, und vor allem herrschte in Konstantinopel Unruhe, wo für kurze Zeit Widersacher der Jungtürken an die Macht gekommen waren.

Wie zuvor ausgeführt, hatte der russische Panslawist Nikolai Hartwig am 13. März 1912 Bulgarien und Serbien zusammengeführt. Nunmehr stachelte er sie an, den Vorteil des italienischen Krieges zu nutzen, um ihre eigenen Ansprüche gegen eine abgelenkte Türkei durchzusetzen. Griechenland schloss sich ihnen später an, durch ein mündliches Abkommen auch Montenegro. Russland setzte Frankreich anfangs nicht darüber in Kenntnis, was im Gange war; und auch später informierte Russland seinen Bündnispartner nicht voll und ganz. Aber es kann durchaus sein, dass selbst Sankt Petersburg nicht auf dem Laufenden gehalten wurde: Hartwig leitete hier eine Aktion, die fast schon einem

Husarenstück ähnelte. Iswolski und andere russische Regierungsvertreter »schimpften über die Risiken von Hartwigs ›unheilbarer Austrophobie‹« sowie über »seine Illoyalität gegenüber der gesamten, russischen Außenpolitik«, wie der Historiker Dominic Lieven es unlängst nannte.

Die Balkanvölker hegten im Grunde einen mörderischen Hass aufeinander und erhoben rivalisierende Ansprüche auf Territorien und Grenzverläufe, aber sie gingen gemeinsam vor, weil sie die Türkei schlagen wollten, bevor diese mit Italien Frieden schließen konnte. In einem Kreuzzug zur Befreiung aller Territorien im christlichen Südosteuropa, die noch dem Osmanischen Reich angehörten, erklärte Montenegro am 8. Oktober 1912 der Türkei den Krieg. Seine Verbündeten Bulgarien, Serbien und Griechenland zogen am 17. Oktober nach. Die Türkei beendete unverzüglich den Krieg gegen Italien.

Die osmanischen Truppen wurden, zur allgemeinen Überraschung, schnell und vernichtend besiegt. Sie wurden von fast allen türkischen Gebieten in Europa vertrieben. Mit einem »Blitzkrieg« von nur einem Monat hatten die Balkanstaaten praktisch die Balkanfrage gelöst. In dieser Rolle hatten die Großmächte eigentlich immer sich selbst gesehen. Nun bemühten sie sich nach Kräften, dafür zu sorgen, dass eine wie auch immer von anderen getroffene Regelung ihre vitalen Interessen nicht bedrohte. Ihre Aufgabe wurde durch Personalwechsel erschwert: Die Außenminister Deutschlands und Österreichs starben beide, der russische Außenminister trat zurück. Ihre Nachfolger hatten nicht das gleiche Format.

Im Dezember 1912 trat in London eine Botschafterkonferenz zusammen, mit über 63 Sitzungen. Mazedonien wurde geteilt. Bulgarien fühlte sich dabei von Serbien und Griechenland um seinen Anteil betrogen. Am 30. Mai 1913 wurde ein Friedensvertrag unterzeichnet, doch der Frieden hatte nicht lange Bestand. Einen Monat später, in der Nacht vom 29. auf den 30. Juni, wandte sich Bulgarien gegen seine ehemaligen Verbündeten Serbien und Griechenland. Diesen Überraschungsangriff hatte König Ferdinand I. angeordnet, ohne sich mit seiner eigenen Regierung zu beraten. Der Überfall löste den so genannten Zweiten Balkankrieg aus, in dem Bulgarien von Serbien, Griechenland, der Türkei und Rumänien geschlagen wurde.

Der am 10. August unterzeichnete Frieden von Bukarest, den eher die betroffenen Staaten als die Großmächte aushandelten, setzte den Balkankriegen ein Ende. Österreich-Ungarn wurde völlig überrumpelt. Wien hätte es gern gesehen, wenn Serbien zerschlagen worden wäre – hatte gehofft und geglaubt, dass die Türkei den ersten und Bulgarien den zweiten Krieg gewinnen würde –, und hätte möglicherweise auch interveniert, um ein anderes Ergebnis zu diktieren, wenn dafür genügend Zeit gewesen wäre. Wie die Dinge lagen, fürchtete das Habsburgerreich um seine Zukunft. Die Ängste konzentrierten sich auf das siegreiche Serbien und seinen Mentor Russland.

Die österreichischen Ängste waren keineswegs unberechtigt. Während der Balkankriege sagte Russlands neuer Außenminister Sergej Sasonow dem serbischen Botschafter in Sankt Petersburg: »Wir werden Österreich bis in die Grundmauern erschüttern.«[13] Was die bestmöglichen Ergebnisse bei den Friedensverhandlungen anging, müsse man »zufrieden sein mit dem, was wir bekommen werden, und es als eine Anzahlung ansehen, denn uns gehört die Zukunft«.

Österreich-Ungarn hatte selbst, indem es Bosnien-Herzegowina annektierte, Russland und Serbien herausgefordert. Es war durchaus möglich, dass Serbien, das sein Territorium verdoppelt hatte, und seine Verbündeten Russland und die Kräfte des Panslawismus ihren Vormarsch fortsetzen würden. Aehrenthal hatte 1908 das Kräftegleichgewicht auf dem Balkan zu Österreichs Gunsten verschoben. Nunmehr hatte Hartwig die Waagschale zu Gunsten Russlands geneigt. Würde die Doppelmonarchie ihrerseits darauf reagieren? Oder würde das Deutschtum weiter vor dem Slawentum zurückweichen?

Kapitel 14
Die slawische Flut

Die Zeiten hatten sich geändert. Im 19. Jahrhundert, als außenpolitische Konstellationen und Neuorientierungen tendenziell mit der Ideologie zusammenhingen, waren Russland und die deutschen Staaten Preußen und Österreich enge Verbündete gewesen. Im Jahr 1912 hatten sie immer noch dieselbe Staatsform, verfolgten dieselbe reaktionäre Politik und setzten sich für dieselben Wertvorstellungen ein. Doch ihre Solidarität, die sich auf gemeinsame Überzeugungen gestützt hatte, war mittlerweile einem Kampf auf Leben und Tod gewichen, der auf einen Interessenkonflikt und einen Machtkampf zurückzuführen war.

Der Interessenkonflikt zeigte sich auf dem Balkan, wo man davon ausging, dass Österreich, um zu überleben, sämtliche Forderungen slawischer Völker unterdrücken müsse. Der Erhalt Österreichs als Großmacht war für Deutschland wiederum von vitalem Interesse. Darüber hinaus entwickelte sich das Zarenreich allein wegen seiner Größe und des beeindruckend raschen Machtzuwachses sowie der mit finanzieller Unterstützung aus Frankreich erreichten Industrialisierung zu einem potenziellen Rivalen Deutschlands für die Vormachtstellung auf dem Kontinent. Der Aspekt »Teutonen gegen Slawen« dieses potenziellen Wettkampfs spiegelte puren Rassenhass wider. Da der Kaiser überdies Deutschlands Zukunft in der Erschließung und Ausbeutung des Nahen und Fernen Ostens sah, träumte er von einem weiteren Ziel, das nur erreicht werden konnte, indem die slawische Welt in die Knie gezwungen wurde.

Sprunghaft, wie er war, war der Kaiser relativ spät zu dieser Ansicht gelangt. Zu Beginn der Balkankriege hatte er nichts daran auszusetzen, dass das Osmanische Reich zerschlagen werden musste. Die Jungtürken, so beschloss er, verdienten es, »aus Europa hinausgeschmissen zu werden«,[14] weil sie den Sultan entthront hatten. Die Zukunft des Balkan solle von seinen Völkern bestimmt werden, glaubte er, und wenn die Großmächte intervenierten, um »den Frieden zu erhalten«,[15] so würde das nur das Gegenteil erreichen: Die Völker würden sich gegen die Mächte selbst wenden. Vielmehr sollten die Mächte einen »Ring« bilden,[16] in dessen Mitte die lokalen Kräfte den Konflikt austragen konnten. »Man lasse die Leute ruhig machen«, schrieb er in seinen unverantwortlichen, gedankenlosen und charakteristisch nebulösen Kommentaren (die deshalb auf unterschiedliche Weise gedeutet werden können). »…entweder sie kriegen Keile oder erteilen sie… Die Orientfrage muss mit Blut und Eisen gelöst werden!«[17] Entscheidungen würden auf dem Schlachtfeld getroffen. Blut werde vergossen werden, das sei unvermeidlich. Aber erst danach könnten Verhandlungen eine Rolle spielen. »Danach ist immer noch Zeit zum Sprechen.«[18] Doch wenn dieser Vorgang – die ethnischen Kriege auf dem Balkan, gefolgt von einer Friedenskonferenz, auf der die lokalen Sieger weitgehend die Bedingungen diktierten – ein für die deutschen Mächte akzeptables Ergebnis erzielen sollte, dann musste er »in einer für uns günstigen Periode« erfolgen. »Das ist jetzt!«[19] – während Frankreich und Russland noch nicht auf einen Krieg vorbereitet waren.

Kurz nachdem der Kaiser diese Bemerkungen hingekritzelt hatte, wies er sein Auswärtiges Amt an, auf keinen Fall »die Bulgaren, Serben und Griechen in ihrem berechtigten Siegeslauf« zu hemmen«.[20] In einer Randnotiz sah er die mögliche Schaffung von »Vereinigten Staaten des Balkan«[21] voraus, die politisch einen Puffer zwischen Österreich und Russland bilden konnten und damit dieses Problem lösen würden. Sie könnten auch einen wichtigen Markt für deutsche Exporte bieten.

Als die Krise in der Endphase des Ersten Balkankrieges sich auszuweiten drohte, da die siegreichen Staaten Serbien und Montenegro einen Zugang zum Meer forderten (Skutari an der Adria, im ehemals osmanischen Albanien) und Österreich sich gegen diesen Anspruch wehrte, schrieb der Kaiser an seinen Außenminister: »Ich sehe absolut gar keine Gefahr für Österreichs Existenz oder gar Prestige in einem serbischen Hafen an der Adria.«[22] Er hielt es für »bedenklich«, sich unnötig dem serbischen Wunsch zu widersetzen. Er bestritt, dass die Bedingungen des Dreibunds (Deutschland, Österreich und Italien) sein Land dazu verpflichten würden; das Bündnis sei lediglich dafür gedacht, »den Bestand des wirklichen Besitzes zu gewährleisten«. Er fügte hinzu: »Gewiss ist manche Veränderung auf dem Balkan, die durch den Krieg bedingt wird, für Wien recht unbequem und unerwünscht, aber keine so einschneidend, dass wir uns ihretwegen der Gefahr einer kriegerischen Verwicklung aussetzen dürfen. Das würde ich weder vor meinem Volke noch vor meinem Gewissen verantworten können.«[23]

Er betonte seinen Standpunkt immer wieder: Er sei »unter keinen Umständen bereit, wegen Albanien gegen Paris und Moskau zu marschieren«. In einem Memorandum für das Auswärtige Amt bezeichnete er es als absurd, einen »Existenzkampf mit drei Großmächten« zu riskieren, bei dem Deutschland »eventuell untergehen kann«, nur weil »Österreich die Serben nicht in Albanien oder Durazzo haben will«.[24]

Unter anderem telegraphierte Wilhelm am 9. November 1912 seinem Außenminister Kiderlen-Wächter: »Habe mit Reichskanzler eingehend im Sinne meiner Instruktionen an Sie gesprochen und bestimmt erklärt, dass wegen Albanien und Durazzo ich unter *keinen Umständen* gegen *Paris und Moscau* [sic!] *marschieren* werde.«[25]

Der Kaiser wollte Österreich gegenüber klarstellen, dass Berlin nur in dem Fall, dass Russland angriff – und Österreich den Angriff nicht provoziert hatte –, Wien unterstützen würde. Davon wurde ihm abgeraten. Kanzler Bethmann Hollweg argumentierte offenbar, womöglich bestärkt von der Ansicht von Admiral Georg Alexander von Müller, des Chefs des Marinekabinetts, dass Österreich das Vertrauen in die deutsche Garantie verlieren würde, wenn eine solche Botschaft nach Wien geschickt würde, und dass die öffentliche Meinung in Deutschland empört reagieren würde. Stattdessen solle die Regierung Österreich drängen, eine gewisse Mäßigung an den Tag zu legen, damit die »deutsche Nation« für eine deutsche Intervention »entflammt« werden könne.[26] (Aber wenn die öffentliche Meinung empört darauf reagierte, falls Österreich im Stich gelassen werde, war die Sache der Österreicher dann nicht bereits »verständlich«?)

In der letzten Novemberhälfte, nachdem Wilhelm II. sich mit Militärs und Staatsdienern getroffen hatte, war der Kaiser zufrieden. Die öffentliche Meinung, entschied er, sehe nunmehr Österreich als die provozierte Partei an; damit sei »der Standpunkt, den ich wollte, erreicht«.[27]

Am 21. November traf der große Freund des Kaisers, Erzherzog Franz Ferdinand, der habsburgische Thronerbe, in Berlin ein und erhielt von Wilhelm und von Moltke Zusagen, dass Deutschland Österreich »unter allen Umständen«[28] unterstützen werde, selbst auf die Gefahr eines Krieges mit Großbritannien, Frankreich und Russland hin. Der Kaiser war allem Anschein nach überredet worden, dass Österreich nunmehr tatsächlich die provozierte Partei *war* und dass England und Frankreich nicht intervenieren würden. Das waren möglicherweise seine Bedingungen, wenn auch unausgesprochen. Und das deutsche Auswärtige Amt war der Meinung, dass »heute sowohl Italien wie auch England auf unserer Seite«[29] ständen: Das Risiko sei weit geringer, als es den Anschein habe. Ob aus diesem Grund oder einem anderen, die deutsche Regierung machte ihre geheime Verpflichtung öffentlich. Der Außenminister teilte am 28. November dem Parlament mit: »Muss also Österreich, *gleichgültig aus welchem Grunde,* um seine Großmachtstellung fechten, so müssen wir an seine Seite treten.«(Hervorhebung des Autors)[30] In London reagierte der britische Außenminister verblüfft: Ob Deutschland, fragte er, wirklich meine, dass es Österreich »einen Blankoscheck ausstellen« wolle und Wien unterstützen werde, was immer es unternehme, selbst wenn es im Unrecht sei und selbst in einem Aggressionskrieg, den es selbst begonnen habe? Sir Edward Grey teilte dem deutschen Botschafter mit, dass »die weiteren Folgen« einer solchen Politik »unabsehbar« wären.[31]

Grey sorgte unverzüglich dafür, dass der Kaiser Englands Haltung nicht missverstand. Wenn Deutschland es nicht zulasse, dass Österreich seinen Großmachtstatus verliere, so werde Großbritannien es seinerseits nicht zulassen, dass Frankreich seinen Großmachtstatus verliere. Grey sprach dann offensichtlich mit Richard Burdon Haldane, dem Lordkanzler, der als Kriegsminister zuvor die britische Armee reformiert hatte. Das Ergebnis der Unterredung war eine Nachricht aus London, die eine neuerliche Krise auslöste.

Es war der 8. Dezember 1912. Kurzfristig berief der Kaiser eine Sitzung mit einigen Militärführern in seinem Berliner Quartier ein: nach einer Version vier Militärs, nach einer anderen sechs. Sie trafen sich um 11.00 Uhr, um über die Tragweite des Telegramms aus London zu diskutieren. Neben Wilhelm befanden sich unter den Teilnehmern Admiral von Müller, der Chef des kaiserlichen Marinekabinetts, Admiral von Tirpitz, der Leiter des Reichsmarineamts, General von Moltke, der Generalstabschef des Heeres, Konteradmiral August von Heeringen, der Chef des Admiralstabs, und möglicherweise auch sein Bruder Generaloberst Josias von Heeringen, der preußische Kriegsminister, und der Chef des Militärkabinetts, Moritz Freiherr von Lyncker. Zivile Führer waren nicht anwesend: weder Kanzler Bethmann Hollweg noch Außenminister Gottlieb von Jagow.

Diese Geheimkonferenz wurde erst ein halbes Jahrhundert später ins Rampenlicht der Öffentlichkeit gerückt, als der Historiker Fritz Fischer zeigte, dass sie den Beweis für einen zielstrebigen Plan des Kaisers und seiner Militärchefs erbringen könnte, im Juni 1914 einen europäischen Krieg herbeizuführen. Die Frage, wie die Konferenz von 1912 zu interpretieren ist, ist immer noch offen, auch wenn die meisten Historiker heute Fischers These in der Regel nur mit Einschränkungen übernehmen.

John Röhl, der mit seinen Ansichten Fischer wohl am nächsten steht, weist überzeugend darauf hin, dass wir inzwischen über ungewöhnlich reichhaltiges Quellenmaterial verfügen, das uns den Tagebucheintrag von Admiral Müller verstehen hilft. Zuvor war dieser Eintrag, noch dazu in einer verstümmelten Version, unsere einzige Quelle gewesen.

Der Kaiser berief die Besprechung ein, weil der anglophile deutsche Botschafter in London, Fürst Karl Max von Lichnowsky, ihm Neuigkeiten aus einer Unterredung telegraphiert hatte, die er soeben mit Lord Haldane, dem ehemaligen, germanophilen britischen Kriegsminister, gehabt hatte. Laut Angabe des Kaisers sprach Haldane offenbar im Namen Sir Edward Greys. In Anbetracht des gewählten Kanals – Lichnowsky und Haldane, zwei Männer, die sich mit ganzem Herzen der Verbesserung des Verhältnisses zwischen England und Deutschland widmeten – kann man mit einiger Sicherheit darauf schließen, dass Grey eine Medizin verschrieb, die trotz ihrer Bitterkeit auf den ersten Blick zum Besten des Patienten verordnet worden war. Die Botschaft von Grey, die dem Kaiser zur Kenntnis gebracht wurde, hätte jeder Student der internationalen Beziehungen sofort erkennen müssen: dass es in Großbritanniens vitalem Interesse liege, die *balance of power*, das Kräftegleichgewicht in Europa, zu bewahren. Falls Deutschland Frankreich angreifen sollte, würde Großbritannien auf französischer Seite intervenieren, denn der Erhalt der Unabhängigkeit Frankreichs und sein Großmachtstatus waren für Großbritannien von großer Bedeutung. In dem Telegramm implizit enthalten war die Botschaft, dass London keine Einwände dagegen habe, dass Deutschland seine führende Stellung als reichstes und militärisch schlagkräftigstes Land auf dem Kontinent ausbaute, solange es anderen Mächten, insbesondere in Westeuropa, gestattete, ihre Unabhängigkeit zu bewahren. In seinen wütenden Randbemerkungen auf dem Text des Telegramms nannte Wilhelm das englische Prinzip des Kräftegleichgewichts einen »Blödsinn«, der England »ewig zu unserem Feinde machen« würde.[32]

Der Kaiser war laut einer Version aus zweiter Hand »in höchst erregter Verfassung« und »in offenbarer Kriegsstimmung«. Laut Admiral von Müllers Darstellung aus erster Hand begrüßte Wilhelm Haldanes Botschaft als »erwünschte Klärung«[33] der britischen Intentionen, die den deutschen Planern, die sich eine englische Neutralität erhofft hatten, ihren Irrtum deutlich vor Augen führte. Angesichts der Botschaft Haldanes sollte Deutschland, wenn es Krieg führen wollte, auch einen Kampf gegen Großbritannien einplanen. Zu diesem Zweck musste die Marine Maßnahmen wie den Aufbau ihrer U-Boot-Flotte forcieren.

Der Kaiser legte hier im Dezember 1912, mitten in den Balkankriegen, seine Anschauungen dar: Österreich müsse »den auswärtigen Slawen (den Serben) gegenüber kraftvoll auftreten«. Und »wenn Russland die Serben stütze, was es offenbar tue … wäre der Krieg auch für uns unvermeidlich«. Moltke sagte daraufhin: »Ich halte einen Krieg für unvermeidbar und je eher, je besser.« Er fügte aber – und es sollte sich als ein wichtiges Aber erweisen – hinzu: »Wir sollten aber durch die Presse besser die Volkstümlichkeit eines Krieges gegen Russland … vorbereiten«, soll heißen: eine breite Unterstützung in der Bevölkerung gewinnen.[34]

Der Kaiser und Moltke drängten auf einen sofortigen Krieg. Tirpitz stimmte im Namen der Marine zum Teil zu, bat jedoch um »das Hinausschieben des großen Kampfes um 1½ Jahre«. Die Flotte brauchte Zeit, um die Erweiterung und Tieferlegung des Nord-Ostsee-Kanals abzuschließen und den Stützpunkt auf Helgoland auszubauen. Moltke hielt dem entgegen, dass die Marine bis dahin auch nicht fertig sein würde und dass das Heer, dem das Geld ausging, dann in einer ungünstigeren Position sei.

Die Besprechung endete allem Anschein nach damit, dass alle Beteiligten unverhohlen mit einem Krieg liebäugelten, allerdings ohne zu einer konkreten Entscheidung zu gelangen. Ein Termin war zwar genannt, aber nicht ausdrücklich festgelegt worden. Der enttäuschte Admiral Müller notierte folglich in sein Tagebuch: »Das Ergebnis« der Besprechung »war so ziemlich 0 [Null]«.[35]

Müller schrieb noch am selben Nachmittag dem Kanzler und berichtete ihm, was auf dem »Kriegsrat«, wie die Besprechung später genannt wurde, gesagt und beschlossen wurde. Müller leitete die Anweisung des Kaisers weiter, die Bevölkerung mit Hilfe der Presse auf einen künftigen Krieg mit Russland vorzubereiten. Noch gut eine Woche nach der Konferenz sprach der Kaiser häufig aufgeregt über den kommenden Krieg und bezeichnete ihn mehrfach als einen Rassenkonflikt.

Seit Fritz Fischer den Beweis für die Besprechung veröffentlichte, fragen Historiker sich, ob es purer Zufall ist, dass ein und ein halbes Jahr danach der Krieg tatsächlich ausbrach. (Kurz nach der Besprechung teilte Wilhelm dem Schweizer Gesandten mit, dass der Rassenkampf vermutlich in ein oder zwei Jahren stattfinden werde.)[36]

In den knapp zwei Jahren, die auf den Kriegsrat folgten, starteten die Deutschen ein weiteres und noch hektischeres Wettrüsten, doch das war schon lange zuvor beschlossen und in Gang gesetzt worden. Laut David Herrmann, dem führenden Experten des Wettrüstens, war es nicht zuletzt infolge einer Rivalität zwischen den Teilstreitkräften eingeleitet worden: Das Heer unternahm einen Präventivschlag gegen die Marine und strebte eine so starke Anhebung ihrer Gelder an, dass eine Anhebung für die Flotte auf keinen Fall in Frage kam. Ein weiterer Grund war, dass sowohl der Öffentlichkeit als auch der Armee durch die Marokkokrise von 1911 schlagartig bewusst geworden war, dass Deutschland in einem Krieg gegen eine europäische Koalition vor einer großen Herausforderung stände.

Doch der Erste Balkankrieg, der im Dezember 1912 um die Zeit des Kriegsrates endete, »hatte einen noch galvanisierenderen Effekt«, erfahren wir von Herrmann, der »die Atmosphäre der Anspannung in die Empfindung einer Notlage umwandelte«.[37] Die Slawen waren scheinbar im Vormarsch, und Österreich-Ungarn tat in einer Phase der Lähmung von Politik und Militärmacht nichts, um sie aufzuhalten. Deutsche Parteiführer sprachen offen von der Möglichkeit eines Weltkrieges.

Das Kriegsministerium versuchte immer noch hartnäckig, die Truppenstärke des Heeres zu begrenzen, um die Kontrolle des preußischen Junkertums zu erhalten. Unterdessen schlug der alarmierte Moltke eine Aufstockung um fast 50 Prozent vor. Die Heeresvorlage von 1912 war bereits umfangreich gewesen, doch die von 1913 war die größte in der deutschen Geschichte. Die deutsche Militärmaschinerie arbeitete mit voller Kraft in Friedenszeiten; die Steigerungen konnten bis 1916 nicht voll verdaut werden.

Wie die deutschen Führer genau wussten, würde ihr hektisches Aufrüsten andere Länder anspornen, ihnen nachzueifern. Doch die Deutschen waren an einer Art Grenze angelangt. Bei der damaligen Verfassung Deutschlands war es wohl nicht möglich, das Programm weiter auszudehnen. Das politische Gebilde war zu klapperig, das Steuersystem zu archaisch und unfortschrittlich. Deutschland konnte es sich nicht mehr lange leisten, die militärische Aufrüstung fortzusetzen. Das Einzige, was Militärausgaben auf dem Stand von 1913 rechtfertigen würde, war, in unmittelbarer Zukunft in den Krieg zu ziehen. Doch die deutsche öffentliche Meinung war noch nicht bereit dafür. Moltke schrieb im Februar 1913 sinngemäß an Franz Conrad von Hötzendorf, den Chef des österreichischen Generalstabs, dass es schwerlich gelingen werde, einen Schlachtruf zu finden,[38] der die Deutschen überreden würde, in den Krieg zu ziehen – zumindest nicht zu diesem Zeitpunkt.

Kapitel 15
Europa am Rand des Krieges

Von 1908 bis 1913 folgte auf die jungtürkische Rebellion eine europäische Intervention nach der anderen in Ländereien, die einst dem Osmanischen Reich angehört hatten oder noch angehörten. Der Aufstand in der Türkei hatte die Annexion Bosnien-Herzegowinas durch Österreich zur Folge. Frankreich trat daraufhin in Marokko in Aktion und brachte damit Italien auf die Idee, in Libyen und in der Ägäis gegen das Osmanische Reich vorzugehen, unterdessen griffen Serbien, Montenegro, Griechenland und Bulgarien auf dem Balkan an. In diesen fünf Jahren war es den Großmächten gelungen, sich gegenseitig aus dem Weg zu gehen und immer wieder einen Zusammenstoß zu vermeiden, während sie zugleich immer dichter auf eine ultimative Kollision zusteuerten. Die Gesamtrüstungsausgaben der sechs Großmächte stiegen von 1908 bis 1913 um 50 Prozent.

Zusammengenommen bewirkten die Ereignisse dieser Jahre eine Veränderung der europäischen, politischen Landschaft:

- Großbritannien deutete in der Krise um Agadir an, dass es seine traditionelle Isolation aufgeben werde, um Frankreich zur Seite zu stehen, falls es von Deutschland bedroht werde – auch wenn Frankreich selbst die Schuld traf.
- Frankreich demonstrierte während der Balkankriege, dass es über seinen rein defensiven Vertrag hinausgehen und Russland selbst in einem Konflikt mit Deutschland unterstützen würde, den Russland ausgelöst hatte.
- Deutschland, in der Krise um Agadir trotz des Verteidigungsbündnisses mit der Doppelmonarchie isoliert, wollte tendenziell lieber das Habsburgerreich unterstützen, ja selbst (wie Moltke Conrad während der Bosnienkrise versprochen hatte) bei einer Aggression, statt noch einmal isoliert dazustehen.

121

- Auf Italien, in militärischer Hinsicht sogar gegen das langsam agierende Osmanische Reich schwer einzuschätzen, war kein Verlass.
- Die europäischen Gebiete der Türkei, die von den Balkanvölkern selbst befreit worden waren, und nicht (wie erwartet) von den Großmächten, fielen deshalb der plötzlich aufflackernden Gewalt und den Leidenschaften ihrer rivalisierenden ethnischen Gruppen zum Opfer. Von einer Stabilität, die das Kräftegleichgewicht der Großmächte herbeigeführt hatte, konnte keine Rede sein.
- Serbien, das über seine Blitzsiege in zwei Balkankriegen jubelte, freute sich auf weitere Expansionen.
- Österreich, das eine Todesangst vor den serbischen Zielen hatte, gelangte zu der Überzeugung, dass es wohl seine einzige Hoffnung sei, zuerst zuzuschlagen. Österreich betrachtete die Balkanstaaten als potenziell einheitlichen Block – und insofern als das Äquivalent einer neuen Großmacht – und fürchtete, dass daraus ein slawisch-griechisches, orthodoxes Staatsgebilde entstehen könnte, verbündet mit Russland. Infolgedessen würde sich das Kräftegleichgewicht in Europa grundlegend zu Gunsten von Frankreich/Russland verschieben.
- Der Kaiser war eine Zeit lang der Meinung, die Verlagerung des Kräftegleichgewichts werde einen Puffer schaffen, der das Problem der österreichisch-russischen Rivalität möglicherweise lösen werde. Zugleich würde dies den Christen gestatten, sich durch eine Expansion nach Osten gegen den Islam zu vereinen.

Am 23. Oktober 1913 umschrieb Wilhelm das Ergebnis der Balkankriege gegenüber dem österreichisch-ungarischen Außenminister mit folgenden Worten: »dass es sich derzeit... um einen weltgeschichtlichen Prozess [handle], in die Kategorie der Völkerwanderungen einzureihen, in diesem Fall [um] ein mächtiges Vordringen der Slawenmacht... Der Krieg zwischen Ost und West sei auf die Dauer unvermeidlich.« Er fuhr fort: »Die Slawen seien nicht zum Herrschen geboren, sondern zum Dienen.«[39] Sein bizarres Konzept bestand zu dem Zeitpunkt darin, Serbien zu überreden, die österreichische Führungsrolle anzuerkennen und den Westen zu retten. Unter teutonischer Führung würde die Christenheit den Blick nach Osten richten, aus der einst die Woge des Islam nach Westen geschwappt war.

Von allen Veränderungen der Wahrnehmung, die sich in den Jahren vor dem Krieg in der europäischen, internationalen Politik abspielten, lässt sich die in Berlin weit verbreitete Überzeugung, dass Deutschland immer schwächer werde, wohl am wenigsten mit unseren heutigen Anschauungen vereinbaren. Aus moderner Sicht springt uns im Gegenteil ins Auge, dass Deutschland auf industrieller und militärischer Ebene einen Sprung nach vorn machte; es wurde immer stärker. Die industriellen und anderen Zahlen, die das belegen, liegen vor, und damals erkannten so scharfsinnige britische Politiker und Geschäftsleute wie Joseph Chamberlain ein reales Zurückfallen der Briten gegenüber den Deutschen. Doch Moltke sprach für viele Mächtige in Deutschland, die einen späteren Krieg für unvermeidlich hielten – und die überzeugt waren, dass er nur gewonnen werden könne, wenn er so bald wie möglich geführt werde. Wenn Österreich heute einen Krieg brauchte, so brauchte Deutschland, nach Moltkes Ansicht, spätestens morgen einen.

Auch wenn Europa, wie die neue Sichtweise des Kaisers erkennen ließ, wieder ein wenig vom Rand des Krieges abrückte, blieb der Rand doch gefährlich nahe. Von 1908 bis 1913 hatten die Europäer die Trennlinie Stück für Stück näher an ihn herangeschoben. Zuvor waren die Mächte durch geheime Bündnisverträge miteinander verbunden gewesen, die im Falle eines Angriffs gegenseitigen Beistand zugesagt hatten. Mittlerweile waren die Bündnisse nicht mehr defensiv. Frankreich würde für Russland kämpfen, und Großbritannien könnte ebenso für Frankreich kämpfen, »*right or wrong*«, wie es heißt, wie Deutschland für

Österreich. Die Frage, die der Krieg beantworten würde, lautete: Welche Großmacht würde ihren Status als Großmacht behalten? Im Jahr 1914 fühlte nur eine von ihnen ihren Status – und ihre Existenz – unmittelbar bedroht, wenn sie nicht sofort handelte, und diese Macht war Österreich-Ungarn.

Eine Einkreisung war Deutschlands Albtraum, dabei hatte Deutschland sie selbst herbeigeführt. Im Herzen Europas gelegen, hatte das Land seine Nachbarn so wirkungsvoll eingeschüchtert, dass sie sich zur Selbstverteidigung miteinander verbündet hatten. Die Bündnisse, zu denen die Nachbarn sich getrieben fühlten, hatten wiederum Deutschlands Paranoia zusätzlich genährt. Was als eine düstere Wahnvorstellung angefangen hatte, war durch Deutschlands eigene Handlungen zur Realität geworden. Frankreich, England und Russland hatten nicht die Absicht, Deutschland anzugreifen, aber sie arbeiteten Eventualfallpläne für ein gemeinsames Vorgehen gegen das Kaiserreich aus, falls und sobald es sie angriff.

Die kulturell in jeder Hinsicht gebildete Bevölkerung Europas – nämlich die Deutschlands – redete sich ein, dass sie von einer europäischen Zivilisation erstickt werde, die von allen Seiten auf sie einstürmte. Weder damals noch heute ist klar, weshalb die Deutschen so empfanden, aber es ist nicht zu leugnen, dass sie es taten.

Ähnliche Gefühle waren mit Sicherheit im Militär und in der Politik zu beobachten. Historiker sind der Ansicht, dass die Spannungen zwischen England und Deutschland im Jahr 1914 nachgelassen hätten. Immerhin gelang es ihnen, Konflikte zu schlichten wie den um den deutschen Plan, eine Berlin-Bagdad-Bahn zu bauen, und um die Idee, einen deutschen General, Otto Liman von Sanders, für die Reorganisierung der osmanischen Armee zu ernennen. Doch als der anglophile deutsche Botschafter in London eine Nachricht nach Hause schickte, in der er Deutschland und Großbritannien drängte zusammenzuhalten, konnte ein hoher Berliner Beamter im Auswärtigen Amt sich in einer Notiz vom 27. Juni 1914 nur vorstellen, dass der Botschafter von den Briten einmal mehr hinters Licht geführt worden sei. Als eine russische Zeitung die Bereitschaft der Entente zum Krieg hervorhob, lautete die Randnotiz des Kaisers: »Alles gegen Deutschland.«[40] Er führte den Gedanken sinngemäß weiter aus: Die Entente würde »mit Hochdruck auf einen baldigen Krieg gegen uns« hinarbeiten. Neben die Versicherung der Zeitung, dass »Russland und Frankreich keinen Krieg wünschen«, kritzelte Wilhelm: »Quatsch!«[41]

Kapitel 16
Weitere Unruhen auf dem Balkan

Auf dem turbulenten Balkan Anfang des 20. Jahrhunderts schienen Friedensverträge nicht mehr als vorübergehende Waffenruhen zu sein, in denen die Parteien sich für die nächste Runde der Kämpfe neu orientierten. So war es Mitte Juni 1914, als Kaiser Wilhelm II. sich mit seinem Freund Erzherzog Franz Ferdinand besprach. Auf diese Gespräche folgte eine ausführliche Unterhaltung zwischen Franz Ferdinand und Graf Berchtold, dem Außenminister der Doppelmonarchie. Diese wiederum hatte die Ausarbeitung eines Memorandums durch mehrere Autoren innerhalb des Habsburger Außenministeriums zur Folge, das eine große Strategie für Österreich-Ungarn skizzierte.

Wilhelm und Franz Ferdinand trafen sich auf dem böhmischen Landgut des Erzherzogs Konopischt (heute: Konopiste in der Tschechischen Republik). Von der Unterredung ist keine Mitschrift erhalten, doch vieles spricht dafür, dass Franz Ferdinand von seinem Kaiser Franz Joseph gebeten worden war, von Wilhelm eine Zusage zu erhalten, Österreich weiterhin rückhaltlos zu unterstützen (wie er sie im November 1912 gegeben hatte), dass

Wilhelm aber eine solche Erklärung vermied. Die österreichische Regierung hielt Serbien für eine tödliche Gefahr, doch der deutsche Kaiser war anderer Meinung.

Die politische Beziehung zwischen Wilhelm und Franz Ferdinand war viel komplexer, als es auf den ersten Blick scheint. Für den Kaiser war es, zumindest zum Teil, eine bequeme Freundschaft. Er hatte die Initiative übernommen und wollte ein Band zu dem Habsburger Thronerben knüpfen. Er behandelte den Erzherzog, als ob er bereits der politische Partner wäre, der er, nach Franz Josephs Tod, durchaus werden konnte. Wilhelm gab sich Mühe, sich mit Franz Ferdinand anzufreunden, doch der Erzherzog mochte Wilhelm wohl nicht ganz so gern. In dem deutsch-österreichischen Bündnis knisterte es.

Beide Männer hatten das Temperament eines Autokraten. Sie waren ungeduldig und hatten große Vorurteile. Franz Ferdinand war Katholik, Wilhelm hingegen Lutheraner. Der Erzherzog bedauerte zutiefst den Abstieg des Habsburgerreiches von dem ersten Rang unter den Mächten Europas auf die Stellung im Jahr 1914 als Juniorpartner von Wilhelms Deutschem Reich. Er verabscheute Ungarn und beklagte die Schwäche, die Österreich dazu getrieben hatte, die Ungarn zu einem Partner in der Regierung zu machen. Wilhelm lobte seinerseits Graf István Tisza, den ungarischen Regierungschef, in den höchsten Tönen, konnte Franz Ferdinand jedoch nicht überzeugen.

Beide Männer hegten Hoffnungen auf eine eventuelle Entspannung mit Russland, dessen Zar ihren Glauben an eine absolutistische Monarchie teilte. Aber genau wie Wilhelm es zuließ, dass sein slawenfeindlicher Rassismus die monarchistische Ideologie überwog, ordnete auch Nikolaus II. seine Ideologie dem nationalen Interesse seines Landes unter. An dieser Stelle sollte darauf hingewiesen werden, dass der Kaiser eine geradezu paranoide Angst hatte, Russland könne einen Krieg gegen Deutschland planen.

Immer wieder hatten sich beide Männer, Wilhelm und Franz

Ferdinand, in den häufigen Krisen, die ein so augenfälliges Merkmal ihrer Zeit waren, für den Frieden entschieden. Genau deshalb misstrauten ihnen auch die Militärs im eigenen Land. Beide Männer schlugen bei der Wortwahl gern über die Stränge: Franz Ferdinand beim Umgang mit Menschen, Wilhelm in der Politik.

Obwohl sie theoretisch sehr enge Verbündete waren, verfolgte Wilhelms Kaiserreich ehrgeizige wirtschaftliche Ziele in Asien und sogar auf dem Balkan, von denen die Doppelmonarchie Franz Ferdinands ausgeschlossen war. Österreich-Ungarn wollte Deutschland während der Marokkokrise nicht unterstützen; Deutschland wollte Österreich-Ungarn nicht in Albanien unterstützen. Was die Krieg führenden Parteien im Zweiten Balkankrieg anging, war Deutschland für Griechenland, Österreich hingegen für Bulgarien. Den Österreichern wollte nicht in den Kopf, dass Deutschland nicht einsehen wollte, wieso Serbien, dessen Größe sich unlängst verdoppelt hatte, ihnen Angst machte. Serbien übte eine mächtige, magnetische Anziehungskraft auf die umfangreiche slawische Bevölkerung des Habsburgerreiches aus.

In der politischen Planung im Juni 1914 lautete die Frage für die beiden Reiche: Welches Land sollte ihr Hauptverbündeter auf dem Balkan sein, Rumänien oder Bulgarien? Deutschland entschied sich für Rumänien, während Österreich einmal mehr Bulgarien wählte. Doch in diesem Punkt war Franz Ferdinand anderer Meinung als seine Regierung; auch er gab, wie der Kaiser, Rumänien den Vorzug.

Hier saßen die beiden zusammen und berieten sich, zwei der meistgehassten Männer im öffentlichen Leben Europas. Doch innerhalb ihrer eigenen Regierungen waren sie vielleicht die einzigen Entscheidungsträger, die es immer wieder vorzogen, vom Rand des Krieges zurückzutreten. Von der Außenwelt wurden sie missverstanden. Der Kaiser, der gerne große Sprüche klopfte, schwadronierte häufig und zeterte wie ein streitlustiger Heranwachsender, der seine Altersgenossen beeindrucken möchte, doch bei all seinen kriegerischen Tiraden waren seine Entscheidungen – wenn es an der Zeit war zu handeln – im Großen und Ganzen gar nicht kriegerisch. Allerdings gab es eigentlich keinen Grund, Franz Ferdinand falsch zu verstehen; er sprach ebenso für den Frieden, wie er auf ihn hinarbeitete.

General Conrad, der ehemalige österreichische Generalstabschef, erinnerte sich, dass Franz Ferdinands Adjutant im Jahr 1913 sinngemäß sagte: Der Erzherzog habe den Rückzug auf ganzer Linie angekündigt, er werde auf keinen Fall gegen Russland Krieg führen, er werde es nicht zulassen. Er wolle keinen Pflaumenbaum, kein einziges Schaf von Serbien. Berchtold, Österreichs Außenminister, sagte zu Conrad: Der Thronerbe stehe ganz auf der Seite des Friedens. Wie verlautet, sagte Franz Ferdinand vor Essensgästen, dass Österreich bei einer Eroberung Serbiens nichts gewinnen könne; in den Krieg zu ziehen, sei ein wenig unsinnig.

Am 16. März 1914 sprach Conrad, wie so oft, davon, dass man so schnell wie möglich gegen Russland in den Krieg ziehen müsse. Er sprach mit dem deutschen Botschafter Heinrich Graf von Tschirschky in Wien; jener erklärte, warum dies unmöglich sei: »Zwei Große sind dabei hindernd, Ihr Erzherzog Franz Ferdinand und mein Kaiser.«[42]

Eine geheime Wahrheit über die Politik des Jahres 1914 – von der die Außenwelt keine Ahnung hatte – lautete: Wenn diese beiden Männer nämlich weiterhin ihre gemeinsamen politischen Ziele verfolgt hätten, dann hätten die Großmächte Europas womöglich weiter in Frieden gelebt. Die Kriege von 1914 hätten nicht stattgefunden.

Graf Berchtold kam einen Tag nach Wilhelms Abreise nach Konopischt. Es war Sonntag, der 14. Juni – zwei Wochen vor Franz Ferdinands geplanter Reise nach Sarajevo. Die beiden Männer und ihre Frauen verbrachten den Tag zusammen. Danach beauftragte Berchtold seine Beamten im Außenministerium, an den anstehenden Fragen zu arbeiten. Es war eigentlich nicht *sein* Stab. Er bestand aus einer Bande talentierter Hitzköpfe, die er von Aehrenthal übernommen hatte. Sein Vorgänger hatte gewusst, wie er ihre exaltierten Geister in Schach hielt. Nunmehr ließ Berchtold sie gewähren. Sinn der Übung war, das gegenwärtige Denken Österreichs zur Weltpolitik zusammenzufassen: Wo stand die Doppelmonarchie, und wohin hoffte sie zu gelangen?

Eine Sorge betraf Albanien, ein Land, das die europäischen Mächte als eine Art Puffer gegründet hatten, der den serbischen Expansionsdrang eindämmen sollte. Man war davon ausgegangen, dass es sich zu Österreich und Deutschland hin orientieren werde; in der Tat hatte Albanien einen deutschen König bekommen. Doch nunmehr trachtete Italien – nominell im Dreibund der Verbündete Österreichs und Deutschlands – mit seinen Manövern nach der Hegemonie in dem neu geschaffenen Land. Italien wurde zu einem Rivalen, womöglich gar zu einem Feind.

War Russland eine Sorge? Wilhelm und Franz Ferdinand neigten zu einem Nein und sprachen sich für eine Entspannung in den Beziehungen zum Zaren aus. Einige Beamte im Wiener Außenministerium befürchteten jedoch, dass es russischen Panslawisten wie zuvor 1912 gelingen würde, alle Balkanländer zu vereinigen – nur diesmal gegen Deutschland und Österreich, statt gegen die Türkei.

Wilhelm glaubte, dass die Balkanstaaten uneinig bleiben würden. Der Trick bestand darin, auf die richtige Kombination aus ihnen zu setzen. Rumänien stand ganz oben auf seiner Liste. Dessen Monarch hatte heimlich – und privat – zugesagt, den Dreibund zu unterstützen. Darauf hatte sein Land sich aber noch nicht festgelegt. Wilhelm und Franz Ferdinand hofften auf eine öffentliche und verlässliche Verpflichtung.

Ein Problem war, dass Österreich in der Doppelmonarchie mit Ungarn verbunden war. Zwischen Ungarn und Rumänien wiederum bestand ein anscheinend unversöhnlicher Konflikt – der noch heute nicht gelöst ist. Franz Ferdinand war ein vehementer

Gegner der Ungarn und wollte sich auf Kosten Ungarns mit Rumänien verbünden. Der Kaiser wollte das Problem nach Möglichkeit vermeiden; er bewunderte den ungarischen Regierungschef Graf István Tisza und war der Meinung, dass der ungarisch-rumänische Konflikt irgendwie aus der Welt geschafft werden könne. Ferner wollte er Griechenland als Verbündeten gewinnen, konnte jedoch keine handfesten Beweise dafür vorlegen, dass die Griechen das auch wünschten. Schließlich hoffte Wilhelm, Serbien und Österreich zu versöhnen – sehr zur Empörung der Österreicher, die vergeblich versuchten, ihn zu überzeugen, dass Serbien eine Gefahr sei, die in irgendeiner Form beseitigt werden müsse. Im Grunde schlug der Kaiser eine Neugründung des siegreichen Bündnisses aus dem Zweiten Balkankrieg vor, aber diesmal unter der Führung Deutschlands und der Doppelmonarchie. Er plädierte dafür, sich auf die Seite der Sieger zu stellen.

Berchtold sah die Sache genau umgekehrt. Der Außenminister der Doppelmonarchie glaubte nicht, dass Rumänien ein Bündnispartner Österreichs werden konnte; es würde Österreich-Ungarn wegen des Grenzstreits mit Ungarn nicht unterstützen. Deshalb müsse die Doppelmonarchie sich mit Rumäniens Feind Bulgarien verbünden. Bulgarien hatte seinerseits Beziehungen zur Türkei, also müsse auch Griechenland außen vor bleiben. Folglich würde auch Berchtold im Wesentlichen das Bündnismuster des Zweiten Balkankrieges wiederherstellen, doch er würde sich nicht auf die Seite der Gewinner, sondern die der Verlierer stellen.

Am Vorabend der Weltkrise herrschte in Berlin und Wien keine Einigung, wer auf dem unruhigen Balkan denn nun der Feind war und worum gestritten wurde.

Was Europa insgesamt anging, war den beiden Reichen klar, wer auf wessen Seite stand: sie beide, vielleicht mit Italien, auf der einen Seite; Russland und Frankreich, vielleicht mit England, auf der anderen. Überdies standen die beiden Generalstabschefs, Helmuth von Moltke in Deutschland und Franz Conrad von Hötzendorf in Österreich-Ungarn, in engem Kontakt miteinander und diskutierten gelegentlich die jeweiligen Kriegspläne. Beide Generäle drängten mehrfach, einen Präventivkrieg zu beginnen.

Hew Strachan schreibt dazu: »Conrad schlug im Jahr 1906 zum ersten Mal einen Präventivkrieg gegen Serbien vor, und das tat er in den Jahren 1908/09, 1912/13, im Oktober 1913 und im Mai 1914 wieder. Vom 1. Januar 1913 bis zum 1. Januar 1914 schlug er 25 Mal einen Präventivkrieg vor.«[43]

Doch die Generäle unterstanden Monarchen, die sich für den Frieden entschieden hatten. Und in Deutschland hatte Moltke auch Tirpitz zum Gegner, der einen kalten Krieg – zumindest für die nächsten Jahre – einem heißen vorzog, und der sich auf einen Konflikt gegen England konzentrierte, statt gegen die Landmächte Frankreich und Russland. Und schließlich arbeitete auch das Kriegsministerium gegen Moltke, das ein so kleines Offizierskorps behalten wollte, dass die preußische Kontrolle über Deutschland gewährleistet war – das war für einen Sieg in einem Krieg eine Nummer zu klein.

Selbst Moltke hatte, unter den Umständen von 1913, davor gewarnt, einen Krieg zu beginnen, weil es nicht der richtige Zeitpunkt war. Er war weiterhin überzeugt, »dass ein europäischer Krieg über kurz oder lang kommen muss, in dem es sich in letzter Linie handeln wird um einen Kampf zwischen Germanentum und Slawentum«. Doch nach seiner Meinung sollte ein Krieg nicht begonnen werden, so lange die öffentliche Meinung nicht für die Sache gewonnen werden konnte. Mit Moltkes Worten: »Der Beginn eines Weltkrieges ist wohl zu überlegen.«[44]

Als das 20. Jahrhundert heranbrach, waren die europäischen Staaten reicher und mächtiger als irgendein Staat je zuvor. Sie hätten sich eigentlich auch sicherer fühlen müssen als irgendein Staat jemals zuvor. Doch dem war nicht so. Sie – oder zumindest ihre Regierungen – waren von Angst gepackt. Sie spürten die Erschütterungen. Wo und wann wussten sie nicht, aber sie waren überzeugt, dass ein Erdbeben bevorstand.

Auf der anderen Seite des Ozeans war zumindest ein amerikanischer Politiker so vertraut mit den Verhältnissen in Europa, dass er das Gleiche empfand. Sein Name war Edward House. Er war befugt, im Namen des Präsidenten zu sprechen, und er beschloss, sein Glück zu versuchen, um die drohende Katastrophe zu verhindern.

Kapitel 17
Ein Amerikaner versucht, die Katastrophe zu verhindern

New York City, 16. Mai 1914: Eine gewaltige Menge versammelte sich an den Docks, um die Abreise der Passagiere auf dem Ozeandampfer *Imperator* nach Europa zu verfolgen. Unter denjenigen, die man an Bord gehen sah, befand sich Edward House: Colonel House, um ihn bei seinem texanischen Ehrentitel zu nennen.

Der 55-jährige Edward House wurde von der *New York Sun* als ein »schlanker Mann im mittleren Alter mit einem grauen, kurz geschnittenen Schnurrbart, gut gekleidet und ruhig wirkend«[45] beschrieben, der leise, aber fest auftrat. Er sprach auch leise, zuweilen sogar in einem scheinbar weichlichen Ton.

Sein Leben lang war er ein Insider in der Politik, auch wenn er nie für ein öffentliches Amt kandidierte. Er war ein Mensch, dem andere ihre Geheimnisse anvertrauten. Er war der vielleicht beste Zuhörer seiner Zeit. Alle, die mit ihm redeten, trennten sich in der Überzeugung von ihm, dass er sie verstanden habe, was in der Regel auch zutraf, und dass er große Sympathie für sie hege, was häufig nicht zutraf.

Der unabhängige und wohlhabende Mann, der mit großen Persönlichkeiten der Wall Street gut bekannt war, lebte in Manhattan, behielt jedoch zugleich einen Wohnsitz und seine politische Machtbasis in seiner Heimat Texas. Wenn nötig, fuhr House mit dem Zug nach Washington und traf sich im Weißen Haus mit seinem besten Freund und engsten Partner, dem reformorientierten, amerikanischen Regierungschef Woodrow Wilson, dem er bei der verrückten Wahl von 1912 zur Präsidentschaft verholfen hatte. Bei dieser Wahl hatten die beiden Kandidaten der Republikaner, Expräsident Theodore Roosevelt, der für die Progressive Party kandidierte, und Amtsinhaber William Howard Taft, die republikanische Mehrheit gespalten. Damit ermöglichten sie es Wilson – dem Kandidaten der Minderheitspartei, der Demokraten –, sich mit weniger als 50 Prozent der Wählerstimmen den Sieg zu sichern, allerdings mit weit mehr als der Hälfte der Wahlmänner.

Woodrow Wilson zählt zu den seltsamsten Männern, die jemals zum Präsidenten gewählt worden sind. Er war ein Einsiedler, der sich nur unter Frauen und Kindern wohl fühlte, er hatte weder Gefallen an der Politik, noch an den Politikern, verabscheute Verhandlungen und Kompromisse und hielt politische Ambitionen – außer seinen eigenen – für niederträchtig.

Ein glücklicher Zufall führte Wilson bei der Wahl von 1912 mit House zusammen. House wurde sein Alter Ego. Nach der Wahl Wilsons übernahm House in großem Ausmaß die Verantwortung für die politischen Aspekte der Präsidentschaft: für die Hausaufgaben, die Wilson entweder nicht selbst erledigen konnte oder nicht wollte. House nahm häufig Bittsteller unter die Lupe, die Jobs oder Vergünstigungen von der neuen Regierung wollten. Wenn ein Deal auszuhandeln war oder ein Handelsgeschäft abgeschlossen werden musste, so übernahm er die Sache. Die Gelehrten streiten sich noch heute darüber, welchen Beitrag die beiden Männer jeweils zu den positiven Errungenschaften der Wilson-Administration leisteten, doch House war jedenfalls maßgeblich an so wichtigen Angelegenheiten wie der Gründung der Federal Reserve Bank, einer Zollreform und der Einführung der Einkommensteuer beteiligt.

Auf dem Feld der Außenpolitik war House, zumindest in den ersten beiden Jahren von Wilsons Präsidentschaft, ein talentierter Schüler der internationalen Politik, derjenige, der sich für die Entwicklungen in Europa interessierte – und nicht Wilson, der auf diesem Gebiet keine Vorbildung hatte.

House notierte im Frühjahr 1914: »Der Präsident hatte wenig Gedanken an die bestehende Lage in Europa verschwendet.«[46] Er selbst war sehr besorgt über das, was er sah und voraussah. House war offenbar der nahezu einzige amerikanische Staatsmann, der die Auswirkungen der Balkankriege erkannte und spürte, dass sie am Ende den Frieden und die Stabilität der Welt gefährden konnten.

Um die Gefahren abzuwenden, die House heraufziehen sah, schlug er vor, nach Europa zu reisen und über die Schaffung einer neuen internationalen Struktur zu verhandeln, die einen dauerhaften Frieden unter allen Großmächten herbeiführen sollte. Wilson gab dem Unterfangen seine volle und bewundernde Unterstützung. Houses eigener privater Name für die Mission, auf die er sich begab, lautete »das große Wagnis«.

Houses Effektivität und sein Wert für den Präsidenten waren nicht zuletzt auf seine Diskretion zurückzuführen. Ihm wurden Geheimnisse anvertraut, weil man ihn für vertrauenswürdig hielt. Natürlich erregte das die allgemeine Neugier. Ein Zeitungsredakteur stellte House als einen geheimnisumwitterten Mann dar und sagte zu einem Reporter: »House trifft sich mit keinem. Er ist nicht zu erreichen. Niemand kennt seine Adresse, und seine Telefonnummer ist privat.«[47] Doch das war übertrieben; House machte sich verfügbar, wie alle guten Politiker. Folglich fand er an Bord der *Imperator,* obwohl er in Gedanken ganz mit seiner geheimen Mission beschäftigt war, noch Zeit für ein Telegramm von einer Frau, die darum bat, ihren Mann, einen amerikanischen Konsularbeamten, von einem Posten in Rio auf einen in London zu versetzen. »Selbst hier auf See hat man keine Ruhe vor den Postenjägern«, lautete Houses Kommentar.[48]

Die Mission, die House sich selbst auferlegt hatte, bestand darin, Deutschland und Großbritannien zu einem Bündnis mit den Vereinigten Staaten zu überreden, das den Frieden erhalten sollte. Schon seit langem vertrat er die Idee, dass die Hauptmächte mittlerweile so viel Macht angehäuft hätten, dass sie gemeinsam mit Amerika größere Kriege verhindern konnten.

Es war eine Idee, die damals gewissermaßen in der Luft lag. Theodore Roosevelt hatte einmal die Schaffung eines Kartells aus bis zu fünf Großmächten anvisiert, um den Frieden in der Welt zu erhalten. Ideen zur Gründung eines Völkerbundes waren gelegentlich auch aus der liberalen Regierung in London zu hören.

Andrew Carnegie, der Stahlmagnat, der zu einem der reichsten Männer der Welt geworden war, hatte einige Jahre zuvor ein Projekt angeregt, das dem von House ganz ähnlich war. Carnegie hatte eine Allianz der »teutonischen Nationen« im Sinn und rhetorisch gefragt: »Weshalb sollten sich diese teutonischen Nationen jemals untereinander streiten?«[49] Er stellte sich vor, dass er die Unterstützung der britischen Regierung, insbesondere des Premierministers Herbert Asquith und des Außenministers Sir Edward Grey, für seinen Plan bereits gewonnen hatte. Damit er Realität wurde, war nach Carnegies Überzeugung nur noch erforderlich, dass Kaiser Wilhelm II. sich an die Spitze stellte.

»Heute liegt es in der Macht eines Mannes, diesen Bund des Friedens zu gründen«, erklärte Carnegie im Jahr 1907. »Von allen Menschen liegt die Macht, den Krieg abzuschaffen, allein in den Händen des deutschen Kaisers.«[50] Aus unklaren Gründen ging Carnegie davon aus, dass seine Pläne durch den Tod des englischen Königs Edward VII. im Jahr 1910 zunichte gemacht wurden.

Wie Carnegie glaubte auch House, er habe die Unterstützung der britischen Regierung für diesen Plan, und der Schlüssel für die Realisierbarkeit liege darin, die Unterstützung des deutschen Kaisers zu erhalten. Im Frühjahr 1914, gleich nach der Ankunft in Europa, machte er sich deshalb auf den Weg nach Deutschland. An Bord des Schiffes und bei der Ankunft in Deutschland lotete House die Meinung unter gut informierten Deutschen in hohen Stellungen aus. Was er dabei zu hören bekam, verhieß nichts Gutes für die Sache des Friedens. Aus Berlin schrieb er am 29. Mai dem amerikanischen Präsidenten, dass das, was er bislang erfahren habe, »nur dazu beitrug, mich in der Ansicht zu bestärken, dass eine Besserung der Verhältnisse nahezu unmöglich ist«. »Die Lage ist ungewöhnlich«, schreibt er. »Es herrscht der völlig toll gewordene Militarismus.« House sagte eine »fürchterliche Katastrophe« voraus, wenn er oder Wilson sich nicht in den Gang der Ereignisse einmischten, denn: »Niemand in Europa vermag es zu vollbringen. Es herrscht hier viel zu viel Hass, zu viel Eifersucht.«[51]

In Russland war eine heftige Pressekampagne gegen Österreich im Gange. In Österreich war eine heftige Pressekampagne gegen Russland im Gange. Der Alldeutsche Verband, eine deutsche Interessengruppe mit guten Beziehungen zur Politik, verkündete am 19. April 1914: Frankreich und Russland bereiten sich auf den Entscheidungskampf gegen Deutschland und Österreich-Ungarn vor, und sie haben die Absicht, bei der ersten Gelegenheit loszuschlagen. Eine Schlagzeile vom 11. März 1914 ermahnte die Deutschen: »Ein Krieg, wie die Geschichte ihn noch nicht gesehen hat, rückt näher.«

Nach Houses Analyse würden Russland und Frankreich über Deutschland und seinen Verbündeten Österreich-Ungarn »herfallen«, sobald die Briten ihr Einverständnis signalisierten. Großbritannien zögere jedoch: Wenn Deutschland zerschlagen war, wer würde dann noch Russland in die Schranken weisen? Falls Deutschland jedoch weiterhin die englische Seehoheit bedrohe, bleibe London keine andere Wahl, als sich der Herausforderung Berlins zu stellen.

Deshalb sah Houses Friedensplan folgendermaßen aus: ein

Abkommen zwischen Großbritannien und Deutschland über die Stärke der jeweiligen Flotten, das von den Vereinigten Staaten ausgehandelt werden solle. Auf diese Weise könnte die im Wesentlichen friedliche Welt entstehen, die Amerika sich wünschte, allerdings warnte House – stets Realist –, dass eine Annäherung zwischen Großbritannien und Deutschland »für uns einen gewissen Nachteil« bedeuten könnte.

Tirpitz wies auf einen anderen Fehler in Houses Plan hin. »Er stellte jeden Wunsch nach Eroberung in Abrede und bestand darauf, dass Deutschland den Frieden wolle, doch die einzige Möglichkeit ihn zu erhalten, bestünde darin, Angst in den Herzen der Feinde zu säen.«[52] House wollte, dass Deutschland den Ausbau seiner Flotte stoppte, doch Tirpitz wünschte stattdessen, »den Ausbau zu steigern«.

Das Hauptziel Oberst Houses war ein Treffen mit dem deutschen Regenten, und das gelang ihm auch. Am 1. Juni wurde House im Verlauf der Feierlichkeiten eines *Festtages mit kirchlichen Zeremonien, Paraden und der Verleihung von Orden eine Privataudienz bei dem Kaiser gewährt, die eine halbe Stunde dauerte.

Aus Houses Tagebucheintrag geht hervor, dass die beiden Männer über »die Lage in Europa sprachen, insofern sie die angelsächsische Rasse betraf«. In den Augen des Kaisers repräsentierten England, Deutschland und die Vereinigten Staaten die christliche Zivilisation. »Lateiner und Slawen« hingegen seien »halbe Barbaren«, glaubte er, und darüber hinaus unzuverlässig, deshalb begehe England einen Fehler, wenn es sich mit Frankreich und Russland verbünde. Andererseits sollte sich der teutonische Kern – Deutschland, Großbritannien und Amerika – mit allen anderen

---

* Es handelte sich um das so genannte »Schrippenfest«, das traditionell am Pfingstmontag gefeiert wurde. Das Potsdamer Musterbataillon erhielt zur Feier des Tages anstelle des üblichen Schwarzbrotes weiße Brötchen (»Schrippen«) und andere Köstlichkeiten. A.d.Ü. NJ

Europäern zur Verteidigung der westlichen Zivilisation »gegen die orientalischen Rassen« verbünden.[53]

House versuchte den Kaiser zu überzeugen, dass Deutschland aufhören müsse, die britische Seemacht herauszufordern. Erst dann sei Großbritannien nicht länger gezwungen, sich mit Russland zu verbünden. Lediglich die von Deutschland ausgehende Gefahr treibe Großbritannien in Russlands Arme. Russland sei, wenn überhaupt, so der natürliche Feind Englands. Es liege in der Macht des Kaisers, das zu erreichen, was er angeblich wollte: dass England sich nämlich von dem Bündnis mit Russland und Frankreich verabschiede und sich stattdessen mit Deutschland verbünde.

House sprach »von der Gemeinsamkeit der Interessen Englands, Deutschlands und der Vereinigten Staaten; wenn diese zusammenhielten, wäre der Weltfrieden gesichert... Nach meiner Meinung könne es aber zu keiner Verständigung zwischen England und Deutschland kommen, solange er [der Kaiser] seine Flotte vermehre.«[54] Der Kaiser erwiderte, dass er eine starke Flotte brauche, aber sobald das laufende Schiffbauprogramm beendet sei, werde er den Ausbau stoppen.

House brachte seinen Gedanken vor, dass ein Amerikaner – er oder der Präsident – womöglich bessere Aussichten hätte als ein Europäer, die europäischen Mächte an einen Tisch zu bringen. Der Kaiser stimmte zu. House sagte, er habe zuerst mit dem Kaiser sprechen wollen und werde sich nun unverzüglich nach London begeben. Er werde versuchen, auch die britische Zustimmung zu einer entsprechenden Initiative seitens der Vereinigten Staaten zu erhalten.

Voller Hoffnung reiste House aus Deutschland ab. Von Paris aus berichtete er dem amerikanischen Präsidenten, dass er mit fast jedem deutschen Entscheidungsträger gesprochen habe. »Ich freue mich, Ihnen mitteilen zu können, dass ich so erfolgreich war, wie ich vorausgesetzt hatte, und reichlich Material für den Beginn der Verhandlungen in London habe.«[55] Der deutsche Kaiser

»schien erfreut darüber, dass ich mein Werk in Angriff genommen habe« und »stimmte mir auch zu, dass jedes Programm, auf das Amerika, England und Deutschland sich einigen würden, Erfolg haben werde«.[56]

Das Hauptproblem war, in Houses Augen, dass »England und Deutschland ein Gefühl gemeinsam ist, und das ist das Gefühl der Furcht voreinander«.[57] Er sah seine Aufgabe darin, diese Ängste zu zerstreuen, indem er die Staatschefs der beiden Länder zusammenführte und ermunterte, sich gegenseitig kennen zu lernen und einander Vertrauen zu schenken. House glaubte daran, dass Probleme sich mit Hilfe von Vieraugengesprächen auf höchster Ebene lösen ließen. Er hielt es für »unerlässlich, dass die Obersten zusammenkommen«, um Missverständnisse auszuschließen.[58] Nach seinem Dafürhalten war er »ein großes Stück vorangekommen bei dem Beginn der großen Aufgabe, die ich mir vorgenommen habe«.[59]

House reiste am 9. Juni nach London. Er vermerkte in seinem Tagebuch, dass Walter Hines Page, der US-Botschafter in Großbritannien, »so freundlich war zu sagen, dass er meine Arbeit in Deutschland als das bedeutendste Werk in dieser Generation betrachte«.[60] Page arrangierte für House ein Treffen mit Sir Edward Grey. Das war nicht einfach. House erklärte Wilson: »Ich treffe hier alles mit gesellschaftlichen Angelegenheiten voll gestopft vor, und es ist unmöglich, schnell zu arbeiten. Hier denken alle nur an Ascot, an Gartenpartys und dergleichen mehr.«[61]

Am 27. Juni fand endlich das Treffen mit Grey beim Mittagessen statt. Obwohl noch andere Gäste anwesend waren, führten House und Grey die Unterhaltung beinahe allein. Sie diskutierten ausführlich über die unruhige politische Lage in Europa. Sie waren sich einig, dass Frankreichs Regierungschefs jeden Gedanken an die Wiedergewinnung des Elsass und Lothringens aufgegeben hatten, ebenso an eine Vergeltung. Die Franzosen träumten immer noch davon, doch die Politiker in Frankreich erkannten, dass das ständige Wachstum der deutschen Bevölkerung im Vergleich zu der Frankreichs dieses Ziel in immer weitere Ferne rückte.

Mit Blick auf Russland und Großbritannien bemerkte Grey, dass die beiden an so vielen Punkten auf der ganzen Welt miteinander in Berührung kämen, dass sie sich unbedingt in irgendeiner Form verständigen müssten. Grey behauptete, er habe Verständnis dafür, dass Deutschland das Bedürfnis verspüre, eine große Flotte aufzubauen. Und es war House, der Grey – nicht etwa umgekehrt – vor dem »militärischen Geist in Deutschland und der Hochspannung im Volke« warnte. »Nach meiner Meinung würde Deutschland, wenn es einmal losschlüge, rasch schlagen; Unterhandlungen und Verhandlungen würde es nicht geben; glaubte es einmal, dass eine Schwierigkeit im Wege friedlicher Verhandlungen nicht überwunden werden könnte, so würde Deutschland es gar nicht auf solche ankommen lassen, sondern losschlagen. Ich glaubte, dass der Kaiser und die meisten seiner nächsten Ratgeber keinen Krieg wollten, weil sie die Entwicklung des deutschen Handels und das Wachstum des deutschen Wohlstandes wünschten, aber die Armee sei militaristisch, angriffslustig und zum Kriege jederzeit bereit.«[62]

Doch die beiden Männer waren sich – knapp 24 Stunden vor der Ermordung des Erzherzogs Franz Ferdinand – einig: »Weder England, Deutschland, Russland noch Frankreich wünschen einen Krieg.«[63] Vorausschauend erkannte House eine zwar weniger offensichtliche, aber langfristig größere Bedrohung für die globale Stabilität. Er drängte die vier europäischen Mächte, gemeinsam mit den Vereinigten Staaten ein Abkommen zu schließen, nach dem sie »den nicht entwickelten Ländern der Erde« gemeinsam Kredite zu reduzierten Zinssätzen anbieten konnten.[64]

Als der Monat Juni sich dem Ende zuneigte, traf House sich immer noch mit europäischen Staatschefs und versuchte, seine amerikanische Vision von der Welt zu verwirklichen.

Ein Jahrzehnt später schrieb der britische Außenminister Grey: »House war soeben aus Berlin eingetroffen, und er hatte mit ernsten Gefühlen von dem Eindruck, den er dort erhalten hatte, gesprochen; wie die Luft von dem Waffenlärm erfüllt schien, von der Bereitschaft loszuschlagen. Das könnte man als den Eindruck abtun, den ein Amerikaner, der zum ersten Mal ein kontinentales Militärsystem aus nächster Nähe sah, ganz natürlich bekommen musste. Es war unserem Temperament ebenso fremdartig wie dem seinen, aber uns war es vertraut. Wir hatten seit Jahren neben ihm gelebt; wir hatten sein Wachstum schon seit 1870 erkannt und beobachtet. Doch House war ein Mann mit einem außergewöhnlich großen Wissen und einem kühlen Urteilsvermögen. Was ist, wenn dieser Militarismus mittlerweile in der Politik das Sagen hat?«[65]

Im Frühjahr 1914, während House seine Mission durchführte, gingen die Generalstabschefs von Deutschland und Österreich, Moltke und Conrad, gemeinsam in Karlsbad in Böhmen zur Kur. Sie sprachen über Kriegspläne. Moltke führte im selben Frühjahr auch mit Gottlieb von Jagow, dem deutschen Außenminister, Gespräche. Jagow notierte, dass Moltke ihm sinngemäß mitteilte, in zwei oder drei Jahren werde die militärische Überlegenheit unserer Feinde so groß sein, dass er sich nicht vorstellen könne, wie man sie noch niederzuringen vermöge. Heute seien wir noch ein Gegner für sie. Seiner Meinung nach gebe es keine Alternative zu einem Präventivkrieg, um den Feind zu schlagen, solange noch Aussicht auf den Sieg bestehe. Der Generalstabschef schlug Jagow deshalb vor, er solle eine Politik mit dem Ziel verfolgen, in naher Zukunft einen Krieg zu provozieren.

Teil vier

Mord!

Kapitel 18
Der letzte Walzer

Erzherzog Franz Ferdinand von Österreich-Este, der Neffe des greisen Kaisers Franz Joseph und Thronerbe der Donaumonarchie, verfügte zwar weder über eine zusammenhängende noch eine schlüssige Vision von der Zukunft des Habsburgerreiches, dennoch lässt sich in seinem Denken eine gewisse Grundrichtung ausmachen. Seine politischen Präferenzen und Bestrebungen weisen darauf hin, dass er sich dem historischen Ziel einer *Restauration* verpflichtet fühlte. Als überzeugter Katholik mit italienfeindlicher Einstellung hätte er gern die staatliche Einigung Italiens wieder rückgängig gemacht, die sich ein halbes Jahrhundert zuvor unter säkularen Vorzeichen vollzogen hatte; er hätte gern den italienischen Staat zerschlagen und die Herrschaft des Papstes und der Österreicher wiederhergestellt. Es ging ihm darum, dass das Habsburgerreich wieder seinen Platz in der ersten Reihe der europäischen Großmächte einnahm und zumindest dasselbe Gewicht besaß wie Deutschland. Auch wollte er die Gleichberechtigung der Ungarn in der Doppelmonarchie aufheben und zu einer zentralistischen Verwaltungsstruktur zurückkehren, in der allen übrigen Nationalitäten (zumindest den zahlreichen slawischen Völkern) nur begrenzte Autonomie gewährt werden sollte. Und schließlich strebte er danach, das Zerwürfnis mit Russland zu überwinden, das in der zweiten Hälfte des 19. Jahrhunderts entstanden war, und gemeinsam mit dem Zaren und dem König von Preußen in Europa und der Welt wieder die

Sache der Monarchie und die traditionellen Werte zu verfechten, wie es die drei Länder bereits in der 1815 gegründeten Heiligen Allianz getan hatten.

Im Frühling 1914 war der Thronerbe 50 Jahre alt. Er schien sich von den Krankheiten erholt zu haben, die ihm in früheren Jahren zu schaffen gemacht hatten. Er war ein mittelgroßer, stämmiger Mann. Sein wuchtiger, schwarzer Schnauzbart war dichter als jener des Kaisers, aber etwas weniger scharf hochgezwirbelt.

Der Erzherzog unterhielt eine eigene Militärkanzlei als informelle Nebenregierung, die 1908 vom Kaiser anerkannt worden war. Mit Hilfe dieses persönlichen Stabs konnte Franz Ferdinand, wie es der Historiker Samuel Williamson ausdrückte, »Einfluss, ja sogar Macht ausüben und bei der Ernennung des Kriegsministers und des Generalstabschefs ein gewichtiges Wort mitreden«.[1]

Der Erzherzog hegte großes Interesse für die Streitkräfte der Doppelmonarchie, aber in den zahlreichen internationalen Krisen seiner Zeit neigte er meist dazu, einen Rückzieher zu machen und einen Krieg zu vermeiden. In dieser Hinsicht (anders als in vielen anderen Fragen) ähnelte er Franz Joseph, unter dessen Regentschaft das Reich viele wichtige Krieg verlor, und für den in den Konflikten Anfang des 20. Jahrhunderts die Aufrechterhaltung des Friedens Vorrang zu besitzen schien.

Zu Beginn des Jahres 1914 war Franz Joseph I. 84 Jahre alt. Er hatte 1848 den Thron bestiegen. Die meisten seiner Untertanen konnten sich an keinen anderen Herrscher erinnern. In seinem fortgeschrittenen Alter wirkte er jetzt wie ein gütiger Großvater. Er verkörperte die Verbindung mit der Vergangenheit sowie die Bewahrung der überkommenen Werte und der alten Tugenden. Bereits im Morgengrauen begann er sich seinen Pflichten zu widmen. Täglich begab er sich um 5.00 Uhr früh in sein Büro, wo er zwölf Stunden oder länger arbeitete.

Sein Pflichtbewusstsein und seine Hingabe verbanden sich mit einer gewissen Starrheit: einer fehlenden Bereitschaft oder Unfähigkeit nachzugeben; einem Mangel an Flexibilität, der charak-

teristisch zu sein schien für die gesamte verknöcherte Habsburgermonarchie. Die Literatur dieser Zeit liefert mannigfache Belege dafür, dass sich hinter der strengen Förmlichkeit des Wiener
Lebens Frustration und Repressivität verbargen. Sigmund Freud,
der berühmteste Psychiater der Stadt, hatte wohl nicht ganz Unrecht, wenn er vermutete, dass uneingestandene Triebe, Krankheiten, derer sich die Menschen schämten, und Praktiken, die
als pervers galten, weit verbreitet waren hinter der biederen Fas-
sade. Auch Franz Joseph, der tugendhafte Kaiser, infizierte seine
attraktive Gemahlin mit einer Geschlechtskrankheit und lebte
mit der Schauspielerin Katharina Schratt zusammen, einer Mä-
tresse – sofern diese Bezeichnung hier angebracht ist –, die er
stets nur an den Schultern berührte. Sein einziger Sohn, Kronprinz Rudolf, starb zusammen mit einer jungen Ballerina an
Schussverletzungen, die er (wie es offiziell hieß) bei einem Jagd-
unfall erlitten hatte. In dem Film *Mayerling* mit Charles Boyer,
der in den 1930er Jahren herauskam, wurde eine glaubhaftere
Version erzählt: Demnach hatte dieses Liebespaar, dem die Gesellschaft niemals erlaubt hätte zu heiraten, gemeinschaftlich
Selbstmord begangen.

Auch Franz Ferdinand, der Rudolf als Kronprinz nachfolgte,
wurde wegen seiner Heirat bestraft.

Die groß gewachsene, dunkelhaarige Gräfin Sophie Chotek
von Chotkowa und Wognin war im Haushalt von Erzherzo-
gin Isabella, wo Franz Ferdinand häufig zu Besuch weilte, als
Hofdame beschäftigt. Man vermutete allgemein, dass Franz Ferdinand eine der Töchter des Hauses umwarb. Doch als deren
Mutter feststellte, dass dies nur ein Vorwand war, entließ sie
Sophie, der sein eigentliches Interesse galt. Als Franz Ferdinand
erklärte, er wolle Sophie heiraten, stieß er jedoch auf den Widerstand des Kaisers.

Sophie besaß zwar einen adeligen Stammbaum, aber ihre
verarmte Familie hatte nicht das nötige Geld aufbringen können, um in die 1815 (nach dem Wiener Kongress) von den euro-

päischen Mächten erstellte Liste jener Adelsgeschlechter aufgenommen zu werden, die in Königsfamilien einheiraten durften. Doch Franz Ferdinand beharrte auf seiner Heiratsabsicht und ehelichte Sophie im Jahr 1900. Er war damals 37 Jahre alt, sie 32. Um diese unstandesgemäße Heirat durchzusetzen, musste Franz Ferdinand auf alle Thronfolgerechte für seine Kinder verzichten, und Gräfin Chotek (die spätere Herzogin von Hohenberg) durfte bei formellen Anlässen nicht an seiner Seite auftreten und musste sich mit einem relativ niedrigen Status begnügen. Alfred Fürst von Montenuovo, der Erste Oberhofmeister, der für die Einhaltung der höfischen Etikette zuständig war, wurde zu ihrem Intimfeind.

Kaiser Franz Joseph fürchtete, dass Franz Ferdinand, wenn er eines Tages den Thron bestiegen habe, seine Verpflichtung widerrufen und vielleicht mit Hilfe eines päpstlichen Dispens Sophie zu seiner rechtmäßigen Kaiserin machen könnte, wodurch der Status seiner drei Kinder aufgewertet und sie in die Erbfolge aufgenommen werden würden. In Anbetracht dieser möglicherweise nicht ganz unbegründeten Befürchtungen erscheint es umso seltsamer, dass die Hofbeamten es wagten, Sophie immer wieder zu drangsalieren und durch eine rigide Anwendung des Protokolls wiederholt öffentlich zu demütigen. Eines Tages würde sie vielleicht in der Lage sein, sich dafür zu rächen – was vermutlich auch Franz Ferdinand sehr gern getan hätte.

Der Thronfolger war nicht sonderlich beliebt. Kaum einer seiner Zeitgenossen fand freundliche Worte über ihn. Sympathisch erscheint er vor allem wegen der Liebe, die er seiner Frau (und seinen Kindern) entgegenbrachte. Als er 1913 gebeten wurde, den Truppen in Bosnien-Herzegowina bei einem für Ende Juni 1914 angesetzten Manöver einen Besuch abzustatten, erklärte er sich dazu wohl nicht zuletzt deswegen bereit, weil Sophie dabei aufgrund des besonderen Status von Bosnien-Herzegowina – das zwischen Österreich und Ungarn umstritten war – bei offiziellen Veranstaltungen neben ihm würde Platz nehmen dürfen. Für den

28. Juni, ihren Hochzeitstag, war eine Zeremonie in der Provinzhauptstadt Sarajevo vorgesehen.

Den Habsburger Beamten, die für diese Planungen zuständig waren, müsste eigentlich bewusst gewesen sein, dass der 28. Juni – zumindest nach dem modernen westlichen Kalender – der Jahrestag der Schlacht auf dem Amselfeld (1389) war, in der das mittelalterliche Serbien seine Unabhängigkeit verloren hatte und von den Osmanen unterworfen worden war. Die Serben in Bosnien-Herzegowina, die wegen der Annexion durch Österreich ohnehin aufgebracht waren, hatten gehofft, zumindest an diesem besonderen Tag nicht mit einer österreichischen Machtdemonstration behelligt zu werden.

Die österreichischen Beamten rühmten sich ihrer Effizienz, die jedoch bei der Vorbereitung dieser Reise Lügen gestraft wurde. Als der Erzherzog in den Zug stieg, fiel die Beleuchtung aus. Eilends mussten Kerzen herbeigeschafft werden. Der sonst meist übellaunige Franz Ferdinand jedoch nahm es mit Humor und meinte scherzhaft, er komme sich vor, als steige er »in ein Grab«.

Der Erzherzog und seine Gemahlin brachen am verregneten Morgen des 24. Juni, eines Mittwochs, in Wien auf. Sie reisten getrennt und auf unterschiedlichen Strecken, doch der Regen folgte ihnen. Sophie kam als Erste an ihrem Ziel an: in Bad Ilidze in der Nähe der bosnischen Hauptstadt Sarajevo. Franz Ferdinand traf am späten Nachmittag des 25. Juni ein. Sie begaben sich ins Hotel Bosna, das für die Dauer ihres Aufenthalts von den Behörden übernommen worden war. Stadtbewohner hatten leihweise Einrichtungsgegenstände zur Verfügung gestellt, damit das Hotel für die hohen Gäste besonders herausgeputzt werden konnte.

Am Abend entschloss sich das Paar spontan, in der Stadt einen Einkaufsbummel zu unternehmen. In Sarajevo schlenderten die beiden über eine Marktstraße, an der Künstler ihre Werke und Händler ihre Waren feilboten. Eine Weile hielten sie sich in einem Teppichladen auf. Die Menschen, die ihnen folgten, wirkten freundlich und zuvorkommend.

An den beiden nächsten Tagen besuchte Sophie Schulen, Waisenhäuser und Kirchen, während Franz Ferdinand als Generalinspekteur Manöverübungen verfolgte, in denen zwei Armeen im nicht enden wollenden Regen Gefechte simulierten. Wie der Erzherzog dem Kaiser brieflich berichtete, verlief alles ausgezeichnet. Anschließend lud der Erzherzog Offiziere, hohe Beamte und lokale Würdenträger für den Abend des 27. Juni, eines Samstags, zu einem Festbankett mit Tanz in sein Hotel ein. Dies sollte ein denkwürdiger Abend werden.

Das Hotel servierte Franz Ferdinand und seinen Gästen zur Vorspeise Cremesuppe sowie verschiedene Soufflés und in Aspik eingelegte Forelle aus einem Fluss der Umgebung. Das Hauptgericht bestand aus Rind, Lamm und (hier weichen die Berichte voneinander ab) entweder Huhn oder Ente, wozu Spargel, Salat und Sorbet gereicht wurden. Zum Schluss gab es Käse, Desserts, Eiscreme und Süßigkeiten. Es wurde eine Vielzahl von Weinen und Schnäpsen serviert, unter anderem Champagner, Weißweine vom Rhein, Rotweine aus Bordeaux und Madeira, ungarischer Tokaier und ein heimischer *Vin de Pays:* ein voller, saftiger weißer Zilavka aus dem nahe gelegenen Mostar, der kurz vor dem Cognac getrunken wurde.

Es war ein lauer Sommerabend, die Fenster des Speisesaals im Hotel Bosna waren weit geöffnet. Auf dem Rasen vor dem Hotel spielte die Garnisonskapelle von Sarajevo Unterhaltungsmusik. Durch die offenen Fenster konnten die Gäste *An der schönen blauen Donau* von Johann Strauß hören, den wahrscheinlich beliebtesten aller Wiener Walzer.

Franz Ferdinand und Sophie hatten sich viele Jahre zuvor auf einem Ball in Prag kennen gelernt. Jetzt verbrachten sie ihren letzten gemeinsamen Abend wiederum auf einem Ball.

Kapitel 19
Im Land der Attentäter

Franz Ferdinand war, wie bereits erwähnt, ein Reaktionär, der das Rad der Geschichte gern um ein Jahrhundert zurückgedreht hätte. Doch die Slawen, die sich gegen ihn verschworen, richteten den Blick noch weiter zurück in die Vergangenheit und bezogen sich auf die erste Schlacht auf dem Amselfeld, die vor mehr als 500 Jahren stattgefunden hatte und bei der Serbien nach ihrer Auffassung seine einstige Größe eingebüßt hatte. Am 28. Juni 1914 versuchten die Verschwörer die Schmach von 1389 durch den Einsatz ihres eigenen Lebens zu sühnen. In Wirklichkeit aber hatte nicht die Schlacht von 1389 das Schicksal der Christen auf dem Balkan besiegelt, es war vielmehr die zweite Schlacht auf dem Amselfeld – die 1448 stattfand – gewesen, bei der der ungarische Reichsverweser von den Türken geschlagen wurde. Doch die angehenden Terroristen, die diesen schrecklichen Träumen nachhingen, waren sich dessen vermutlich nicht bewusst, denn es gab keine Gelehrten unter ihnen.

Mitglieder des revolutionären Untergrunds werden gemeinhin der politischen Linken zugerechnet. Aber Terroristen bewegen sich häufig in einem eigenen Raum-Zeit-Kontinuum: Ihr Blick ist bisweilen nicht auf die Zukunft gerichtet, sondern rückwärtsgewandt. Sie versuchen Reiche neu zu errichten, die schon längst zerfallen sind. Sie scharen sich hinter dem Banner einer vergessenen Sache. Sie lauschen Propheten, die zu den Menschen einer untergegangenen Epoche gepredigt hatten.

Daher strebten auch die religiösen Fanatiker, die sich zu Beginn des 21. Jahrhunderts in den Höhlen von Tora Bora verschanzten, danach, ihre Religion in jener Form wiederzubeleben, wie sie im 7. Jahrhundert gelehrt worden war. Daher träumten Schüler in den ärmlichen Dörfern des Balkans vor einem Jahrhundert davon, ebenfalls Attentäter zu werden wie die legendären Gestalten, von denen in den patriotischen Dichtungen erzählt wurde.

Diese terroristischen Gruppen glichen sich in ihren äußeren Merkmalen, wenn sich auch ihre Botschaften unterschieden. Sie leisteten grauenhafte Treueide, wurden härtesten Prüfungen unterworfen, nahmen an Initiationsriten teil, bei denen Blut aus Schädeln getrunken wurde, hielten sich eine Pistole an die Schläfe und drückten auf Befehl ab, benutzten Decknamen und waren in Zellen organisiert, in denen nur der Anführer die Mitglieder der übrigen Zellen kannte. Ihre Ziele waren verschieden, manchmal halfen sie sich gegenseitig, häufig auch entlehnten sie Zeremonien, Praktiken und Vorgehensweisen voneinander.

Von gewöhnlichen Attentätern unterschieden sich die Terroristen dadurch, dass sie die unmittelbaren Folgen, die sich aus ihren Handlungen ergaben, nicht unbedingt anstrebten. Häufig auch fielen ihnen Menschen zum Opfer, die sie im Grunde als unschuldig betrachteten. Ihre Strategie – die Strategie des Terrorismus – bestand darin, die Gesellschaft durch die Erzeugung von Angst und Schrecken zu bestimmten Handlungen zu veranlassen. Ein gewöhnlicher Attentäter erschießt Herrn Unbekannt, weil er Herrn Unbekannt umbringen will. Ein Terrorist tötet Herrn Unbekannt, dessen Leben ihm möglicherweise völlig gleichgültig ist, weil er die Behörden durch diesen Mord dazu bringen will, auf eine bestimmte Weise zu reagieren.

In einer Zeit, in der nahezu alle Herrscher Eurasiens die freie politische Meinungsäußerung unterdrückten, wurden viele junge Idealisten in den politischen Untergrund getrieben. In den Reichen des alten Europa bildete sich im 19. und Anfang des 20. Jahrhunderts ein Netzwerk von Geheimgesellschaften, die beharrlich die Fundamente dieser Imperien untergruben. In ihnen sammelten sich Visionäre, Nationalisten, Offiziere, politische Romantiker, Patrioten, Idealisten, Fanatiker oder auch Verrückte. Diese Gesellschaften waren meist illegal, und ihre Mitglieder lebten gefährlich, aber viele junge Leute wurden dadurch eher angezogen, denn abgeschreckt: Das Leben im Untergrund hatte für sie etwas Heldenhaftes und Romantisches. Einige der jungen Terroristen setzten auf Bombenanschläge und Attentate, andere glaubten, die Mobilisierung von Massen sei wirkungsvoller als individuelle Gewalt. Einig waren sie sich jedoch darin, dass die bestehende Gesellschaft zerstört werden müsse, bevor man mit dem Aufbau einer besseren Welt beginnen könne.

Viele dieser Gruppen strebten danach, die Folgen der Industriellen Revolution rückgängig zu machen, wenn sie dies auch anders formulierten, und schürten zu diesem Zweck Streiks und unternahmen Sabotageakte. Andere ließen sich berauschen vom Gebräu des Nationalismus und kämpften darum, eine Fremdherrschaft abzuschütteln. Der Historiker Zeman hat darauf hingewiesen, dass der Bevölkerungsdruck den Forderungen der Nationalisten mehr Nachdruck verlieh und ihren Parolen mehr Gehör verschaffte.[2] Das Habsburgerreich und andere Vielvölkerstaaten waren eine Brutstätte für junge politische Kriminelle und verwirrte Radikale von rechts und links.

Wahllos wurden Könige, Ministerpräsidenten und andere Staatsführer ermordet, ohne dass diese Anschläge großes Aufsehen erregt hätten, wie es heute der Fall wäre. Dies galt besonders im rückständigen, ethnisch zersplitterten Südosten Europas, wo die Bauern noch mit ihren Tieren unter einem Dach lebten, die Blutrache noch gang und gäbe war und Mord durch Mord vergolten wurde.

Einige der Romane von Joseph Conrad oder Dostojewski vermitteln einen Eindruck von der Welt dieser Geheimgesellschaften früherer Tage auf dem Balkan. Aus dieser Welt ging auch Gavrilo Princip hervor, ein junger bosnischer Serbe, der über keine herausragenden Begabungen verfügte, aber ein sehr ernsthafter Mensch war und sich für den Lebensweg eines Märtyrers entschied. Er schloss sich der Bewegung der Jungbosnier an, einer lockeren Vereinigung bosnischer Nationalisten. Bei den Jungbosniern, die überwiegend aus den Dörfern kamen, handelte es sich um die erste Generation dieser Provinz, die lesen und schreiben konnte. Diese jungen Leute diskutierten über zeitgenössische, teilweise auch subversive Literatur, wie beispielsweise die Werke von Walt Whitman, Alexander Herzen, Oscar Wilde, Maxim Gorki und Henrik Ibsen. Es lässt sich nur schwer vorstellen, was diese Schüler und Studenten, deren emotionale Wurzeln zum serbischen Märtyrertum des 14. Jahrhunderts zurückreichten und deren wirtschaftliche Grundlagen aus dem Mittelalter stammten, mit den modernen Texten aus dem Viktorianischen und Edwardianischen Zeitalter anzufangen wussten. Sie machten sich vertraut mit den Schriften, Theorien und Aktionen des revolutionären Untergrunds in Russland und mit den Ansichten der Nihilisten, die ein halbes Jahrhundert vor ihnen gelebt hatten, aber es fiel ihnen schwer, die verschiedenen sozialistischen Lehren, welche die Russen beflügelten, auf die bäuerliche Welt des Balkans zu übertragen. Princip jedoch besaß eine kleine Sammlung anarchistischer Literatur mit Werken von Michail Bakunin und Peter Kropotkin. Auch Zitate von Nietzsche hatte er häufig auf den Lippen. Er war ein eigenartiger Mensch, der mehr unter Büchern als unter Menschen lebte.

Princip wurde am 13. Juli 1894 in dem Weiler Gornji Obljaj im Grahovo-Tal geboren. Dieser Ort lag, wie Zeman es ausdrückte, »im ärmsten Teil einer armen Provinz«,[3] in der Krajina im westlichen Bosnien, nicht weit entfernt von Dalmatien. Die Familie Princip lebte dort seit Jahrhunderten, während sich die Grenzen und die Staaten immer wieder geändert hatten. Sie waren bosnische Serben, die sich eng mit ihrem Land verbunden fühlten, ihrer Kirche, ihren kommunalen Einrichtungen und ihrer Sippe. Gavrilo verließ das Tal im Alter von 13 Jahren, um in der bosnischen Hauptstadt Sarajevo die Schule zu besuchen.

Der kleine, schmächtige Junge mit dunklen Locken, der sehr asketisch lebte und weder rauchte noch trank, ließ sich einen Schnurrbart wachsen, durch den er älter wirkte. Er sagte sich von der Religion los, legte sich mit seinen Lehrern an und besuchte den Unterricht nicht mehr regelmäßig. Er wollte ein Dichter werden und das Leid anderer Menschen spüren. Es schmerzte ihn, dass er körperlich wenig attraktiv war. Als er sich während der Balkankriege 1912/13 in Serbien freiwillig zum Militär meldete, wurde er von einem Rekrutierungsoffizier mit der Begründung abgelehnt: »Du bist zu klein und zu schwach.« Diese Bemerkung kränkte ihn. Er verzieh sie dem Offizier nie.

In den 20 Jahren, die Princip lebte, fanden zahlreiche Attentate statt, die ein charakteristisches Merkmal der Spaltung zwischen der Gesellschaft und dem politischen Untergrund darstellten. Ermordet wurden in dieser Zeit der französische Staatspräsident (1894), der Schah von Persien (1896), der Präsident von Uruguay (1896), der spanische Ministerpräsident (1897), der Präsident von Guatemala (1898), die Kaiserin von Österreich (1898), der Präsident der Dominikanischen Republik (1899), der König von Italien (1900), der Präsident der Vereinigten Staaten von Amerika (1901), der König und die Königin von Serbien (1903), der griechische Ministerpräsident (1905), der bulgarische Ministerpräsident (1907), der persische Ministerpräsident (1907), der König von Portugal (1908), der ägyptische Ministerpräsident (1910), der russische Ministerpräsident (1911), der spanische Ministerpräsident (1912), der Präsident von Mexiko (1913) und der König von Griechenland (1913). Durchschnittlich fiel pro Jahr ein Staats- oder Regierungschef einem Attentat zum Opfer.

Als der neunzehnjährige Princip im März 1914 erfuhr, dass der Habsburger Thronfolger im Juni Bosnien besuchen würde, entschloss er sich (wie er behauptete), ein Attentat vorzubereiten. Bis zum Ende seines Lebens beharrte er darauf, dass der Anschlag allein seine Idee gewesen sei. Auch andere ruhelose Nationalisten hatten bereits erfolglose Attentatsversuche gegen Franz Ferdinand unternommen, zuletzt im Januar 1914. Manche Historiker glauben, dass die Jungbosnier nicht in erster Linie von Hass auf den Erzherzog getrieben wurden – sie wussten meist nur wenig über seine Ansichten oder interpretierten sie falsch –, sondern dass er zum Ziel von Anschlägen wurde, weil er ein herausragendes Symbol der bestehenden Ordnung war, welche die Studenten bekämpfen und stürzen wollten.

Es wird auch die These vertreten, dass die Verschwörer Franz Ferdinand vor allem deswegen ins Visier nahmen, weil sie glaubten, er befürworte den so genannten Trialismus und wolle der serbischen Bevölkerung im Reich eine gleichberechtigte Position neben den Österreichern und den Ungarn einräumen. Eine solche Politik hätte den serbischen Nationalismus unterlaufen und den Jungbosniern und anderen umstürzlerischen Gruppen den Wind aus den Segeln genommen.

Eine andere Theorie geht davon aus, dass die serbischen Nationalisten fälschlicherweise annahmen, Österreich-Ungarn plane einen Angriff auf Serbien. Die Manöver in Sarajevo, so erzählten sie sich, seien dafür die Generalprobe. Nach den Balkankriegen war allgemein bekannt, dass Serbien am Boden lag und viele Jahre brauchen würde, um sich wieder zu erholen. Franz Ferdinand, so munkelten die Nationalisten, wolle sich diese Hilflosigkeit zunutze machen und in Serbien einmarschieren. Sie behaupteten, in der Wiener Regierung sei der Erzherzog der Anführer der Kriegspartei. In Wirklichkeit jedoch setzte er sich entschieden für den Frieden ein.

Princip konnte einige Freunde dazu überreden, sich an der Verschwörung zu beteiligen. Er schlug ihnen vor, den Umgang mit Schusswaffen zu üben, und wieder waren die Freunde einverstanden. Einer dieser Freunde – ein gewisser Milan Ciganovic – kannte »einen Herrn«, der Waffen besorgen konnte: Bomben, Pistolen und Gift, mit dem die Attentäter nach dem Anschlag Selbstmord verüben konnten. Dieser »Herr« war ein hochrangiges Mitglied einer Organisation, die den jungen Männern anbot, sie aus Serbien in das von Österreich annektierte Bosnien zu führen, wenn Franz Ferdinand dort eintraf.

Bei den Pistolen handelte es sich um vier moderne automatische Waffen aus Belgien. Die sechs Bomben waren ein spezielles serbisches Fabrikat, klein, mit geringem Gewicht und leicht zu verstecken und zu handhaben. Bei dem Gift handelte es sich um Zyankali.

Weshalb entschloss sich dieser »Herr« – Major Voja Tankosić, der engste Mitarbeiter des Chefs der »Schwarzen Hand«, eines Geheimbunds in der serbischen Armee, auf den wir noch näher eingehen werden –, das Attentat zu unterstützen und zu ermöglichen? Könnte es sein, dass diese Organisation durch ihn Princip und seine Freunde anwarb, statt umgekehrt, wie behauptet wurde? Oder wenn der Plan tatsächlich von Princip und seinen Freunden stammte, unterstützte Tankosić den Anschlag vor allem deshalb, weil er, wie er später sagte, »Pašić in Schwierigkeiten bringen« wollte,[4] den serbischen Ministerpräsidenten?

Eine andere Version über die Morde von Sarajevo lieferte Dragutin Apis, der Führer der »Schwarzen Hand«. Er sprach 1915 darüber mit einem Freund, der 1924 über diese Unterhaltung berichtete. Demzufolge habe sich Tankosić eines Tages gegenüber Apis beklagt: »Dragutin, da gibt es ein paar junge Bosnier, die mir ständig in den Ohren liegen. Diese Jungs wollen um jeden Preis eine ›große Tat‹ vollbringen. Sie haben erfahren, dass Franz Ferdinand zu Manövern nach Bosnien kommt, und haben mich gebeten, sie dorthin zu führen. Was meinst du?… Ich habe ihnen gesagt, das geht nicht, aber sie lassen mir keine Ruhe.« Darauf habe Apis zunächst erwidert: Warum geben wir ihnen nicht eine Chance? Aber nach einigem Nachdenken sei Apis zu der Ansicht gelangt, dass es zwar wichtig sei, Franz Ferdinand zu töten, dass diese Studenten dafür aber nicht die nötigen Voraussetzungen mitbrächten. Deshalb habe er Princip eine Nachricht gesandt und ihn aufgefordert, das Unternehmen abzublasen, weil er erfahrenere Leute schicken werde. Aber Princip habe darauf beharrt weiterzumachen.

Es gab insgesamt drei gerichtliche Untersuchungen des Attentats von Sarajevo: in Österreich (1914), in Serbien (1917) und in Jugoslawien (1953). Sie alle waren politisch motiviert, und keine ihrer Schlussfolgerungen erscheint sonderlich glaubwürdig. Auch die umfangreichen Forschungen und Interviews, die der italienische Historiker Luigi Albertini in der Zeit zwischen den beiden Weltkriegen durchführte, brachten keine Klärung. Manche Zeugen sahen hier eine Möglichkeit, eine alte Rechnung zu begleichen oder eigene Interessen zur Geltung zu bringen. Andere konnten sich nicht mehr richtig erinnern oder brachten Dinge durcheinander. Die serbischen Nationalisten waren weiterhin stolz auf diese Morde; viele wollten sie für sich reklamieren, andere wollten sich nur wichtig machen, indem sie vorgaben, die wirklichen Hintergründe zu kennen. Apis, der persönlich für die Attentate verantwortlich zu sein behauptete, glaubte vielleicht, er könne dadurch eine Schmach tilgen, die sein Land erlitten hatte. Oder er wiegte sich in dem Glauben, das serbische Gericht, das 1917 gegen ihn verhandelte, werde ihn nicht verurteilen, wenn es erfuhr, dass er jener serbische Patriot sei, der Franz Ferdinand umgebracht hatte. Vielleicht aber ließ das Tribunal ihn auch hinrichten, um zu verhindern, dass er auspackte... Wir können nur Vermutungen anstellen.

Mit Sicherheit wissen wir jedoch, dass Princip die Waffe abfeuerte.

Die geheimnisvolle Gruppe, die Princip und seinen Freunden half, nannte sich *Ujedinjenje ili Smert* (»Einheit oder Tod«). Später gab sie sich den Namen »Schwarze Hand«. Sie wurde am 3. März 1911 von sieben Nationalisten ins Leben gerufen, die sich nicht mit den Ergebnissen der Bosnienkrise von 1908/09 abfinden wollten. Als die serbische Regierung widerstrebend die Annexion Bosnien-Herzegowinas durch Österreich akzeptierte, vollzog auch die offizielle, von der Regierung geförderte nationalistische Organisation *Narodna Odbrana* (Nationale Verteidigung) diesen Schritt nach und wandelte sich von einer militanten österreichfeindlichen Gruppierung zu einer weitgehend nur noch kulturell tätigen Gesellschaft.

Mehrere Abweichler, die mit dieser Entscheidung nicht einverstanden waren, schlossen sich später zum Geheimbund »Schwarze Hand« zusammen, um den Kampf gegen Österreich weiterzuführen. Zu ihren Gründungsmitgliedern gehörte ein Mann, der sich eingehend mit der Geschichte von Geheimgesellschaften in Frankreich, Italien, Deutschland und anderen Ländern beschäftigt hatte. In den Statuten (die 37 Artikel umfassten) und den Richtlinien (die 28 Punkte beinhalteten) dieser elitären Geheimgesellschaft, die formell im Mai 1911 gegründet wurde, zeigten sich unverkennbar traditionelle Ansätze (die man auch als Nachahmung bezeichnen könnte). Sie orientierte sich stark an den Freimaurerlogen und an Mazzinis Bewegung *Junges Italien* aus dem 19. Jahrhundert.

Die Schwarze Hand unterwanderte die Narodna Odbrana und möglicherweise auch noch weitere Organisationen, blieb aber außerhalb von Regierungskreisen weitgehend unbekannt. Doch mehrere ausländische Staatsführungen wussten von ihrer Existenz. Sie bildete eine einflussreiche Gruppierung im Militär und war auch in der serbischen Regierung vertreten. Die Organisation bestand aus extremistischen Offizieren und radikal nationalistisch eingestellten Politikern. Ihre beherrschende Figur (wenngleich vermutlich nicht ihr formeller Führer) war der ehemalige Armeeoffizier und nunmehrige Leiter des militärischen Geheimdienstes Dragutin Dimitrijevic, ein bulliger Mann mit dem Decknamen »Apis«. Im Jahr 1903 hatte Apis ein Mordkommando angeführt, das den König von Serbien und seine Gemahlin in ihrem Palast umgebracht und anschließend ihre verstümmelten Leichen aus dem Fenster gehängt hatte. Während der Regierung des ermordeten Königs war Serbien ein Satellitenstaat Österreichs gewesen. Unter der Dynastie, die Apis und seine Gehilfen an die Macht zurückbrachten, schlugen die Regierungen wieder einen antiösterreichischen Kurs ein, der Apis jedoch nicht weit genug ging. Die Zustimmung zur Annexion Bosnien-Herzegowinas 1908/09 betrachtete er als »Verrat«.

Die Schwarze Hand verfolgte andere Ziele als Princip und

seine Freunde. Apis und seine Mitstreiter strebten ein großserbisches Reich an, das alle serbischen Gebiete umfassen sollte. Princip träumte von einer Föderation, in der Kroaten, Serben und andere südslawische Nationalitäten zusammengeschlossen sein sollten. Aber diese Unterschiede spielten im Frühjahr 1914 keine große Rolle, denn dabei handelte es sich um langfristige Ziele.

Auf kurze Sicht allerdings begab sich Princip in ein politisches Kreuzfeuer, was ihm möglicherweise nicht bewusst war. Die serbische Regierung und auch die Armee des Landes waren in zwei Gruppen gespalten. Apis lag in heftigem Streit mit dem 68 Jahre alten Ministerpräsidenten Nikola Pašić, einem Veteranen, der zwar auch ein serbischer Nationalist war, aber sehr besonnen und vorsichtig agierte. Die Auseinandersetzungen zwischen den beiden Fraktionen erreichten ihren Höhepunkt, als Princip seinen Plan in Angriff nahm. Im April 1914 konnte Apis König Peter, den regierenden Monarchen, dazu überreden, Pašić zu entlassen. Aber da griff Russland ein. Als Serbiens Schutzmacht unter den europäischen Großmächten konnte Russland starken Einfluss ausüben. Nikolai Hartwig, der russische Gesandte in Belgrad, verlangte, dass Pašić im Amt bleiben solle. Hartwig war klar, dass Serbien viel Zeit brauchen würde, um sich von den Balkankriegen zu erholen und sich wieder neue Ziele zu setzen. In dieser Situation erschien unbedachtes Abenteurertum völlig unangebracht.

Am 26. Mai verließ Gavrilo Princip Belgrad, um sich in Sarajevo mit seinen Mitverschwörern zu treffen. Zehn Tage lang schlug er sich durch wildes, schwer zugängliches Gelände. Das größte Problem bestand darin, die scharf bewachte Grenze zwischen dem unabhängigen Serbien und dem von den Habsburgern besetzten Bosnien zu überqueren. Doch er fand viele Helfer auf seiner Reise. An wichtigen Stellen erwarteten ihn Agenten, die ihn unterstützten. Es war eine »Tunnelroute«, die von der Narodna Odbrana eingerichtet worden war und nun von der Schwarzen

Hand mitbenutzt wurde. Am 4. Juni kam Princip in Sarajevo an und stieß zu seinen Mitverschwörern, um konkrete Vorbereitungen zu treffen und den Anschlag zu proben.

Nach Meinung des Historikers Albertini war Ciganovic, der Princip mit Tankosić von der Schwarzen Hand zusammengebracht hatte, ein Polizeispitzel. Falls dies zutraf, konnte der serbische Ministerpräsident aus der Ferne die einzelnen Schritte Princips mitverfolgen. Einer Version zufolge soll der Ministerpräsident die Grenzwachen angewiesen haben, Princip an der Grenze aufzuhalten – doch diese Anordnung wurde von serbischen Beamten missachtet, die mit Apis zusammenarbeiteten. Stattdessen ließen sie die Verschwörer passieren und erklärten Pašić anschließend, seine Anweisung hätte sie zu spät erreicht. Nach einer abgewandelten Form dieser Version gaben diese Beamten später Pašić gegenüber zu, was sie getan hatten. So erfuhr der serbische Ministerpräsident also (wie heute allgemein angenommen wird), dass Terroristen – Princip und ein Begleiter – mit Pistolen und Bomben den Grenzfluss Drina nach Bosnien überquert hatten, und er wusste auch oder musste es zumindest vermuten, dass sie es auf den Erzherzog abgesehen hatten. Aber Pašić bestritt stets, von dem geplanten Anschlag Kenntnis gehabt zu haben.

Pašić, der sich in diesem hoch gefährlichen Umfeld als politischer Überlebenskünstler erwiesen hatte, blieben nicht viele Handlungsmöglichkeiten – sofern man davon ausgeht, dass er von der Verschwörung wusste. Sein Land war nach den Balkankriegen stark geschwächt und konnte sich nicht mehr mit einer Großmacht anlegen. Ein Anschlag auf Franz Ferdinand würde eine gefährliche internationale Krise heraufbeschwören, die Serbien große Schwierigkeiten bereiten würde. Natürlich konnte er einfach abwarten und darauf hoffen, dass diese unerfahrenen jungen Männer mit ihren Plänen scheiterten, aber was immer sie auch unternahmen, konnte von den Falken in Wien als Vorwand genutzt werden, um gegen Serbien vorzugehen. Wenn Pašić andererseits die Österreicher warnte und dies bekannt wurde, dann würde die Schwarze Hand vielleicht auch ihn umbringen oder ihn zumindest gegenüber der Bevölkerung als Verräter bloßstellen. Und wenn er Wien eine Warnung zukommen ließ, konnte dies dort dennoch als Beweis dafür aufgefasst werden, dass seine Regierung in die Verschwörung verwickelt war: Gestand er durch eine solche Warnung nicht ein, dass serbische Regierungsbeamte einen Anschlag planten?

Auch wenn er es bestritt, schickte Pašić doch irgendwann in der ersten Junihälfte ein Telegramm an seinen Gesandten in Wien, in dem er diesen anwies, der österreichischen Regierung mitzuteilen, dass »aufgrund zufälliger Erkenntnisse« Serbien »Grund zu der Annahme besitze, dass ein Anschlag auf das Leben des Erzherzogs geplant sein könnte anlässlich von dessen Reise nach Bosnien. Da im Zuge dieser Reise durch einige Fanatiker bedauerliche Zwischenfälle provoziert werden könnten, erscheint es erforderlich, der österreichischen Regierung eine Verschiebung des Besuchs des Erzherzogs anzuraten.«

Ob Pašić ihn telegraphisch dazu aufgefordert hatte oder nicht, der serbische Geschäftsträger wurde jedenfalls bei den Österreichern vorstellig. Zumindest zwei Gründe konnten den Gesandten Ljuba Jovanovic dazu bewegen, den Anweisungen seines Ministerpräsidenten nicht Folge zu leisten. Zum einen hatte er ein schlechtes Verhältnis zum österreichischen Außenminister Leopold Graf Berchtold, der sein erster Ansprechpartner gewesen wäre, und wollte sich deshalb nicht an ihn wenden. Stattdessen suchte er um eine Unterredung mit Finanzminister Leon von Bilinski nach, in dessen Ressort (zumindest vorläufig) die Verwaltung der erst vor kurzem annektierten Provinz Bosnien-Herzegowina fiel. Für Sicherheitsfragen war jedoch General Oskar Potiorek zuständig, der Landeschef der Provinz, der formell Bilinski unterstellt, mit diesem allerdings zerstritten war. Bei der Planung der Reise des Erzherzogs nach Bosnien hatte Potiorek Bilinski absichtlich nicht einbezogen.

Jovanovic fand sich am 21. Juni gegen Mittag bei Bilinski ein. Er hatte sich entschlossen, mit dem eigentlichen Kern der Botschaft, die er überbringen sollte, hinter dem Berg zu halten – dass Belgrad über Informationen verfüge, wonach ein Mordanschlag auf den Erzherzog geplant sei. Stattdessen redete er allgemein von den Gefahren, die mit einem Besuch in Sarajevo verbunden seien, und davon, dass möglicherweise einige wütende Serben etwas gegen Franz Ferdinand unternehmen könnten. Jovanovic hatte auch eigennützige Gründe dafür, nichts von dem geplanten Attentat zu sagen: Apis hatte ihn nach dem Staatsstreich, der im Mai hätte stattfinden sollen und von Hartwig verhindert worden war, als neuen Außenminister vorgesehen. Jetzt kursierten Gerüchte, wonach Apis abermals einen Umsturz plane, vielleicht im August, und Jovanovic wiederum sein Kandidat für den Posten des Außenministers sei. Für Jovanovic erschien es daher nicht opportun, sich auf Seiten von Pašić und damit gegen Apis zu stellen.

Andererseits hatte auch Bilinski Anlass, die unbestimmten Warnungen nicht sonderlich ernst zu nehmen. Er war bei den Sicherheitsplanungen für die Reise des Erzherzogs übergangen worden. Sein Untergebener, General Potiorek, hatte auf ausdrückliche Anordnung von Franz Ferdinand dafür die Verantwortung übernommen. Wenn bei dem Besuch in Bosnien etwas schief ging, würde Potiorek, nicht Bilinski den Kopf hinhalten müssen. Und außerdem fiel es Bilinski schwer, sich wegen des Erzherzogs große Sorgen zu machen, denn er hatte keinen Grund, ihn besonders zu mögen.

In der serbischen Hauptstadt versuchte der Ministerpräsident herauszufinden, was vor sich ging, um es aufhalten zu können. Von Apis war nichts zu erfahren, und Pašićs Verbündete im Militär, im Kriegs- und im Innenministerium waren nicht imstande, die Gruppe um Princip zu überwachen, der sich nun in Bosnien befand und damit dem Zugriff der serbischen Behörden entzogen war.

Der Regierung von Pašić gehörten auch einige Führer der Nationalistenvereinigung Narodna Odbrana an und erhielten dadurch Kenntnis von dem geplanten Attentat. Sie wiesen ihren Kontaktmann in Bosnien an, weitere Aktivitäten zu unterbinden. Doch das gelang ihm nicht.

Am 2. Juni trat das Exekutivkomitee der Schwarzen Hand zusammen. Vielleicht war es auch nur ein informelles Treffen aller Mitglieder, die kurzfristig hatten zusammengerufen werden können. Bei dieser Versammlung erfuhren die Mitglieder davon, dass Major Tankosić im Namen ihrer Organisation der Gruppe um Princip Hilfestellung geleistet hatte. Aus welchen Gründen auch immer beschlossen sie, das Unternehmen sofort zu beenden. Diese Entscheidung wurde anscheinend fast einmütig getroffen – lediglich Apis und Tankosić sollen dagegen gestimmt haben.

Apis schickte Tankosićs Verbindungsmann zur Princip-Gruppe nach Bosnien, wo dieser sich mit Danilo Ilic traf, der den Attentätern als technischer Koordinator zuarbeitete. Ilic überbrachte Princip den Befehl: Alles einstellen! Aber Princip weigerte sich.

Bis zum 20. oder 21. Juni ging Apis vermutlich davon aus, dass der Mordplan aufgehoben war, während Pašić wahrscheinlich noch das Gegenteil glaubte. Ilic versuchte Princip mehrmals dazu zu bringen, den Anweisungen Folge zu leisten und das Attentat abzublasen. Doch eine neuerliche Auseinandersetzung zwischen Apis und Pašić Mitte Juni – in der es um das geplante Attentat oder auch etwas anderes gegangen sein kann – veranlasste einen Agenten der Schwarzen Hand dazu, Princip eine neue Botschaft zu schicken, in der er die Anweisung von Apis für aufgehoben erklärte und für die Operation wieder grünes Licht gab. Der Mann, der diese Nachricht übermittelte, wurde später von Serbien als ein Agent Österreichs bezeichnet, aber diese Anschuldigung konnte nie bewiesen werden: In Wirklichkeit war er Apis' Chefspion in Österreich-Ungarn.

Die Verschwörung war nun jedenfalls kein Geheimnis mehr. In den Cafés auf dem Balkan spekulierte man ausgiebig über einen möglichen Mordanschlag auf Franz Ferdinand, und in all diesen Cafés tummelten sich österreichische Spione. Auch knapp ein Jahrhundert später wissen wir noch immer nicht mit Sicherheit, wer was wusste beziehungsweise wann wer davon erfuhr.

Kapitel 20
Eine Verbindung zu Russland?

War Russland auf irgendeine Weise in das Attentat auf den österreichischen Thronfolger verwickelt? Diese Frage wurde damals in Regierungskreisen gestellt und beschäftigt auch heute noch die Historiker.

Eine Beteiligung Russlands hätte nicht viel Sinn ergeben. Franz Ferdinand vertrat in der Wiener Regierung eine russlandfreundliche Position, weshalb seine Beseitigung den Interessen Russlands zuwidergelaufen wäre. Natürlich wurden seine politischen Auffassungen und Ziele häufig missverstanden und in Sankt Petersburg vielleicht auch falsch interpretiert. Möglicherweise erkannte man nicht in vollem Umfang, wie sehr er den Russen gewogen war. Doch als entschiedener Verfechter der Monarchie in Europa hätte der Zar zweifellos einen solchen Mord abgelehnt.

Russlands Balkanpolitik, die von Nikolai Hartwig als russischem Gesandten in Belgrad (1900–1914) praktisch umgesetzt wurde, erschien häufig, wie bereits erwähnt, als ungehobelt und aggressiv. Der glühende Panslawist Hartwig, der über langjährige diplomatische Erfahrungen auf dem Balkan und im Mittleren Osten verfügte, »benutzte die Sache der Serben als Waffe in seinem Kampf gegen die eigene Regierung«,[5] wie der gut unterrichtete französische Gesandte in Belgrad erklärte. »Mit Unterstützung konservativer und orthodoxer Kreise in Sankt Petersburg« setzte er sich gegen Außenminister Sasonow durch und »prägte maßgeblich die russische Diplomatie auf dem Balkan in den letzten zwei Jahren«.

Hartwig war es gelungen, die Balkanstaaten zeitweilig in einem Bündnis sowohl gegen die Türkei wie auch gegen Österreich zusammenzuführen, und galt weithin als Architekt der Politik Belgrads. Aber es ist unwahrscheinlich, dass er den Anschlag der Schwarzen Hand billigte, denn er hatte gerade die Pašić-Regierung vor Apis gerettet und sich damit auf die Seite der besonneneren Kräfte und gegen die Hitzköpfe gestellt.

Andererseits ist unbestreitbar, dass der russische Militärattaché in Belgrad, Oberst Viktor Artamanow, eng mit Apis zusammenarbeitete. Beide unterhielten vielleicht sogar ein gemeinsames Spionagenetz. Artamanow soll Apis auch zu einem bestimmten Zeitpunkt Geld für Operationen zur Verfügung gestellt haben. Daher erscheint es denkbar, dass Artamanow in irgendeiner Art Kenntnis davon erhielt, dass Apis die bosnischen Studenten unterstützte. Es wurde auch behauptet, Artamanow habe gegenüber Apis erklärt, er wisse aus gesicherter Quelle, dass Russland im Falle eines Angriffs durch Österreich-Ungarn Serbien zu Hilfe kommen werde. Aber es gibt keinen Beweis dafür, dass irgendein dazu befugter Repräsentant der Zarenregierung eine solche Garantie abgegeben hat.

Der Historiker George Malcolm Thomson schreibt in seinem Werk *The Twelve Days* (1964), Artamanow sei »bereits in einem frühen Stadium in das Mordkomplott der Schwarzen Hand gegen den Erzherzog einbezogen gewesen«.[6] Thomson stützt sich bei dieser Behauptung auf die Forschungen Albertinis, die jedoch eine derartige Beschuldigung keineswegs erhärten. Artamanow bestritt alle diesbezüglichen Vorwürfe in einem Interview mit Albertini. Dieser glaubte Artamanow nicht, konnte seine Aussage aber auch nicht widerlegen.

Aus einem Dokument vom 12. Juni 1914, das in jüngst freigegebenen Akten des russischen Verteidigungsministeriums entdeckt wurde, geht hervor, dass Russland 1910 dem serbischen Offizierskorps vier Millionen Franken zukommen ließ, deren Verwendung jedoch lange Zeit unklar blieb. In diesem Schreiben, das vom russischen Militäragenten in Serbien stammte, wurde vermutet, dass ein Teil dieses Geldes an die Schwarze Hand geflossen sein könnte; das Dokument scheint somit zu bestätigen, dass die russische Regierung nach dieser Erfahrung nicht mehr bereit war, dem serbischen Offizierskorps weiter finanziell unter die Arme zu greifen. Man geht davon aus, dass Russland die Schwarze Hand nicht unterstützen wollte.

Gab es bei dem Anschlag in Sarajevo eine Verbindung zu Russland? Falls ja, konnte sie bislang nicht nachgewiesen werden.

Einige Tage vor dem Attentat erhielt der serbische Ministerpräsident Pašić einen anonymen Brief. Dessen Verfasser sprach davon, dass die österreichische Regierung möglicherweise plane, »den törichten Ferdinand« anlässlich seines Besuchs bei den Manövern in Bosnien zu ermorden und dann Pašićs Regierung die Schuld in die Schuhe zu schieben, um gegen Serbien losschlagen zu können.[7] Das deckte sich zwar nicht genau mit den späteren Ereignissen, aber so hätte es ablaufen können.

Kapitel 21
Die Terroristen schlagen zu

Am Sonntag, dem 28. Juni 1914, besuchten Erzherzog Franz Ferdinand und seine Gemahlin Sophie morgens die Messe in einer eigens für sie neben ihrem Hotel aufgebauten Kapelle. Dann verließen sie Bad Ilidze und fuhren mit dem Zug nach Sarajevo, das weniger als eine halbe Stunde entfernt lag. Am Bahnhof vor der Stadt stiegen sie in Autos um, mit denen sie den Rest der Strecke zurücklegten. Automobile waren erst seit kurzem in Gebrauch und erregten daher viel Aufmerksamkeit.

Der Konvoi mit den von Chauffeuren gesteuerten Fahrzeugen erreichte Sarajevo zwischen 9.30 Uhr und 10.00 Uhr und fuhr zum Rathaus. Der Bürgermeister und der Polizeichef saßen im ersten Wagen. Der Erzherzog und die Herzogin folgten im zweiten, einer Kabriolimousine, die eigens für diese Fahrt angemietet worden war. Bei ihnen befand sich der Militärgouverneur General Potiorek. Der Eigentümer des Wagens, Franz Graf von Harrach, saß vorn neben dem Fahrer. Dahinter folgten die übrigen Fahrzeuge – zwischen zwei und vier Autos, je nachdem, welchem Bericht man Glauben schenkt.[8]

Mittlerweile hatte es zu regnen aufgehört. Der Morgennebel hatte sich gelichtet. Die Sonne strahlte herab auf das fürstliche Paar: Er trug seine farbenprächtige Uniform, sie ein leuchtend weißes Kostüm. Die Menschen am Straßenrand jubelten ihnen zu, und zur Begrüßung ertönten 24 Böllerschüsse.

Historiker verwiesen später verwundert auf die unzureichenden Sicherheitsvorkehrungen. Die Straßen hätten von Soldaten gesäumt sein müssen, was aber nicht der Fall war. Rund 22 000 österreichische Soldaten waren in dieser Gegend stationiert, aber General Potiorek hatte nur eine Ehrengarde von 120 Mann abgestellt, die Franz Ferdinand und seine Reisegruppe eskortieren und beschützen sollte. Später wurde erklärt, der General habe beweisen wollen, dass unter seiner eisernen Herrschaft so viel Sicherheit herrsche, dass es keiner zusätzlichen Einsatzkräfte bedurft habe. Sollte er dies tatsächlich beabsichtigt haben, dann erreichte er genau das Gegenteil.

Das unruhige Bosnien war ein Grenzland. In dieser Region begegneten sich der Osten und der Westen, stießen rivalisierende Sippen, Nationalitäten, Religionen und Reiche aneinander. Die bosnische Hauptstadt Sarajevo, deren Ursprünge weit in die Vergangenheit zurückreichen, bestand damals aus einer Ansammlung von Gebäuden, die sich entlang der beiden Ufer des Flusses

Miljacka ausbreiteten. Mehrere Brücken verbanden sie zu einer Stadt. Im Winter war die Miljacka ein reißender Strom, aber im Sommer versiegte sie weitgehend, so dass jetzt im Juni das Flussbett bereits auszutrocknen begann. Ein britischer Besucher in Sarajevo Ende der 1930er Jahre behauptete, das Wasser der Miljacka sei rot gewesen, aber das war vermutlich nur eine optische Illusion, die durch die Lektüre historischer Überlieferungen hervorgerufen wurde. Der Konvoi nahm den Weg über den Appel-Kai, der am Fluss entlangführte. An der Wasserseite wurde der Kai von einer niedrigen Mauer begrenzt, an der anderen Seite von Häusern. Er war die einzige größere Durchfahrtsstraße der Stadt.

Die jahrhundertelange osmanische Herrschaft hatte den Bewohnern ihren Stempel aufgedrückt, was sich sowohl in der Kleidung als auch in den Lebensgewohnheiten und dem Verhalten zeigte. Die Stadt wirkte eindeutig orientalisch, vor allem wenn man sich vom Fluss entfernte und in die engen Gassen hineinwanderte.

Die Silhouette von Sarajevo, aus der die in der Sonne glänzenden Minarette herausragten, erinnerte daran, dass die Stadt schon häufig ihre Besitzer gewechselt hatte. Es gab rund 100 Moscheen in Sarajevo und fast genauso viele christliche Kirchen. Die Synagogen, die etwas weniger auffällig waren, zeugten von der lebendigen jüdischen Kultur. Eine vielsprachige, multinationale und unterschiedlichen Religionen anhängende Bevölkerung hatte nicht nur miteinander, sondern auch unter wechselnden Herren zu leben gelernt. Die herrschenden Mächte hatten sich immer nur für eine bestimmte Zeit halten können und sollten im Gefolge der Ereignisse vom 28. Juni abermals wechseln.

Princip und seine Mitverschwörer hatten sich auf dem Appel-Kai an drei Stellen postiert, an denen Brücken die Straße querten. Der Autokorso, der den Kai passierte, musste daher gewissermaßen Spießruten laufen. Princips Freund Danilo Ilic, der als Koordinator vorgesehen war, hatte keinen festen Platz und sollte die Schützen dirigieren. Wie wir wissen, hatte Ilic vergeblich versucht, Princip dazu zu bewegen, das Unternehmen abzubrechen.

Bereits an der ersten der drei Brücken geriet der Konvoi des Erzherzogs in eine Gefahrenzone: Drei Verschwörer hatten sich nebeneinander an der Flussseite aufgestellt, zwei standen auf der anderen Seite. Der erste Attentatsversuch gegen den Erzherzog erfolgte von der Uferseite her, durch Nedeljiko Cabrinovic, der einen Polizisten bat, ihm das Auto von Franz Ferdinand zu zeigen. Dann riss er an einem Laternenpfahl den Zünder von seiner Bombe, um sie zur Detonation zu bringen. Er schleuderte sie gegen den Wagen des Erzherzogs, doch sie landete auf dem zurückgeklappten Verdeck des Kabrioletts, kullerte von dort auf den Boden und explodierte neben einem der Räder des folgenden Autos.

Die Herzogin wurde von der wegfliegenden Sprengkapsel am Hals gestreift, während ein Insasse des hinteren Wagens, Oberstleutnant Erich von Merizzi, ein Mitarbeiter von General Potiorek, von einem Splitter am Handgelenk verletzt wurde. Die Explosion verursachte großen Lärm, ein weiterer Offizier und einige Zuschauer erlitten leichte Verletzungen, und der Konvoi hielt an.

Cabrinovic flüchtete. Er sprang vom Kai und versuchte durch das seichte Wasser zu entkommen. Als er von den Polizisten gefasst wurde, die sogleich die Verfolgung aufgenommen hatten, schluckte er seine Giftpille, die jedoch nicht wirkte, weil sie schon zu alt war; er musste sich lediglich übergeben.

Als Princip die Explosion und das Schreien der Zuschauer hörte, lief er zum Ort des Geschehens, wo es aussah, als sei bereits alles vorüber. Die Gendarmen hatten Cabrinovic fest im Griff und schleppten ihn zur Polizeistation. Von den übrigen Verschwörern war noch keiner entdeckt worden.

Was mit den anderen geschah, beschrieb Alan J. P. Taylor kurz und präzise: »Von den übrigen Verschwörern war einer so stark von den Zuschauern eingekeilt, dass er seine Bombe nicht aus der Tasche ziehen konnte. Einer der anderen sah, dass ein Polizist in seiner Nähe stand, und hielt es daher für zu riskant, irgendetwas zu unternehmen. Ein dritter empfand Mitleid mit der Herzogin und tat ebenfalls nichts. Ein vierter verlor die Nerven und rannte weg.«[9]

Allein kehrte Princip zu dem ihm zugewiesenen Platz auf der Uferseite des Kais zurück. Dann überquerte er die Straße. Es gibt unterschiedliche Berichte darüber, wo er schließlich stehen blieb oder sich hinsetzte.

Franz Ferdinand entschloss sich, den Ablaufplan zu ändern, der vorgesehen hatte, dass sein Autokonvoi durch schmale Straßen zum Museum fahren sollte; er kehrte jedoch nicht um. Nach einem Aufenthalt am Rathaus, wo die Begrüßung erfolgte und kurze Reden gehalten wurden, beharrte er darauf, zum Krankenhaus zu fahren und nach Oberstleutnant Merizzi zu sehen, der bei Cabrinovics Anschlag leichte Verletzungen erlitten hatte. Doch dem Chauffeur des ersten Wagens wurde dies nicht mitgeteilt oder er verstand es falsch; er hielt sich weiter an den ursprünglichen Plan und bog vom Appel-Kai in eine Nebenstraße ein, die zum Museum führte, und der Fahrer des Erzherzogs folgte ihm. »Kehren Sie um!«, rief General Potiorek. Der Chauffeur hielt an. Er überlegte, wie er am besten wenden konnte. Vermutlich behinderten die übrigen Fahrzeuge des Konvois seinen Wagen. Er musste langsam in der Seitenstraße manövrieren, vielleicht ein Stück zurücksetzen oder eine scharfe Wendung machen. All dies geschah nur eineinhalb Meter von Princip entfernt. Princip war umringt von Zuschauern. Wahrscheinlich war er überrascht, aber er reagierte schnell und nutzte seine Chance. Er griff nach der Bombe in seiner Tasche, merkte dann aber, dass er von der Menge so eingeengt wurde, dass er mit dem Arm nicht weit genug würde ausholen können, um die Bombe auf sein Opfer zu schleudern. Daher zog er seine Pistole und feuerte zweimal aus kürzester Distanz. Ein Schuss traf den Erzherzog in die Drosselvene am Hals, der zweite seine Gemahlin in den Bauch. Bei dieser geringen Entfernung konnte der Attentäter seine Opfer kaum verfehlen.

Dann wollte Princip die Waffe gegen sich selbst richten, wurde aber von einem Zuschauer daran gehindert, der ihm in den Arm fiel. Zunächst war unklar, was geschehen war. Viele hatten die beiden Schüsse für das Krachen eines Auspuffs gehalten, was bei den Automobilen dieser Zeit häufig vorkam. Es entstand ein großes Durcheinander, als Zuschauer und Polizisten auf den jugendlichen Attentäter zustürmten. Princip schluckte seine Selbstmordkapsel und erbrach sich dann, da auch sie nicht wirkte. Die Menge begann auf ihn einzuprügeln und wollte ihn mit sich zerren, um ihn zu lynchen. Princip wehrte sich und schlug mit dem Knauf seiner Waffe um sich. Schließlich überwältigten ihn die Polizisten und zogen ihn von der aufgeregten Menschenmenge weg. Daraufhin ließ er die Waffe fallen. Endlich trafen weitere Polizisten zur Verstärkung ein und brachten die Situation unter Kontrolle.

Unterdessen raste die Limousine mit dem sterbenden königlichen Paar davon. »Meine geliebte Sophie! Meine geliebte Sophie! Bitte stirb nicht! Unsere Kinder brauchen dich!«, flehte Franz Ferdinand. Mit schwächer werdender Stimme wiederholte er mehrmals »Es ist nichts«, als sich Helfer nach seinem Befinden erkundigten. Das Paar wurde zur Residenz des Landeschefs gebracht, die nur wenige Minuten entfernt lag. Die Schüsse auf die beiden waren um etwa 10.30 Uhr abgefeuert worden; Sophie starb gegen 10.45 Uhr, Franz Ferdinand ungefähr um 11.00 Uhr. Es war keineswegs »nichts« gewesen.

Kapitel 22
Europa bleibt gleichgültig

Wäre das Verbrechen in Sarajevo 100 Jahre früher verübt worden, hätte es Wochen oder gar Monate gedauert, bis man auch in weit entlegenen Gebieten davon erfahren hätte. Daher hätte es auch ganz andere Folgen nach sich gezogen. Doch der technische Fortschritt hatte das geändert. Im Zeitalter der Dampfkraft und insbesondere des Telegraphen verbreiteten sich Nachrichten schnell. Die Außenministerien in allen Teilen der Welt waren sofort über das Attentat informiert, und schon nach wenigen Stunden trafen die ersten Kondolenzschreiben aus solch weit entfernten Hauptstädten wie Washington ein.

Einige Einzelheiten des Anschlags sind zwar bis heute umstritten, aber die wichtigsten Fakten wurden bereits damals korrekt weitergegeben. Während etwa der britische Konsul in Sarajevo in der ersten Aufregung über die Morde noch berichtete, Franz Ferdinand und Sophie seien durch die Bombe ums Leben gekommen, verfügte der britische Botschafter in Wien bereits über die richtigen Informationen.

In den Straßen Wiens wurde schon kurz nach dem Anschlag von der Amtlichen Österreichischen Telegraphenagentur ein maschinengeschriebener Bericht über die Ereignisse verbreitet.

Auch die Gerüchteküche brodelte. Besonders hartnäckig hielt sich die Behauptung, dass die Freimaurer für die Morde verantwortlich seien. Noch ein Jahrzehnt später lastete ihnen Thomas Mann die Krise im Sommer 1914 zumindest teilweise an. Die »internationalen Illuminaten«, schrieb er, die »Weltloge der Freimaurer«, habe eine Rolle beim Ausbruch des Krieges gespielt.[10]

Auch der deutsche Geheimdienst wurde verdächtigt, ebenso der ungarische Ministerpräsident. Noch ein Vierteljahrhundert nach dem Attentat vertrat Rebecca West, eine britische Journalistin, die eine weithin anerkannte Darstellung der Vorgänge auf dem Balkan verfasste, die Meinung, irgendjemand in der österreichisch-ungarischen Regierung habe das Mordkomplott eingefädelt; wie hätten sich sonst die erstaunlich unzulänglichen Sicherheitsvorkehrungen erklären lassen?

Der österreichische Kaiser zeigte sich zwar entsetzt über das Verbrechen, war aber insgeheim nicht unglücklich, dass Franz Ferdinand nicht mehr lebte. Er hatte sich den Erzherzog nicht als Thronfolger gewünscht. »Damit habe ich eine große Sorge weniger«, äußerte er nach dem Tod des Erzherzogs gegenüber seiner Tochter. Einem engen Mitarbeiter vertraute er an: »Man soll sich nicht lustig machen über Gott. Eine höhere Kraft hat die Ordnung wiederhergestellt, die ich selbst nicht aufrechterhalten konnte.«[11]

Auch Berchtold notierte in seinem Tagebuch, dass in der ersten Kabinettssitzung nach dem Attentat »natürlich Bedrücktheit und Empörung spürbar waren, aber auch eine gewisse Erleichterung«.[12]

Der französische Staatspräsident Poincaré hielt sich an der Rennbahn Longchamps auf, als ihm die Nachricht über die Morde in Sarajevo überbracht wurde. Er schaute sich die Rennen bis zum Schluss an und widmete sich dann wieder seinen routinemäßigen Amtsgeschäften. Paris war nicht sonderlich beeindruckt.

Kiel. Der deutsche Kaiser nahm mit seiner Jacht *Meteor* an einer Regatta in der Kieler Förde teil. An Land erhielt unterdessen Admiral von Müller, der Chef seines Marinekabinetts, ein Telegramm vom deutschen Generalkonsul in Sarajevo. Sofort fuhr Müller mit der Barkasse *Hulda* aufs Meer hinaus, ging an der *Meteor* längsseits und teilte dem Kaiser durch Zuruf mit, was geschehen war.

An Bord wurde kurz beraten. Dann entschloss sich Wilhelm, nach Berlin zurückzukehren, um »die Sache selbst in die Hand zu nehmen und den Frieden in Europa zu bewahren«.

Die Nachricht muss ein schwerer Schlag für Kaiser Wilhelm gewesen sein. Er war entsetzt über die Morde, hatte er sich doch seit Jahren darum bemüht, ein besonders enges Verhältnis zu Franz Ferdinand aufzubauen. Deshalb mochte ihn auch Sophie sehr. Wenn der greise Franz Joseph eines Tages starb – vielleicht schon in ein paar Jahren –, dann hätten sich die beiden Kaiser Wilhelm und Franz Ferdinand (zumindest nach Wilhelms Vorstellungen) als Partner die Führung des europäischen Kontinents teilen sollen. Dieser Traum war nun zerstört worden. In Deutschland argwöhnte man, dass das Habsburgerreich nach dem Abgang von Franz Joseph nicht mehr ein so enger und verlässlicher Verbündeter sein würde, wie es unter Franz Ferdinand hätte sein können.

Aus Kiel kabelte der Korrespondent der Londoner *Times* an seine Redaktion, dass sich »Deutschland nun noch stärker für die Probleme Österreichs interessieren« werde als zuvor.

Ein führender Wiener Zeitungsredakteur schrieb einige Zeit später, »der Tod von Erzherzog Franz Ferdinand ... wurde in vielen politischen Zirkeln und selbst in höchsten Regierungskreisen mit Erleichterung aufgenommen«.[13] Der frühere deutsche Reichskanzler Bülow berichtete, ein ungarischer Diplomat habe ihm gegenüber erklärt, der Mord sei »ein Akt der Vorsehung« gewesen, denn unter dem Ungarn nicht sonderlich freundlich gesinnten Franz Ferdinand wäre Österreich-Ungarn vielleicht in einem Bürgerkrieg zerbrochen.[14]

Montag, 29. Juni, England. Die »Freveltat«, wie der Anschlag hier auch bezeichnet wurde, beherrschte die Auslandsberichte in der Morgenausgabe der *Times*. Laut dem Sarajevo-Korrespondenten der Zeitung waren die schrecklichen Ereignisse in der bosnischen Hauptstadt »offensichtlich die Folge eines sorgfältig eingefädelten Komplotts«.

Franz Ferdinand und Sophie, die »nur knapp dem Tod entronnen« seien, nachdem um 10.15 Uhr ein Attentäter eine Bombe auf sie geschleudert habe, seien kurz darauf von einem weiteren Attentäter, einem »Studenten« getötet worden, der mit einer automatischen Pistole der Marke Browning auf sie gefeuert habe. Dass einer der Attentäter aus Bosnien stamme und der andere aus der Herzegowina, deute auf eine groß angelegte Verschwörung hin. Hinsichtlich der Volks- und der Religionszugehörigkeit des Mörders gebe es jedoch keine Informationen. Die beiden Attentäter hätten »nur mit Mühe davor bewahrt werden können, gelyncht zu werden«, berichtete der Korrespondent der *Times*.

Die Meldung wurde ergänzt durch einige Hintergrundberichte. In einem mitfühlenden Artikel über den 84-jährigen österreichischen Kaiser Franz Joseph, der nun einen weiteren schweren Schlag in seiner bereits 66 Jahre währenden Regierungszeit zu verkraften habe, wurden die Leser daran erinnert, dass sowohl seine Frau als auch sein Bruder und sein Sohn eines gewaltsamen Todes gestorben seien. Der Artikel schloss mit der Bemerkung: »Nur wenige Menschen haben wohl so viele Schicksalsschläge hintereinander erlitten wie dieser gramgebeugte alte Mann, der auf dem stolzesten Thron des europäischen Kontinents sitzt.«

Doch der Kaiser machte nicht den Eindruck, dass er von Kummer überwältigt worden sei. Auch die Öffentlichkeit reagierte recht gelassen auf die Nachricht; »es gibt kaum Anzeichen für öffentliche Empörung«, berichtete ein Korrespondent aus Wien.

Dem britischen Konsul in Sarajevo zufolge »sprechen die lokalen Zeitungen von einem anarchistischen Anschlag, aber der Akt war wohl eher das Werk serbischer Fanatiker und wurde von langer Hand vorbereitet«.

In einer Biographie Franz Ferdinands wurde darauf hingewiesen, dass er eigentlich nicht als Thronfolger vorgesehen gewesen war – sein Cousin Rudolf war der ursprüngliche Thronerbe, und ihm wären wahrscheinlich seine eigenen künftigen Kinder nachgefolgt – und es deshalb keine Veranlassung gegeben habe, ihm eine Ausbildung in Staatskunst zuteil werden zu lassen. Seine Lehrer handelten daher nach dem Grundsatz, dass »seine geistigen Fähigkeiten…nicht überfordert werden sollten«. Mit Mitte 20 war er »ein guter Reiter, ein meisterlicher Schütze und ein gewissenhafter Offizier, aber sein Wissen über politische und staatsrechtliche Zusammenhänge war begrenzt«. Mit derartigen Fragen begann er sich erst 1889 zu befassen, als er nach Rudolfs Tod neuer Thronerbe wurde. Rudolf war der Sohn des Kaisers gewesen, Franz Ferdinand war nur ein Neffe.

Die Wertpapiermärkte in der Londoner City eröffneten schwach, erholten sich aber schnell, als klar wurde, dass sich die Wiener Börse und andere Börsen auf dem europäischen Festland gut behaupteten.

Sir Mark Sykes, ein Tory-Hinterbänkler, der jedoch keineswegs einen beschränkten Horizont hatte – er war im Mittleren Osten weit herumgekommen und galt in seiner Partei als einer der wenigen Experten für diese Region – sprach für viele Menschen, als er im Unterhaus sagte, dass es jetzt nicht darum gehe, sich auf Entwicklungen im Ausland zu konzentrieren, so bewegend sie auch sein mochten; es sei »schwierig, über ausländische Angelegenheiten zu diskutieren, während sich unser eigenes Land in einer solch schlimmen Lage befindet«.

Dienstag, 30. Juni. Ein Leitartikel in der *Times* griff den Gedanken von Sykes auf und erklärte, dass die Ereignisse in Sarajevo »im öffentlichen Denken an erster Stelle stehen« und »die volle Aufmerksamkeit all jener finden, die sich mit der europäischen Politik befassen«, dass man darüber jedoch nicht die Innenpolitik vergessen dürfe: »Unsere eigenen Probleme müssen zur Sprache gebracht werden.« Damit spielte die *Times* vermutlich darauf an, dass sich das Vereinigte Königreich wegen der Zukunft von Irland in einem Bürgerkrieg aufzulösen drohte.

Der englische Außenminister erklärte gegenüber seinem Botschafter in Russland, er hoffe, dass sich die Folgen des Attentats begrenzen ließen. »Die Tragödie, die sich jüngst in Sarajevo ereignet hat, wird hoffentlich nicht zu weiteren Komplikationen führen; wenngleich deutlich zu erkennen ist, dass die Österreicher für den schrecklichen Vorfall Intrigen und Verschwörungen der Serben verantwortlich machen«, könne dieses Ereignis etwas Positives bewirken: »Möglicherweise wird der neue Thronfolger beliebter sein als der Erzherzog.«

Bei der ersten Sitzung des französischen Kabinetts nach dem Attentat wurden die Morde (so der Biograph von Präsident Poincaré) »kaum erwähnt«.[15]

Der britische Botschafter in Italien berichtete nach London: »Es ist eigenartig, hier die Auswirkungen des abscheulichen Verbrechens in Sarajevo zu studieren. Während die Presse und die Behörden das Attentat lautstark verurteilen ... scheint die Bevölkerung die Ermordung des Erzherzogs beinahe als einen Glücksfall zu betrachten.«[16]

Paris konnte sich nicht mit dem Ereignis befassen, denn es war gerade mit einem Skandal beschäftigt. Dieser Skandal hatte alle Zutaten einer großen Affäre: Sex, Gewalt, internationale Intrigen, Liebe, Leidenschaft und Eifersucht sowie Verfehlungen hoch gestellter Persönlichkeiten. Es war die berüchtigte Caillaux-Affäre.

Joseph Caillaux, ein linker Politiker, war 1911 Ministerpräsident geworden, hatte aber bereits nach einem Jahr sein Amt wegen angeblich zu großer Nachgiebigkeit gegen Deutschland wieder aufgeben müssen. Im Jahr 1913 kehrte er als Minister ins Kabinett zurück, sah sich aber ständigen Angriffen der politischen Rechten ausgesetzt. Er plädierte entschieden für Freundschaft mit Deutschland und galt fast schon als Pazifist.

Caillaux war ein langjähriger Freund von Präsident Poincaré. Als Junggesellen hatten die beiden vieles zusammen unternommen. Sie unterschieden sich dadurch, dass Poincaré eher zurückhaltend und diskret war, während Caillaux gern angab und prahlte. Als die beiden Männer einmal gemeinsam in Italien Urlaub machten, zusammen mit ihren Freundinnen, zeigte sich dieser Kontrast deutlich: »Während ich meine Geliebte zur Schau stellte«, erzählte Caillaux, »versteckte er die seine.«[17]

Als Poincaré mit 43 Jahren standesamtlich heiratete, erfuhren nur sehr wenige Leute von dieser Hochzeit. Caillaux dagegen hielt sich auch nach seiner Heirat weiter eine heimliche Geliebte, die später seine zweite Frau wurde.

Trotz ihrer persönlichen Freundschaft wurden die beiden Männer 1913/14 zu politischen Gegnern. Kurz nach seiner Wahl zum Staatspräsidenten am 4. März 1913 setzte sich Poincaré für einen Gesetzesvorschlag ein, durch den die Dauer des Militärdienstes von zwei auf drei Jahre verlängert werden sollte. Dies erschien den Befürwortern als einzige Möglichkeit, die Überlegenheit Deutschlands auszugleichen: Deutschland hatte 70 Millionen Einwohner, Frankreich nur 40 Millionen. Caillaux sprach sich gegen diese Maßnahme aus, doch das Gesetz wurde am 7. August verabschiedet. Caillaux, der mittlerweile zum Vorsitzenden der Radikalen Partei gewählt worden war, bekämpfte das Gesetz weiterhin, ebenso wie der pazifistisch eingestellte Jean Jaurès, der die Sozialisten des Landes vereinigt hatte.

Die Kampagne gegen Caillaux 1914 wurde angeführt vom einflussreichsten Journalisten Frankreichs, Gaston Calmette von *Le Figaro*, der führenden Zeitung der politischen Rechten. Calmette kündigte an, er werde Dokumente veröffentlichen, aus denen hervorgehe, dass Caillaux 1911 während seiner Zeit als Finanzminister in einem Finanzskandal, in den er möglicherweise persönlich verstrickt war, die Justiz behindert habe. Außerdem drohte Calmette, die Liebesbriefe zwischen Caillaux und seiner zweiten Frau publik zu machen, die geschrieben worden waren, als Caillaux noch mit seiner ersten Gemahlin verheiratet war.

Doch das war nicht alles: Deutsche Telegramme an Caillaux aus der Zeit der Agadir-Krise 1911, die vom französischen Außenministerium abgefangen worden waren, legten angeblich den Schluss nahe, dass Caillaux mit Deutschland sympathisiert habe. Calmette drohte, auch diese Telegramme an die Öffentlichkeit zu bringen, worauf jedoch die deutsche Regierung dagegen protestierte, dass ihre Korrespondenz überwacht worden war.

Nun wandte sich Caillaux an seinen alten Freund Poincaré

und bat ihn, Calmette daran zu hindern, seine Dossiers zu veröffentlichen. Falls der Präsident nichts unternahm, drohte er damit preiszugeben, was er über Poincarés Geheimverhandlungen mit dem Vatikan wusste. Diese Verhandlungen wurden durch abgefangene italienische Telegramme bestätigt. Ihr Bekanntwerden hätte den Präsidenten gegenüber seinen antiklerikalen Anhängern kompromittiert.

Daraufhin bestritt die französische Regierung offiziell die Existenz der abgefangenen deutschen Telegramme, und Caillaux verzichtete seinerseits darauf, die in seinem Besitz befindlichen italienischen Telegramme zu verwenden. Nun musste Caillaux nur noch die Veröffentlichung seiner Liebesbriefe fürchten.

Am 16. März 1914 begab sich die zweite Madame Caillaux in Calmettes Büro und bat um ein Gespräch. Als der Journalist sie empfing, gab sie mit einer automatischen Pistole sechs Schüsse auf ihn ab und tötete ihn.

Die Gerichtsverhandlung gegen Madame Caillaux sollte am 20. Juli beginnen. Daher richtete sich das öffentliche Interesse in Paris im Juli ganz auf den bevorstehenden Prozess. Linke und rechte Gruppen lieferten sich Straßenschlachten. Für den österreichischen Erzherzog und seine Frau war kein Platz mehr.

Poincaré bemerkte scherzhaft, diese Affäre habe ihn auf neue Gedanken gebracht: Er werde künftig seine Frau ausschicken, um seine Gegner zu erschießen.[18]

Aber zumindest im Heimatland des Erzherzogs, in Österreich, hätten die Morde von Sarajevo Aufsehen erregen müssen. Man hätte erwarten können, dass die Menschen Bestürzung und Trauer zum Ausdruck brachten. Doch Zeman beispielsweise schreibt, dass in Wien »das Ereignis fast kaum zur Kenntnis genommen wurde. Am Sonntag und am Montag plauderten die Leute in Wien, lauschten der Musik und tranken Wein ... als ob nichts geschehen wäre.«[19]

Der Schriftsteller Stefan Zweig saß am Nachmittag des 28. Juni in Wien auf einer Bank im Kurpark und las in einem Buch. Als die

Kapelle, die im Park spielte, plötzlich aufhörte und die Musik mitten im Takt abbrach, hielt er mit dem Lesen inne und sah von seinem Buch auf. Menschen drängten sich vor dem Musikpavillon zusammen, um irgendeine Mitteilung zu lesen, die dort angeschlagen war. Zweig ging ebenfalls hin. Es war die Nachricht von dem Attentat in Sarajevo. Hier erfuhren die Österreicher von der Ermordung ihres künftigen Herrschers. »Aber«, schrieb Zweig, »um der Wahrheit die Ehre zu geben: keine sonderliche Erschütterung oder Erbitterung war von den Gesichtern abzulesen. Denn der Thronfolger war keineswegs beliebt gewesen... Nie sah man ihn lächeln, keine Photographie zeigte ihn in aufgelockter Haltung. Er hatte keinen Sinn für Musik, keinen Sinn für Humor, und ebenso unfreundlich blickte seine Frau. Um diese beiden stand eine eisige Luft; man wusste, dass sie keine Freunde hatten... Mein fast mystisches Vorgefühl, dass von diesem Mann mit dem Bulldoggnacken und den starren, kalten Augen irgendein Unglück ausgehen würde, war also durchaus kein persönliches, sondern weit in der ganzen Nation verbreitet; die Nachricht von seiner Ermordung erregte deshalb keine tiefe Anteilnahme.«[20]

In sämtlichen europäischen Hauptstädten reagierte man also gelassen oder beinahe gleichgültig auf die Ermordung des österreichischen Thronfolgers.

Kapitel 23
Die Bestattung der Toten

Fürst Montenuovo, der kaiserliche Oberhofmeister und Sophies erbittertster Gegner zu ihren Lebzeiten, musste sich um die beiden Toten kümmern. Er ließ sie nach Wien bringen, wo sie am 2. Juli gegen 22.00 Uhr ankamen. Montenuovo ging davon aus, dass niemand sie zu sehen wünschte, und beabsichtigte, die beiden Leichen zu trennen. Den Erzherzog wollte er in die Hofburgkapelle der Habsburger überführen, während Sophie nach Artstetten gebracht werden sollte, ein Schloss, bei dem Franz Ferdinand eine Kapelle für seine Frau und für sich hatte erbauen lassen.

Doch Montenuovos Plan wurde vereitelt, weil Erzherzog Karl, Franz Ferdinands Neffe, der nun an die Position des Thronfolgers gerückt war, den Zug am Bahnhof in Wien erwartete. Karl befand sich in Begleitung, wie Albertini mitteilte, »des gesamten Offizierskorps der Wiener Garnison«.[21]

Daher wurden beide Leichname in die Kapelle der Hofburg gebracht, wo der Trauergottesdienst abgehalten werden sollte.

Der Sarg des Erzherzogs war höher und breiter und trug »seine vollen Insignien« als zweithöchster Fürst des Reiches, während auf Sophies Sarg ein Paar weißer Handschuhe und ein schwarzer Fächer angebracht waren, die Insignien einer Hofdame.[22]

Die Kinder des Paares durften am Trauergottesdienst für ihre Eltern nicht teilnehmen. Sie schickten Blumen – einen der lediglich zwei Sträuße, die erlaubt wurden.

Vertreter ausländischer Königshäuser wurden von Wien gebeten, der Zeremonie fernzubleiben. Der Trauergottesdienst fand am 3. Juli statt. Dann wurde die Kapelle verschlossen. In der Nacht wurden die Särge zurück zum Bahnhof gebracht, was sich nicht geheim halten ließ. Eine große Gruppe von Adeligen, an der Spitze Sophies Bruder, nahmen an der Überführung teil.

In Artstetten fanden der Erzherzog und seine unstandesgemäße Gemahlin ihre letzte Ruhestätte, wie zu Lebzeiten auch im Tode noch schikaniert und gedemütigt vom Habsburger Hofzeremoniell. Das Verhalten der Granden des Hofes war nicht nur schäbig, sondern auch kurzsichtig: Es untergrub ihre Behauptung, dass die Monarchie durch das Verbrechen des Gavrilo Princip ernsten Schaden genommen habe.

Kapitel 24
Die Verfolgung der Verdächtigen

Der blutende und sich übergebende Princip wurde in die Polizeiwache geschleift. Cabrinovic, der Bombenwerfer, war kurz vorher eingeliefert worden. Entsprechend den rechtlichen Verfahrensregeln wurde ein Untersuchungsrichter namens Leo Pfeffer damit beauftragt, im Fall Cabrinovic zu ermitteln. Als die Polizisten dann Princip brachten, wurde Pfeffers Auftrag erweitert. Zwei Mordanschläge so kurz hintereinander legten die Vermutung nahe, dass es sich hier nicht um schlichten Mord handelte; alles deutete auf eine Verschwörung hin.

Zunächst, so schrieb Richter Pfeffer, habe Princip, »der sehr erschöpft war aufgrund der Schläge, kein Wort herausgebracht. Er war ein ziemlich kleiner, ausgezehrter, bleicher Mann und hatte scharfe Gesichtszüge. Man konnte sich nur schwer vorstellen, dass ein solch zerbrechlich wirkender junger Mann ein derart abscheuliches Verbrechen begangen hatte.«[23]

Als er später verhört wurde, fand Princip seine Stimme wieder und behauptete, er habe keine Komplizen gehabt und aus eigenem Antrieb gehandelt. Er leugnete, Cabrinovic zu kennen. Über sich selbst sagte er: »Die Leute haben mich immer als Schwächling betrachtet ... Und ich tat auch so, als wäre ich ein schwacher Mensch, obwohl es nicht stimmte.«[24]

Cabrinovic gab zwar zu, Princip zu kennen, bestritt jedoch, von der geplanten Tat seines Freundes etwas gewusst zu haben. Wenn Princip ebenfalls einen Anschlag auf das Leben des Erzherzogs verübt habe, dann sei er wohl dazu veranlasst worden, weil er ähnliche Gefühle hegte und zu denselben Schlussfolgerungen gelangt sei wie er.

Der Korrespondent der Londoner *Times* berichtete am 29. Juni, Princip und Cabrinovic »sollen in ihren Verhören eine höchst zynische Haltung an den Tag gelegt haben« und hätten immer wieder behauptet, dass niemand sonst in die Anschläge verwickelt gewesen sei.

Ihre Geschichte – dass zwei Freunde versucht hätten, dieselbe Person zu ermorden, unabhängig voneinander, am selben Tag und am selben Ort und fast zur selben Zeit – war offensichtlich absurd. Sie konnten keine glaubwürdigere Erklärung liefern, weil sie sich nicht die Mühe gemacht hatten, sich eine Legende zurechtzulegen: Sie hatten einen Selbstmordanschlag geplant, hatten ihre Zyankalikapseln geschluckt und hätten jetzt eigentlich schon tot sein müssen, so dass sie es nicht für notwendig gehalten hatten, sich für die Behörden eine plausibel klingende Geschichte auszudenken.

Während die Verhöre fortgesetzt wurden, legte die Polizei ein Fangnetz aus. Neben der Familie von Cabrinovic und der Familie Ilic, bei der Princip gelebt hatte, wurden allein in Sarajevo mehr als 200 bekannte bosnische Serben verhaftet. Princip fühlte sich deswegen schuldig und bedauerte, dass so viele unschuldige Menschen wegen seiner Tat bestraft wurden. Man kann davon ausgehen (obwohl es widersprüchliche Berichte gibt), dass Cabrinovic einen Teil des Mordplans gegenüber Richter Pfeffer gestand. Princip wollte lediglich die Namen der Mitverschwörer preisgeben – schließlich hatten sie sich alle freiwillig zu diesem Selbstmordanschlag gemeldet.

Am 2. Juli waren alle Verschwörer identifiziert; am 3. Juli befanden sich alle in Haft, bis auf eine Randfigur, die nach Montenegro entkam und nie gefasst wurde. Die Häftlinge bemühten sich, Informationen zurückzuhalten, durch die sie mit Serbien in Verbindung gebracht werden konnten. Das gelang ihnen nicht ganz; am 5. Juli konnte General Potiorek seinem zivilen Vorgesetzten Finanzminister Bilinski telegraphieren, dass die Verschwörer ihre Waffen von dem serbischen Major Tankosić erhalten hätten, der Princip auch im Umgang mit Schusswaffen unterwiesen habe.[25]

Der österreichische Militärattaché in Serbien entdeckte Anhaltspunkte, die auf eine Verbindung zwischen Princips Verschwörergruppe und Apis – und damit der serbischen Regierung – hinzudeuten schienen. Er informierte seine Vorgesetzten im Kriegsministerium darüber, die diese Erkenntnisse jedoch nicht weitergaben, sondern bei den Akten ablegten.[26]

Dass eine Verbindung mit Serbien bestand, war eine Vermutung, die sich bislang nicht hatte erhärten lassen. Die österreichische Regierung war überzeugt, dass Serbien in das Attentat verwickelt war, konnte es aber nicht beweisen. Ein Beamter, der nach Sarajevo geschickt worden war, um den Ort des Verbrechens in Augenschein zu nehmen, telegraphierte nach Hause: »Nichts weist darauf hin, dass die serbische Regierung von dem Mordkomplott wusste.«[27] Zudem befand sich Wien im Irrtum hinsichtlich der Geheimgesellschaft, die Princip unterstützt hatte. Es war nicht die vorwiegend kulturell tätige Narodna Odbrana gewesen, sondern die Schwarze Hand, die von den Österreichern nie namentlich erwähnt wurde, weil sie von ihrer Existenz gar nichts wussten.

Der deutsche Gesandte in Belgrad telegraphierte am 30. Juni an Reichskanzler Bethmann Hollweg, die Serben seien besorgt, dass man sie für die Morde verantwortlich machen könne, die Stimmung sei »recht gedrückt«, doch eine »moralische Mitschuld Serbiens an dem Attentat« sei nicht abzustreiten.[28] Dann zitierte er seinen russischen Kollegen, der die Hoffnung geäußert habe, dass es kein Serbe gewesen sein möge: »Espérons que ce ne sera pas un Serbe.« (»Er musste es ja doch wissen«, kommentierte der skeptische Kaiser Wilhelm später in einer Randbemerkung.)[29]

In seinem persönlichen Bericht zwei Tage später informierte der Gesandte den Kanzler, dass der österreichische Geschäftsträger in Belgrad am 1. Juli aus eigener Initiative im serbischen Außenministerium nachgefragt habe, welche Ermittlungen bezüglich des Verbrechens angestellt worden seien. »Nichts ist unternommen worden«, lautete die Antwort. Als er sein Befremden äußerte, setzte sich das Außenministerium mit dem Innenminister in Verbindung. Anschließend wurden in den Stadtvierteln, in

185

denen einige der Verschwörer gewohnt hatten, Razzien und Verhaftungen durchgeführt.

Am selben Tag teilte der serbische Ministerpräsident Pašić, der zugleich das Amt des Außenministers ausübte, seinen Gesandten im Ausland per Rundschreiben mit, dass »die österreichische und die ungarische Presse immer stärker Serbien für die Freveltat in Sarajevo verantwortlich machen«.[30] Er bezeichnete dies als »absurd« und behauptete, dass diese Tat in allen Teilen der serbischen Gesellschaft »auf das Schärfste verurteilt« worden sei. Es habe nicht in Serbiens Macht gelegen, das Verbrechen zu verhindern, weil »beide Attentäter österreichische Staatsbürger sind«.[31] Er forderte seine Gesandten auf, alle verfügbaren Möglichkeiten zu nutzen, »um der antiserbischen Kampagne in der europäischen Presse so schnell wie möglich ein Ende zu setzen«.[32]

Die politischen Führer Deutschlands, der Reichskanzler, der Außenminister und der Botschafter in Wien, appellierten sogleich an Österreich, es möge besonnen reagieren. Anders jedoch der Kaiser, der erregt und empört war. Er versuchte nun nicht mehr, das serbische Problem zu entschärfen, wie sein Freund Franz Ferdinand, denn er gehörte zu jenen, die davon ausgingen – ohne auf einen Beweis zu warten –, dass die Spur des Verbrechens nach Belgrad führte. »Jetzt oder nie!«, bemerkte er. »Mit den Serben muss aufgeräumt werden, und zwar bald!«[33] Diese Worte hallten wider im gesamten 20. Jahrhundert. Sie wurden häufig zitiert, um darauf hinzuweisen, dass diese reflexartige Reaktion zum Ausbruch des Weltkrieges führte.

Von einem Agenten in der alten serbischen Stadt Nisch erfuhr der österreichische Außenminister Graf Berchtold: »Es gab praktisch keine Anzeichen von Bestürzung oder Empörung; die vorherrschende Stimmung war Befriedigung oder sogar Freude, die oft auch unverhohlen geäußert wurde ... Dies galt besonders für die so genannten führenden Kreise – die Intellektuellen, die Berufspolitiker sowie die Lehrer, die Beamten, die Offiziere und die Studenten.«[34]

In den ersten Julitagen schien sich keine der beteiligten Parteien bewusst zu sein, wie diese Angelegenheit von der Außenwelt wahrgenommen wurde. Belgrad, das den Freudenbekundungen der serbischen Bevölkerung nicht Einhalt gebieten konnte, erkannte nicht, dass es viel mehr hätte unternehmen müssen, um die anderen Staaten von seiner Unschuld zu überzeugen. Wien hingegen begriff nicht, dass es viel mehr Beweise für seine Überzeugung hätte vorlegen müssen, dass die serbische Regierung – die nicht aus lauter Schurken bestand – für das Verbrechen verantwortlich war.

Nikolai Schebeko, der russische Gesandte in Wien, leitete eine eigene Untersuchung in die Wege. Er schickte Fürst Gagarin nach Sarajevo. Gagarin stellte verblüfft fest, dass die örtlichen Habsburger Statthalter fast überhaupt keine Sicherheitsvorkehrungen getroffen hatten. Anscheinend wollten sie von ihrer eigenen Unfähigkeit ablenken, indem sie jetzt die Serben beschuldigten. Schließlich waren die Attentäter keine Serben, sondern Untertanen der Habsburger aus dem österreichisch-ungarischen Bosnien. Gagarin gelangte zu der Auffassung, dass Serben, die den Erzherzog hätten umbringen wollen, wesentlich geschickter zu Werke gegangen wären.[35]

Die Österreicher hätten Gagarins Skepsis zerstreuen können, wenn sie ihm die Indizien und Beweise zugänglich gemacht hätten, die sie zu Tage gefördert hatten. Doch die offizielle Untersuchung wurde geheim durchgeführt. Wenn Österreich Russland davon hätte überzeugen können, dass Serbien ein Sammelplatz für Terroristen war, die Könige und Staatsführer umbringen wollten, wäre der Zar wohl im Schulterschluss mit Österreich-Ungarn und Deutschland gegen diese Bedrohung vorgegangen. Dann hätte es wohl 1914 keinen Krieg gegeben – aber er wäre wahrscheinlich in einem anderen Jahr ausgebrochen.

Teil fünf

Die Verbreitung von Lügen

Kapitel 25
Deutschland stellt einen Blankoscheck aus

Vielleicht mit Ausnahme von Berchtold dürfte kaum jemand in Österreich-Ungarn Franz Ferdinand eine Träne nachgeweint haben. Gewiss, die Repräsentanten der Donaumonarchie beklagten, dass ein Mitglied des Herrscherhauses ermordet worden war, aber wenn jemand aus der eigenen Verwandtschaft geopfert werden musste, dann kam für alle als Erster der Erzherzog dafür in Betracht.

Natürlich war der Thronerbe nach dem Kaiser die zweitwichtigste Person in der Hierarchie des Habsburgerreichs. Durch dessen Ermordung stellten die serbischen Terroristen öffentlich die Existenz dieses Reiches in Frage. Wenn Österreich darauf nicht reagierte, war es als Großmacht verloren. Auf diesen Zusammenhang haben Historiker damals und bis heute immer wieder mit Recht hingewiesen.

Doch dies war nicht der Grund, weshalb die k. u. k. Monarchie Serbien vernichten wollte. Das konnte auch gar nicht der Grund sein, weil die Habsburger, abgesehen von Franz Ferdinand, bereits *vor* dessen Ermordung entschlossen waren, Serbien als politischen Faktor auszulöschen. Damit hätten sie nicht erst 1914, sondern schon 1912 oder 1913 begonnen, wären sie nicht daran gehindert worden. Die öffentliche Meinung Europas hatte sie davon abgehalten, mehr aber noch die Angst vor Russland und die mangelnde Unterstützung durch Deutschland.

Die Morde in Sarajevo lieferten Wien nun einen willkommenen

Vorwand, um gegen Serbien loszuschlagen – eine Begründung, die Europa zumindest akzeptieren, vielleicht auch gutheißen konnte. Sie waren für die Österreicher eine Rechtfertigung, die Deutschland dazu veranlassen konnte, sie zu unterstützen, und die Russen vielleicht dazu bringen konnte, sich herauszuhalten. In der Vergangenheit waren vor allem zwei Männer, Franz Ferdinand und Wilhelm II., einem Feldzug gegen Serbien im Weg gestanden, und durch das Attentat waren nun beide, auf unterschiedliche Weise, ausgeschaltet worden: Der Erzherzog war tot, und der Kaiser ließ sich von dem brennenden Wunsch nach Vergeltung zu unüberlegten Handlungen hinreißen.

Im Laufe der Balkankriege von 1912/13 hatte sich in Österreich eine an Hysterie grenzende Angst vor Serbien entwickelt. Doch der deutsche Kaiser hatte diese Ängste zum Leidwesen Wiens nicht ernst genommen. Durch die Ereignisse in Sarajevo konnte der wankelmütige Wilhelm nun aber doch noch umgestimmt werden.

Aus dem Blickwinkel Wiens hatte Gavrilo Princip somit ein nahezu perfektes Verbrechen begangen.

Als der deutsche Botschafter in Wien kurz nach den Morden seine Gastgeber zu besonnenem Handeln aufforderte und vor übereilten Schritten warnte, bemerkte der Kaiser in seinen Marginalien erzürnt: »Wer hat ihn dazu ermächtigt? Das ist sehr dumm! Geht ihn gar nichts an, da es lediglich Österreichs Sache ist, was es hierauf zu tun gedenkt.«[1] Wilhelm war nun überzeugt, dass die Situation auf dem Balkan nur durch Gewalt wieder ins Lot gebracht werden könne.

Wie würde die Habsburger Regierung auf die Ereignisse reagieren? Für die außenpolitischen Belange des Reichs war Leopold Graf von Berchtold zuständig. Von ihm erwartete die Donaumonarchie – und Europa – eine Antwort.

Der damals 51 Jahre alte Außenminister taugte nicht zur Führungspersönlichkeit. Nur widerstrebend hatte er das Amt angetreten. Nach dem Tod seines Vorgängers Aehrenthal 1912 hatte er dessen ungestüme junge Mitarbeiter übernommen und ihnen weitgehend freie Hand gelassen. Berchtold war ein Zauderer und intellektuell nicht sonderlich herausragend, besaß jedoch viel Charme und beste Manieren und hätte als Playboy eine gute Figur abgegeben. Er stammte aus einem wohlhabenden Elternhaus, war durch Heirat zu einem der reichsten Männer des Landes geworden und besaß große Güter und Ländereien. Er war ein geborener Diplomat, aber als Außenminister bestenfalls ein Amateur.

Bislang hatte Berchtold in der serbischen Frage eine zwiespältige Haltung eingenommen. Nach dem Treffen in Konopischt Mitte Juni hatte Franz Ferdinand die Überzeugung gewonnen, dass der Außenminister ebenso wie er der Meinung sei, Österreich-Ungarn solle die Serben in Ruhe lassen. Doch das Memorandum, das Berchtold in seinem Ministerium hatte erstellen lassen – von Franz von Matscheko in Zusammenarbeit mit Ludwig von Flotow und Johann Forgách, drei Beamten, die in der expansionistischen Tradition Aehrenthals standen –, befürwortete eine aggressive Politik: ein enges Bündnis zwischen Deutschland und Österreich, das in Europa entschlossen gegen die unterstellte russische Bedrohung vorgehen solle. In diesem Memorandum wurde unter anderem eine diplomatische Einkreisung Serbiens empfohlen.

Unmittelbar nach dem Attentat ordnete Berchtold an, das Memorandum im Lichte der jüngsten Ereignisse zu überarbeiten. Auch in der Neufassung wurden energische Maßnahmen verlangt. Die Ziele blieben unverändert, aber nun, so wurde argumentiert, böten sich neue Handlungsmöglichkeiten. Der Ausdruck »Krieg« wurde noch nicht verwendet. Doch am 30. Juni sprach Berchtold davon, dass »einmal gründlich mit den Serben abgerechnet« werden müsse.[2]

Diese Angelegenheit musste allerdings mit Deutschland besprochen werden. Österreich-Ungarn war nicht stark genug, um alleine militärisch vorzugehen. Die Behörden in Wien hatten zwar die übrigen europäischen Königshäuser gebeten, der Beisetzung Franz Ferdinands fernzubleiben, für Wilhelm II. galt dies jedoch nicht; der deutsche Kaiser wurde in seiner Eigenschaft als persönlicher Freund des Ermordeten eingeladen, sollte jedoch auch für politische Gespräche zur Verfügung stehen. Doch da die deutschen Behörden einen weiteren Anschlag befürchteten, ließ sich der Kaiser von seinen Beratern dazu überreden, aus Sicherheitsgründen die Einladung abzulehnen.

Wie konnte die österreichische Regierung nun den deutschen Kaiser dazu bringen, ihr seine Hilfe bei einem wie auch immer gearteten Vorgehen zuzusagen? Die Bitte um Rückendeckung durch Deutschland solle in einen Plan eingebunden und in schriftlicher Form vorgebracht werden, hatte der deutsche Botschafter in Wien, Heinrich Graf von Tschirschky, empfohlen.

Wie schon erwähnt, hatte Berchtold bereits etwas Schriftliches in Händen: die Denkschrift seines Außenministeriums, in der gefordert wurde, Serbien einzukreisen, zu isolieren und zu zerschlagen – ein Dokument, das sich mit einigen Änderungen zu dem gewünschten schriftlichen Vorschlag umarbeiten ließ. Zusätzlich erklärte sich Kaiser Franz Joseph bereit, Wilhelm einen persönlichen Brief zu schreiben. Berchtolds Kabinettschef Alexander Graf von Hoyos, ein Hitzkopf von Mitte 30, übernahm die Rolle des Kuriers.

Hoyos hatte Grund zu der Annahme, dass seine Mission erfolgreich sein werde. Nur wenige Tage zuvor, am 1. Juli, hatte er sich ausführlich mit Victor Naumann unterhalten, einem deutschen Publizisten, der über ausgezeichnete Kontakte zu Berliner Beamten und insbesondere ins deutsche Auswärtige Amt verfügte. Naumann hatte ihm erklärt, dass sich für Österreich, wenn es Deutschland um Hilfe ersuchen wolle, nun eine günstige Gelegenheit biete, denn der Kaiser sei zutiefst empört über die Morde. Außerdem stehe man in der deutschen Regierung einem Präventivkrieg gegen Russland jetzt nicht mehr so ablehnend gegenüber wie noch vor einem Jahr. (Das ist eine interessante Bemerkung, denn daraus lässt sich schließen, dass Berlin insgesamt doch noch gegen einen solchen Krieg war.)

Nun sei es an der Zeit, Serbien »zu vernichten«, erklärte Naumann. Er glaubte, »dass Kaiser Wilhelm, wenn man im jetzigen Augenblicke, wo er über die Bluttat von Sarajevo entsetzt ist, in richtiger Weise mit ihm spricht, uns jede Zusicherung geben kann und diesmal auch bis zum Kriege durchhalten wird, weil er die Gefahren für das monarchische Prinzip einsieht«.[3]

Naumann sprach vermutlich nicht nur für sich allein, sondern für eine bestimmte Gruppierung in der deutschen Regierung. Er galt als scharfsinnig und gut informiert. Kurz vor seiner Reise nach Wien hatte er sich mit Wilhelm von Stumm getroffen, einem Falken im deutschen Außenministerium.

Eine einflussreiche Fraktion in Deutschland betrachtete die Ereignisse in Sarajevo als eine günstige Gelegenheit, um etwas zu unternehmen, entweder von deutscher oder von österreichischer Seite. Der sächsische Gesandte in Berlin berichtete seiner Regierung am 2. Juli, dass die militärische Führung darauf dränge, einen Krieg zu beginnen, solange Russland und Frankreich darauf noch nicht genügend vorbereitet seien. Derartige Ansichten seien weit verbreitet, konstatierte auch der österreichische Botschafter in Berlin.

Der deutsche Generalstabschef Moltke, der sich am 5. Juli noch im Urlaub befand, sah eine andere Alternative für den Fall, dass Österreich in den Krieg zog. »Österreich muss die Serben schlagen und dann rasch mit ihnen Frieden schließen unter der Bedingung, dass sie in ein österreichisch-serbisches Bündnis einwilligen. Ebenso wie Preußen es 1866 mit Österreich gemacht hat.«[4]

Berchtold telegraphierte dem deutschen Botschafter in Wien, dass sein Kabinettschef Hoyos, der mit dem Neffen des deutschen Reichskanzlers befreundet war, nach Berlin unterwegs sei, wo er den Kaiser und den Kanzler zu treffen hoffe, und am Morgen des folgenden Tages ankommen werde. Der Zeitplan war sehr eng, denn Wilhelm wollte am 6. Juli zu seiner jährlichen Nordlandkreuzfahrt in See stechen.

Berlin, 5. Juli. Am Vormittag unterrichtete Hoyos den österreichisch-ungarischen Gesandten in Deutschland, Ladislaus Szögyéni-Marich, der anschließend nach Potsdam aufbrach, um beim Kaiser vorzusprechen. Unterdessen traf sich Hoyos mit Arthur Zimmermann, dem stellvertretenden Staatssekretär im deutschen Außenministerium, zum Mittagessen. Bei diesem Essen äußerte sich Hoyos besonders deutlich über die eigentlichen Ziele seiner Regierung. Er sprach offen über Krieg sowie davon, Serbien von der politischen Landkarte zu tilgen und zwischen den Nachbarstaaten aufzuteilen. Seine Ausführungen wurden wohlwollend aufgenommen.

In Potsdam überreichte Szögyéni unterdessen Kaiser Wilhelm die beiden Schriftstücke, die Hoyos ihm ausgehändigt hatte. Das Memorandum des Außenministeriums endete mit der Bemerkung, dass es vor der Ermordung des Erzherzogs entworfen worden und die darin enthaltene Analyse durch die Ereignisse bestätigt worden sei. Das Handschreiben des österreichischen Kaisers war persönlicher gehalten und hatte einen stärker appellierenden Charakter. Beide Dokumente beschäftigten sich ausführlich mit Rumänien und warnten, dass sich dieses Land weiter an Serbien und Russland annähern könnte. Zwar wurden keine konkreten Schritte vorgeschlagen, doch Franz Joseph formulierte als Ziel, dass Serbien »als politischer Machtfaktor am Balkan« ausgeschaltet werden müsse.[5]

Wilhelm sagte gleich zu Beginn der Unterredung, dass er vor einer Beratung mit dem Reichskanzler keine definitive Antwort erteilen könne. Als der Gast nach dem gemeinsamen Mittagessen noch einmal nachdrücklich den Ernst der Situation betonte, erklärte Wilhelm, dass Deutschland Österreich-Ungarn ohne Bedingungen Rückendeckung gewähren werde, was immer es im Konflikt mit Serbien unternehme. Das war der berühmte »Blankoscheck«, von dem die Historiker später sprachen. Wilhelm bekräftigte, dass er die Donaumonarchie selbst dann unterstützen werde, wenn Russland eingreifen sollte. Er verdeutlichte seinem Besucher jedoch auch, dass Österreich möglichst rasch handeln müsse. Anschließend empfing er den Reichskanzler, den Kriegsminister sowie seine im Augenblick verfügbaren höchsten militärischen und politischen Berater. Am folgenden Morgen wurden diese Gespräche fortgesetzt. Dabei ergab sich einmütige Zustimmung für Wilhelms Entscheidung. Auch der Reichskanzler erhob keine Einwände.

Nach jüngsten Erkenntnissen der historischen Forschung wurde die deutsche Antwort maßgeblich von Reichskanzler Bethmann Hollweg ausgearbeitet. Der 57-jährige Karrierebeamte hatte sich bislang stets darum bemüht, unbesonnene Kräfte und ungestüme Temperamente zu zügeln.

Er war seit fünf Jahren Kanzler und wurde auf der einen Seite von Vertretern der Militärführung bedrängt, die überzeugt waren, dass ein Krieg mit Russland unvermeidlich sei, und für einen Präventivangriff plädierten, solange die Russen noch nicht ausreichend vorbereitet seien. Auf der anderen Seite verlangte Admiral Tirpitz, mit einem Waffengang zu warten, bis die deutsche Flotte eines Tages stark genug sei, um Großbritannien in Schach zu halten. Bethmann Hollweg wusste, dass sich der Kaiser, egal, was er sagte, in der Regel für den Frieden entscheiden würde.

Nun jedoch gab es das Schreiben aus Wien, in dem angefragt wurde, ob Deutschland der Doppelmonarchie gegen Russland Rückendeckung gewähren würde, wenn Österreich-Ungarn gegen die Serben losschlug. Aus den Dokumenten ging aber nicht hervor, was die Österreicher konkret beabsichtigten. Es blieb unklar, ob sie wirklich zum Handeln entschlossen waren. Doch beide Seiten – Berlin und Wien – waren, wie sich bald zeigen sollte, besorgt über die möglichen Konsequenzen, die sich ergeben könn-

197

ten, wenn die verlangte Garantie nicht ausgesprochen werden würde.

Beide Seiten waren sich auch ihrer internationalen Isolierung bewusst. Und beide hatten Angst, ihren einzigen Verbündeten zu verlieren. In deutschen Regierungskreisen fürchtete man zudem, dass das Habsburger Imperium nach dem Tod Franz Josephs zerfallen könnte. Überdies sorgte man sich darüber, dass die k. u. k. Monarchie wie bereits in der Marokko-Krise 1911 Deutschland nicht mehr in seinen Auseinandersetzungen mit anderen Mächten unterstützen und sich nur noch um sich selbst kümmern könnte. In Österreich-Ungarn dagegen fürchteten einige, dass Deutschland seinen Verbündeten fallen lassen könnte, wenn er sich als nutzlos erwies, weil er nicht den Mut zum Kämpfen aufbrachte.

Die politische und militärische Führung Deutschlands kam am 5. und 6. Juli im Grundsatz darin überein, dass nun günstige Bedingungen gegeben seien, um ein kühnes Vorhaben in die Tat umzusetzen: Österreich-Ungarn könnte sich jetzt des serbischen Problems annehmen, ohne gleich einen großen Krieg anzuzetteln – allerdings nur unter der Voraussetzung, dass es möglichst schnell handelte. Die deutsche Antwort auf die Anfrage von Hoyos trug nach Darstellung Berghahns den Stempel von Bethmann Hollweg, der sie offenbar maßgeblich entworfen hatte.[6] Es war Berlins Plan, dem Wien schließlich folgte (wenngleich man dies vor der Welt zu verschleiern suchte). Dieser Plan sah vor, dass Wien rasch losschlug, Serbien niederwarf und Europa damit ein *Fait accompli*, also eine vollendete Tatsache präsentierte.

Am 6. Juli bestätigte Bethmann Hollweg den Österreichern, dass der Kaiser ihnen für den Kriegsfall Unterstützung zugesagt habe, was jedoch geheim gehalten werden solle.

Viele Historiker haben das deutsche Verhalten als skrupellos kritisiert. Samuel Williamson, der sich intensiv mit der Rolle Österreich-Ungarns bei der Entstehung des Ersten Weltkriegs befasst hat, schreibt: »Durch seine Beistandserklärung überließ es

Deutschland Österreich, die Richtung und die Geschwindigkeit der Julikrise zu bestimmen.«[7]

Aber vielleicht war es doch keine reine Blankovollmacht. Die Deutschen glaubten vermutlich, es sei ja ihr eigener Plan, den Österreich umsetzen würde, so dass sie die Entscheidung nicht wirklich an Wien abtraten. Außerdem war Deutschlands Rückendeckung an bestimmte Voraussetzungen geknüpft – oder zumindest glaubte Wilhelm dies. Die Garantie wurde im Rahmen eines mehrjährigen kriegerischen Konflikts auf dem Balkan abgegeben, in dessen Verlauf Österreich mindestens dreimal um jene Unterstützungserklärung nachgesucht hatte, die Hoyos nun bekommen hatte (wobei es einmal ein Ja und zweimal ein Nein erhalten hatte). Der deutsche Kaiser hatte bei seinem Beistandsversprechen an Österreich-Ungarn in dessen langjähriger Auseinandersetzung mit Serbien bestimmte Vorbedingungen im Kopf, die klarer werden, wenn man diese Entscheidung im Kontext der Jahre 1912–14 und nicht allein in Bezug auf 1914 betrachtet:

- Österreich-Ungarn musste – zumindest in den Augen der Deutschen und möglichst auch der übrigen Europäer – als die provozierte Seite erscheinen. Das war nach Wilhelms Ansicht zu Beginn des Herbstes 1912 oder im späten Frühjahr 1914 nicht der Fall gewesen, wohl aber im Spätherbst 1912 oder jetzt nach den Morden von Sarajevo.
- Österreich-Ungarn musste eigenständig und möglichst schnell handeln.
- Der deutsche Kaiser glaubte zweifellos, dass Österreich Serbien für das Attentat bestrafen wollte. Man sagte ihm nicht, oder er begriff nicht, dass die Doppelmonarchie darauf aus war, Serbien zu vernichten – eine Absicht, der Wilhelm in der Vergangenheit stets entgegengetreten war, wenn sie unverblümt geäußert worden war.
- Es musste angesichts der konkreten Umstände eine hohe Wahrscheinlichkeit bestehen, dass sich Russland, Frankreich

und England aus dem Konflikt heraushalten würden. Nach Meinung des Kaisers und vieler seiner Berater war dies im Juli 1914 gegeben. Bethmann Hollweg, der das Vorgehen gegen die Serben von deutscher Seite aus überwachen sollte, war sich zwar bewusst, dass dadurch möglicherweise ein großer Krieg ausgelöst werden konnte, aber er stufte das Risiko als sehr gering ein. Wilhelm glaubte sogar, dass überhaupt kein Risiko bestehe.

- Der deutsche Kaiser war überzeugt, dass die Krise rasch würde beigelegt werden können, »dass sich die Situation innerhalb einer Woche wird bereinigen lassen, weil Serbien einen Rückzieher machen wird«.[8]

- Anderenfalls, so erklärte Wilhelm gegenüber einem seiner Marinebefehlshaber, »wird die österreichische Regierung von Serbien die größtmögliche Satisfaktion verlangen und ihre Soldaten nach Serbien schicken, sollte diese nicht gewährt werden«.[9] Seiner Einschätzung nach würden die österreichischen Truppen nicht lange brauchen, um Belgrad, die serbische Hauptstadt, zu besetzen, die praktischerweise an jenem Fluss lag, der die Grenze zu Österreich-Ungarn bildete. Anschließend würde Serbien durch einen aufgezwungenen Friedensvertrag zu einem Verbündeten Österreichs werden.

Am 5. und 6. Juli hegten weder der Kaiser noch seine Berater die Befürchtung, dass sie durch ihre Garantie ein allzu großes Risiko eingingen. Erich von Falkenhayn, der preußische Kriegsminister, hatte keineswegs die »Überzeugung von einem festen Entschluss der Wiener Regierung«[10] und glaubte nicht, dass sie es ernst meinte. Deutschland riskiere nichts, denn mit großer Wahrscheinlichkeit würde es niemals in die Lage kommen, seine Garantie einzulösen zu müssen. Allgemein herrschte die Ansicht vor, »dass die Russen – obwohl Freunde Serbiens – doch nicht mitmachen«.[11] Gegenüber Szögyéni erklärte der Kaiser, dass Russland »noch keineswegs kriegsbereit« sei,[12] und vor seinen militärischen Beratern äußerte er, dass es Frankreich »wohl kaum zu einem Krieg kommen lassen« werde, weil ihm die schwere Artillerie des Feldheeres fehle.[13] Außerdem bezweifelte er, dass sich der Zar in einem Krieg auf die Seite der Prinzenmörder stellen würde. Falkenhayn fragte, ob er zusätzliche Vorkehrungen für den Fall eines Krieges mit den Großmächten treffen solle, und Wilhelm verneinte dies.

Die deutsche Militärführung hatte indes deutlich gemacht, dass sie für alle Eventualfälle gerüstet war. Vielleicht stellten sich der Kaiser und die Generale aus gegensätzlichen Motiven hinter die »Blankoscheck«-Entscheidung: Wilhelm war dafür, weil er nicht damit rechnete, dass es dadurch zum Krieg kommen würde, während einige seiner Generale diesen Beschluss gerade deshalb unterstützten, weil er die Möglichkeit eines Krieges in sich barg.

Drei Wochen zuvor noch hatte Kaiser Wilhelm dem lebenden Franz Ferdinand die Bitte um bedingungslose Unterstützung abgeschlagen, jetzt versprach er diese Rückendeckung um des toten Franz Ferdinands willen. Der Tod des Erzherzogs hatte diesen Sinneswandel herbeigeführt. Wilhelm stand damit nicht allein, auch andere Staatsführer empfanden ähnlich. Europas Sympathie gehörte nun den Österreichern – sofern sie sofort und aus eigener Kraft zurückschlugen und nicht in Zusammenarbeit mit Deutschland.

Aber ihre Lügen – oder zumindest ihre irreführenden Erklärungen – holten die österreichische und die deutsche Regierung schnell wieder ein.

Die Österreicher logen, wenn sie behaupteten, eine Aktion gegen Serbien verfolge lediglich das Ziel, die Ermordung des Erzherzogs zu vergelten. In Wirklichkeit hatte das Attentat in Sarajevo nicht viel zu tun mit dem Wunsch der Habsburger, Serbien zu vernichten. Dass Österreich nicht aufrichtig war, zeigte sich schon dadurch, dass es nicht unmittelbar zurückschlug, was man erwarten kann, wenn jemand aus Wut oder zur Selbstverteidigung auf jemand anderen losgeht. Andererseits hätte man auch eine umfassende gerichtliche Untersuchung einleiten und deren Ergebnisse dann der Welt mitteilen können, aber dazu fehlte Wien die Geduld.

Dass das Memorandum, das dem deutschen Kaiser vorgelegt wurde, um ihn zur Unterstützung des Kriegsplans zu gewinnen, schon vor den Morden von Sarajevo verfasst worden war – was damals noch nicht bekannt war –, beweist, dass die Überlegungen nicht aufgrund dieses Ereignisses angestellt wurden.

Österreich spielte seine Rolle aber nicht sehr gut. Durch sein Verhalten in den folgenden Wochen konnte es Europa nicht davon überzeugen, dass es in erster Linie darum ging, den Mord am Erzherzog zu rächen. Zweifel breiteten sich aus in Europa. Die Behauptungen Wiens wirkten zunehmend unglaubwürdiger.

Deutschland hingegen vermittelten die Vertreter Österreichs offenbar den Eindruck, dass sie den Wünschen Wilhelms zu entsprechen gewillt seien: Sie würden rasch und hart zuschlagen und die Angelegenheit in zwei bis drei Wochen zu Ende bringen.

Die Deutschen vertrauten darauf, aber die Doppelmonarchie war außerstande, diese Erwartung zu erfüllen. Dies war eine weitere Irreführung, die früher oder später auf die Österreicher zurückfallen musste, doch möglicherweise erkannten sie selbst nicht, dass sie ihr Versprechen nicht würden einhalten können.

Aber auch die Deutschen legten zumindest einen Mangel an Ehrlichkeit an den Tag, wenn sie auch vielleicht nicht rundheraus logen. Der Kaiser und viele seiner Ratgeber waren überzeugt, dass keine der übrigen europäischen Großmächte die erwartete österreichische Strafaktion zu verhindern versuchen würde. Sie verpflichteten sich, Frankreich und Russland abzuwehren, in dem festen Glauben, dass dies nicht erforderlich sein würde. Sie stellten einen Scheck aus, vom dem sie glaubten, dass er niemals eingelöst werden würde.

Kapitel 26
Das große Täuschungsmanöver

Aufeinander abgestimmt, spielten beide Parteien nun die ihnen zugewiesenen Rollen. Österreich verlangte – scheinbar spontan und aus eigenem Entschluss –, die Attentäter und ihre serbischen Hintermänner vor Gericht zu bringen. In einem Akt heiligen Zorns sollte das habsburgische Militär die Schuldigen bestrafen und zugleich das Recht Österreichs auf Selbstverteidigung wahrnehmen und somit sicherstellen, dass keine weiteren Anschläge aus Serbien mehr erfolgten. Auch wenn Europa nicht Beifall spendete, würde es doch eingestehen müssen, dass die Österreicher ein moralisches Recht für ihr Vorgehen besaßen.

Dabei kam es entscheidend darauf an, dass die Welt nichts von Deutschlands Rolle und von der Garantie des Kaisers erfuhr. Die beiden Verbündeten achteten daher strikt auf Geheimhaltung. Sie gaben in den folgenden Wochen wiederholt unzutreffende Erklärungen ab und brachen dadurch mit der Wahrhaftigkeit, die ein Kennzeichen der europäischen Diplomatie in früheren Zeiten gewesen war.

Wäre Deutschlands Verwicklung früher bekannt geworden, hätte Europa wohl auch entdeckt, dass Österreich andere Ziele verfolgte als jene, die es vorgab. Es wollte nicht die Morde rächen; es benutzte die Morde vielmehr als Vorwand, um Russlands Einfluss auf dem Balkan zurückzudrängen. Europa hätte erkannt, dass Österreich Serbien nicht bestrafen, sondern vernichten wollte; dass es Serbien nicht nur militärisch niederwerfen, sondern es von der politischen Landkarte tilgen wollte.

Und der Welt wäre auch klar geworden, dass Deutschland nicht, wie Frankreich oder Italien, ein unbeteiligter Zuschauer war, sondern voll eingebunden in den österreichischen Kriegsplan. Den beiden Staaten ging es nicht darum, Gerechtigkeit zu üben wegen der Ermordung des Erzherzogs; sie wollten aus machtpolitischen Gründen das Kräfteverhältnis auf dem Balkan zu ihren Gunsten verändern.

Daher musste Österreich Serbien angreifen und unterwerfen, bevor die anderen Staaten begriffen, dass irgendetwas faul war. Europa sollte glauben, dass Österreich nichts unternehmen würde, bis die wochenlangen gerichtlichen Untersuchungen abgeschlossen und die Schuldigen klar benannt waren. In Unkenntnis der wirklichen Planungen würden die europäischen Staaten dann auch keine Vorkehrungen treffen. Um Europa zu täuschen, mussten sich die Führer Deutschlands und Österreichs als Schauspieler betätigen.

Es war seit langem üblich, dass die europäischen Staatsmänner im Sommer in Urlaub gingen. Anfang Juli versuchten Berchtold und auch Bethmann, den Europäern ein Gefühl der Sicherheit zu vermitteln, indem sie den Anschein erweckten, als würden sie sich auch in diesem Jahr an ihre normalen Sommerpläne halten. Berchtold empfahl seinem Kriegsminister und dem Chef seines Generalstabs, sich für einige Zeit in Urlaub zu begeben, um »jeder Beunruhigung vorzubeugen«. Kaiser Franz Joseph setzte seine unterbrochene Sommerfrische fort. Reichskanzler Bethmann Hollweg begab sich demonstrativ auf sein Landgut in der Mark Brandenburg. Tirpitz machte Urlaub im Schwarzwald. Moltke weilte zur Kur im böhmischen Karlsbad. Der Außenminister befand sich auf Hochzeitsreise. Auch Moltkes und Tirpitz' Stellvertreter waren im Urlaub, ebenso der Kriegsminister.

Die deutschen Politiker schienen entschlossen zu sein, sich an ihren Ferienorten nicht stören zu lassen und den Schein der Urlaubsstimmung aufrechtzuerhalten. Auf Drängen des Kanzlers brach Kaiser Wilhelm widerstrebend zu seiner geplanten Nordlandfahrt auf, obwohl er das ganze Täuschungsmanöver als »kindisch« bezeichnete.[14] Anscheinend kam ihm nicht in den Sinn, dass der Kanzler ihn auf diese Reise schickte, um freie Hand zu haben.

So kam es zu der eigentümlichen Situation, dass sich diese

schicksalsträchtigen Entwicklungen im Juli 1914 weitgehend unsichtbar vollzogen. Es war wie ein Theaterstück, in dem alles Wichtige abseits der Bühne passiert.

Am Montag, dem 6. Juli ließ Kaiser Wilhelm am frühen Morgen, bevor er sich an Bord begab, einige Offiziere zu sich rufen, die Botschaften von ihm überbringen sollten. Admiral Eduard von Capelle, der Stellvertreter von Tirpitz, wurde zwischen 7 und 8 Uhr früh telefonisch zu Kaiser Wilhelm ins Neue Palais bestellt. Er traf Wilhelm im Garten seines Palastes an. Capelle erinnerte sich: »Der Kaiser ging mit mir noch eine kurze Zeit auf und ab und erzählte mir kurz von den Vorkommnissen am gestrigen Sonntag« – dem Blankoscheck für Österreich, worüber Capelle offensichtlich Tirpitz informieren sollte. Der Kaiser »glaube nicht an größere kriegerische Verwicklungen. Der Zar werde sich in diesem Falle nach seiner Ansicht nicht auf Seite der Prinzenmörder stellen. Außerdem seien Russland und Frankreich nicht kriegsbereit. – England erwähnte der Kaiser nicht. – Auf Rat des Reichskanzlers werde er, um keine Beunruhigung zu schaffen, die Nordlandreise antreten.«[15]

Eine ähnliche Botschaft erhielt der Marineoffizier Zenker, ein Kapitän zur See, zur Weitergabe an seine Vorgesetzten. »Seine Majestät hätten zugesagt«, Österreich beizustehen, falls Russland eingreifen sollte, »glaubten aber nicht an ein Eintreten Russlands für Serbien, das sich durch den Meuchelmord befleckt habe. Auch Frankreich würde es kaum zu einem Krieg kommen lassen, da ihm die schwere Artillerie des Feldheeres fehle. Wenn also auch ein Krieg gegen Russland-Frankreich nicht wahrscheinlich sei, so müsse seine Möglichkeit immerhin militärisch ins Auge gefasst werden.«[16]

Wilhelm war sich bewusst, dass er in dem Ruf stand, stets einen Rückzieher zu machen, wenn es ernst wurde. »Diesmal falle ich nicht um«, erklärte er gegenüber dem Waffenfabrikanten Krupp von Bohlen und Halbach.[17]

Auf dem Schiff bemühte sich Wilhelm nach Kräften, nicht wie ein Mann zu wirken, der wichtige Nachrichten erwartete. Doch am 6. Juli ließ er gegenüber zwei Marineoffizieren durchblicken, dass in neun Tagen Österreichs Antwort auf das Verhalten der Serben bekannt gegeben werden würde. Bei anderen Gelegenheiten äußerte der Kaiser gegenüber Offizieren, die Situation werde in zwei bis drei Wochen beigelegt sein. Vor den Befehlshabern der Teilstreitkräfte erklärte er, er rechne nicht mit größeren kriegerischen Entwicklungen.

Auch gegenüber dem Chef seines Militärkabinetts, dem preußischen Kriegsminister, äußerte er sich ähnlich: »Je früher die Österreicher gegen Serbien losschlagen, desto besser, und die Russen – obwohl Freunde der Serben – werden doch nicht mitmachen.«

Am 7. Juli, einen Tag, nachdem Deutschland seinen Blankoscheck ausgestellt hatte, berief Berchtold den Ministerrat der Doppelmonarchie ein, um sein geplantes Vorgehen absegnen zu lassen. An der Sitzung nahmen der österreichische und der ungarische Ministerpräsident, einige Minister der gemeinsamen österreichisch-ungarischen Regierung und der Chef des Generalstabs teil.

Das Kabinett diskutierte mehrere Stunden lang. Der ungarische Ministerpräsident Graf István Tisza sprach sich eindeutig gegen Berchtolds Pläne aus. Damit stand er zwar allein, verhindert jedoch eine einmütige Beschlussfassung. Tisza warnte, dass eine Invasion Serbiens durch die k. u. k. Monarchie »zu einem Eingreifen Russlands und damit zu einem Weltkrieg führen würde«. Stattdessen schlug er vor, zunächst eine Reihe von Forderungen an Serbien aufzustellen und »erst dann ein Ultimatum zu verkünden, wenn Serbien sie nicht erfüllt hat. Diese Forderungen müssen hart, aber nicht unannehmbar sein.«[18] Die Monarchie, so argumentierte er, dürfe nicht den Weltkrieg aus einer moralisch ungünstigen Position heraus provozieren.

Doch der Ministerrat entschied sich dafür, Serbien ein Ultimatum zu stellen, dem die serbische Regierung unmöglich entsprechen konnte, um anschließend sogleich loszuschlagen. Tisza, der über ein Vetorecht verfügte, drängte abermals darauf, Serbien annehmbare Forderungen zu stellen. Er bevorzugte eine friedliche Lösung.

Alle Minister waren davon überzeugt, dass zumindest einige serbische Regierungsvertreter in irgendeiner Weise in das Attentat in Sarajevo verstrickt gewesen seien, obwohl sie keine stichhaltigen Beweise dafür besaßen, und dass der Prozess in Sarajevo wahrscheinlich erst in mehreren Wochen oder Monaten stattfinden werde. So lange wollte Berchtold nicht warten. Er hielt es für nötig, innerhalb weniger Tage oder einer, maximal zwei Wochen zu handeln.

Eine Woche lang, vom 7. bis zum 14. Juli, mauerte Graf Tisza. Dann konnte ihn sein außenpolitischer Berater davon überzeugen, dass Ungarn in seiner Auseinandersetzung mit Rumänien von einem Feldzug gegen Serbien profitieren würde. Berchtold steuerte zwei weitere gewichtige Argumente bei. Er wies darauf hin, dass es in der deutschen Regierung einflussreiche Kräfte gebe, die über die Doppelmonarchie, wenn sie nicht mannhaft und entschlossen reagierte, so enttäuscht sein würden, dass sie möglicherweise den Sinn des Bündnisses in Frage stellen würden: Die Allianz mit Deutschland, von der alles abhing, würde sich auflösen. Zudem bestärkte Berchtold den ungarischen Ministerpräsidenten in der Hoffnung, dass Serbien die österreichischen Bedingungen vielleicht doch akzeptieren würde, so dass es nicht zum Krieg kommen müsse. (In Wirklichkeit war Berchtold entschlossen, Serbien einen Krieg aufzuzwingen, egal, was Serbien unternahm oder erklärte.)

Schließlich gab Tisza seinen Widerstand auf, aber Berchtold hatte eine Woche Zeit verloren. Dabei hatte der deutsche Kaiser erwartet, dass die Angelegenheit in einer oder höchstens zwei bis drei Wochen erledigt sein würde.

Aus London meldete der deutsche Botschafter am 9. Juli, dass er mit Sir Edward Grey über Sarajevo und die mögliche Reaktion Österreichs gesprochen habe. Wie er berichtete, »war der Minister in durchaus zuversichtlicher Stimmung und erklärte in heiterem Ton, keinen Grund zu haben zu einer pessimistischen Auffassung der Lage«.[19]

11. Juli. Von seiner Jacht aus ließ der Kaiser beim Auswärtigen Amt anfragen, ob das übliche Glückwunschtelegramm an den serbischen König Peter I. zu dessen Geburtstag am 12. Juli wirklich abgehen solle. Außenminister Jagow antwortete: »Da Wien noch keine Schritte in Belgrad unternommen hat, würde Unterlassung des gewohnten Telegramms zu sehr auffallen und eventuell zu frühzeitige Beunruhigung hervorrufen. Befürworte daher Absendung.«[20]

14. Juli. Von Wien an Berlin. Die Note an Serbien werde »so abgefasst sein, dass deren Annahme so gut wie *ausgeschlossen sei*«. Aber sie sei noch nicht in ihrer endgültigen Fassung fertig gestellt worden, so dass sie nicht vor dem 19. Juli übersandt werden könne. (»Wie schade«, bemerkte der Kaiser dazu.[21])

Zu diesem Zeitpunkt, Mitte Juli, erschien es durchaus nicht abwegig, Österreich eine zaudernde, unentschlossene Haltung zu unterstellen. Es sprach einiges für die Vermutung – die beispielsweise Vertreter der bayerischen Regierung äußerten –, dass es Wien bei den Unterredungen am 5./6. Juli lieber gewesen wäre, wenn Kaiser Wilhelm die Blankovollmacht verweigert, also keine bedingungslose Rückendeckung versprochen hätte, so dass Österreich eine Rechtfertigung dafür gehabt hätte, nichts zu unternehmen.

Wie viele europäische Diplomaten war auch Freiherr Giesl von Gieslingen, der österreichische Gesandte in Belgrad, im Sommerurlaub. Am 10. Juli kehrte er zurück. Noch am Abend desselben Tages übergab ihm der russische Gesandte Hartwig das offizielle Kondolenzschreiben seiner Regierung bezüglich des At-

Erzherzog Franz Ferdinand mit seiner Familie

Luftaufnahme von Sarajevo 1914

Der Erzherzog und die Herzogin am Morgen des 28. Juni 1914 in Sarajevo

Szene des ersten Attentatsversuchs

Das königliche Paar verlässt das Rathaus

Die Verhaftung von
Gavrilo Princip

Kaiser Franz Joseph I.

Oben: US-Präsident Woodrow Wilson mit
Außenminister William Jennings Bryan
Unten: Oberst Edward House, Präsident Wilsons Sondergesandter

Der serbische Ministerpräsident Nikola Pašić

Conrad von Hötzendorf, Chef des österreichisch-ungarischen Generalstabs

Links: Graf von Berchtold,
österreichischer Außenminister
Unten: Herbert Asquith,
britischer Premierminister

Links: Sir Edward Grey, britischer Außenminister
Unten: David Lloyd George, britischer Schatzkanzler

Oben: Winston Churchill,
Erster Lord der Admiralität
Unten: Sergej Sasonow,
russischer Außenminister

Oben: Zar Nikolaus II. und der französische
Staatspräsident Raymond Poincaré
Unten: Der britische König Georg V. und Präsident Poincaré in Paris

Oben: Joseph Caillaux, französischer Ministerpräsident (1911/12)
Unten: Madame Caillaux

Kaiser Wilhelm II. und Helmuth von Moltke bei einem Manöver

Links: Erich von Falkenhayn,
deutscher Kriegsminister
Unten:
Theobald von Bethmann Hollweg,
deutscher Reichskanzler (1909–17)

Rechts: Alfred von Tirpitz, deutscher Großadmiral
Unten:
Karl Max Fürst von Lichnowsky, der deutsche Botschafter in London, beim Verlassen des britischen Außenministeriums, nachdem der Krieg begonnen hat

tentats in Sarajevo. Dabei bestritt Hartwig das Gerücht, dass er darauf verzichtet habe, an seinem Botschaftsgebäude die Flagge auf Halbmast zu setzen.

Hartwig war ein sehr korpulenter Mann, der an Asthma und Anfällen von Angina pectoris litt. Auch an diesem Tag klagte er über Herzbeschwerden. Amtspflichten würden ihn noch zwei Tage beschäftigen, sagte er, aber dann wolle er sich auf Kur begeben.

Hartwig erkundigte sich bei Giesl, wie Österreich auf die Ereignisse von Sarajevo zu reagieren gedenke. Giesl versicherte ihm, dass sich Russland wegen Serbien keine Sorgen zu machen brauche. Hartwig wirkte erleichtert. Doch dann brach der russische Diplomat plötzlich zusammen und stürzte zu Boden. Ein eilends herbeigerufener Arzt diagnostizierte Tod durch Herzinfarkt.

Das Ehepaar Giesl ließ Hartwigs Tochter Ludmilla holen. Diese wies alle Versuche zurück, ihr Trost zuzusprechen, und nannte sie bitter »leere österreichische Worte«.[22] Sie sah sich im Zimmer um und fragte, ob ihrem Vater etwas zu essen oder zu trinken angeboten worden sei (das war nicht der Fall gewesen). Dann nahm sie seine Zigarettenkippen an sich, um sie auf Giftspuren untersuchen zu lassen.

Die Zigaretten waren in Ordnung gewesen. Doch die Luft in Europa war vergiftet im Juli 1914. Es war zu einem Ort der Lügen, der Komplotte und der Täuschungen geworden.

Kapitel 27
Berchtold läuft die Zeit davon

14. Juli. Obwohl Tisza ihm nun nicht mehr im Weg stand, kam Berchtold mit seinen Angriffsplänen gegen Serbien nicht weiter. Generalstabschef Conrad wies ihn darauf hin, dass viele Soldaten Ernteurlaub erhalten hatten und erst am 25. Juli wieder in die

Kasernen zurückkehren würden. Ein vorzeitiger Rückruf würde signalisieren, dass Wien Kriegsabsichten hege, und käme daher nicht in Frage.

Vor diesem Datum loszuschlagen, erschien den Österreichern auch aus einem anderen Grund unklug. Der französische Staatspräsident und sein Premierminister wollten in wenigen Tagen zu einem Staatsbesuch nach Russland aufbrechen. Dann würden die Führer der beiden Verbündeten zusammen sein und ihre Gegenmaßnahmen besser abstimmen können. Da Berchtold dies verhindern wollte, entschloss er sich zu warten, bis die beiden Franzosen wieder aus Petersburg abgereist waren, sich an Bord eines Schiffes befanden und damit nicht erreichbar waren. Das bedeutete, dass man den genauen Abreisetermin von Staatspräsident Raymond Poincaré und Ministerpräsident René Viviani in Erfahrung bringen musste. Berchtold bat seine Botschaft in Sankt Petersburg, ihm diese Informationen zu beschaffen. Nachdem er sie erhalten hatte, fasste er den 23. Juli als Datum für das Ultimatum an Serbien ins Auge, das bis zum 25. Juli befristet sein sollte.

In seiner Note an Serbien wollte Berchtold auch die neuesten belastenden Indizien aufführen, die in Sarajevo zu Tage gefördert worden waren. Deshalb reiste einer seiner Mitarbeiter nach Bosnien, sichtete die Ermittlungsunterlagen und berichtete am 13. Juli nach Wien, was er herausgefunden hatte. Doch das entsprach ganz und gar nicht dem, was Berchtold hören wollte. Die meisten Informationen waren wenig aufschlussreich. Die österreichischen Ermittler hatten festgestellt, »dass es keine Beweise oder Anhaltspunkte dafür gibt, dass die serbische Regierung bei der Planung und der Vorbereitung des Verbrechens oder der Beschaffung der Waffen mitgewirkt hat. Im Gegenteil, es gibt Grund zu der Annahme, dass dies außer Frage steht.« Man habe lediglich herausgefunden, dass die Attentäter von Personen unterstützt worden seien, die gewisse Verbindungen zur Regierung besaßen.

Somit schied die Möglichkeit aus, weiter darauf zu warten, bis hieb- und stichfeste Beweise für die Verantwortung der Serben auftauchten. Berchtold musste sein Ultimatum entwerfen, ohne es auf klare Belege stützen zu können.

Aber es drohte noch eine weitere Verzögerung. Conrad erklärte, dass die Truppen frühestens ab dem 12. August kriegsbereit und zu einem Einmarsch in Serbien in der Lage sein würden. Das war sieben Wochen nach dem Attentat – viel zu spät, um einen Angriff zu starten, den man gegenüber Europa als einen impulsiven Gegenschlag ausgeben konnte.

Was sollte Berchtold nun tun? Was sollte er Berlin sagen? Ihm lief die Zeit davon.

Was ist los?, erkundigte sich Berlin. Wien antwortete darauf nicht, weil Berchtold nicht wusste, wie er es erklären sollte.

Kapitel 28
Geheimniskrämerei

Berchtold ließ die Deutschen im Dunkeln und wahrte Funkstille. Dafür hatte er eine plausible Entschuldigung: Um das Überraschungsmoment bei dem geplanten Angriff auf Serbien nicht zu gefährden, durfte er über seinen engeren Kreis hinaus niemanden in die Vorbereitungen einweihen. Da Telegramme abgefangen oder entschlüsselt werden konnten, war es am besten, die Kommunikation so weit wie möglich zu beschränken.

Doch die Planungen geheim zu halten, erwies sich als schwierig. Das deutsche Auswärtige Amt übermittelte seinem Botschafter in Italien eine allgemeine Einschätzung der Absichten Österreichs. Der Botschafter machte diesbezüglich gegenüber Außenminister Antonio di San Giuliano einige Bemerkungen.

Die Italiener erhielten von den Großmächten nur selten geheime Informationen, weil sie als unzuverlässig galten und für ihre Indiskretion bekannt waren. Ein Historiker, der sich mit der damaligen Außenpolitik des Landes befasste, schreibt: »Die italienischen Diplomaten konnten nicht einmal Gesprächstermine mit europäischen Staatsmännern vereinbaren.«[23] Beunruhigt durch die Aussagen des deutschen Botschafters, übermittelte San Giuliano diese Information an seine Gesandtschaften in Russland, Österreich und Serbien. Doch da die Österreicher den Chiffriercode der Italiener geknackt hatten, erfuhren sie, was San Giuliano seinen Diplomaten mitteilte. Der Historiker Samuel Williamson vermutet, dass möglicherweise auch die Russen, die über sehr gute Kenntnisse auf dem Gebiet der Kryptologie verfügten, den italienischen Code entschlüsseln konnten und Serbien eine Warnung zukommen ließen.[24]

Da die Russen den Chiffriercode der Österreicher kannten, waren sie über Berchtolds Anfrage bezüglich des Abreisetermins der beiden französischen Staatsmänner informiert und konnten ihre Schlüsse daraus ziehen.

Je mehr Zeit verstrich und je weiter sich die Planungen verzögerten, umso wahrscheinlicher wurde es, dass weitere Informationen durchsickerten. Ein pensionierter österreichischer Diplomat ließ beiläufig einen Hinweis fallen, der vom britischen Botschafter aufgenommen und als Gerücht an seinen französischen Kollegen weitergegeben wurde.

Am 16. Juli warnte der britische Gesandte in Russland seine Regierung davor, dass sich ein Sturm zusammenbraue: »Die österreichisch-ungarische Regierung ist nicht gewillt, mit Serbien zu verhandeln, sondern wird auf sofortiger und bedingungsloser Erfüllung ihrer Forderungen bestehen, um anderenfalls Gewalt anzuwenden. Deutschland soll mit diesem Vorgehen vorbehaltlos einverstanden sein.«[25]

Am selben Tag erklärte der italienische Botschafter in Sankt Petersburg gegenüber einem russischen Diplomaten, »dass Österreich bereit ist, einen unwiderruflichen Schritt im Hinblick auf Serbien zu unternehmen, geleitet von der Überzeugung, dass Russland zwar verbal protestieren, aber keine militärischen Maßnahmen ergreifen werde, um Serbien gegen Österreich zu schützen«.[26]

Viele europäische Diplomaten vernahmen beunruhigende Gerüchte, aber nur wenige hatten genauere Informationen. Selbst in Wien wusste nur eine Hand voll Leute, was wirklich vor sich ging; in Berlin waren es noch weniger.

In einem allgemeineren Sinn jedoch blieb das Geheimnis gewahrt: Die Öffentlichkeit erfuhr nichts von den Kriegsplanungen. Volker Berghahn schreibt mit Blick auf Deutschland: »Nur ein kleiner Kreis von Männern war an den wichtigen Entscheidungen beteiligt, die zum Krieg führten« und »als es darum ging, diese Entscheidung zu treffen, wurde nur ein Dutzend Leute hinzugezogen«.[27] Dasselbe galt für Österreich-Ungarn. Die Strippenzieher arbeiteten still und heimlich an ihren Plänen, während die Europäer sich in der Sonne aalten und die Sommerferien genossen.

Teil sechs

Krise!

Kapitel 29
Das *Fait* ist noch nicht *accompli*

Am 16. Juli telegraphierte der russische Botschafter in Wien an seine Regierung: »Ich erhalte die Nachricht, dass die österreichisch-ungarische Regierung nach Abschluss der Untersuchungen gewisse Forderungen an Belgrad zu stellen beabsichtigt... Mir erscheint es im gegenwärtigen Augenblick wünschenswert, der Regierung in Wien, bevor sie zu einer endgültigen Entscheidung gelangt, zur Kenntnis zu bringen, wie sich Russland verhalten würde, sollte Österreich an Serbien Forderungen richten, die für Serbien unannehmbar erscheinen müssen, sofern es seine Würde wahren will.«[1]

Diese und ähnliche Hinweise auf mögliche Absichten der Österreicher beunruhigten den russischen Außenminister. Aber Wiens Botschafter beeilte sich, eventuelle Befürchtungen zu zerstreuen. Er beteuerte gegenüber dem russischen Außenminister, dass Österreich-Ungarn Frieden wolle. Also unternahm Russland nichts.

Am 18. Juli teilte der serbische Ministerpräsident Pašić seinen Gesandtschaften im Ausland (bis auf jene in Wien) telegraphisch mit, dass er entschlossen sei, keine Forderungen Österreich-Ungarns zu akzeptieren, die der Souveränität Serbiens zuwiderliefen.

Zu diesem Zeitpunkt wurde die bayerische Regierung vertraulich in den Geheimplan eingeweiht, den die deutsche und die österreichische Staatsführung sich umzusetzen anschickten. Das Königreich Bayern war der größte und bevölkerungsreichste

Staat in dem von Preußen geführten Deutschen Reich. Bei seinem Beitritt zum Norddeutschen Bund, aus dem 1871 das Deutsche Reich hervorging, »konnte Bayern für sich mehr Souveränitätsrechte reservieren als alle übrigen Gründungsstaaten«,[2] wie beispielsweise einen eigenen diplomatischen Dienst, eine eigene Militärverwaltung sowie Eigenständigkeit in den Bereichen Post, Telegraphie- und Eisenbahnwesen.

Am 18. Juli legte der bayerische Geschäftsträger Hans Schoen, nachdem er in Berlin von Regierungsvertretern informiert worden war, seinem Ministerpräsidenten Georg Graf Hertling ausführlich dar, weshalb ein österreichisches Ultimatum an Serbien erst in der zweiten Julihälfte übergeben werden könne, und berichtete, dass sich die Doppelmonarchie entschlossen habe, bis dahin den »Anschein friedlicher Gesinnung« zu wahren. Schoen fasste die Forderungen zusammen, die in diesem Ultimatum enthalten sein würden, und stellte fest: »Dass Serbien derartige, mit seiner Würde als unabhängiger Staat unvereinbare Forderungen nicht annehmen kann, liegt auf der Hand. Die Folge wäre also der Krieg.« Dieser Krieg würde unausweichlich werden, sollte Wien seinen Plan tatsächlich umsetzen. Auch Jagow und Zimmermann im Auswärtigen Amt hätten gewisse Bedenken. Zimmermann »äußerte sich dahin, dass Österreich-Ungarn, dank seiner Entschlusslosigkeit und Zerfahrenheit, jetzt eigentlich der kranke Mann in Europa geworden sei, wie früher die Türkei...«

»Ein starkes und erfolgreiches Einschreiten gegen Serbien«, habe Zimmermann erklärt, könne Österreich-Ungarn wieder neue Kraft geben. Schoen berichtete, in Berlin sei man der Ansicht, »dass es sich für Österreich um eine Schicksalsstunde« handle. Deshalb, erklärte Schoen, habe man Wien am 5./6. Juli eine »Blankovollmacht« gegeben, »auch auf die Gefahr eines Krieges mit Russland hin«. Die Österreicher hätten nach dem Eindruck Zimmermanns dieses unbedingte Eintreten Deutschlands nicht erwartet, und es wäre ihnen fast lieber gewesen, wenn Deutschland sie zur Zurückhaltung ermahnt hätte.

Berlin wünschte, fuhr Schoen fort, Wien hätte sich nicht so lange Zeit gelassen, bevor es etwas unternahm. Die Reichsregierung werde die Übergabe der österreichischen Note abwarten und dann unverzüglich diplomatisch tätig werden, um auf eine Lokalisierung des Krieges hinzuwirken. Sie werde den übrigen Großmächten ihren Standpunkt nahe zu bringen versuchen, dass die Auseinandersetzung zwischen Österreich und Serbien allein eine Angelegenheit dieser beiden Staaten sei. Die deutsche Regierung werde behaupten, ebenso wie alle anderen nichts von dem österreichischen Ultimatum gewusst zu haben und davon genauso überrascht worden zu sein wie die übrigen Mächte – schließlich sei der Kaiser auf seiner Nordlandreise und der Kriegsminister und der Chef des Großen Generalstabs in Urlaub gewesen.

Schoen schloss mit der Einschätzung: »Entscheidend für die Frage, ob die Lokalisierung des Krieges gelingen wird, wird in erster Linie die Haltung Russlands sein.« In Deutschland gehe man offiziell davon aus, dass für England wie auch Frankreich ein Krieg zurzeit »kaum erwünscht« wäre.[3] Die Deutschen glaubten also weiterhin, dass Wien und Berlin ihren Plan würden erfolgreich umsetzen können, ohne dass es zu einem großen europäischen Krieg kam. Diese Sichtweise wurde auch durch den sächsischen Vertreter in Berlin bestätigt: »Man rechnet mit einer Lokalisierung des Konflikts, da England absolut friedfertig ist und weder Frankreich noch Russland einen Krieg anstreben.«[4]

Während Wien und Berlin weiter am Netz der Irreführung und der Täuschung sponnen, wurde hinter verschlossenen Türen das Ultimatum der k. u. k. Monarchie entworfen. Der Außenminister Österreich-Ungarns begann am 10. Juli an dem Dokument zu arbeiten. Die Deutschen wurden über den Fortgang auf dem Laufenden gehalten. Am 19. Juli konnte intern eine erste Fassung vorgelegt werden.

Seit Tiszas Sinneswandel vom 14. Juli bestand kein Zweifel

mehr daran, welchen Zweck das Ultimatum an Serbien verfolgen sollte. Es wurde bewusst so formuliert, dass es zurückgewiesen werden musste. Der deutsche Gesandte in Wien berichtete dem Reichskanzler, »die Note werde so abgefasst sein, dass deren Annahme so gut wie ausgeschlossen sei«.[5]

Der deutsche Botschaftsrat in Wien schickte drei Tage später einen Bericht über eine Unterredung mit dem österreichisch-ungarischen Außenminister: »Graf Berchtold ließ die Hoffnung durchblicken, dass Serbien die Forderung Österreich-Ungarns nicht annehmen werde, da ein bloßer diplomatischer Erfolg hierzulande wieder eine flaue Stimmung auslösen werde, die man absolut nicht brauchen könne.«[6] Im Außenministerium der Donaumonarchie erklärte Graf Hoyos gegenüber dem deutschen Botschaftsrat von Stolberg, »dass die Forderungen doch derart seien, dass ein Staat, der noch etwas Selbstbewusstsein und Würde habe, sie eigentlich unmöglich annehmen könne«.[7]

Die Endfassung der Note wurde dem Ministerrat schließlich am Sonntag, dem 19. Juli, nachmittags vorgelegt. Nach Darstellung des Historikers Frederic Morton erschienen die Minister zu der Besprechung in Berchtolds Privatgemächern in der Hofburg »in Taxen und privaten Automobilen… Die Fahrzeuge kamen in größeren Abständen, um kein Aufsehen zu erregen… Alles machte den Anschein eines privaten Zusammentreffens am Wochenende. Hätte ein Passant die Szene beobachtet, hätte er keine einzige Dienstlimousine zu Gesicht bekommen.«[8] Das war auch kein Zufall: Die Teilnehmer der Sitzung waren ausdrücklich gebeten worden, in unmarkierten Fahrzeugen zu erscheinen.

Bei dieser Unterredung billigte der Ministerrat das Ultimatum an Serbien. Am nächsten Tag brachte es ein Kurier zu Kaiser Franz Joseph, der sich in seinem Landschloss aufhielt. Franz Joseph las die Note und stimmte ihr zu. Gleichzeitig wurde der Text telegraphisch dem österreichischen Gesandten in Belgrad übermittelt, der ihn zu einem bestimmten, bereits festgelegten Termin der serbischen Regierung übergeben sollte.

Auf Antrag Berchtolds hatte der Ministerrat einmütig beschlossen, »dass die Note der königlich serbischen Regierung am Donnerstag, dem 23. Juli um 17.00 Uhr überreicht werde«,[9] so dass die 48-stündige Frist am 25. Juli im 17.00 Uhr ablaufen würde. Dann konnte die Mobilisierungsverordnung für die k.u.k. Streitkräfte noch in der Nacht von Samstag auf Sonntag herausgegeben werden.

Berchtold sprach sich entschieden gegen eine weitere Verschiebung aus. Zum einen seien bereits in Rom Informationen über die Absichten Österreichs durchgesickert, und zudem beginne man auch schon »in Berlin nervös zu werden«.[10]

»Nervosität« war jedoch eine leichte Untertreibung. Die Mitglieder der zivilen Reichsleitung, insbesondere Bethmann Hollweg und Jagow, fürchteten bereits, Österreich werde ihnen abermals eine Enttäuschung bereiten und ihnen die Chance auf einen großartigen Sieg vereiteln. Die Donaumonarchie hätte Serbien niederwerfen sollen, bevor der Rest Europas reagieren konnte. Die Aktion hätte bereits stattfinden sollen. Das *Fait* hätte schon *accompli,* die Tatsache also schon vollendet sein sollen.

Doch nichts davon war bis jetzt geschehen oder würde in Kürze geschehen. Am 19. Juli begannen die Österreicher erst damit, einen Forderungskatalog an Serbien aufzustellen. Anschließend musste dieses Dokument übergeben werden, und dann musste man Serbiens Reaktion abwarten.

Somit war es jetzt bereits zu spät für den Überraschungsangriff, den sich Bethmann Hollweg vorgestellt hatte. Sobald die anderen europäischen Länder begriffen, welche Art von Ultimatum Berchtold den Serben stellen wollte, würden sie aufschrecken. Allen würde klar sein, dass Serbien die Forderungen wahrscheinlich ablehnen würde, dass Österreich ihm dann den Krieg erklären und Deutschland vermutlich Österreich zur Seite stehen würde. Das Überraschungsmoment würde verloren gehen.

Die erste Phase im österreichisch-deutschen Konzept zur Bestrafung Serbiens war somit mittlerweile überholt: der Einmarschplan, der am 6. Juli formuliert und dann nicht umgesetzt worden war. Bis zum 19. Juli wäre es demnach für Österreich noch möglich gewesen, gegen Serbien vorzugehen, ohne eine Einmischung der europäischen Großmächte fürchten zu müssen, weil diese Aktion so rasch abgelaufen wäre, dass den anderen Staaten keine Zeit geblieben wäre, darauf zu reagieren. Jetzt – nach dem 19. Juli – musste der Plan geändert werden, denn nun war es zu spät, um ihn noch in der alten Form durchzuführen. Nach den ursprünglichen Vorstellungen hätte der Einmarsch Österreichs abgeschlossen sein sollen, bevor der Rest Europas etwas dagegen unternehmen konnte, abgesehen von der Übermittlung von Protestnoten. Nach dem neuen Konzept würden die Staaten Zeit bekommen, zu reagieren und Maßnahmen zu ergreifen, aber man hoffte, sie überreden zu können, so lange stillzuhalten, bis es zu spät war. »Lokalisierung« war das Schlüsselwort, das die Deutschen ab jetzt verwendeten; es bedeutete, dass sich die Großmächte, obschon ihnen voll bewusst sein würde, was vor sich ging, dafür entscheiden würden, nicht einzugreifen, weil sie selbst von der Angelegenheit nicht betroffen waren. Deutschland bemühte sich, die anderen Mächte dazu zu bringen, sich herauszuhalten und es Österreich und Serbien allein zu überlassen, ihren Konflikt auszutragen. Aber auch in diesem Fall mussten die Österreicher schnell sein, denn je länger sie brauchten, um ihren kleinen Nachbarn niederzuwerfen, desto mehr wuchs die Gefahr, dass sich eine von Serbiens Schutzmächten – insbesondere Russland oder Frankreich – veranlasst sehen könnte, den ungleichen Kampf zu beenden.

19. Juli. Das österreichische Ultimatum an Serbien wurde in seine endgültige Fassung gebracht. Österreich und Deutschland setzten nun nicht mehr darauf, durch einen Überraschungsangriff den entscheidenden Schlag zu landen. Ab dem 19. Juli gingen die beiden Verbündeten auch nicht mehr verdeckt vor. Deutschland trat in Phase zwei seines Konzepts ein: Es begann mit der Lokalisierung des Konflikts – im neuen, veränderten Sinn. In dieser Phase ließ Deutschland die anderen europäischen Mächte wissen, dass es einen Krieg geben werde.

Aber nachdem das Ultimatum formuliert worden war, forderte Deutschland die übrigen Großmächte sofort auf, sich aus dem sich anbahnenden Konflikt herauszuhalten, und bestritt – allerdings nicht sehr überzeugend –, den Grund der bevorstehenden Auseinandersetzung zu kennen oder zu wissen, weshalb die anderen Mächte versucht sein könnten, sich einzumischen. Am 19. Juli ließ Jagow in der offiziösen *Norddeutschen Allgemeinen Zeitung* eine Notiz veröffentlichen, in welcher der Hoffnung Ausdruck verliehen wurde, »dass die Auseinandersetzungen, die zwischen Österreich-Ungarn und Serbien entstehen könnten, lokalisiert bleiben«.[11] Dies war der Beginn einer diplomatischen Kampagne der deutschen Regierung, durch die sie ihr neues taktisches Ziel, die Lokalisierung des Konflikts, durchzusetzen suchte.

Als sich der französische Botschafter in Berlin bei Jagow »nach dem Inhalt der österreichischen Note« erkundigte, versicherte dieser ihm, »dass er ihn nicht kenne«. Verständlicherweise war der Botschafter darüber »erstaunt«.[12] Wie sollte Jagow den Inhalt nicht kennen? Natürlich kannte er ihn.

Am 21. Juli legte die deutsche Regierung in Schreiben an ihre Botschafter in Russland, Großbritannien und Frankreich ihre Auffassung von der Notwendigkeit der Lokalisierung des Konflikts ausführlich dar. Auch Wien übermittelte seinen Botschaftern in den wichtigsten Ländern eine Erläuterung der österreichisch-ungarischen Position.

Dass Deutschland weiterhin behauptete, von den genauen Plänen der Österreicher nichts zu wissen, stieß in den europäischen Hauptstädten auf große Skepsis. Im Hinblick auf Jagows Lokalisierungswunsch erklärte ein britischer Regierungsmitarbeiter Außenminister Edward Grey: »Wir kennen die Fakten nicht. Die deutsche Regierung hat zweifellos Einblick. Sie weiß, welche Forderungen die österreichische Regierung stellen wird... und ich glaube, man kann mit einiger Sicherheit davon ausgehen, dass sie diese Forderungen gebilligt und Österreich für den Fall gefährlicher Verwicklungen Unterstützung zugesagt hat.« Der Beamte zeigte sich jedoch auch zuversichtlich, »dass die deutsche Regierung nicht ernsthaft glaubt, dass ein Krieg droht«. Einer Quelle zufolge handelte es sich bei diesem Beamten um Sir Horace Rumbold von der Botschaft in Berlin, laut einer anderen war es Sir Eyre Crowe vom Außenministerium in London.[13]

Der österreichische Botschafter in Berlin legte Jagow eine Abschrift der Endfassung des Ultimatums vor, doch dieser bestritt später, die Note gelesen zu haben, bevor sie den Serben übergeben wurde.* Jagow überprüfte den vorgesehenen Zeitplan und stellte fest, dass die Österreicher die Note eine bis zwei Stunden zu früh zu übergeben beabsichtigten – während sich die beiden französischen Staatsmänner noch in Russland aufhielten. Sofort alarmierte er österreichische Regierungsvertreter, die dafür sorgten, dass der Übergabetermin um eine Stunde verschoben wurde.

Wie ihnen geheißen worden war, blieben die hohen Militärs weiter in Urlaub und überließen alles Reichskanzler Bethmann Hollweg und den beiden wichtigsten Männern im Auswärtigen Amt, Jagow und Zimmermann, die sich nach Kräften bemühten, den Schein der Unbekümmertheit aufrechtzuerhalten.

Doch sie warteten mit gemischten Gefühlen auf den weiteren Fortgang der Ereignisse. Ungefähr einen Monat zuvor hatte Moltke, der düstere, pessimistische Chef des Großen General-

---

* In einem Interview mit dem amerikanischen Journalisten William Bullitt vom 17. September 1916 gab Jagow jedoch zu, dass er das Ultimatum zu Gesicht bekommen habe, bevor es verschickt wurde.[14] Und Zimmermann, Jagows Stellvertreter, erklärte am 11. August 1917 gegenüber einem Kollegen: »Es stimmt, dass wir das Ultimatum an Serbien erhalten haben, ungefähr zwölf Stunden, bevor es übergeben wurde.« Er fügte hinzu, es sei sinnlos, dies weiter zu bestreiten, denn es werde sich »nicht für immer verheimlichen lassen«.

stabs, Jagow vorgeschlagen, möglichst bald einen Weltkrieg zu provozieren, weil Deutschland ihn jetzt noch gewinnen könne. In zwei oder drei Jahren werde es dafür zu spät sein.[15]

Moltke war nun anscheinend bereit, sich mit dem begrenzten Erfolg zu begnügen, der durch einen Angriff der Österreicher zu erreichen war – sofern Wien den Mut aufbrachte, entsprechend dem Plan von Bethmann Hollweg vorzugehen. Wenn sich allerdings die Einschätzung der zivilen Reichsleitung und der Militärs als falsch erweisen sollte, dass der Krieg lokalisiert werden konnte und sich Russland heraushalten würde, dann wäre Moltke, anders als der Kaiser oder die Politiker, wohl auch mit diesem Resultat mehr als zufrieden gewesen.

Bethmann Hollweg, der den Gang der Dinge überwachen sollte, während die Österreicher seine Strategie in die Tat umsetzten, war von Anfang an besorgt. »Eine Aktion gegen Serbien kann zu einem Weltkrieg führen«, erklärte er am 7. Juli gegenüber seinem Vertrauten Kurt Riezler. Er fürchtete, dass ein solcher Krieg »ungeachtet des Ergebnisses« die Gefahr berge, »alles Bestehende umzustürzen«.[16] Angesichts des Risikos, dass es zu einem globalen Konflikt mit unvorhersehbaren Folgen kommen könnte, sei das Unternehmen ein »Sprung ins Dunkle«.[17]

Doch Bethmann Hollweg war überzeugt, dass Deutschland keine Wahl blieb. Das Bild, das er von der Stellung seines Landes in der Welt zeichnete, spiegelte eine düstere, fast paranoide Sichtweise wider, in der die Gefahren übertrieben dargestellt wurden. Es war ein »erschütterndes Bild«, wie er selbst sagte. Seiner Auffassung nach war Deutschland »vollständig gelähmt«,[18] und seine Rivalen, die miteinander verbündeten Mächte Russland, Frankreich und England, waren sich dessen wohl bewusst. »Die Zukunft gehört Russland, das immer weiter wächst und zu einem immer gefährlicheren Alptraum für uns wird.«[19] Schließlich werde sich vielleicht sogar die Donaumonarchie mit Russland verbünden, um auf der Seite des Siegers zu sein. Deutschland würde sich allein und hilflos in der Welt behaupten müssen.

Der Reichskanzler war beunruhigt durch Geheimdienstberichte, in denen von geheimen Marineverhandlungen zwischen Großbritannien und Russland die Rede war. Den deutschen Quellen zufolge ging es dabei um die Möglichkeit einer Landung britischer Truppen vom Meer her im Nordosten Deutschlands.

In seinen Memoiren, die etwas mehr als ein Jahrzehnt später verfasst wurden, schrieb der britische Außenminister Sir Edward Grey (nunmehr Viscount Grey of Fallodon), diese Gespräche seien belanglos gewesen. Sie seien auf Ersuchen der Franzosen geführt worden, um die Russen zu beruhigen. Dabei seien jedoch keine gemeinsamen Operationen geplant und auch keine Beistandserklärungen abgegeben worden. Es sei lediglich um einen Informationsaustausch gegangen.

Russland wusste, dass England und Frankreich Marinegespräche geführt hatten, in denen jede Seite der anderen erläutert hatte, wie sie ihre Flotte im Kriegsfall einzusetzen gedachte. Diese Planungen konnten von beiden Beteiligten jederzeit wieder geändert werden. Die Russen wollten von den zwei Ländern als gleichberechtigter Partner und vollwertiger Verbündeter anerkannt werden. Nach den Unterredungen Englands mit Frankreich wollten daher auch sie solche Gespräche führen und teilten ihren Wunsch den Franzosen mit.

Am 13. Mai hatte die Regierung Asquith derartigen Konsultationen zugestimmt. Einige Wochen später reiste der ranghöchste Offizier der britischen Flotte, Admiral Prince Louis of Battenberg, nach Paris und traf sich dort mit russischen Vertretern. Man fasste weitere Unterredungen ins Auge, die jedoch durch den Ausbruch des Krieges hinfällig wurden.

Als die Nachricht von diesen Gesprächen durchsickerte, wurde im britischen Parlament dazu eine Anfrage gestellt. Edward Grey bezog sich in seiner Antwort auf eine frühere Stellungnahme des Premierministers und erklärte, »falls es zwischen den europäischen Großmächten zu einem Krieg kommen sollte, gibt es keinerlei unveröffentlichte Vereinbarungen, welche die Regierung oder das Parlament in der Freiheit ihrer Entscheidung, ob Großbritannien in diesen Krieg eintreten soll, beschränken oder beeinträchtigen würden«.

In seinen Memoiren schrieb Grey: »Diese Antwort war völlig korrekt. Man mag allerdings einwenden, dass sie die gestellte Frage nicht beantwortete. Dies ist unbestreitbar.«[20] Doch Grey fügte hinzu, dass eine Regierung den Inhalt vertraulicher Dokumente über die Streitkräfte in der Regel nicht in vollem Umfang der Öffentlichkeit zugänglich mache.

Nach Aussage von Grey überschätzten die Russen die Bedeutung der Gespräche zwischen Großbritannien und Frankreich. Seinen Informationen zufolge konnten die deutschen Behörden drei geheime Briefe aus Russland abfangen. In diesen Schreiben wurde die Vermutung geäußert, Grey habe wichtige materielle Informationen zurückgehalten. Da Grey im Allgemeinen als ein sehr aufrichtiger Staatsmann galt, muss der Mangel an Offenheit in dieser Frage – sofern die Behauptungen in den abgefangenen Briefen zutrafen – die skeptischen Deutschen aufgeschreckt haben. Jedenfalls machten sich die deutschen Militärs und Politiker große Sorgen wegen dieser Gespräche.

Trotz aller Gefahren, die damit verbunden waren, erschien Bethmann Hollweg weiterhin ein schneller Schlag gegen Serbien mit dem Ziel, ein *Fait accompli* zu schaffen, als der einzige gangbare Weg, um aus einer Lage herauszukommen, in der sich die übrigen europäischen Großmächte schließlich gegen Deutschland und Österreich wenden würden. Doch diese Strategie war nicht umgesetzt worden. Die Österreicher hatten es nicht einmal versucht.

Der Reichskanzler kam ins Grübeln, wie einer seiner Vertrauten später erzählte. Er dachte nach über die Fehler, welche die deutsche Außenpolitik seit der Entlassung Bismarcks begangen hatte. Deutschland hatte sich mit Russland, Frankreich und England überworfen und alle diese Länder zu Feinden gemacht, ohne jedoch auch nur eines davon merklich schwächen zu können.[21]

In England zeigte sich der Außenminister optimistisch hinsichtlich einer Lösung des österreichisch-serbischen Konflikts. Edward Grey hatte wohl als einziges Kabinettsmitglied schon frühzeitig erkannt, dass sich die Lage auf dem Balkan gefährlich verschärft hatte. Der deutsche Botschafter Fürst Lichnowsky, der große Sympathien für England hegte, hatte ihn auf die explosive Situation aufmerksam gemacht. Bereits am 6. Juli hatte Lichnowsky Grey gewarnt, dass Österreich bezüglich Sarajevo eine harte Linie einschlagen und dafür Deutschlands Rückendeckung erhalten werde.

Der britische Außenminister erwog zunächst, Deutschland zu überreden, mäßigend auf Wien einzuwirken. Später drängte er Österreich und Russland, ihre Differenzen durch Gespräche auszuräumen. Grey legte keine große Beunruhigung an den Tag; sein Außenministerium schien noch sorgloser zu sein. Der deutsche Botschafter in London berichtete, dass Grey »an eine friedliche Lösung der Frage glaube«.[22] Der britische Außenminister drängte auf Mäßigung und verlangte, dass Österreich Beweise für seine Beschuldigungen gegen Serbien vorlegen müsse.

In Großbritannien sorgte zu dieser Zeit die irische Frage für heftige innenpolitische Auseinandersetzungen. Von außen kommende Bedrohungen nahmen die Briten daher kaum zur Kenntnis und stellten sich auch nicht darauf ein. »Das Frühjahr und der Sommer 1914 waren in Europa durch eine außergewöhnliche Ruhe gekennzeichnet«,[23] erinnerte sich später Winston Churchill, der damals Erster Lord der Admiralität war und das britische Marineministerium leitete. Der 39-jährige Wunderknabe der britischen Politik war ein sehr umtriebiger, energiegeladener – bisweilen auch zu Abenteuern neigender – Mann, aber auch er rechnete im Augenblick nicht mit Turbulenzen.

Churchill war damals noch nicht jene eindrucksvolle Persönlichkeit, als die er 20 Jahre später verehrt wurde. Er hatte einen raschen und steilen politischen Aufstieg absolviert, wurde jedoch von seinen Kabinettskollegen, von denen die meisten mindestens zehn Jahre älter waren, noch immer als Emporkömmling betrachtet. Er machte ständig Schlagzeilen oder drängte sich ins Rampenlicht. Der junge Churchill verfügte über einen schier unbegrenzten Tatendrang, was viele seiner Mitarbeiter und Kollegen überforderte, und auch im Kabinett ließ er sich bei seinen Vorträgen kaum bremsen. Seine Begeisterungsfähigkeit hatte beinahe etwas Kindliches. Doch seine Begabung konnte ihm niemand absprechen. Schon damals zeigte sich, dass er Talent besaß; einige Jahrzehnte später sollte er sich als politisches Genie erweisen.

Im Jahr 1914 widmete er seine Kräfte der scheinbar hoffnungslos verfahrenen Situation in Irland. Später schrieb er über diese Zeit: »Die eigenartige Ruhe in der europäischen Politik stand in schroffem Gegensatz zu den wachsenden politischen Spannungen bei uns zu Hause.«[24] Als sich abzeichnete, dass es zur Selbstverwaltung Irlands kommen werde, wurden die Liberalen und die Konservativen in die erbitterten Auseinandersetzungen ihrer jeweiligen politischen Klientel hineingezogen, der Katholiken im Süden der Insel und der Protestanten im Norden (der so genannten Ulstermen). Beide Seiten bauten paramilitärische Kampfgruppen auf, und die verfeindeten Milizen besorgten sich auf illegale Weise aus dem Ausland Waffen und Kriegsgerät.

Um die Lage unter Kontrolle zu bringen, ordnete London Truppenverstärkungen an und setzte dazu die Marine ein. Verständlicherweise »begannen die Militärführer, denen diese Auseinandersetzungen als der Beginn eines Bürgerkriegs erscheinen mussten, allmählich Pläne für den Ernstfall zu entwickeln«. Erschwerend kam hinzu, dass das protestantische Ulster im britischen Offizierskorps überrepräsentiert war; es bestand daher die Gefahr, dass sich die Armee, oder zumindest ein großer Teil von ihr, auf die Seite Nordirlands und der Unionist Party und damit gegen Asquiths liberale Regierung stellte. »Diese fürchterlichen Ereignisse führten zu beispiellosen Ausbrüchen von Hass im Parlament und erschütterten den Staat in seinen Grundfesten«, schrieb Churchill. »Wenn wir die Debatten lesen, die im April, Mai und Juni geführt wurden, fragen wir uns erstaunt, wie unsere parlamentarischen Institutionen die Kraft aufbrachten, sich gegen jene heftigen Leidenschaften zu behaupten, von denen sie damals überwältigt wurden. Konnte es angesichts dessen verwundern, dass die deutschen Staatsmänner aufgrund der Berichte ihrer Agenten überzeugt waren, England sei durch innere Konflikte gelähmt, treibe auf einen Bürgerkrieg zu und müsse daher nicht mehr als ein ernst zu nehmender Faktor in der europäischen Politik betrachtet werden?«

Am 20. Juli berief König Georg V. für den folgenden Tag eine Allparteienkonferenz in den Buckingham-Palast ein. In seiner kurzen Erklärung zur Eröffnung des Treffens verwies er auf die Gefahren, die ihn zu diesem Schritt bewogen hätten. »Stetig und unübersehbar«, erklärte Georg V., »rückt der Wunsch nach Gewalt in den Vordergrund. Der Ruf nach dem Bürgerkrieg erklingt heute selbst aus dem Munde der verantwortungsvollsten und besonnensten Menschen meines Landes.«[25] Er appellierte an die Parteiführer, sich um einen friedlichen Kompromiss zu bemühen.

Bei dieser Konferenz zeigte sich, dass die Meinungsunterschiede zwar nicht sehr groß, aber dennoch unüberbrückbar waren. Die Verhandlungen scheiterten und wurden am Morgen des 24. Juli ergebnislos abgebrochen. Dem Premierminister zufolge »kam Georg V. herein, ziemlich *émotioné,* und sagte nur zwei kurze Sätze... Leben Sie wohl. Es tut mir Leid und vielen Dank.«[26]

Am Nachmittag desselben Tages trafen sich die Kabinettsmitglieder wie vereinbart, um über die Kriterien einer Selbstverwaltung (Home Rule) für Irland zu beraten in Abgrenzung zu einem weiterhin britischen Nordirland. Als sie diese Beratungen abgeschlossen hatten, lenkte Edward Grey ihre Aufmerksamkeit auf die Serbienkrise.

Kapitel 30
Die Übergabe des Ultimatums

Nach dem Attentat war die Kommunikation zwischen Österreich und Serbien weitgehend zum Erliegen gekommen; die beiden Regierungen redeten kaum noch miteinander. Die Österreicher ließen über ihre Ermittlungen in Sarajevo nichts verlauten, und obwohl mit einer Ausnahme alle Mitverschwörer Princips rasch gefasst wurden, schienen die Prozessvorbereitungen Wochen, wenn nicht Monate in Anspruch zu nehmen.

Unterdessen wartete die serbische Regierung besorgt darauf, welche Bestrafung auf sie zukommen würde (da man allgemein davon ausging, dass Serbien zumindest eine Mitschuld traf). Aus diplomatischen Quellen in London erfuhr die serbische Regierung am 17. Juli, dass »eine Anklage vorbereitet« werde wegen »mutmaßlicher Mitwisserschaft bei der Verschwörung, welche die Ermordung des Erzherzogs zur Folge hatte«.[27] Aus Wien erreichte sie am 20. Juli das Gerücht, dass Österreich einen Krieg plane.[28]

In der Bevölkerung fand die Regierung Serbiens in dieser Angelegenheit nur wenig Unterstützung. Die Menschen zeigten keinerlei Bestürzung, während die oppositionellen Blätter sogar ihre Genugtuung über die Morde erkennen ließen.

Nach Ansicht Außenstehender verhielt sich die serbische Regierung einigermaßen unklug, weil sie nicht einmal den Versuch unternahm, die Helfershelfer der Mörder zu verfolgen. Gewiss, die beiden Haupttäter waren österreichische Staatsangehörige, die von österreichischen Ermittlern verhört wurden, deren Untersuchungen aber noch nicht abgeschlossen waren. Der wahre Grund für die Untätigkeit Serbiens lag wohl darin, dass die Regierung einiges zu verbergen hatte. Wenn etwa bekannt geworden wäre, dass Pašić rechtzeitig genug von dem Mordkomplott erfahren hatte, um es noch verhindern zu können – sofern dies tatsächlich der Fall gewesen war –, hätte der Ministerpräsident einerseits die Schwarze Hand gegen sich aufgebracht, weil er Wien gewarnt habe, wenn vielleicht auch nur andeutungsweise, und wäre andererseits von Österreich angegriffen worden, weil er nicht mit genügend Nachdruck auf die Verschwörung hingewiesen habe. Und wenn Pašić zuließ, dass durch eine von ihm eingerichtete oder gebilligte Untersuchungskommission die Wahrheit ans Licht kam, wäre er wohl von der Schwarzen Hand umgebracht worden.

Zudem waren in Serbien für den 14. August Wahlen angesetzt. Pašić musste sich im Wahlkampf als glühender Nationalist geben. Das Land war nicht in der Lage, der k. u. k. Monarchie die Stirn zu bieten, aber wenn Pašić gegenüber der Wählerschaft den Eindruck erweckte, dass er bereit sei, Zugeständnisse zu machen oder Kompromisse einzugehen, um einen Konflikt abzuwenden, hätte er vermutlich viele Stimmen eingebüßt. Er musste das Unmögliche anstreben und versuchen, sich gleichzeitig in zwei unterschiedliche Richtungen zu bewegen.

Freiherr Giesl von Gieslingen, der österreichisch-ungarische Gesandte in Serbien, meldete sich am Morgen des 23. Juli telefonisch beim serbischen Außenministerium. Er wolle der serbischen Regierung mitteilen, sagte er, dass er zwischen vier und fünf Uhr nachmittags dem Ministerpräsidenten eine wichtige Botschaft zu übergeben wünsche.

Dann erhielt Giesl eine Depesche seiner eigenen Regierung, in der er auf den Fehler hingewiesen wurde, den Jagow entdeckt hatte: Die französischen Staatsmänner würden um diese Zeit noch nicht aus Petersburg abgereist sein. Man wies ihn an, die Übergabe auf 18.00 Uhr zu verschieben.

Als Giesl schließlich im Regierungsgebäude eintraf, musste er feststellen, dass der Ministerpräsident nicht in Belgrad war, sondern sich irgendwo im Land bei einer Wahlkampfveranstaltung aufhielt – so hieß es jedenfalls. Finanzminister Paću war beauftragt, den Ministerpräsidenten zu vertreten. Doch Paću sprach nicht Französisch, die Sprache der Diplomatie. Deshalb konnte sich Giesl nicht mit ihm verständigen.

Da bot sich Slavko Grvic, der Generalsekretär des Außenministeriums, als Dolmetscher an. Paću jedoch weigerte sich, das Dokument entgegenzunehmen. Giesl legte es auf den Tisch, sagte zu Paću, er könne damit machen, was er wolle, und verließ den Raum.

Als Giesl gegangen war, versuchten Paću und seine Kollegen, Pašić zu erreichen. Das gelang ihnen erst nach zwei Stunden. Telefonisch informierten die Minister ihren Chef über die harten Bedingungen, die in dem von Giesl übergebenen Dokument aufgestellt wurden. (Siehe dazu Anhang 1, S. 375 ff., wo die österreichische Note im vollen Wortlaut wiedergegeben wird.)

Pašić entschloss sich, sofort mit dem Zug nach Belgrad zurückzukehren, und berief für fünf Uhr früh am nächsten Morgen eine Kabinettssitzung ein. Nikolai Hartwig, der russische Botschafter, dessen Rat die Serben für gewöhnlich befolgten, war zwei Wochen zuvor gestorben, und es gab noch keinen Nachfolger für ihn; die Serben waren also auf sich allein gestellt.

Die Ministerrunde tagte den ganzen Tag, die darauf folgende Nacht und den gesamten nächsten Tag. Es war Eile geboten, denn in der Note der Doppelmonarchie wurde binnen 48 Stunden eine Antwort verlangt. Pašić wandte sich Rat und Hilfe suchend an andere Regierungen, doch denen stand noch weniger Zeit zur Verfügung: Österreichische Kuriere hatten den übrigen Mächten Abschriften der Note erst am Morgen des 24. Juli zugestellt.

Und ohne die Antwort abzuwarten, hatte die österreichisch-ungarische Armee bereits am 23. Juli damit begonnen, für den Ausbruch von Kampfhandlungen administrative Vorbereitungen zu treffen und Zuständigkeiten festzulegen.

In London traf die Nachricht noch rechtzeitig zu der Kabinettssitzung ein, in der versucht werden sollte, die Scherben der gescheiterten Irland-Konferenz im Buckingham-Palast zu kitten. Die Differenzen zwischen beiden Seiten hatten sich mittlerweile, laut Winston Churchill, auf die Frage der Grenzziehung zwischen den beiden irischen Grafschaften Fermanagh und Tyrone verringert. Doch in diesem Punkt waren die Verhandlungen hoffnungslos festgefahren, und nach wie vor drohte ein Bürgerkrieg.

Churchill schilderte diese Sitzung in seinem Werk *The World Crisis*:

> Die Diskussion war gerade ergebnislos zu Ende gegangen, und die Kabinettsmitglieder wollten schon gehen, da begann Sir Edward Grey mit ruhiger, ernster Stimme ein Dokument vorzulesen, das ihm soeben aus dem Auswärtigen Amt gebracht worden war. Es war die österreichische Note an Serbien. Er sprach bereits einige Minuten, bis ich mich gedanklich von der ermüdenden und verwirrenden Debatte lösen konnte, die gerade beendet worden war... Die Note beinhaltete eindeutig ein Ultimatum; doch es war ein Ultimatum, wie es in der modernen Geschichte noch niemals erklärt worden war. Während der Außenminister weiter den Text vorlas, wurde immer klarer, dass kein Staat der Welt ein solches Ultimatum akzeptieren konnte, und dass auch eine Annahme, und wirkte sie auch noch so unterwürfig, den Aggressor nicht zufrieden stellen würde. Die Gemeinden Fermanagh und Tyrone verschwanden in den Nebeln und Stürmen Irlands, und ein eigenartiges Licht begann... auf die Landkarte Europas zu fallen.[29]

Im britischen Kabinett kam damit zum ersten Mal in diesem Monat ein außenpolitisches Thema zur Sprache. Churchill war neben dem Premierminister einer von nur zwei Kabinettsmitgliedern, die von Grey bereits vor der Sitzung informiert worden waren.

Während der Sitzung schrieb Premierminister Asquith, wie so häufig, einen Brief an seine Vertraute Venetia Stanley. Er erklärte ihr, dass die Lage in Europa »so schlecht ist wie irgend möglich. Österreich hat Serbien ein unverschämtes und demütigendes Ultimatum geschickt, das unmöglich angenommen werden kann, und eine Antwort innerhalb von 48 Stunden verlangt – anderenfalls werde es Krieg geben. Das bedeutet unvermeidlicherweise, dass auch Russland eingreift, um Serbien zu verteidigen und Österreich herauszufordern, und angesichts dessen dürfte es Deutschland und Frankreich schwer fallen, sich zurückzuhalten und sich nicht auf die eine beziehungsweise die andere Seite zu stellen. Somit sind wir nicht mehr allzu weit entfernt von einem wirklichen Armageddon.«[30]

Er schloss jedoch mit einer zuversichtlichen Bemerkung: »Zum Glück scheint es keinen Grund zu geben, weshalb wir dabei mehr sein sollten als bloße Zuschauer.«

Am Ende der Kabinettssitzung schrieb Churchill an seine Frau: »Europa steht an der Schwelle eines großen Krieges. Das österreichische Ultimatum an Serbien ist das unverfrorenste Dokument dieser Art, das jemals geschrieben wurde.«[31] Aber auch er war überzeugt, dass Großbritannien in dem heraufziehenden Konflikt keine Rolle spielen würde, und teilte seiner Frau mit, dass er am Wochenende zu seiner Familie ans Meer kommen werde.

Unterdessen beschäftigte sich Grey mit der 48-Stunden-Frist. »Ich habe noch nie erlebt, dass ein Staat einem anderen selbstständigen Staat ein Dokument von solch ungeheuerlichem Charakter übermittelt hat«, erklärte er der österreichischen Regierung;[32] er wollte als Erstes erreichen, dass die Frist verlängert oder ganz aufgehoben werde.

Grey bestellte den deutschen Botschafter Lichnowsky zu sich. Lichnowsky berichtete anschließend, Grey sei »sichtlich stark unter dem Eindruck der österreichischen Note [gestanden], die seiner Ansicht nach alles überträfe, was er jemals in dieser Art gesehen habe«. Er glaube, »ein Staat, der so etwas annehme, höre doch eigentlich auf, als selbstständiger Staat zu zählen«. (»Das wäre sehr erwünscht. Es ist kein Staat im europäischen Sinn, sondern eine Räuberbande«, bemerkte Kaiser Wilhelm in einer Randnotiz zu Lichnowskys Bericht.)[33]

Liest man die persönlichen Bemerkungen dieser drei Staatsmänner so, als handelte es sich um eine Unterhaltung, wird offenkundig, dass ihre Ansichten immer weiter auseinander drifteten:

Lichnowsky: »Man darf die Balkanvölker nicht mit denselben Maßstäben messen wie europäische Kulturvölker ...«
Wilhelm: »Richtig, sind eben keine!«
Lichnowsky: »Daher muss man eine andere Sprache führen gegen sie.«
Grey: »Auch wenn ich diese Auffassung vielleicht teilen könnte, glaube ich nicht, dass sie in Russland akzeptiert wird.«
Wilhelm: »Dann sind die Russen eben auch nicht besser.«

Grey bat die Deutschen, sich für eine Fristverlängerung einzusetzen, und schlug vor, dass England, Frankreich, Deutschland und Italien die Rolle des Vermittlers übernehmen könnten. »Überflüssig!«, kommentierte der deutsche Kaiser. »Grey kann nichts anderes vorschlagen.« In seiner Randnotiz schrieb Wilhelm ferner, er werde sich nur dann als Vermittler betätigen, wenn Österreich ihn ausdrücklich darum bitte.

Aus Sankt Petersburg schickte Außenminister Sasonow ein Rundschreiben an die beteiligten Staaten und ersuchte sie, gemeinsam auf eine Verlängerung des Ultimatums hinzuwirken. Außerdem bat er Österreich um Übermittlung der Ergebnisse der offiziellen Untersuchung zu den Morden in Sarajevo, nachdem die Wiener Regierung früher versprochen hatte, den Bericht den übrigen Mächten zugänglich zu machen.

In Wien empfing Berchtold am 24. Juli den russischen Geschäftsträger Graf Kudaschew und hatte eine beruhigende Nachricht für ihn: »Nichts liegt uns ferner, als Serbien zu erniedrigen«, beteuerte er, und die Doppelmonarchie strebe »nicht nach territorialen Gewinnen, sondern lediglich nach der Aufrechterhaltung des Status quo«.[34]

Streng genommen sagte Berchtold die Wahrheit: Wien wollte Serbien nicht annektieren; es hatte schon genug slawische Untertanen. Aber er drückte sich bewusst missverständlich aus: Laut Berchtolds wichtigstem Berater wollte Österreich-Ungarn Serbien aufteilen, sich selbst jedoch keine Gebiete einverleiben.

Kudaschew erkundigte sich, was geschehen würde, sollte Serbiens Antwort Berchtolds Regierung unakzeptabel erscheinen. Dann, so erwiderte Berchtold, würde der österreichische Botschafter in Belgrad die Vertretung schließen und mit seinen Mitarbeitern das Land verlassen. »Das bedeutet Krieg«, rief Kudaschew.[35]

Am folgenden Vormittag erschien Kudaschew abermals und bat um eine Verlängerung der Frist, die Österreich den Serben gesetzt hatte. Die österreichische Regierung lehnte das Ersuchen ab. Daraufhin telegraphierte Kudaschew an Berchtold, der auf dem Weg zu Kaiser Franz Joseph war, und wiederholte seine Bitte um Fristverlängerung. Berchtold beschied ihn ebenfalls abschlägig.

Wie Wien und Berlin sich ausgerechnet hatten, war Frankreich nicht imstande, substanziell auf die österreichische Note zu reagieren. Staatspräsident Poincaré, Ministerpräsident und Außenminister René Viviani sowie Bruno Jacquin de Margerie, ein hoher Beamter des Außenministeriums, befanden sich alle noch auf See. Justizminister Jean-Baptiste Bienvenue-Martin, der zu diesem Zeitpunkt die Regierungsgeschäfte führte, konnte oder wollte anscheinend keine klare Linie formulieren, obwohl ihm Philippe Berthelot, die Nummer zwei im Auswärtigen Amt, zur Seite stand.

Weil von Frankreich nichts zu hören war, gelangten die deutschen und österreichischen Gesandten offensichtlich zu der Überzeugung, dass sich Frankreich zunächst aus dem Konflikt heraushalten werde. Doch Bienvenue-Martin hatte mittlerweile einige Depeschen an Präsident Poincaré abgeschickt, der sich daraufhin entschloss, sofort nach Paris zurückzukehren.

Als Sasonow in Sankt Petersburg von dem österreichischen Ultimatum erfuhr, rief er aus: »C'est la guerre européenne!« Bei einer Unterredung mit dem österreichischen Botschafter nahm er kein Blatt vor den Mund. »Ich weiß, was das bedeutet. Sie wollen Krieg gegen Serbien führen … Sie stecken Europa in Brand … Warum hat Serbien keine Gelegenheit erhalten, sich zu äußern, und warum haben Sie das Ultimatum in dieser Form abgefasst? … Sie sind auf einen Krieg aus und haben alle Brücken hinter sich abgebrochen … Das zeigt Ihre Friedensliebe.«[36]

Bei einer Sitzung des russischen Ministerrats wurde beschlossen, sich bei Österreich um eine Fristverlängerung zu bemühen. Außerdem kam man überein, Serbien zu drängen, Österreich eine möglichst konziliante Antwort zu geben. Und schließlich sollte der Zar um sein Einverständnis zu einer Teilmobilisierung der Streitkräfte gebeten werden. Ohne näher auf Einzelheiten einzugehen, soll hier festgehalten werden, dass eine »Teilmobilisierung« aus einer Reihe von mehr oder weniger praktikablen Maßnahmen bestand, die jedoch nicht dazu geeignet waren, Russlands Sicherheit entscheidend zu verbessern, sondern im Gegenteil seine Ausgangslage zum Teil sogar verschlechterten. Es war im Wesentlichen ein – allerdings wenig durchdachtes und unklares – politisches Konzept, das den Eindruck vermitteln sollte, dass Russland notfalls zum Handeln entschlossen sei, andererseits aber auch Deutschland und Österreich nicht aufschrecken oder provozieren wolle, was durch eine Generalmobilmachung der Fall gewesen wäre.

Russland stellte für Europa 1914 wie schon in den vorangegangenen Jahren ein Rätsel dar. Aufgrund seiner enormen Größe und seiner orientalischen Fremdartigkeit wirkte es auf viele Westeuropäer Furcht einflößend. Es war das größte Land der Welt und erschien angesichts seiner Bevölkerung von 170 Millionen Menschen vielen als eine Gefahr. Doch die russische Regierung hielt ihr Land im Juli 1914 durchaus für verletzlich.

Die Industrialisierung, der Eisenbahnbau und das moderne Aufrüstungsprogramm, das zum großen Teil von Frankreich finanziert worden war, setzten in Russland auf einem derart niedrigen Niveau ein, dass seine Fortschritte beeindruckender erschienen, als sie in Wirklichkeit waren. Dennoch wuchs in Westeuropa und vor allem in Deutschland die Angst vor der künftigen russischen Bedrohung. Im Frühjahr 1914 schrieb der britische Botschafter in Russland seiner Regierung, dass »Russland so schnell zu einer großen Macht heranwächst, dass wir uns um beinahe jeden Preis um seine Freundschaft bemühen müssen«.[37]

Doch der Historiker D. W. Spring verwies darauf, dass »dies nicht der eigenen Einschätzung der russischen Regierung und der Öffentlichkeit von Russlands Stellung in der Welt in den Jahren 1913/14 entsprach«.[38] Die russische Regierung sah ihr Land umzingelt »von zehn Staaten, welche die Hälfte der Weltbevölkerung ausmachen« und von denen »drei oder vier offen feindselig waren«.[39] Der russische Verwaltungsapparat war größtenteils ineffektiv. Das Land war noch in weiten Teilen rückständig: eine Agrargesellschaft, die gegenüber dem Entwicklungsstand Westeuropas ungefähr 100 Jahre zurückgeblieben war. Die bislang durchgeführten Industrialisierungsmaßnahmen hatten zu sozialen Konflikten geführt; in Sankt Petersburg »befanden sich im Juli 1914 rund 180 000 von insgesamt 242 000 Industriearbeitern im Streik«.[40]

Auch wenn die überwältigende Mehrheit der Bevölkerung in der außenpolitischen Entscheidungsbildung keine Rolle spielte, gab es doch eine öffentliche Meinung, die etwa in der Sitzung des Ministerrats am 24. Juli ihren Ausdruck fand.

Dies war ein seltener Augenblick von Einmütigkeit. Die Presse, die Regierung und die Öffentlichkeit schienen allesamt derselben

Meinung zu sein. Russland wollte, dass Serbien alle erforderlichen Zugeständnisse machte. Die Russen wünschten sich Frieden und wussten, dass sie auf einen Krieg nicht vorbereitet waren. Zudem herrschte auch Übereinstimmung darüber, dass alle Zugeständnisse, zu denen sich Russland in der Vergangenheit den deutschsprachigen Mächten gegenüber bereit gefunden hatte, letztlich Berlin und Wien immer nur ermutigt hatten, noch mehr zu verlangen. Der Sommer 1914 erschien Russland als eine günstige Gelegenheit, es einmal mit der entgegengesetzten Vorgehensweise zu versuchen. Dieses Mal wollte die russische Regierung Standhaftigkeit demonstrieren, ohne zu provozieren.

Einen Unsicherheitsfaktor stellte allerdings die Unentschlossenheit von Zar Nikolaus II. dar. Der russische Monarch war ein schwacher Mensch, der nur unzureichend auf sein Amt vorbereitet worden war und sich seiner kostspieligen Irrtümer – wie insbesondere des verlustreichen Kriegs gegen Japan – sehr wohl bewusst war. Er hatte eine autokratische Machtfülle geerbt, sich dann jedoch mit der Position eines »halbkonstitutionellen« Herrschers abfinden müssen.

Das emotionale Zentrum in Nikolaus' Leben bildete seine Familie: seine Frau und seine Töchter, die er anbetete, und der Sohn Alexej, der im Juli 1914 knapp zehn Jahre alt war und dessen Bluterkrankheit wie ein Damoklesschwert über der Monarchie hing.

Was immer Nikolaus auch für das slawische Brudervolk der Serben empfand, er hatte nichts übrig für Prinzenmörder. Auf seinen Großvater Alexander II., der die Leibeigenschaft aufgehoben hatte, waren mehr als ein halbes Dutzend Anschläge verübt worden, bis er schließlich einem Attentat erlag.

Zudem hatte Nikolaus zu Beginn seiner Regierungszeit in gewisser Weise unter der Ägide von Kaiser Wilhelm gestanden. Nikolaus wurde 1895 im Alter von 26 Jahren zum Zaren gekrönt. Der neun Jahre ältere Wilhelm saß damals bereits seit sechs Jahren auf dem deutschen Thron. »Willy« hatte »Nicky« ein Jahrzehnt lang beeinflusst, ihm gefährliche und schlechte Ratschläge erteilt und Eroberungsfeldzüge im Fernen Osten eingeredet, was zu dem desaströsen Krieg mit Japan (1904/05) führte, der beinahe den Zusammenbruch Russlands als Großmacht nach sich gezogen hätte. Dieser Krieg mündete in die Revolution von 1905.

Ende 1905, nachdem er Wilhelms Einfluss abgeschüttelt hatte, geriet der Zar in den Bann einer anderen gefährlichen Persönlichkeit, des Bauern und Mönchs Grigori Rasputin, der ihm Hoffnung machte, die Bluterkrankheit des Thronerben heilen zu können. Das vertrauensvolle und verletzliche Kaiserpaar, Nikolaus und seine Gemahlin Alexandra, deren einzige Sorge dem Leben ihres Sohnes galt, legte das Schicksal des Zarewitsch in die Hände von Rasputin, der durch seine tiefe Stimme, seinen hypnotischen Blick und seine wohltuenden Berührungen zu beeindrucken verstand. Rasputin, ein bärenstarker Mann, wurde von einer schier unstillbaren sexuellen Gier getrieben; Klatschmäuler am Hof sammelten eifrig die Namen seiner Eroberungen, zu denen angeblich auch Zarin Alexandra und eine ihrer Töchter gehörten, was die Ehefrau des Mönchs, die in Sibirien zurückgeblieben war, mit Stolz erfüllte: »Er hat genug für alle«, prahlte sie.[41]

Da der verschlagene und undurchsichtige Mönch eine magische Gewalt über die Zarenfamilie auszuüben schien, geriet schließlich im Vorfeld der Julikrise von 1914 die Monarchie selbst in Verruf. Man musste damit rechnen, dass zumindest ein Teil der Öffentlichkeit Rasputins Einfluss für die tragische Wendung von Russlands Schicksal nach 1914 verantwortlich machen würde.

Doch Rasputin setzte sich stets für den Frieden ein. In der Balkan-Krise von 1908 hatte er erklärt: »Der Balkan ist es nicht wert, dass man um ihn kämpft.« Während er sich 1914 in seinem Heimatdorf nach einem Attentatsversuch erholte, verärgerte er den Zaren, als er ihm nach Ausbruch der Feindseligkeiten telegraphierte: »Möge Papa nicht den Krieg vorbereiten, denn der Krieg wird das Ende von Russland mit sich bringen, und Ihr werdet alles verlieren bis zum letzten Mann.«

In London teilte am 24. Juli der russische Botschafter seinem deutschen Kollegen »streng vertraulich« mit, er halte es »kaum möglich« für Russland, »der serbischen Regierung, falls sie nicht zu einem Vasallen Österreichs herabsinken solle, die Annahme derartiger Bedingungen zu raten«. Er fügte hinzu: »Das würde die öffentliche Meinung in Russland nicht vertragen.« Wiens Absichten lägen nun deutlich zu Tage. »Eine solche Note schreibe nur eine Regierung, die den Krieg wolle«, berichtete der deutsche Botschafter nach Berlin.[42]

In Berlin wurde bekannt, dass man in den anderen Hauptstädten vermutete, Deutschland habe Österreich-Ungarn zu der scharfen Note an Serbien angestiftet. Eilends gab das Auswärtige Amt Dementis heraus und wies die Botschafter in Paris, London und Sankt Petersburg telegraphisch an, dieser Anschuldigung entgegenzutreten. »Wir haben keinerlei Einfluss auf den Inhalt der Note geübt...« Dennoch könne Deutschland Wien jetzt »nicht zum Zurückweichen raten«, denn dadurch würde Österreich-Ungarn einen großen Prestigeverlust erleiden.[43]

Von ihrem Botschafter in Wien erfuhr die deutsche Regierung, dass Berchtold den russischen Geschäftsträger zu einem Gespräch empfangen und ihm versichert hatte, dass Österreich-Ungarn keineswegs eine Verschiebung der Machtverhältnisse auf dem Balkan herbeiführen und Russlands Position antasten wolle. Darüber hinaus warb er dafür, dass sich die europäischen Monarchien solidarisch zusammenschließen sollten »in der Zurückweisung der serbischen, mit Revolver und Bomben geführten Politik«.

Kaiser Wilhelm äußerte sich in seinen Randnotizen zu diesem Bericht deutlich ablehnend. Zu Berchtolds Versicherung, Österreich hege keine feindseligen Absichten gegenüber Russland, bemerkte er: »Gänzlich überflüssig! Wird Eindruck der Schwäche erwecken und Eindruck der Entschuldigung hervorrufen...« Er bezeichnete Berchtold als »Esel!« und fuhr fort: »Österreich muss auf dem Balkan präponderant werden den anderen kleineren gegenüber auf Kosten Russlands; sonst gibt's keine Ruhe.«[44]

Die französischen Außenpolitiker waren nur unzureichend über die aktuellen Entwicklungen im Bilde. Wie Österreich es geplant hatte, befanden sie sich auf See, als sich die Krise zuspitzte. Der Präsident, der Ministerpräsident, der zugleich als Außenminister fungierte, und ihr wichtigster außenpolitischer Berater wussten, dass sie von Nachrichten abgeschnitten waren. Ihnen war aber nicht bewusst, dass sie von den Deutschen absichtlich vorübergehend außer Gefecht gesetzt worden waren.

Die französischen Staatsführer kamen von einer Unterredung mit dem Zaren und der russischen Regierung. Über den Inhalt dieser Gespräche ist nur wenig bekannt. Doch Poincaré hatte sich von Anfang an bemüht, Russland davon abzuhalten, irgendetwas zu unternehmen, das Deutschland provozieren konnte. Dem Präsidenten war klar, dass Frankreich militärisch nicht zu einem Krieg imstande war. Es besteht kein Grund anzunehmen, dass er sich während seines Aufenthalts in Russland gegenteilig geäußert haben könnte.

Nachdem die französischen Staatsmänner abgereist waren, betätigte sich ihr verbliebener Sprecher in Sankt Petersburg gewissermaßen als Botschafter auf eigene Faust. Maurice Paléologue, der erst vor fünf Monaten sein Beglaubigungsschreiben überreicht hatte, war eine schillernde Persönlichkeit und betrieb gern seine eigene Außenpolitik. Er ließ bei der russischen Regierung den Eindruck entstehen, dass Frankreich sie bedingungslos unterstützen würde. Aus einer neuen Studie über die französische Diplomatie der Vorkriegszeit von M. B. Hayne geht hervor, dass Paléologue im Unterschied zu vielen anderen überzeugt war, dass sich die französische und die russische Armee auf einem Höhepunkt ihrer Leistungsfähigkeit befanden.[45] Da er davon ausging, dass Deutschland auf einen europäischen Krieg hinarbeitete, hielt er es für erforderlich, so bald wie möglich in den Kampf zu ziehen. In dieser Hinsicht ähnelte er Moltke. Es ist allerdings unklar, inwieweit er die Entscheidungen der russischen Staatsführer beeinflusste, denn sie misstrauten ihm.

Eine an Berlin gerichtete Anfrage aus Wien vom 22. Juli kam erst zwei Tage später an. Österreich-Ungarn beabsichtigte, alle diplomatischen Beziehungen zu Serbien abzubrechen. Alle österreichischen Vertreter sollten abgezogen werden. Aber wie sollte die Donaumonarchie dann Serbien den Krieg erklären können? Wer sollte die Kriegserklärung übergeben? Ob dies vielleicht Deutschland übernehmen könne?

Aus dem Auswärtigen Amt antwortete Jagow, dies sei keine gute Idee: »Unser Standpunkt muss sein, dass die Auseinandersetzung mit Serbien eine interne österreichisch-ungarische Angelegenheit ist.«[46] Dennoch tauschten sich Berlin und Wien über die Modalitäten der Kriegserklärung aus, bereits bevor das Ultimatum übergeben, geschweige beantwortet oder unbefriedigend beantwortet worden war.

Kapitel 31
Serbien akzeptiert mehr oder weniger

»Eine kraftvolle Note«, bemerkte der Kaiser an Bord seiner Jacht gegenüber Admiral von Müller, dem Leiter seines Marinekabinetts.[47] Wilhelm II. war mittlerweile von dem österreichischen Ultimatum in Kenntnis gesetzt worden. »Aber es bedeutet Krieg«, entgegnete der Admiral. Nein, widersprach Wilhelm, das würde Serbien nicht riskieren.

Kronprinz Alexander, der Regent Serbiens, suchte am Abend des 23. Juli die russische Gesandtschaft in Belgrad auf, »um seine Verzweiflung über das österreichische Ultimatum zum Ausdruck zu bringen, dessen Annahme er als vollkommen unmöglich erachtete für einen Staat, der sich auch nur einen Rest von Würde bewahren will«. Seine Hoffnungen ruhten auf dem Zaren, sagte er, »dessen machtvolles Wort allein Serbien noch retten« könne.[48] Auch Ministerpräsident Pašić fand sich später, auf dem Weg zu einer für 17.00 Uhr anberaumten Sitzung mit den im Augenblick greifbaren Ministern, kurz in der russischen Botschaft ein.

Doch Russland hatte nicht viel mehr als moralische Unterstützung anzubieten. Aus Sankt Petersburg erklärte Sasonow, der aber nur für sich selbst sprach, sein Land werde Serbien helfen, ohne jedoch die Art dieser Hilfe näher zu bezeichnen. Schließlich schlug die Zarenregierung vor, dass Serbien – da militärischer Widerstand zwecklos sei –, den Rückzug antreten solle, anstatt zu kämpfen, und auf den Gerechtigkeitssinn der Europäer setzen solle, der schließlich zu einer Lösung führen werde. Weder Russland noch Frankreich waren bereit zu einem Krieg, schon gar nicht für Serbien.

Zunächst neigte die serbische Regierung zu einer Trotzhaltung. Aber nachdem die Minister ausführlich über die Lage diskutiert hatten, setzte sich eine realistischere Einstellung durch.

Unter den Führern Serbiens herrschte Übereinstimmung darüber, dass ihr Land in einem Krieg gegen die Doppelmonarchie untergehen würde. Nur Russland oder die neutralen Länder konnten es retten. Deren Unterstützung würde jedoch nur schwierig zu erlangen sein, zumal nur noch sehr wenig Zeit blieb: Die serbische Antwort sollte bis zum 25. Juli um 18.00 Uhr eingehen. Pašić und seine Kollegen tagten ununterbrochen und schwankten dabei ständig zwischen bedingungsloser Unterwerfung und der Versuchung, gewisse Bedingungen oder Vorbehalte einzubauen, die es ihnen später erlauben würden, sich Wiens harten Forderungen zu entziehen.

Als in den Entwurf der Antwortnote immer wieder Sätze eingefügt, dann verändert oder durchgestrichen wurden, wurde der Text immer unleserlicher. Er musste aber einigermaßen lesbar sein, damit er übersetzt werden konnte. Der mehrmals revidierte und wieder neu abgetippte Text blieb jedoch unbefriedigend, während das Fristende immer näher rückte. Der Sekretär tat sich schwer mit dem Tippen, dann versagte auch die Schreibmaschine. Da nun kaum noch zwei Stunden Zeit blieben, versuchte man es mit Handschrift.

Das Dokument, das schließlich zustande kam, wirkte eher wie ein erster Entwurf mit durchgestrichenen Wörtern, Tintenklecksen und dergleichen. Da sich niemand freiwillig meldete, übernahm es Pašić selbst, zur österreichischen Botschaft zu fahren und Giesl Serbiens Antwort vor Ende der festgesetzten Frist um 18.00 Uhr zu übergeben. Möglicherweise verspätete er sich um einige Minuten. Giesl überflog den Text nur kurz und stand auf. Er hatte bereits alle Dokumente vernichtet und die Koffer gepackt. Ein Auto sollte ihn zum Bahnhof fahren. In kurzen Worten erklärte er förmlich den Abbruch der diplomatischen Beziehungen, dann ließ er sich zum Zug bringen.

In der serbischen Antwort auf das Ultimatum, so glaubte man außerhalb Österreich-Ungarns, würden alle Bedingungen bis auf eine erfüllt werden. Doch in Wirklichkeit enthielt sie eine ganze Reihe von Vorbehalten. (Siehe Anhang 2, S. 380 ff.)

Das spielte jedoch kaum eine Rolle, denn der k. u. k. Monarchie ging es lediglich um die Einhaltung der Formalitäten.

Der Reeder Albert Ballin berichtete später, im deutschen Auswärtigen Amt sei eine »fabelhafte Enttäuschung« ausgebrochen, als aus Wien die Nachricht kam, dass Serbien das Ultimatum angenommen habe – der jedoch »ungeheure Freude« folgte, als einige Stunden später gemeldet wurde, dass Serbien das Ultimatum nicht in *sämtlichen* Punkten akzeptiert habe. Solle man angesichts dessen den Kaiser nicht von seiner Nordlandreise zurückrufen?, fragte er. Nein, entschied Ballins Informant im Auswärtigen Amt: »Im Gegenteil, man müsse alles aufbieten, damit er mit seinen pazifistischen Gedanken nicht störend eingreife...«[49]

Berchtold stellte sich auf den Standpunkt, dass seine Note an Serbien kein Ultimatum sei, denn es würde nicht automatisch eine Kriegserklärung folgen, wenn die Frist verstrichen sei. Noch am 25. Juli erklärte Berchtold gegenüber den Russen, der Abbruch der diplomatischen Beziehungen müsse nicht zwangsläufig in einen Krieg münden, und Serbien könne »durch uneingeschränkte Annahme unserer Forderungen eine friedliche Lösung herbeiführen«.

Aber dann kam eine Depesche seines Botschafters in Berlin, der ihm mitteilte, Deutschland erwarte von Österreich, dass es umgehend die Kriegshandlungen eröffne. »Man sieht hier in jeder Verzögerung des Beginnes der kriegerischen Operationen große Gefahr betreffs Einmischung anderer Mächte. Man rät uns dringendst, sofort vorzugehen...«[50]

Würde man durch eine Konferenz der neutralen Mächte den Kriegsausbruch noch verhindern können? Der britische Außenminister Edward Grey entschloss sich, Meinungen zu dieser Frage einzuholen. Durch die Konferenz, die Grey 1913 in London zustande gebracht hatte, war es zumindest vorübergehend gelungen, den Frieden auf dem Balkan zu bewahren; vielleicht ließ sich dies wiederholen. Aber war jetzt die richtige Zeit für einen solchen Vorschlag? Im Augenblick betraf der Konflikt lediglich Österreich und Serbien; es war noch keine Auseinandersetzung zwischen Österreich und Russland.

Zur Überraschung Greys erklärte der russische Botschafter, seine Regierung würde einer solchen Konferenz nicht zustimmen. Wenn Deutschland, Italien, Frankreich und Großbritannien zwischen Österreich und Russland vermittelten, würde der Anschein erweckt werden, als hätten sich Frankreich und Großbritannien von ihrem russischen Verbündeten losgesagt. Als diese Frage jedoch in Sankt Petersburg vorgelegt wurde, konnte Sasonow keine derartigen Schwierigkeiten erkennen.

In einer Depesche an den englischen Botschafter in Sankt Petersburg vom 25. Juli formulierte Grey seine Position: »Ich glaube nicht«, schrieb er, »dass die öffentliche Meinung hier damit einverstanden sein würde, wenn wir wegen einer serbischen Angelegenheit in den Krieg ziehen. Aber wenn dieser Krieg stattfindet, könnten wir aufgrund anderweitiger Entwicklungen hineingezogen werden, und deshalb möchte ich ihn verhindern.« In Anbetracht der Handlungen Österreichs, schrieb er, würden Österreich und Russland fast unvermeidlicherweise gegeneinander mobil machen, und in dieser Situation könne eine Viermächtevermittlung vielleicht durchaus etwas bewirken.

Es war ein Samstag. Grey hatte den Eindruck, dass die Kriegsgefahr noch nicht so akut sei, dass er sich nicht fürs Wochenende aufs Land begeben könne. Er übergab die Amtsgeschäfte an seinen Assistenten und verließ die Stadt.

In einem Telegramm aus Belgrad berichtete der deutsche Gesandte, welche Verwirrung in der serbischen Regierung angesichts des österreichischen Ultimatums ausgebrochen sei. Kaiser Wilhelm war entzückt. »Bravo! Man hätte es den Wienern nicht mehr zugetraut!... Wie hohl zeigt sich der ganze sog. Serbische Großstaat, so ist es mit allen slawischen Staaten beschaffen! Nur feste auf die Füße des Gesindels getreten!«[51]

25. Juli, Sankt Petersburg. Der russische Generalstab verfügte am Abend »vorbereitende Mobilmachungsmaßnahmen«, die dann in die allgemeine Mobilmachung münden konnten.

Paris. Auch die amtierende französische Regierung begann mit diskreten militärischen Vorbereitungen. Am 25. Juli wurden die Generale aus dem Urlaub zurückgerufen, am 26. Juli die Offiziere und Ernteurlauber, und am 27. Juli wurde der Großteil der Besatzungstruppen in Marokko nach Frankreich zurückverlegt.

Berlin. Außenminister Jagow erklärte gegenüber dem Journalisten Theodor Wolff, dass »weder London noch Paris noch Sankt Petersburg einen Krieg wollen«.[52]

Teil sieben

Der Countdown

Kapitel 32
Showdown in Berlin

Die wichtigsten Vertreter des deutschen Militärs hatten sich, wie bereits dargestellt, im Juli demonstrativ in Urlaub begeben. Ebenso der Kaiser, der Reichskanzler und der Außenminister. In Wirklichkeit aber fuhren sie zwischendurch immer wieder nach Berlin, häufig auch geheim. Und ihre Mitarbeiter sorgten dafür, dass die hohen Generale stets gut informiert waren.

Nachdem die Österreicher den Termin für ihr Ultimatum festgesetzt hatten, wurde den Mitgliedern der politischen und militärischen Führung aus Berlin signalisiert, dass sie nun zurückkehren sollten. Ab dem 23. Juli trafen sie nacheinander ein und traten dann sogleich zu Beratungen zusammen.

In einer Art mobiler Geheimkonferenz, von der wir durch die Berichte des bayerischen und des sächsischen Militärattachés wissen,[1] berieten die Vertreter der militärischen und der zivilen Reichsleitung getrennt über das weitere Vorgehen. Sie hatten nun erfahren, dass Österreich noch mindestens zwei Wochen – wahrscheinlich bis zum 12. August – brauchen würde, bis es den Angriff auf Serbien starten konnte. Die deutschen Militärs und Politiker waren gleichermaßen erzürnt über die Trägheit der Österreicher.

Der Reichskanzler und seine Minister entschlossen sich zu einer Taktik der Schadensbegrenzung. Sie baten, ihnen – und damit auch Wien – etwas mehr Zeit zu geben, und plädierten für einen Aufschub von einigen Tagen, bevor man die Pläne änderte.

Die Generale wurden maßgeblich vertreten durch Moltke und Kriegsminister Erich von Falkenhayn, die sich für ein militärisches Vorgehen Deutschlands gegen Russland und seine Verbündeten einsetzten.

Moltke spielte eine seltsame Rolle, änderte mehrmals seine Meinung, hielt sich zeitweilig zurück und forderte dann wieder energisch, sogleich in den Krieg zu ziehen, weil die Bedingungen dafür gegenwärtig so günstig seien, wie sie nie wieder werden würden. Diese ereignisreiche und entscheidende Woche scheint in Berlin nach folgendem Schema abgelaufen zu sein: Nachdem die politischen und militärischen Entscheidungsträger von ihren Landsitzen in die Hauptstadt zurückgekehrt waren, verbrachten sie die Zeit von Sonntagnachmittag bis Montagabend (26.–27. Juli) damit, ihre Informationen auf den neuesten Stand zu bringen und ihre Ansichten auszutauschen. Von Dienstag bis Donnerstag (28.–30. Juli) suchten sie nach einer gemeinsamen Linie, und in der Zeit von Freitag bis Montag (31. Juli–3. August) gingen sie zum Handeln über. Dies waren Tage des Showdowns, in denen die Führer Deutschlands heftig miteinander rangen, immer wieder ihre Meinung änderten und in der Hitze der Debatten Schlaganfälle oder Herzinfarkte riskierten.

Auch die drei wichtigsten Militärführer – Generalstabschef Moltke, Kriegsminister Falkenhayn und Moritz Freiherr von Lyncker, der Chef des kaiserlichen Militärkabinetts – gehörten zu jener Runde von Entscheidungsträgern, die in diesen Tagen über die Frage von Krieg oder Frieden diskutierten. Für Moltke waren diese Gespräche besonders frustrierend, zum einen weil die zivile Reichsleitung weder seine Sichtweise noch seine Ziele teilte, zum anderen aber auch, weil er mehr wusste als sie – und ihnen dies nicht mitteilen konnte. Der Historiker Holger Herwig schrieb 1997, dass »die fast vollständige Zurückweisung von Moltkes Papieren ›einen formellen Zusammenhang zwischen Moltkes Denken und dem Streben nach Krieg im Jahr 1914 ausschließt‹«. Diese Auffassung scheint jedoch mittlerweile widerlegt. Die vor kurzem veröffentlichte Biographie von Mombauer, die sich, wie erwähnt, auf bislang noch nicht verwendetes Material stützt, ermöglicht es, Moltkes Gedanken, Äußerungen und Handlungen neu zu interpretieren.[2]

Ein sächsischer Offizier, der am 3. Juli mit Moltkes Stellvertreter sprach, berichtete, dass der Chef des Großen Generalstabs nach seinem Eindruck »erfreut sein würde, sollte es jetzt zu einem Kriege kommen«.[3] Nach Mombauer erschien Moltke die Julikrise »eher als eine Gelegenheit, denn als eine Gefahr«.[4] Dies könnte eine Erklärung dafür liefern, weshalb sich Moltke Ende Juli etwas zurückhielt, sehr zur Verwunderung seiner stärker kriegerisch gestimmten Kollegen in der Generalität. Er hatte keine Angst vor der Mobilmachung Russlands; er sehnte sie sogar herbei. Wenn er dafür seine eigenen Pläne für einige Tage verschieben musste, war er dazu gerne bereit; das konnte den Unterschied zwischen Sieg oder Niederlage ausmachen. Zudem war Moltke mitgeteilt worden, dass Russlands Mobilisierungsvorbereitungen noch nicht das Ausmaß angenommen hatten, mit dem er gerechnet hatte.[5]

Doch Moltke war klar, dass ihm allmählich die Zeit davonlief. Deutschland war noch nicht bereit, seiner großen Strategie zu folgen, über die nur wenige Leute Bescheid wussten. Der Kaiser und Bethmann Hollweg (bis zum 31. Juli) gehörten zu jenen, die nicht darüber im Bilde waren, ebenso Falkenhayn. Keiner von ihnen wusste, wie sich Moltke konkret die Eröffnung des Krieges vorstellte.

Seit langem vertrat Moltke die Auffassung, dass Deutschland so schnell wie möglich einen Präventivkrieg gegen Russland und seinen Verbündeten Frankreich führen müsse. Aber er glaubte auch, dass ein solcher Krieg nur erfolgreich bestanden werden könne, wenn das deutsche Volk davon überzeugt werden konnte, dass Russland den Krieg angefangen habe, dass Russland also Deutschland angegriffen habe.

Daher plädierte er zunächst dafür, dass sich Deutschland zurückhalten und darauf warten solle, dass Russland den ersten Schritt tat – das heißt, dass es die allgemeine Mobilmachung erklärte. Doch im Laufe der Woche schwenkte er um: Jetzt sollte sofort losgeschlagen werden.

Moltke war ein Pessimist. Er fürchtete, Deutschland, insbesondere Preußen, würde von den zahlenmäßig eindeutig überlegenen Slawen überwältigt werden, wenn es nicht beizeiten handelte. Er hatte schon mehrmals darauf gedrängt, gegen Russland Krieg zu führen, bevor der Zar sein Reich modernisieren und aufrüsten konnte. Doch Moltke war auch bewusst, dass in der modernen Zeit ein Krieg zwischen den Großmächten zur Vernichtung Europas führen konnte.

Bis zum April 1913 hatte Deutschland einen alternativen Kriegsplan verfolgt, der darin bestand, nur gegen Russland vorzugehen. Dieser Plan war überholt. Moltke wies seinen Generalstab 1913/14 an, einen neuen Kriegsplan zu entwickeln, der auf einen Zweifrontenkrieg gegen Frankreich und Russland abgestellt sein sollte. Wohlweislich hielt er viele Einzelheiten dieses Plans geheim.

In der ersten Phase des Moltke-Plans, der einigen (aber nicht allen) Grundlinien des Schlieffen-Memorandums von 1906 folgte, sollte Deutschland mit einer starken Streitmacht über Belgien nach Frankreich vorstoßen, während kleinere, aber dennoch schlagkräftige Truppenkontingente die Einfallswege der Russen blockieren sollten. Doch jetzt, 1914, waren die Russen in der Lage, wesentlich schneller und mit größeren Verbänden vorzustoßen als zu jener Zeit, als Schlieffen sein Memorandum verfasst und Moltke sein Amt angetreten hatte. Daher wurde es umso wichtiger, dass die gesamte österreichische Armee entlang der russischen Grenze Stellung bezog, um Deutschland abzuschirmen, wenn der Krieg begann.

Aus diesem Grund war Moltke stets einer der entschiedensten Befürworter eines engen Bündnisses mit Österreich gewesen und hatte ein herzliches persönliches Verhältnis zu seinem Kollegen Conrad von Hötzendorf auf der österreichisch-ungarischen Seite aufgebaut. Deshalb versicherte er den Österreichern auch die Unterstützung Deutschlands, falls sie von den Russen angegriffen werden sollten. Er gab jedoch nicht zu erkennen, was er seinerseits von Österreich-Ungarn erwartete.

Moltke behielt seine Geheimnisse für sich, Conrad ebenso. Conrad war in dem Glauben – so stellte er es jedenfalls später dar –, dass Österreich gegen Serbien vorgehen würde, während Deutschland Russland davon abhalten würde, sich einzumischen. Sein Feind – Österreichs Feind – war Serbien; ihm ging es nicht darum, gegen Russland Krieg zu führen.[6] Moltke verschwieg Conrad aber, dass Österreich, wenn es zum Krieg kam, seinen Konflikt mit Serbien würde zurückstellen und sich ganz auf den Kampf an der russischen Front würde konzentrieren müssen.

Doch Moltke hatte noch ein weiteres Geheimnis. Dieses Geheimnis konnte er nicht einmal dem Kaiser, dem Kriegsminister oder dem Chef des kaiserlichen Militärkabinetts anvertrauen. Es war ein Plan, der auf eine Idee seines früheren Assistenten Erich Ludendorff zurückging und vorsah, sofort nach der Kriegserklärung die belgische Festung Lüttich in einem Handstreich einzunehmen. Ohne diese Aktion würde eine Invasion Belgiens und Frankreichs wahrscheinlich fehlschlagen und damit auch der Krieg verloren gehen. Moltke fürchtete katastrophale Folgen, sollten Frankreich oder Belgien von dieser Absicht der Deutschen Wind bekommen.

Wie der Militärhistoriker John Keegan erläuterte, waren die Festungen in Lüttich und Namur, die die Übergänge über die Maas sicherten, »die modernsten Europas«. Sie waren »so konstruiert, dass sie den schwersten Geschützen der damaligen Zeit (...) standzuhalten vermochten. Sie bestanden aus einem Ring selbstständiger Forts, die jeweils sieben bis acht Kilometer vom Stadtzentrum entfernt lagen. Sie konnten die Stadt schützen und zugleich sich gegenseitig mit ihren Kanonen decken.« Der Festungskomplex Lüttich »besaß 400 Geschütze«, die »auf die zwölf Forts verteilt und alle durch Stahlbeton und Panzerplatten geschützt« waren, und verfügte über eine 40 000 Mann starke Garnison.[7]

Je früher Deutschland mit dem Krieg begann, desto Erfolg versprechender war die Operation in Lüttich. Mit jedem Tag Verzögerung wuchs die Gefahr, dass Frankreich oder Belgien herausfanden, was die Deutschen planten. Andererseits hatte Moltke stets dafür plädiert, mit der Kriegserklärung an Russland zu warten, bis das Zarenreich eindeutig als Aggressor hingestellt werden konnte.

Was sollte nun geschehen: Sollte man lieber früher oder später losschlagen? In der letzten Juliwoche 1914 änderte Moltke seine Meinung täglich, fast stündlich, was ihm sichtlich zu schaffen machte.

Kapitel 33
26. Juli

Das Gebäude des britischen Außenministeriums an der Ecke zur Downing Street, das in den 1860er Jahren in italienisch beeinflusstem Stil neu errichtet worden war, um dem Regency-Geschmack von Lord Palmerston entgegenzukommen, beherbergte eine Institution, die von ihren Mitarbeitern keinen allzu großen Arbeitseinsatz verlangte. Der Historikerin Zara Steiner zufolge konnten sie lange schlafen, denn ihre normale Bürozeit erstreckte sich wochentags »von zwölf bis sechs Uhr«.[8]

An den Wochenenden fuhr man aufs Land. Auch an diesem fraglichen Wochenende hielten sich der Premier, der Außenminister – und praktisch alle ihre Mitarbeiter – wie üblich außerhalb der Stadt auf. Asquith war beim Golfspielen, Grey beim Angeln. Winston Churchill hatte sich mit seiner Familie in ein Seebad begeben und baute Sandburgen mit seinen Kindern. So war es durchaus bemerkenswert, dass sich Unterstaatssekretär Sir Arthur Nicolson am Sonntag, dem 26. Juli, in sein Büro im Auswärtigen Amt begab.

Die telegraphischen Depeschen, die ihn erwarteten, enthielten beunruhigende Nachrichten. Serbien hatte am Vortag die Mobilmachung angeordnet, noch bevor es seine Antwort auf das österreichische Ultimatum übergeben hatte. Aus Wien kamen Berichte, dass Österreich die diplomatischen Beziehungen zu Serbien abgebrochen habe. »Krieg erscheint unausweichlich. Größte Begeisterung herrscht in Wien«, telegrafierte der britische Botschafter aus der Hauptstadt der k. u. k. Monarchie.[9]

Aus Sankt Petersburg wurde gemeldet: »Russland kann nicht zulassen, dass Österreich Serbien vernichtet und dadurch die beherrschende Macht auf dem Balkan wird.«[10] Der Depesche zufolge hatte Russland vorbereitende Mobilisierungsmaßnahmen in die Wege geleitet. In den folgenden Jahren sollten die Historiker, die sich mit diesen Abläufen beschäftigten, allmählich zu Experten für Fragen der Mobilmachung werden, denn sie diskutierten schier endlos über die feinen Unterschiede zwischen den vielfältigen Formen der Mobilisierung von Streitkräften: die vorbereitenden Schritte, die Teilmobilmachung und andere Arten von Drohgebärden unterhalb jener Schwelle, ab der Truppen in Marsch gesetzt oder ein Nachbarland angegriffen wurde.

Nicolson entschloss sich zum Handeln. Ihm standen zwei unterschiedliche Vorgehensweisen zur Verfügung, die sich jedoch gegenseitig ausschlossen: Wenn er die eine wählte, schnitt er sich die andere ab. Also musste er eine Entscheidung treffen. Er verwarf die Möglichkeit, auf direkte Gespräche zwischen Österreich und Russland hinzuwirken, den beiden betroffenen Großmächten. Für sinnvoller hielt er eine Konferenz in London mit den Botschaftern der nicht involvierten Mächte – Deutschland, Italien, Frankreich und Großbritannien –, auf der die Auseinandersetzung zwischen Österreich und Serbien vielleicht friedlich beigelegt werden konnte. Durch dieses Verfahren hatten auch die Balkankriege im Vorjahr zu Ende gebracht werden können. Von seinem Landsitz aus gab Grey Nicolson grünes Licht, der daraufhin seinen Vorschlag telegraphisch den betreffenden Hauptstädten übermittelte.

Asquith erklärte gegenüber Venetia Stanley, er sei besorgt, »dass Russland versuchen könnte, uns hineinzuziehen«.[11] Er schrieb ihr: »Heute Morgen erhielten wir die Nachricht, dass Serbien in den wichtigsten Punkten kapituliert hat, aber es ist sehr zweifelhaft, ob Österreich irgendwelche Vorbehalte akzeptieren wird, weil es auf eine vollständige und endgültige Demütigung Serbiens aus ist. Das Komische ist, dass Österreich in vielen Punkten, wenn nicht in den meisten, gute und Serbien sehr schlechte Karten hat. Aber die Österreicher sind das dümmste Volk in Europa (so wie die Italiener das perfideste), und ihr Vorgehen zeugt von einer derartigen Brutalität, dass viele Menschen den Eindruck gewinnen werden, dass hier eine große Macht nach Belieben mit einem kleinen Land umspringt. Jedenfalls ist das die gefährlichste Situation seit 40 Jahren.«

Diese Ansicht wurde von Asquiths Kabinett nicht unbedingt geteilt. Am Abend dieses Tages soll sich Schatzkanzler David Lloyd George gegenüber einem Freund ganz anders geäußert haben: »Er sagte, Österreich habe Forderungen aufgestellt, die keine Nation, die über Selbstachtung verfügt, erfüllen kann … er sagte, die Situation sei zwar ernst, aber er glaube, der Friede könne bewahrt werden – er war sogar fest davon überzeugt.«[12]

Zara Steiner schrieb in ihrem Werk *Britain and the Origins of the First World War* (1977) in Bezug auf die Wochen nach dem Attentat vom 28. Juni 1914: »Nur in einem Ereigniskalender ließen sich die wachsende Spannung und die Interaktionen zwischen all den Hauptstädten erfassen, die schließlich zum Zusammenbruch des europäischen Staatensystems führten.«[13]

Dies mag weitgehend zutreffen im Hinblick auf Berlin und Wien, aber in Paris, Rom oder London war nicht viel zu spüren von einer täglich zunehmenden Spannung. Österreich und Deutschland gelang es, ihre Pläne vor den übrigen Großmächten fast vier Wochen lang geheim zu halten. Vom Morgen des 28. Juni, dem Tag des Attentats, bis zum Morgen des 24. Juli konnte man keine nennenswerte Verschärfung der Lage registrieren.

Aber dann brach plötzlich an einem Wochenende mitten im Hochsommer eine ausgewachsene Krise über die europäischen Staatsführer herein. Sie traf sie völlig unvorbereitet. Bis zum 23. Juli hatte sich das britische Kabinett überhaupt nicht mit außenpolitischen Fragen beschäftigt, und noch am 26. Juli glaubte der Schatzkanzler, der Frieden würde sich retten lassen.

In Russland liefen sich an diesem Sonntag zufällig zwei Staatsmänner über den Weg: Der deutsche Botschafter traf im Zug den russischen Außenminister Sasonow. Sie waren beide unterwegs zu ihren Sommerhäusern, die nicht weit voneinander entfernt lagen. Der Botschafter nutzte die Gelegenheit, um Sasonow zu überreden, den britischen Vorschlag einer Vermittlungskonferenz der Großmächte abzulehnen: »Ein europäisches Forum« wäre »schlecht zu handhaben«, meinte der Botschafter; sein Mechanismus würde zu langsam arbeiten.[14] Stattdessen solle Russland direkt mit Österreich verhandeln. (London dagegen hatte sich, wie erwähnt, dazu entschlossen, keine direkten Verhandlungen anzustreben, weil dadurch die seiner Ansicht nach Erfolg versprechendere Konferenz aus dem Rennen gewesen wäre.) Nach Aussage des deutschen Botschafters habe Österreich »nicht die Absicht, Serbien zu schlucken, sondern möchte ihm nur eine verdiente Lektion erteilen«. Sasonow, so berichtete der Botschafter, habe ihm versprochen, dieser Empfehlung zu folgen: keine Konferenz, sondern direkte Verhandlungen.

Sasonow schlug eine versöhnliche Linie ein. Er erklärte, dass er fast alle österreichischen Forderungen für berechtigt halte. Darüber hinaus widersetzte er sich dem britischen Drängen nach einer Konferenz, während er zugleich sondierte, inwieweit direkte Verhandlungen mit der Doppelmonarchie möglich waren. Aber Österreich weigerte sich, irgendwelche Zugeständnisse zu machen. Sasonow hatte sich überreden lassen, einige kostbare Tage zu vergeuden.

Großbritannien. Die Reservisten der Marine brachen sofort nach Beendigung ihres Manövers nach Hause auf. Die Schiffe sollten am Montagmorgen zu ihren Liegeplätzen zurückkehren. Am Sonntag telefonierte Prince Louis of Battenberg, der First Sea Lord der Royal Navy, mit Marineminister Winston Churchill, der sich am Meer aufhielt, und informierte ihn darüber, dass Österreich Serbiens Antwort zurückgewiesen habe.

Entweder Churchill oder Battenberg ordneten daraufhin an, dass die Schiffe vorläufig bleiben sollten, wo sie waren. Gegen zehn Uhr vormittags traf Churchill in London ein. Er begab sich zu Außenminister Grey und fragte ihn, ob er es für sinnvoll halte, die Anordnung öffentlich bekannt zu geben. Grey sagte ja, und Churchill informierte die Öffentlichkeit. Das war ein Schuss vor den Bug, durch den Deutschland aufgeschreckt werden sollte.

Anders als seine engsten Berater im Auswärtigen Amt, die skeptisch waren bezüglich der Absichten Deutschlands, neigte Grey dazu, Berlin im Zweifelsfall zu glauben. Wie schon 1913 verfolgte er auch 1914 noch das Ziel einer englisch-deutschen Verständigung, weil Deutschland sonst den Eindruck gewinnen musste, dass Großbritannien zusammen mit Frankreich und Russland einen feindlichen Block bildete. Anders ausgedrückt, wegen der informellen Allianz zwischen Großbritannien, Frankreich und Russland musste England den ersten Schritt auf Deutschland zu tun, um den Anschein zu vermeiden, es würde Partei ergreifen.

Doch Berlin wies Greys Vorschlag einer Viermächtekonferenz zurück mit der Begründung, damit würde Österreich gewissermaßen vor einen Areopag, ein Schiedsgericht, gezerrt werden. Auch als Grey versicherte, dies sei nicht geplant und werde auch kaum eintreten, beharrte Jagow auf seiner Ablehnung. Unterdessen war in der *Norddeutschen Allgemeinen Zeitung* eine offiziöse Notiz erschienen, in der Österreichs Vorgehen rückhaltlos gedeckt wurde.

Unterstaatssekretär Nicolson äußerte gegenüber Grey: »Berlin spielt mit uns.«[15] Greys Strategie, dessen war sich Nicolson bewusst, auch wenn er es nicht sagte, musste scheitern, wenn sich Deutschland nicht wie England neutral verhielt, sondern insgeheim eine Kriegspartei war, nämlich der heimliche Unterstützer Österreichs. Und das war ja auch der Fall.

Paris. Der Leiter der politischen Abteilung des französischen Außenministeriums äußerte gegenüber dem deutschen Botschafter, dass »für jeden durchschnittlichen Verstand die deutsche Haltung unerklärlich ist, wenn sie nicht auf Krieg zielt«. Der Botschafter bestritt dies, wusste aber nichts Genaueres. Berlin hatte ihn im Unklaren gelassen.

Wien. Berchtold wurde von Jagow aus Berlin gedrängt, sofort den Krieg zu erklären, bevor die übrigen Mächte sich einmischen und eine friedliche Lösung erzwingen konnten. Daraufhin setzte der österreichisch-ungarische Außenminister seinerseits Armeechef Conrad unter Druck, der sich in der Vergangenheit beharrlich für einen Waffengang eingesetzt hatte. Nun aber verwies er darauf, dass die Truppen noch nicht kriegsbereit seien. Conrad berichtete von einer Unterredung mit Berchtold:[16]

Berchtold: Wir möchten so bald als möglich die Kriegserklärung an Serbien überreichen, damit verschiedene Einflüsse aufhören. Wann wollen *Sie* die Kriegserklärung?

Ich: Erst, wenn wir so weit sind, dass der Operationsbeginn erfolgen könnte – etwa am 12. August.

Berchtold: Die diplomatische Situation wird nicht so lange halten.

Conrad erwiderte, dass Österreich sich vorerst noch zurückhalten müsse. Insbesondere komme es darauf an, über das Verhalten Russlands Klarheit zu gewinnen, und es wäre wünschenswert, bis zum 4., spätestens 5. August diese Klarheit zu besitzen. »Das wird nicht gehen!«, rief Berchtold.

Der deutsche Botschafter in Russland berichtete von einer ausführlichen Unterredung mit Sasonow. Der russische Außenminister sei »versöhnlich« gestimmt gewesen. Er habe betont, er sei entschlossen, alle Mittel auszuschöpfen, um einen Krieg zu vermeiden. Er habe Deutschland »dringend gebeten«, alles Erforderliche zu tun, um dieses Ziel zu erreichen. Die Serben seien zwar ein slawisches Brudervolk, doch Russland lasse sich in seiner Politik nicht in erster Linie von »Sympathien« leiten. Vielmehr gehe es ihm darum, das Gleichgewicht auf dem Balkan aufrechtzuerhalten und seine vitalen Interessen zu schützen.

Der deutsche Botschafter schloss: »Ich habe Sasonow gegenüber besonders betont, dass, wenn Österreich wirklich, wie er glaube, nach einem Vorwand suche, um über Serbien herzufallen, man jetzt bereits vom Beginn österreichischer Aktionen höre.«[17]

So konnte Österreichs Langsamkeit geschickt in einen Vorteil umgemünzt werden. Die Wiener Regierung bemühte sich, ihr Heer in Kampfbereitschaft zu versetzen, während Deutschland seinerseits Österreich drängte, zu den Waffen zu greifen.

Berlin. Generalstabschef Moltke und sein erster Stellvertreter kehrten am Morgen des 26. Juli aus dem Urlaub zurück und nahmen ihre Arbeit wieder auf. Moltke begab sich sogleich ins Auswärtige Amt, um mit Jagow über den neuesten Stand der Dinge zu sprechen. Er legte Jagow den Entwurf einer Sommation an die belgische Regierung vor, um einen Angriff auf Frankreich durch Belgien hindurch diplomatisch vorzubereiten. Hier ging es also um einen Krieg mit Frankreich, nicht mit Serbien: um einen großen Krieg, nicht einen lokal begrenzten.

Anschließend wurde Moltke vom Reichskanzler empfangen, der seit seiner Rückkehr nach Berlin am Vortag fast ununterbrochen telefoniert hatte.

Laut seiner Ehefrau war Moltke »sehr unzufrieden«[18] mit der Situation, die er bei seiner Rückkehr aus dem Urlaub vorfand. Das galt auch für die übrigen Generale, die an diesem Wochenende zurückkamen und in der Zwischenzeit Besprechungen abgehalten und ihre Ansichten ausgetauscht hatten. In den drei Wochen, die sie demonstrativ der Hauptstadt ferngeblieben waren, hätte Österreich Serbien bereits niederwerfen sollen, hatte dazu aber noch nicht einmal den ersten Schritt getan. Russland, das sich eigentlich hätte heraushalten sollen, hatte mit ersten Mobilisierungsvorbereitungen begonnen. Bethmann Hollwegs Pläne drohten vollends zu scheitern. Zur Präsentation eines *Fait accompli* – was er ursprünglich geplant hatte – war es nicht gekommen. Auch die Lokalisierung des Konflikts – sein verbesserter zweiter Plan – schien nicht zu klappen: Großbritannien erwog diplomatische Initiativen, und Russland spielte mit dem Gedanken an Krieg.

Kapitel 34
27. Juli

Kaiser Wilhelm II. drängte zur Rückkehr nach Deutschland. Er brach seine Nordlandreise ab, als ihm klar wurde, dass ihn seine Regierung nicht über alles informierte. Bethmann Hollweg, der zumindest politisch ins Straucheln geraten und vermutlich auch körperlich angeschlagen war, empfing ihn bei seiner Rückkehr, um ihm seinen Rücktritt anzubieten. Doch Wilhelm wollte ihn nicht so einfach aus der Verantwortung entlassen. Laut Bethmann Hollwegs Vorgänger von Bülow soll Wilhelm geäußert haben: »Sie haben mir die Suppe eingebrockt, nun sollen Sie sie auch ausfressen.«[19] Als er in seinem Potsdamer Schloss angekommen war, ließ sich Wilhelm die inzwischen eingegangenen diplomatischen Depeschen vorlegen und von den politischen und militärischen Führern persönlich unterrichten.

Nach dem von Bethmann Hollweg am 5./6. Juli entwickelten Plan hätte Wilhelm bei seiner Rückkehr darüber informiert werden sollen, dass das österreichische Heer mittlerweile bereits Belgrad besetzt habe und die Einhaltung der Kapitulationsbedingungen überwache, denen das besiegte Serbien zugestimmt habe. Es sei alles so schnell abgelaufen, dass die übrigen Mächte nichts dagegen hätten unternehmen können. Russland und seine Verbündeten hätten sich mit dem Unvermeidlichen abgefunden.

Aber das alles war nicht geschehen. Wilhelm musste feststellen, dass Österreich-Ungarn eine Gelegenheit hatte ungenutzt verstreichen lassen, Serbien auf friedliche Weise zu demütigen. Stattdessen schickte sich Serbien nun an, Widerstand zu leisten, die britische Flotte war mobilisiert, und Russland hatte erste Schritte zur Kriegsvorbereitung unternommen. Großbritannien drängte auf eine internationale Konferenz, durch die der Konflikt vermutlich zu wesentlich weniger vorteilhaften Bedingungen würde beigelegt werden als jenen, die Österreich bereits am 25. Juli zurückgewiesen hatte.

Nach der Rückkehr aus ihren inszenierten Urlauben mussten sich die Staatsführer der beiden deutschsprachigen Großmächte über das weitere Vorgehen verständigen. Dies sollte eine entscheidende Woche werden. Als Hauptgefahr betrachteten es die leitenden Mitglieder der deutschen und der österreichischen Regierung, dass sich Grey mit seinem Vorschlag einer Botschafterkonferenz der vier Mächte durchsetzen und dadurch ein Krieg abgewendet werden könnte. In den Außenministerien in Wien und Berlin stellte sich ab dem 27. Juli die Sorge ein, dass sich der Friede doch noch würde bewahren lassen.

Deutschland hatte sich bereits entschlossen, Greys Konferenzvorschlag abzulehnen. Die deutsche Regierung erklärte sich zwar bereit, Österreich-Ungarn den Vorschlag zu übermitteln, sabotierte jedoch insgeheim Greys Bemühungen, Wien zur Zustimmung zu bewegen.

Bethmann Hollweg erläuterte gegenüber einem Mitarbeiter, weshalb er sich verpflichtet fühle, den Vorschlag weiterzuleiten. »Nachdem wir bereits einen englischen Konferenzvorschlag abgelehnt haben, ist es uns unmöglich, auch diese englische Anregung ... zurückzuweisen. Durch eine Ablehnung jeder Vermittlungsaktion würden wir vor der ganzen Welt für die Konflagration verantwortlich gemacht und als die eigentlichen Treiber zum Kriege hingestellt werden. Das würde auch unsere eigene Stellung im Lande unmöglich machen, wo wir als die zum Kriege Gezwungenen dastehen müssen.«[20] Bisher hatte Bethmann Hollweg stets davon gesprochen, dass Österreich in den Krieg ziehen solle, nun plötzlich war von Deutschland die Rede.

Die deutsche Regierung leitete den britischen Friedensplan weiter, ermutigte Österreich insgeheim jedoch, ihn nicht ernst zu nehmen. Der österreichische Botschafter in Berlin berichtete Berchtold »in streng vertraulicher Form«, Jagow habe ihm mitgeteilt, dass Deutschland Wien in Kürze Vermittlungsvorschläge von Grey zur Kenntnis bringen werde. »Die deutsche Regierung versichere auf das Bündigste, dass sie sich in keiner Weise mit den Vorschlägen identifiziere, sondern entschieden gegen deren Berücksichtigung sei und dieselben, nur um der englischen Bitte Rechnung zu tragen, weitergebe.« Berlin hoffe, Großbritannien davon abhalten zu können, auf die Seite Frankreichs und Russlands zu treten. »Würde nun Deutschland Sir E. Grey glatt erklären, dass es seine Wünsche an Österreich-Ungarn ... nicht weitergeben will, so würde eben dieser vorerwähnte, unbedingt zu vermeidende Zustand eintreten.«[21]

Jagow berichtete, Grey habe ihn gebeten, seinen Wunsch nach Milderung der Note an Serbien zu unterstützen. Er habe die Note Greys an seinen Botschafter in Wien weitergegeben, jedoch ohne ihm den Auftrag zu erteilen, sie auch dem österreichischen Außenminister vorzulegen. Somit, so Jagow, habe er Grey zutreffend Mitteilung machen können, dass er die britische Note »nach Wien« weitergeleitet habe.

Bethmann Hollweg verfolgte dieselbe Linie wie in der Vorwoche: Die übrigen Mächte sollten sich aus dem Konflikt zwischen Österreich und Serbien heraushalten. Daher solle Großbritannien seinen Einfluss nutzen, um Russland dazu zu bewegen, die »Lokalisierung« zu akzeptieren. Grey verwies jedoch darauf, dass sich Serbien in seiner Antwort auf das österreichische Ultimatum fast allen Forderungen gebeugt habe, und schrieb dies dem Druck zu, den Russland auf Serbien ausgeübt habe. Auf britischen Wunsch habe Russland Serbien gezügelt; jetzt erwarte Großbritannien von Deutschland, dass es seinen Einfluss auf Österreich geltend mache.

Doch Deutschland wies Greys Vorschlag zurück. Jagow behauptete, Russland und Österreich seien im Begriff, in Verhandlungen einzutreten, deren Ausgang man abwarten solle, bevor man weitere Schritte unternehme. Abermals nutzte er einen Verhandlungsvorschlag, um den Konferenzvorschlag zu unterlaufen.

London. Bei der Kabinettssitzung an diesem Morgen erklärte Grey der Ministerrunde, nun sei der Augenblick gekommen, da man entscheiden müsse, ob Großbritannien Frankreich und Russland im Kriegsfall zur Seite stehen solle. Dies war die erste Zusammenkunft des Kabinetts, in der es ausschließlich um die politische Krise in Europa ging. Die regierende Liberale Partei war im Grundsatz eher pazifistisch eingestellt. Großbritannien

266

war durch keinen Vertrag verpflichtet, Frankreich zu Hilfe zu kommen, und die Regierungsmitglieder sprachen sich mit überwältigender Mehrheit dagegen aus, in einen Kontinentalkrieg einzugreifen.

Grey bemühte sich nach wie vor darum, den Ausbruch eines Krieges zu verhindern, war andererseits aber auch überzeugt, dass Großbritannien, falls ihm dies nicht gelingen sollte, daran würde teilnehmen müssen. Premierminister Asquith unterstützte seinen Außenminister in dieser Frage, in erster Linie aber ging es ihm darum, die Einheit der Liberalen Partei zu bewahren, welches Vorgehen auch immer beschlossen wurde.

Nach der Kabinettssitzung begann Winston Churchill damit, Aufmarsch- und Einsatzpläne für die Marine zu erarbeiten. Nun war er in seinem Element. Er hatte Kriegserfahrung in Indien und im Sudan gesammelt, und sein Engagement als Zivilist im Burenkrieg hatte ihm geholfen, seine politische Karriere auf den Weg zu bringen. Er war zwar kein Kriegstreiber, aber militärische Auseinandersetzungen faszinierten ihn.

Bereits an diesem Nachmittag ließ er Wachen an kritischen Punkten aufstellen und traf Vorkehrungen gegen Überraschungsangriffe. Seine Admiralität bildete zusammen mit dem Kriegsministerium eine kleine Arbeitsgruppe, die sich darüber Gedanken machte, wie man die Presse am besten zur Selbstzensur bewegen könne, denn es sollten keine Informationen verbreitet werden, die dem Feind nützen konnten.

Der Pressezar Sir George Riddell, der zu dieser Zusammenkunft gebeten wurde, notierte später in seinem Tagebuch, dass ein Regierungsvertreter »uns davon unterrichtete, dass sich die Situation auf dem Kontinent dramatisch verschärft habe. Er erklärte, es könne erforderlich werden, Truppen und Schiffe zu verlegen«, und fragte, wie man dies vor der Öffentlichkeit geheim halten könnte. Riddell entwarf ein Schreiben an die Zeitungen, das anschließend verschickt wurde und »für die Presse den ersten Hinweis auf den drohenden Krieg darstellte. Das Ergebnis war bemerkenswert. Es gelangten keinerlei Informationen nach draußen, und die Deutschen erfuhren nicht, was vor sich ging.«[22]

An diesem Abend versetzte Churchill seine Streitkräfte informell in Alarmbereitschaft. An die auf den Weltmeeren verstreuten Schiffe der Royal Navy kabelte er: »Geheim. Politische Situation Europas lässt Krieg zwischen dem Dreibund und der Triple-Entente nicht mehr unmöglich erscheinen. Dies ist *kein* Warntelegramm, aber bereiten Sie sich darauf vor, potenziell feindliche Truppen unter Beobachtung zu nehmen... Dies ist eine reine Vorsichtsmaßnahme.«[23]

Paris. Der deutsche und der österreichische Botschafter in Paris wurden im Dunkeln gelassen über die Pläne und die Einstellungen ihrer Regierungen. Dies verstärkte die Verwirrung in dieser faktisch führungslosen Hauptstadt, deren Regierungschefs sich noch im Sommerurlaub am Meer aufhielten.

Der österreichische Botschafter war offensichtlich erstaunt darüber, dass seine Regierung die serbische Note zurückgewiesen hatte, die gewissermaßen einer Kapitulation gleichgekommen war. Er erklärte seinen Vorgesetzten in Wien: »Die weitgehende Annahme der Forderungen durch Serbien, die hier nicht für möglich gehalten wurde, hat einen starken Eindruck hinterlassen. Unsere Einstellung fördert die Vermutung, dass wir den Krieg um jeden Preis wollen.«

London. Lichnowsky, der anglophile deutsche Botschafter in London, wurde von der deutschen Regierung nicht immer vollständig ins Vertrauen gezogen. Am 27. Juli sah er sich veranlasst, an der Urteilsfähigkeit seiner Vorgesetzten zu zweifeln. Wie sollte er sich für die Lokalisierung des Konflikts einsetzen, wie es das Auswärtige Amt von ihm erwartete, wenn sich die Auseinandersetzung zwischen Serbien und Österreich, wie jeder wusste, nicht lokal begrenzen ließ, weil das Vorgehen Österreich-Ungarns Russland schließlich zum Eingreifen zwingen musste? Dadurch würde sich der kleine regionale Krieg zu einem großen europäischen Krieg ausweiten.[24] Er wies darauf hin, dass von einer erfolgreichen Umsetzung des Konferenzvorschlags von Edward Grey »unsere gesamten zukünftigen Beziehungen zu England abhängen«.[25] Sollte Berlin dagegen seinem Bündnis mit Österreich alles andere unterordnen, so werde es im Verhältnis zu Großbritannien »niemals mehr möglich sein... diejenigen Fäden wieder anzuknüpfen, welche in der letzten Zeit uns verbunden haben«.[26]

Grey habe sich in dieser Krise bislang bemüht, durch eine Zusammenarbeit mit Deutschland zu einer Lösung zu finden. Sollte Berlin jedoch den eingeschlagenen Weg fortsetzen, mahnte Lichnowsky, werde Grey von seiner bisherigen Linie abrücken. Sein Kurs stoße ohnehin bereits auf Kritik seitens hochrangiger Beamter im Außenministerium und auch ausländischer Staatsführer.

Bei einem Abendessen am selben Tag erklärte ein russischer Diplomat einem britischen Politiker, dass der Krieg unvermeidlich sei und England dies zu verantworten habe, denn »wäre England sofort an die Seite Russlands und Frankreichs getreten und hätte es, falls erforderlich, seine Kriegsbereitschaft bekundet, hätten sich Deutschland und Österreich wohl zurückgehalten«.[27]

Berlin. Zumindest seit dem Kriegsrat vom Dezember 1912 hatte die deutsche Militärführung daran gearbeitet, Russland die Schuld für den großen europäischen Konflikt zuzuschieben, der ihrer Ansicht nach früher oder später unausweichlich werden würde. Das war Moltkes Grundlinie. Darauf bezog sich auch Admiral von Müller, der am 27. Juli in sein Tagebuch notierte: »Wir müssen ruhig bleiben, um Russland die Gelegenheit zu geben, sich ins Unrecht zu setzen, und dürfen dann nicht vor dem Krieg zurückschrecken, wenn er unvermeidlich ist.«[27] Bethmann Hollweg pflichtete den Militärs bei: »Auf jeden Fall muss Russland rücksichtslos ins Unrecht gesetzt werden«, äußerte er gegenüber Kaiser Wilhelm.[28]

Wien. Nach Gesprächen mit Botschafterkollegen telegraphierte der britische Gesandte an Grey, »dass die österreichisch-ungarische Note so abgefasst wurde, dass ein Krieg unausweichlich wurde; dass die österreichisch-ungarische Regierung fest entschlossen ist, gegen Serbien Krieg zu führen; dass sie der Auffassung ist, ihre Stellung als Großmacht stehe auf dem Spiel« und dass »in diesem Land hellauf Begeisterung herrscht angesichts des bevorstehenden Krieges gegen Serbien«.[29]

Kapitel 35
28. Juli

Wien. Entsprechend einer Entscheidung vom 25. Juli ordnete Österreich-Ungarn am 28. Juli die Teilmobilmachung an. Die Hälfte des Heeres wurde entlang der Grenze zu Serbien zusammengezogen, wie es im Operationsplan des österreichischen Generalstabs für einen Krieg mit Serbien vorgesehen war. Zugleich setzte man auf eine Lokalisierung des Konflikts. Conrad bat Berchtold, Deutschland zu ersuchen, Russland von einem Eingreifen abzuhalten.

In der politischen und militärischen Führung Deutschlands wurden die Diskussionen fortgesetzt, die am Wochenende begonnen worden waren. Am 28. Juli wurde klar, dass alle Beteiligten, trotz gewisser Meinungsverschiedenheiten, zum Handeln entschlossen waren. Der Kriegsminister verkündete: »Es ist nun beschlossen worden, dass wir die Sache durchstehen wollen, koste es, was es wolle.«[30] Dies bezog sich nicht auf einen Krieg gegen Serbien, sondern einen Krieg gegen Russland und Frankreich.

Die extremste Position nahm wieder einmal Moltke ein. Wie schon in der Vergangenheit plädierte er wiederum für einen Präventivkrieg. Er vertrat die Auffassung, dass ein Krieg unvermeidlich sei, dass Deutschland allmählich die Zeit davonlaufe und sich die Situation schon in zwei Jahren wesentlich ungünstiger darstellen würde: 1914 würde man Russland und Frankreich noch besiegen können, 1916 oder 1917 aber würde Deutschland verlieren. Deshalb müsse man jetzt losschlagen.

Durch die Julikrise war das Deutsche Reich nach Moltkes Ansicht in eine »außergewöhnlich vorteilhafte Lage« geraten.[31] Die Ernte war eingebracht, die Ausbildung der neuen Rekruten war abgeschlossen, und Russland und Frankreich würden erst in zwei Jahren für einen großen Krieg gerüstet sein. Österreich hatte sich in eine Position manövriert, in der es zwangsläufig an der Seite Deutschlands kämpfen musste, was von vitaler Bedeutung war. »Wir werden nie mehr so günstige Bedingungen vorfinden wie jetzt«, fasste Moltke zusammen.

Am Morgen des 28. Juli las Kaiser Wilhelm, der am Vortag von seiner Nordlandreise zurückgekehrt war, zum ersten Mal die serbische Antwort auf die österreichische Note. Sie beeindruckte ihn sehr, und er schrieb an Jagow, dass Österreich fast alles erhalten habe, was es gefordert hatte. Er sah darin eine »Kapitulation demütigster Art«, wodurch »jeder Grund zum Kriege« entfiele. Wenige Sätze später wiederholte er, damit sei »ein Kriegsgrund nicht mehr vorhanden«.[32]

Ein Krieg erschien ihm also nicht mehr notwendig. »Darauf hätte ich niemals Mobilmachung befohlen«,[33] erklärte Wilhelm.

»Dennoch ist dem Stück Papier, wie seinem Inhalt, nur beschränkter Wert beizumessen, solange er nicht in die Tat umgesetzt wird. Die Serben sind Orientalen, daher verlogen, falsch und Meister im Verschleppen.«[34] Deshalb empfahl er eine vorübergehende Besetzung lediglich eines Teils von Serbien, insbesondere Belgrads, um sich ein Faustpfand zu sichern, bis Serbien seine Zusagen erfüllt habe. Auf dieser Basis, schrieb der Kaiser, sei er bereit, »den Frieden in Österreich zu vermitteln«. Wenn Österreich Belgrad besetzt habe, könne es einen großen Erfolg für sich verbuchen. Bei seinen Vermittlungsbemühungen, fuhr Wilhelm fort, würde er so weit wie möglich Rücksicht nehmen auf Österreichs Nationalgefühl und die Ehre seiner Armee.

Der Kaiser erteilte Jagow die Anweisung, Wien mitzuteilen, dass er auf dieser Grundlage zur Vermittlung im österreichisch-serbischen Konflikt bereit sei. Den Österreichern solle zum Einlenken geraten werden. Auch Moltke informierte der Kaiser schriftlich über seinen Entschluss.[35]

Christopher Clark, der eine Biographie über Kaiser Wilhelm verfasste, schreibt dazu: »Das Bemerkenswerteste an diesem Brief an Jagow ist, dass er nicht wie gewünscht umgesetzt wurde ... Wilhelms Anweisungen an Jagow hatten keinen Einfluss auf das Verhalten der deutschen Vertreter in Wien. Bethmann Hollweg schickte zwar eine Demarche nach Wien, in der er Wilhelms Ansichten teilweise wiedergab, unterschlug jedoch den wichtigsten Punkt: dass Österreich die Kriegsvorbereitungen abbrechen und in seinem Streit mit Serbien Wilhelm vermitteln lassen solle.«[36]

Ein bayerischer General notierte in seinem Tagebuch, dass es »unglücklicherweise friedliche Nachrichten« gegeben habe. »Der Kaiser wünscht Frieden ... Er will sogar Österreich dazu bringen, mit seinen Vorbereitungen nicht fortzufahren.«[37]

Kriegsminister Falkenhayn zufolge »hielt der Kaiser verwirrende Reden, die den klaren Eindruck vermitteln, dass er keinen Krieg mehr will und entschlossen ist, ihn zu vermeiden, auch wenn das bedeutet, Österreich im Stich zu lassen«.[38] Doch Falkenhayn erinnerte Wilhelm daran, dass »er die Angelegenheit nicht mehr allein in den Händen« habe.[39] Unter anderen Umständen wäre dies als eine eklatante Insubordination erschienen.

Doch seit der *Daily-Telegraph*-Affäre von 1908* war die Stellung des Kaisers geschwächt. Im Mai 1914, nur zwei Monate vor der Ermahnung Falkenhayns, hatte Edward House, der Sondergesandte von US-Präsident Wilson, aus Berlin berichtet, dass die »militärische Oligarchie« alle Fäden in der Hand halte, »zum Krieg entschlossen« und dazu bereit sei, »den Kaiser zu stürzen, sollte er einen Friedenskurs einschlagen«.[40] Möglicherweise war sich Wilhelm, dessen Realitätsbezug ohnehin etwas getrübt war, der Bedrohungen seiner Position nicht vollends bewusst. Vielleicht aber hat House auch nur übertrieben.

Es können jedoch kaum Zweifel daran bestehen, dass vieles vor sich ging, wovon der Kaiser nichts wusste. Wilhelm war zum Beispiel nicht darüber informiert, dass Jagow am Vortag die Regierung in Wien telegraphisch gedrängt – oder faktisch angewiesen hatte –, Serbien unverzüglich den Krieg zu erklären. Sonst könne man den englischen Konferenzvorschlag nicht länger zurückweisen, hatte Jagow die Österreicher gewarnt. Der deutsche Außenminister konsultierte den Kaiser weder vor noch nach Absendung dieser Depesche an die Österreicher.

Auch in Österreich musste ein widerstrebender Monarch umgestimmt werden. Kaiser Franz Joseph war skeptisch bezüglich einer Kriegserklärung, aber die Minister der Regierung mussten dazu seine Zustimmung einholen. Berchtold gewann schließlich sein Einverständnis, indem er wahrheitswidrig behauptete, serbische Soldaten hätten bereits das Feuer auf die österreichischen Truppen eröffnet. In Wirklichkeit hatten österreichische Soldaten Serben beschossen – aber auch das war nur ein isoliertes Einzelereignis gewesen.[41]

Wien. Jetzt herrschte Krieg. Die Entscheidung war am Vortag getroffen worden. Aufgrund des Drucks aus dem Berliner Außenministerium hatte Österreich schließlich Serbien den Krieg

* Siehe dazu S. 97

erklärt. Laut dem deutschen Botschafter sei dies beschlossen worden, »hauptsächlich, um jedem Interventionsversuch den Boden zu entziehen«.[42]

Wie in vielen anderen Dingen, gingen die Österreicher auch hierbei etwas umständlich zu Werke. Die Kriegserklärung durch einen Boten mit weißer Fahne überbringen zu lassen, war nicht möglich, weil sich die Staaten bis zur Übergabe der Erklärung noch nicht im Krieg befanden und eine weiße Fahne daher unangebracht gewesen wäre. Da die Habsburgerregierung in Belgrad über keine diplomatischen Vertreter mehr verfügte, übermittelte sie die Kriegserklärung schließlich per Telegramm an die serbische Regierung. Dabei konnte sie allerdings nicht mit Gewissheit davon ausgehen, dass das Dokument auch in Empfang genommen beziehungsweise von der richtigen Person entgegengenommen werden würde. Nachdem die serbische Regierung das seltsame Telegramm erhalten hatte, erkundigte sie sich in den übrigen großen Hauptstädten Europas, ob es sich dabei möglicherweise um eine Fälschung handelte. In der Kriegserklärung wurde auch auf den angeblichen Angriff serbischer Truppen auf österreichische Einheiten Bezug genommen.

Der österreichische Generalstabschef Conrad hatte sich gegen eine Kriegserklärung zu diesem Zeitpunkt ausgesprochen. Er wollte noch rund zwei Wochen warten, bis seine Truppen kampfbereit waren. Aber unter dem Druck der internationalen Diplomatie hatte Österreich-Ungarn seine zeitlichen Planungen umstoßen müssen.

Paris. In Frankreich wusste man nichts von der sich zuspitzenden Krise. Alle Welt redete nur davon, dass Madame Caillaux vom Gericht freigesprochen worden war.

Sankt Petersburg. Russland ordnete die Mobilmachung in vier Militärbezirken an, in denen bereits vorbereitende Mobilisierungsmaßnahmen eingeleitet worden waren.

Ohne zu wissen, dass sein eigenes Außenministerium seine Versuche hintertrieb, mäßigend auf die Österreicher einzuwirken, schickte Kaiser Wilhelm eine Botschaft an den Zaren. Darin erinnerte er seinen Cousin daran, dass »Du und ich sowie alle Souveräne ein gemeinsames Interesse daran haben«, die Serben für die Ermordung der Mitglieder einer Herrscherfamilie zu bestrafen. »In diesem Fall spielt die Politik keinerlei Rolle.« Aber, so fuhr der Kaiser fort, »andererseits verstehe ich vollkommen, wie schwierig es für Dich und Deine Regierung ist, den Strömungen Eurer öffentlichen Meinung entgegenzutreten.« Der unberechenbare russische Nationalismus war für Nikolaus ein wichtiger Faktor in der Politik. (Aber auch der russische Generalstab hatte auf die Mobilisierung gedrängt, was Wilhelm vielleicht nicht wusste.) Der Kaiser verwies auf die »herzliche und innige Freundschaft«, die sie beide verbinde, und versicherte dem Zaren, er werde seinen »ganzen Einfluss [aufbieten], um Österreich zu veranlassen, durch sofortiges Handeln zu einer befriedigenden Verständigung mit Dir zu kommen«.[43]

Diese Botschaft – die erste Korrespondenz zwischen Willy und Nicky seit der österreichischen Kriegserklärung an Serbien – kreuzte sich mit einem Schreiben des Zaren: »Ich bin froh, dass Du zurück bist. In diesem äußerst ernsten Augenblick wende ich mich an Dich um Hilfe. Ein unwürdiger Krieg ist an ein schwaches Land erklärt worden… Ich sehe voraus, dass ich sehr bald dem auf mich ausgeübten Druck erliegen und gezwungen sein werde, äußerste Maßnahmen zu ergreifen, die zum Kriege führen werden. Um ein solches Unheil wie einen europäischen Krieg zu verhüten, bitte ich Dich, im Namen unserer alten Freundschaft, alles Dir Mögliche zu tun, um Deinen Bundesgenossen davon zurückzuhalten, zu weit zu gehen.«[44]

London. Grey kehrte zu seinem alten Standpunkt zurück, dass direkte Verhandlungen zwischen Russland und Österreich am besten dazu geeignet seien, den Frieden zu erhalten.

Berlin. Bethmann Hollweg konzentrierte sich nun darauf, Deutschland in die Lage zu versetzen, einen großen Krieg zu bestehen. Das größte Hindernis für diesen Kurs bildeten innenpolitische Widerstände. Daher begann die Reichsregierung mit der Sozialdemokratie zu verhandeln, um sicherzustellen, dass sich auch die Vertreter der Arbeiterschaft im Kriegsfall loyal verhielten. Der Vorstand der SPD hatte bereits am 25. Juli die »frivole Kriegsprovokation der österreichisch-ungarischen Regierung« verurteilt und zu Massenprotesten gegen den drohenden Krieg aufgerufen.[45] In der Parteizeitung *Vorwärts* wurde als mögliche Folge eines Krieges schon die Revolution an die Wand gemalt. Am 28. Juli fand in Berlin eine Demonstration statt, die zu einer Straßenschlacht mit der Polizei ausartete und einen Vorgeschmack zu bieten schien für künftige Auseinandersetzungen.

Doch Bethmann Hollweg gelang es, die SPD-Führung für einen »Burgfrieden« zu gewinnen, wodurch sich die Sozialdemokraten verpflichteten, für die Dauer des möglichen Krieges die parteipolitischen Kämpfe einzustellen und auf Agitation gegen die Regierung zu verzichten.

Unterdessen fragte sich der Kaiser, der noch immer nicht erkannt hatte, dass seine Friedensinitiative von seinen Untergebenen sabotiert worden war, ob er vielleicht zu spät gehandelt habe. Er bemerkte, dass »der Ball jetzt rollt und nicht mehr aufgehalten werden kann«.

London. Churchill informierte König Georg V. über die verschiedenen Sicherheits- und Schutzvorkehrungen, die von der Admiralität für die Marine getroffen worden waren.[46] Nachdem er einige dieser Schritte detailliert dargestellt hatte, versicherte er dem Monarchen: »Es versteht sich von selbst, dass diese Maßnahmen in keiner Weise eine Intervention präjudizieren oder bereits davon ausgehen, dass der Frieden zwischen den Großmächten nicht bewahrt werden kann.«

Gegen Mitternacht schrieb er an seine Frau: »Meine Liebste

und Schöne, alles treibt in Richtung Katastrophe und Zusammenbruch.« Doch Großbritannien sei »nicht im Geringsten verantwortlich für die Wogen der Raserei, die über die Christenheit hereingebrochen sind«.[47]

Premierminister Asquith schrieb an seine Vertraute Venetia Stanley, er sei gerade davon in Kenntnis gesetzt worden, dass die französische Regierung an der Londoner Börse umfangreiche Wertpapierverkäufe in Auftrag gegeben habe, um Geld aufzutreiben. »Das ist ein schlechtes Zeichen.«[48] Das englische Bankhaus Rothschild, das die Verkäufe abwickeln sollte, weigerte sich, sie auszuführen. Dann erhielt Asquith ein Telegramm, in dem ihm berichtet wurde, »dass Österreich den Krieg erklärt hat!«. Venetia Stanley hatte gegenüber dem Premier einmal geäußert, es gebe Tage, da wünsche sie sich, mit ihm die Plätze tauschen zu können. Dieser Tag jedoch, so vermutete er, werde bestimmt nicht dazu gehören.

Kapitel 36
29. Juli

Potsdam. Wilhelm telegraphierte Nikolaus, dass sich Russland durchaus aus dem Konflikt heraushalten könne. »Ich halte eine direkte Verständigung zwischen Deiner Regierung und Wien für möglich und wünschenswert«, und – der Kaiser wusste nicht, dass das nicht stimmte – »meine Regierung [setzt] ihre Bemühungen fort, diese Verständigung zu fördern«.[49] Er wies allerdings auch darauf hin, dass militärische Maßnahmen durch Russland, die Österreich als Drohung betrachten müsse, zum Krieg führen würden.

Nikolaus antwortete, er sei verwirrt über die unterschiedlichen Aussagen des Kaisers und seines Botschafters in Russland.

»Bitte Dich, diese Verschiedenheit aufzuklären«, schrieb der Zar. Er empfahl den österreichisch-serbischen Konflikt der Haager Konferenz* vorzulegen. »Vertraue auf Deine Weisheit und Freundschaft.«[50]

Nachdem man in Wien nun verstanden hatte, dass Russland wirklich eingreifen würde, wenn Serbien von der Auslöschung bedroht war, kamen einigen österreichischen Generalen Zweifel. Diese Bedenken wurden dem deutschen Außenminister Jagow übermittelt. Noch vor einigen Tagen hatte dieser der russischen Regierung offiziell versichert, dass Berlin gegen eine Teilmobilmachung Russlands nichts einzuwenden habe, sofern sie nicht direkt gegen Deutschland gerichtet sei.

Jetzt wiesen die Österreicher ihre deutschen Kollegen darauf hin, dass sich die russische Teilmobilisierung gegen Österreich richtete. Sollte sie in Kraft bleiben, bedeutete dies nicht, dass die Donaumonarchie, wenn sie ihre Truppen gegen Serbien in Marsch setzte, einem russischen Angriff schutzlos ausgesetzt sein würde? Conrad hoffte noch immer, Deutschland würde Russland im Zaum halten, und traf seine Dispositionen voreilig unter der Annahme, dass Deutschland dies auch gelingen würde.

Daher revidierte Jagow seine Position in einer Unterredung mit einem russischen Gesandten. Angesichts der russischen Teilmobilmachung »sehe sich auch Deutschland zur Mobilisierung gezwungen; es gebe daher nichts mehr zu tun, und die Diplomaten müssten nun das Reden den Geschützen überlassen«.[51] Sollte er damit beabsichtigt haben, die Russen zur Rücknahme ihrer Teilmobilmachung zu bewegen, verfehlte er sein Ziel.

Moltke legte der Reichsregierung ein Memorandum zur Einschätzung der politischen Lage vor. Wie auch die übrige militärische Führung hatte er erwartet, dass die Österreicher erst in eini-

---

* Damit bezog sich Nikolaus auf den Ständigen Internationalen Schiedsgerichtshof, der in Den Haag auf der Grundlage der Konvention über friedliche Erledigung internationaler Streitfälle (1899) eingerichtet worden war.

gen Wochen mit Kriegshandlungen beginnen würden. Ebenso wie der Kaiser hatte er nicht gewusst, dass Jagow Wien zur Eile angetrieben hatte. Deshalb war Moltke durch die österreichische Kriegserklärung überrascht worden. In seiner Denkschrift analysierte er die Folgen des österreichischen Schritts. Durch einen Angriff auf Serbien würde Österreich eine Kette von Ereignissen in Gang setzen, die Deutschland in einen Krieg mit Russland treiben würden. »Die gegenseitige Zerfleischung der europäischen Kulturstaaten wird beginnen«, schrieb Moltke. Nur durch ein Wunder könne der Ausbruch eines Krieges noch verhindert werden, »der die Kultur fast des gesamten Europas auf Jahrzehnte hinaus vernichten wird«.[52]

Doch er war bereit, diesen Preis zu bezahlen. Er stellte seiner Regierung lediglich die Frage, ob sie noch immer glaube, den Konflikt lokal begrenzen und damit die gravierenden Folgen abwenden zu können, die er voraussah.

Der Kaiser zitierte die Militärführung nach Potsdam, um die Generale über seine Gespräche mit Bethmann Hollweg zu unterrichten. Laut Admiral Tirpitz erklärte der Kaiser, der Reichskanzler sei »völlig zusammengebrochen«, außerdem habe sich Wilhelm »schonungslos über Bethmanns Unfähigkeit geäußert«.[53]

Bethmann Hollweg hatte sich zwei Hauptziele gesetzt. Das eine bestand darin, die Unterstützung der Arbeiterbewegung und der Linken für die Kriegspolitik zu gewinnen – was ihm gelungen war. Zum anderen wollte er Großbritannien dazu bringen, sich für neutral zu erklären – das war noch nicht erreicht. England aus dem Krieg herauszuhalten, war wichtig für Bethmann, für die Militärführung spielte es keine Rolle.

Laut Tirpitz »unterrichtete der Kaiser bei der Konferenz in Potsdam die Anwesenden davon, dass der Kanzler vorgeschlagen habe, dass wir, um Englands Neutralität sicherzustellen, die deutsche Flotte für ein Abkommen mit Großbritannien opfern sollten, was er, der Kaiser, jedoch abgelehnt habe«.[54]

Die Teilnehmer des Treffens kamen überein, so lange nichts zu unternehmen, bis Wien auf den Vorschlag des Kaisers reagiert hatte, sich auf die Besetzung Belgrads zu beschränken und anschließend die Kampfhandlungen einzustellen. Bethmann hatte diesen Vorschlag zwar übermittelt, ihn insgeheim jedoch hintertrieben. Er hatte seinen Botschafter angewiesen, den Österreichern zu verstehen zu geben, dass Deutschland sie nicht »zurückhalten« wolle und dieser Vorschlag lediglich Propagandazwecken diene.

Aber nachdem der Kaiser den nervlich angeschlagenen Kanzler in Potsdam unverhohlen gerügt hatte, versuchte Bethmann Hollweg verzweifelt, das Ruder herumzureißen. Er setzte alles daran, die Österreicher dazu zu bringen, genau das Gegenteil dessen zu tun, was er ihnen einen Tag zuvor noch nahe gelegt hatte. Um 22.18 Uhr sandte er der österreichisch-ungarischen Regierung ein unverschlüsseltes Telegramm und fragte, ob sie die Mitteilung vom Vortag erhalten habe, dass sie in Belgrad Halt machen solle. Zwölf Minuten später schickte er ungeduldig ein zweites Telegramm hinterher.

Der Reichskanzler wusste mittlerweile, dass Großbritannien und Italien unabhängig voneinander Friedenspläne vorgelegt hatten, die sich nicht viel von dem »Halt-in-Belgrad«-Vorschlag des Kaisers unterschieden. Nun hatte es den Anschein, als hätte die Krise beigelegt werden können, wenn Bethmann und Jagow nur Wilhelms Anweisungen korrekt ausgeführt und Deutschlands politisches Gewicht gegenüber seinem Verbündeten voll zur Geltung gebracht hätten.

So musste Bethmann Hollweg, wollte er dem Zorn des Kaisers entgehen, nun am Abend des 29. Juli hoffen, dass sich auch Österreich-Ungarn dazu bereit finden würde, seinen Kurs zu ändern.

Der Reichskanzler telegraphierte an seinen Botschafter in Wien: »Wir sind zwar bereit, unsere Bündnispflicht zu erfüllen, müssen es aber ablehnen, uns von Wien leichtfertig und ohne Beachtung unserer Ratschläge in einen Weltbrand hineinziehen zu lassen.«[55] Er forderte den Botschafter auf, sich bei Berchtold nachdrücklich dafür einzusetzen, dass Österreich zumindest nach außen Kompromissbereitschaft signalisieren solle: »Um eine allgemeine Katastrophe abzuwenden oder Russland um jeden Preis ins Unrecht zu setzen, müssen wir Wien dringend ersuchen, in Verhandlungen einzutreten.«[56]

Gleichzeitig jedoch drängte Moltke Conrad telegraphisch, die Generalmobilmachung zu verkünden. Darin kam Moltkes nicht unbegründete Sorge zum Ausdruck, dass Österreich zwar gegen Serbien, aber nicht gegen Russland mobilisieren könnte.

Graf Berchtold fragte daher zu Recht, als er das Telegramm des deutschen Reichskanzlers las: »Wer regiert in Berlin – Moltke oder Bethmann?«[57] Der eine forderte telegraphisch den Krieg, der andere setzte sich für eine friedliche Lösung ein. Doch Bethmann Hollweg kam jedenfalls zu spät. Sein Telegramm erreichte Wien erst einige Stunden, *nachdem* die österreichische Regierung, dem Wunsch Moltkes entsprechend, die Generalmobilmachung ausgerufen hatte.

Im Verlauf dieses Tages hatte Grey in London den deutschen Botschafter zu sich gebeten. Der Außenminister und Lichnowsky unterhielten sich wie alte Freunde, aber angesichts des drohenden Kontinentalkriegs meinte Grey, er wünsche nicht, wie Lichnowsky berichtete, »dass unsere so herzlichen persönlichen Beziehungen und unser intimer Gedankenaustausch über alle politischen Fragen mich irreführten« und die deutsche Regierung zu der Annahme verleiteten, England würde im Fall eines Kontinentalkriegs abseits stehen. Es liege ihm fern, Drohungen auszusprechen, »er habe nur mich vor Täuschungen und sich vor dem Vorwurf der Unaufrichtigkeit bewahren wollen«.[58]

In der Diplomatensprache war dies eine Kriegsdrohung.[59] Aber Grey wusste auch, dass seine Regierung zumindest gegenwärtig nicht voll hinter ihm stand.

Im Laufe dieses Gesprächs unterbreitete Grey seinen eigenen »Halt-in-Belgrad«-Vorschlag, der sich kaum von jenem Kaiser Wilhelms unterschied. Als Lichnowsky darüber nach Berlin berichtete, kommentierte der Kaiser in einer Randbemerkung: »Haben wir seit Tagen bereits zu erreichen versucht, umsonst!«[60] Er wusste nicht, dass Bethmann Hollweg und Jagow ihm am 27. und 28. Juli in den Rücken gefallen waren und dieser Vorschlag erst seit einigen Stunden, nicht seit Tagen ernsthaft verfolgt wurde.

Lichnowsky berichtete ferner, London sei fest davon überzeugt, dass eine Vermittlung zwischen Österreich und Russland dringend geboten sei, wenn es nicht zum Krieg kommen solle. Nach Greys Ansicht würde dieser Krieg zur größten Katastrophe werden, die die Welt bisher gesehen habe.[61] Kaiser Wilhelm bemerkte dazu, England sei an allem schuld, denn es bedürfe lediglich einer scharfen Ermahnung der Briten in Paris und Sankt Petersburg, damit beide Länder Ruhe geben würden. »England *allein* trägt die Verantwortung für Krieg und Frieden, nicht wir.«[62]

»Das ist eine Ironie dieser Angelegenheit«, schrieb Asquith an seine Freundin Venetia Stanley, »dass wir als die einzige Macht, die einen konstruktiven Vorschlag zur Bewahrung des Friedens vorgelegt hat, von Deutschland wie von Russland für den Kriegsausbruch verantwortlich gemacht werden. Deutschland sagt: ›Wenn Ihr Euch für neutral erklärt, werden Frankreich und Russland es nicht wagen, in den Krieg zu ziehen.‹ Russland sagt: ›Wenn Ihr mutig erklärt, dass Ihr uns zur Seite steht, werden Deutschland und Österreich kneifen.‹ Natürlich trifft keines von beiden zu.«[63]

An diesem Tag beschloss das Kabinett, alle britischen Stützpunkte in den verschiedenen Teilen der Welt in Alarmbereitschaft zu versetzen. Es wurden umfangreiche Vorkehrungsmaßnahmen angeordnet. Der Kriegsminister öffnete das »Kriegsbuch« dem Committee of Imperial Defence. Dennoch wollten viele Regierungsmitglieder Großbritannien weiterhin aus dem Konflikt heraushalten.

Winston Churchill befürchtete, dass das Kabinett und die regierende Liberale Partei mehrheitlich zur Neutralität neigten. Er wandte sich an F. E. Smith, seinen engsten Freund bei den Konservativen, und bat ihn, bei der Führung seiner Partei zu sondieren, inwieweit diese zur Bildung einer Koalitionsregierung mit Unterstützung der interventionistisch gesinnten Liberalen – die sich in ihrer Partei wahrscheinlich in der Minderheit befanden – bereit sei. Smith schnitt dieses Thema zwei Tage später an, als er die Führer der Konservativen am Wochenende auf dem Land traf.

Churchill hatte auch noch andere Sorgen. Als Erster Lord der Admiralität hegte er die Befürchtung, dass die Marine durch einen Überraschungsangriff verwundbar sei. Daher erwog er, die Schiffe an ihre für den Kriegsfall vorgesehenen Liegeplätze im gut geschützten Norden Großbritanniens zu verlegen. Doch wie er später berichtete, wollte er für diese Aktion, die als Provokation hätte aufgefasst werden können, nicht die formelle Genehmigung des Kabinetts einholen. Daher unterbreitete er seinen Vorschlag nur dem Premierminister und entschloss sich, selbst ein leises Grummeln von Asquith bereits als Zustimmung zu deuten.

Die Verlegung wurde heimlich durchgeführt, wobei die Schiffe den größten Teil der Strecke nachts zurücklegten, wie Churchill später schilderte: »Als die Nacht hereinbrach, bewegte sich ein 18 Meilen langer Konvoi von Kriegsschiffen mit hoher Geschwindigkeit und in völliger Dunkelheit durch die schmalen Schifffahrtsstraßen in die weiten Wasser des Nordens, in denen sie Sicherheit fanden.«[64]

Paris. Jean Jaurès, das pazifistische Idol der französischen Linken, wurde an diesem Tag von einem nationalistischen Fanatiker erschossen. Während der gesamten vorhergehenden Woche hatte

Jaurès die Regierung von Poincaré und Viviani für ihre Friedensbemühungen gelobt. Sein Tod einte das Land hinter der Regierung.

Berlin. Zu später Stunde – kurz vor Mitternacht – rief der Reichskanzler den britischen Botschafter Sir Edward Goschen in seine Residenz. Bethmann Hollweg bat den Botschafter, London ein Angebot zu übermitteln: Wenn sich Großbritannien in dem bevorstehenden Krieg zur Neutralität verpflichte, würde Deutschland die Unabhängigkeit und Integrität der Niederlande respektieren und sich keine französischen Territorien anzueignen versuchen – ein Versprechen, das allerdings nicht für die französischen Kolonien gelten sollte. Goschen übermittelte das Angebot telegraphisch an das britische Außenministerium, wo es am folgenden Morgen eintraf und bei Grey Unmut hervorrief.

Kapitel 37
30. Juli

Dem französischen Botschafter Paléologue in Sankt Petersburg wurde lange Zeit von Historikern vorgeworfen – zu Unrecht, wie wir heute glauben –, er habe es in der Nacht vom 29. zum 30. Juli versäumt, seine Regierung über die Mobilmachung Russlands zu informieren. Jean Stenger hat nämlich nachgewiesen, dass die Russen, die Paléologue nicht trauten, ihn davon gar nicht in Kenntnis setzten.[65] Als Frankreich schließlich von dieser Maßnahme erfuhr, war es schon zu spät, um die Russen daran zu hindern.

Der 30. Juli, ein Donnerstag, den viele Historiker später als Schicksalstag betrachteten, begann schlecht. Am vorherigen Abend hatte die deutsche Regierung, die nun verspätet auf die Linie des Kaisers einschwenkte, eine Depesche nach Wien gesandt, in der die österreichisch-ungarische Regierung aufgefordert wurde, die »Halt-in-Belgrad«-Formel zu akzeptieren, um einen großen Krieg zu vermeiden – anderenfalls drohte ihr Deutschland seine Rückendeckung zu entziehen. Aber Berchtold behauptete, er könne darauf kurzfristig nicht antworten. Dies war besonders deshalb enttäuschend, weil sich nun, wie Wilhelm bemerkte, sowohl Deutschland als auch Großbritannien und Russland auf den »Halt-in-Belgrad«-Vorschlag verständigt zu haben schienen.

Wilhelm war entmutigt. Als ihm die Nachricht überbracht wurde, dass Österreich-Ungarn jetzt doch zu Verhandlungen mit Russland bereit sei, kommentierte er: »Im Hinblick auf die kolossalen ... russischen Rüstungsmaßnahmen ist das alles, fürchte ich, zu spät ... Jetzt erst!«[66] Bethmann Hollweg, der diese Randbemerkungen des Kaisers auf seine eigene Art interpretierte, drängte Berchtold, zumindest dem Anschein nach einer friedlichen Lösung zuzustimmen, weil es sonst – wenn Wien ablehnte – sehr schwierig werden würde, »Russland die Schuld an der ausbrechenden europäischen Konflagration zuzuschieben«.[67] Der Kaiser habe sich zur Vermittlung nur deshalb bereit erklärt, »weil er sie nicht ablehnen konnte, ohne den unwiderleglichen Verdacht zu erzeugen, dass wir den Krieg wollten«. Er fügte hinzu, wenn »Wien alles ablehnt, so dokumentiert Wien, dass es unbedingt einen Krieg will ... während Russland schuldfrei bleibt. Das ergibt für uns der eigenen Nation gegenüber eine ganz unhaltbare Situation.«[68]

Kaiser Wilhelm zeigte sich unterdessen empört über die Reaktion, die seine Vermittlungsbemühungen in Sankt Petersburg hervorriefen, was aber daran lag, dass er die Ereignisse falsch einordnete. Am frühen Morgen wurde ihm eine Depesche von Nikolaus vorgelegt, in der dieser mitteilte, dass Russland nun die Teilmobilisierung angeordnet habe, auf die man sich am 25. Juli in der Regierung verständigt habe: die Mobilmachung in vier

Militärbezirken im Grenzgebiet zu Österreich-Ungarn. »Die militärischen Maßnahmen, die jetzt in Kraft getreten sind«, schrieb der Zar, »wurden vor fünf Tagen zum Zwecke der Verteidigung wegen der Vorbereitungen Österreichs getroffen.« Es handelte sich also um jene Maßnahmen, die der russische Ministerrat beschlossen, aber noch nicht umgesetzt hatte, nachdem er erfahren hatte, dass Wien mit der weitgehenden Annahme des österreichischen Ultimatums durch Serbien nicht zufrieden war und die Antwort zurückgewiesen hatte. Seitdem war Russland untätig geblieben und hatte den Verhandlungen eine Chance gegeben. Es waren also keine neuen oder zusätzlichen Maßnahmen, sondern die einzigen Schritte, die Russland bisher unternommen hatte – und sie waren gerade erst durchgeführt worden. Die Mobilmachung hatte erst kurz zuvor begonnen.

Wilhelm verstand diese Nachricht falsch. Er glaubte, der Zar wolle ihm mitteilen, dass in Russland bereits seit fünf Tagen die Mobilmachung laufe und Russland daher einen Vorsprung vor Deutschland habe, das noch nicht so weit war. »Es ist uns also um fast eine Woche voraus«, protestierte der Kaiser. »Maßregeln seien zur Verteidigung gegen Austria, das ihn gar nicht angreift!!! Ich kann mich nicht auf Mediation mehr einlassen, da der Zar, der sie anrief, zugleich heimlich mobilgemacht hat, hinter meinem Rücken.« Zu Nikolaus' Bitte »Wir brauchen Deinen starken Druck auf Österreich«, bemerkte er: »Nein, davon ist gar keine Rede!!!«[69] Der Zar, meinte Wilhelm, »hat uns etwas vorgespielt und uns an der Nase herumgeführt!« – woraus er die Schlussfolgerung zog: »Das bedeutet, dass ich auch mobilisieren muss!«[70]

Später jedoch antwortete Wilhelm dem Zaren in freundlichem Ton. »Wenn Russland jetzt ... gegen Österreich mobilmacht, so wird meine Vermittlerrolle ... gefährdet, wenn nicht unmöglich gemacht werden ... Das ganze Gewicht der Entscheidung ruht jetzt ausschließlich auf Deinen Schultern, sie haben die Verantwortung für Krieg oder Frieden zu tragen.«[71]

Der deutsche Botschafter in Russland warnte den Zaren, dass die Mobilisierung durch Russland auch Deutschland zur Mobilmachung zwingen würde. Dies war jedoch eine Überreaktion der deutschen Regierung. Die russischen Maßnahmen stellten keineswegs jene tödliche Gefahr dar, die Deutschlands militärische Mobilmachung erfordert hätte. Für Deutschland bedeutete Mobilisierung automatisch Krieg, für Russland nicht zwangsläufig. »Die russischen Heere«, so erläutert ein Fachhistoriker, »konnten hinter ihren Grenzen nahezu unbegrenzt mobil bleiben.«[72] Und das wusste die deutsche Regierung auch.

Sankt Petersburg. Sasonow bat um eine dringende Unterredung mit Nikolaus II. Dann fuhr er zum Zarenpalast nach Zarskoje Selo und eröffnete dem Monarchen, dass der Krieg nun unvermeidlich geworden und die Generalmobilmachung erforderlich sei. Widerstrebend gab der Zar seine Zustimmung, und Sasonow veranlasste alles Nötige.

Der deutsche Militärbevollmächtigte am russischen Hof berichtete nach Berlin: »Ich habe den Eindruck, dass man hier aus Angst vor kommenden Ereignissen mobilisiert hat ohne aggressive Absichten und nun erschreckt ist darüber, was man angerichtet hat.« Kaiser Wilhelm hielt diese Einschätzung für zutreffend: »Richtig, so ist es«, kommentierte er in einer Randbemerkung.[73]

Aufgrund der Botschaften des deutschen Kaisers widerrief der Zar die Generalmobilmachung und befahl seinen Generalen, sich auf die Teilmobilisierung zu beschränken. Wie sollte es nun weitergehen? Da keine Sitzung des russischen Ministerrats einberufen wurde, versuchten einzelne Politiker dem Herrscher ihre Ansichten nahe zu bringen. Der Zar erhielt Ratschläge von allen Seiten. Sasonow unterstützte die Generale, die auf eine Generalmobilmachung drängten, welche der unentschlossene Zar, der nun abermals seine Meinung änderte, schließlich bewilligte.

Der russische Generalstabschef soll daraufhin gesagt haben: »Ich werde...mein Telefon kaputtschlagen, damit ich unerreichbar bin und keine anderslautenden Anweisungen entgegennehmen muss, die zu einer erneuten Verschiebung der Generalmobilmachung führen.«

Bethmann Hollweg war klar, dass die Maßnahmen der Russen keinen Grund zur Beunruhigung darstellten. Er erklärte den preußischen Staatsministern: »Obwohl die russische Mobilisierung verkündet wurde, lassen sich diese Mobilisierungsmaßnahmen nicht mit jenen der westeuropäischen Länder vergleichen... Außerdem beabsichtigt Russland nicht, einen Krieg zu führen, sondern wurde nur durch Österreich zu diesem Schritt veranlasst.«[74]

Der deutsche und der österreichische Generalstabschef standen miteinander in Verbindung, und Moltke versuchte den ungeduldigen Conrad zu bremsen: »Russland darf nicht der Krieg erklärt werden.« Stattdessen solle man warten, »bis Russland angreift«.[75]

Dann aber setzte sich der Reichskanzler für eine Verschiebung ein, während Moltke, der seit Tagen auf einen Aufschub gedrängt hatte, seine Meinung änderte. Jetzt plädierte Moltke plötzlich dafür, sogleich loszuschlagen. »Seine Stimmungsschwankungen sind kaum noch oder überhaupt nicht mehr zu erklären«, bemerkte Falkenhayn missbilligend.[76]

Am Abend wurde der Kaiser über die Warnung informiert, die Grey am Vorabend gegenüber dem deutschen Botschafter ausgesprochen hatte. Grey hatte seine persönliche Meinung zum Ausdruck gebracht, dass Großbritannien eingreifen würde, sollte Frankreich bedroht werden. Da alle Regierungen wussten, dass Deutschland im Fall eines Krieges mit Russland zuerst Frankreich niederzuwerfen beabsichtigte, um sich anschließend nach Osten zu wenden, hatte Grey damit zu verstehen gegeben, dass England den beiden übrigen Mächten der Entente, Frankreich und Russland, gegen die Dreibund-Mächte Deutschland und Österreich-

Ungarn zur Seite stehen würde. Abermals packte den Kaiser die Wut. »Leichtsinn und Schwäche sollen die Welt in den furchtbarsten Krieg stürzen, der auf den Untergang Deutschlands schließlich abzielt«, notierte er. »Denn das lässt jetzt für mich keinen Zweifel mehr zu: England, Russland und Frankreich haben sich verabredet... den österreichisch-serbischen Konflikt als Vorwand nehmend gegen uns den Vernichtungskrieg zu führen... Dabei wird uns die Dummheit und Ungeschicklichkeit unseres Verbündeten zum Fallstrick gemacht... Und wir sind ins Garn gelaufen...«[77]

London. Die mit Spannung erwartete Unterhausdebatte über Nordirland, die für den Nachmittag angesetzt war, drohte zum Auftakt für einen Bürgerkrieg in Großbritannien zu werden. Doch einige Stunden vorher trafen sich die Oppositionsführer mit Asquith und verständigten sich mit dem Premierminister darauf, angesichts der Gefahren in Europa eine einheitliche Linie zu verfolgen. Dieser Umschwung kam für den Großteil der Öffentlichkeit zu unerwartet und zu schnell. Violet Asquith, die Tochter des Premiers, befand sich mit ihrer Stiefmutter Margot auf der Damengalerie im Unterhaus, die »voll besetzt war mit erwartungsvollen und aufgeregten Frauen«, die »sich sehr erstaunt zeigten«, als der Premierminister bekannt gab, dass die Irland-Debatte verschoben werde. »Diese Erklärung sorgte für Verwirrung auf der Damengalerie«, berichtete Violet. »Viele der anwesenden Damen hatten bereits Vorkehrungen für den bevorstehenden Bürgerkrieg getroffen – sie hatten Kurse beim Roten Kreuz besucht und sich im Anlegen von Verbänden, dem Herstellen von Schienen und Schlingen unterweisen lassen und dergleichen. Lady M., eine Matrone aus Ulster (deren Figur dafür wie geschaffen war), soll in großen Mengen unter ihrem Rock Gewehre nach Belfast eingeschmuggelt haben.«[78] Die Damen reagierten bestürzt und mit Unverständnis auf die Nachricht, dass der Bürgerkrieg vorläufig abgeblasen wurde.

Paris. Die französischen Staatsführer, die gerade nach langer Abwesenheit wieder in die Hauptstadt zurückgekehrt waren und noch nicht alle in der Zwischenzeit eingegangenen Nachrichten verarbeitet hatten, bemühten sich, den Zug, der bereits volle Fahrt aufgenommen hatte, abzubremsen. Mit Zustimmung von Präsident Poincaré bat Ministerpäsident Viviani die russische Regierung um Zurückhaltung:[79] »Nach den vorbereitenden und der eigenen Verteidigung dienenden Maßnahmen, zu denen sich Russland genötigt sah, sollte Russland im Augenblick möglichst keine weiteren Schritte ergreifen, die Deutschland einen Vorwand zu einer allgemeinen oder teilweisen Mobilisierung seiner Streitkräfte bieten könnten.«[80] Frankreich selbst zog seine Truppen zehn Kilometer von der deutschen Grenze zurück.

London. »Heute ist die Lage in Europa zumindest schon wieder ein wenig schlechter als gestern«, bemerkte der Premierminister, »und hat sich gewiss nicht verbessert durch den unverschämten Versuch Deutschlands, unsere Neutralität im Krieg durch das Versprechen zu erkaufen, es werde weder französisches Territorium (mit Ausnahme der Kolonien) noch Holland oder Belgien annektieren. Die deutsche Diplomatie hat etwas Ungehobeltes und fast Kindisches. Unterdessen hat Frankreich begonnen, Druck in die andere Richtung auszuüben, wie auch die Russen seit geraumer Zeit. Die City ist sehr niedergeschlagen und in einem Zustand der Lähmung; im Augenblick ist die Stimmung gegen ein Eingreifen Englands. Es sieht sehr düster aus.«[81]

Kapitel 38
31. Juli

Der französische Botschafter Jules Cambon in Berlin telegraphierte an seine Regierung, dass Deutschland einen Krieg beginnen wolle, ohne darauf zu warten, dass Russland als Erster mobilmachte.[82]

Die Meldung von der russischen Generalmobilisierung rief in Wien keine große Wirkung hervor; sie hielt das Habsburgerreich nicht davon ab, seine Invasionspläne gegen Serbien weiter zu verfolgen. In einer gemeinsamen Sitzung diskutierten die beiden Kabinette der Doppelmonarchie – der Ministerrat für gemeinsame Angelegenheiten – über die Nachricht, beschlossen aber, wie geplant weiterzumachen, obwohl es dadurch wahrscheinlicher wurde, dass sich Russland zum Eingreifen genötigt sehen würde.

Ungeachtet der Gefahr aus Russland marschierten die Habsburgarmeen nach Süden in Richtung serbischer Grenze. Für den Fall, dass der Zar die Mobilisierung anordnen sollte, hatte Conrad beabsichtigt, Truppen an die russische Front zu verlegen, doch das tat er jetzt unerklärlicherweise nicht. Dadurch wurde die Last der Verteidigung Österreichs gegen Russland vollständig Deutschland aufgebürdet, was von den österreichischen Strategen vielleicht durchaus gewollt war. Samuel Williamson meinte, dass Conrad Serbien so schnell wie möglich angreifen wollte, um sicherzustellen, dass die Kämpfe schon im Gang waren, bevor die Diplomaten eingreifen konnten.[83]

Gegen Mittag erfuhr Berlin, dass Russland gegen Deutschland wie auch gegen Österreich mobilmachte. Der Kaiser hatte gerade ein Telegramm an den Zaren abgeschickt, in dem er an ihn appelliert hatte: »Noch kann der Friede Europas durch Dich er-

halten bleiben, wenn Russland einwilligt, die militärischen Maßnahmen einzustellen, die Deutschland und Österreich-Ungarn
bedrohen müssen.«[84] Darüber hinaus bot er an, seine Vermittlungsbemühungen fortzusetzen.

Der Zar antwortete: »Ich danke Dir herzlich für Deine Vermittlung, die Hoffnung zu geben beginnt, dass doch noch alles
friedlich enden kann. Es ist technisch unmöglich, unsere militärischen Vorbereitungen einzustellen, die infolge der Mobilmachung Österreichs notwendig waren. Es liegt uns fern, einen Krieg
zu wünschen. So lange die Verhandlungen mit Österreich wegen
Serbien andauern, werden meine Truppen keinerlei herausfor-
dernde Handlungen unternehmen. Ich gebe Dir mein feierliches
Wort darauf.«[85]

Unterdessen hatte Franz Joseph dem deutschen Kaiser telegraphisch seinen Dank für sein Vermittlungsangebot ausgesprochen, aber zugleich mitgeteilt, dass es zu spät komme: Russland
habe bereits mit der Mobilmachung begonnen, und österreichische Truppen marschierten auf Serbien.

Paris. Am Abend legte der deutsche Botschafter Außenminister
René Viviani ein Ultimatum vor. Frankreichs Verbündeter Russland müsse seine Mobilisierungsmaßnahmen einstellen, verlangte er, anderenfalls werde Russland die volle Verantwortung
für den Ausbruch eines Krieges übernehmen müssen. Viviani war
zusammen mit Präsident Poincaré am Meer gewesen und wusste
noch nichts von militärischen Vorbereitungen Russlands. Er
fragte in Sankt Petersburg nach.

Sankt Petersburg. Gegen Mitternacht übergab der deutsche Botschafter ein Ultimatum: Einstellung der Mobilmachung binnen
zwölf Stunden, sonst würde Deutschland ebenfalls mit Mobilisierungsmaßnahmen beginnen – und dieser Schritt würde beide
Länder einem Krieg »außerordentlich nahe« bringen.[86]

London. »Es gibt noch Hoffnung«, schrieb Winston Churchill an seine Frau, »obwohl immer dunklere Wolken aufziehen. Deutschland begreift allmählich, mit welch starken Gegenkräften es rechnen muss, und beginnt langsam, seinen verrückten Verbündeten zu zügeln. Wir bemühen uns, Russland zu beruhigen.«[87]

Asquith aß bei Churchill zu Mittag, zusammen mit Lord Kitchener, dem berühmtesten General Englands, der in Ägypten als Prokonsul tätig war und sich jetzt für einige Wochen in Europa aufhielt. Kitchener erklärte den Zivilisten, dass Großbritannien Frankreich den Rücken stärken müsse. Dies jedoch deckte sich nicht mit der vorherrschenden Meinung. Asquith gestand, dass »man gegenwärtig – vor allem in der City – allgemein davon überzeugt ist, dass wir uns um fast jeden Preis heraushalten sollen«.[88]

Lloyd George, der Führer des radikalen Flügels der Regierungspartei, verfügte wohl als einziges Kabinettsmitglied über eine genügend große Anhängerschaft, um den Premierminister herauszufordern. Er äußerte gegenüber einem Vertrauten: »Ich kämpfe entschlossen um den Frieden. Alle Bankiers und Wirtschaftsvertreter flehen uns an, uns nicht einzumischen. Der Gouverneur der Bank von England sagte mir mit Tränen in den Augen: ›Halten Sie uns da raus. Wir sind ruiniert, wenn wir uns da hineinziehen lassen.‹«[89]

Winston Churchill wurde zumindest durch einen gut informierten liberalen Abgeordneten darauf aufmerksam gemacht, dass es in der Partei eine »sehr starke« und »sehr weit verbreitete« Stimmung gegen eine Kriegsbeteiligung gab.[90] Gleichzeitig signalisierte ihm jedoch F. E. Smith von den Konservativen, dass die Opposition dazu bereit wäre, die Regierung zu unterstützen, wenn sie auf einen deutschen Einmarsch in Frankreich durch Belgien mit Waffengewalt antworten würde. Churchill erklärte Smith: »Ich kann mir nicht vorstellen, dass sich der Krieg jetzt noch abwenden lässt. Deutschland *muss* durch Belgien marschieren, und ich glaube, dass der Großteil beider Parteien entschlossen dagegen aufstehen wird.«[91]

Paris. General Joseph Joffre, der französische Generalstabschef, ersuchte die Regierung um die Erlaubnis, die Generalmobilmachung auszurufen. Doch das Kabinett verweigerte ihm die Zustimmung.

Kapitel 39
1. August

Paris. Joffre bat seine Regierung abermals um die Genehmigung, umgehend die Generalmobilmachung anzuordnen. Das Kabinett stimmte jetzt zu, erlaubte sie ihm aber erst für den nächsten Tag.

London. Bei der morgendlichen Kabinettssitzung fragte Churchill, ob er die Generalmobilmachung der Flotte anordnen könne. Doch das tief gespaltene Kabinett verweigerte ihm die Erlaubnis. Lloyd George war die Schlüsselfigur der Kriegsgegner; wenn er umgestimmt werden konnte, würden ihm andere folgen.

Laut dem Premierminister war »der Großteil der Partei« unter allen Umständen gegen eine militärische Beteiligung, aber »Ll. George – obwohl entschieden auf der Seite des Friedens – ist vernünftiger und staatsmännischer, weil er sich die Entscheidung offen hält«.[92] Churchill hatte seit Jahren ein sehr gutes Verhältnis zu Lloyd George, und die beiden tauschten während der Sitzung kurze Botschaften aus. In einer davon ließ der Führer des radikalen Flügels Hoffnung aufkeimen: »Wenn Geduld die Oberhand behält und ihr uns nicht zu stark unter Druck setzt ... könnten wir vielleicht zusammenkommen.« Churchill erwiderte: »Es ist unser aller Zukunft, so Gott will – seien wir Verbündete oder Gegner.«[93]

»Für mich ist es von höchster Wichtigkeit, dass unsere lange Zusammenarbeit keinen Schaden nimmt«, schrieb Churchill an anderer Stelle.« … Ich bitte Sie, schließen Sie sich uns an und helfen Sie uns durch Ihren wertvollen Beitrag, unsere Pflicht zu erfüllen.« Und weiter: »Wir würden für den Rest unseres Lebens Gegner sein. Ich fühle mich Ihnen tief verbunden und habe mich seit nahezu zehn Jahren von Ihrem Gespür und Ihrem Weitblick leiten lassen.«[94]

Unterdessen deckte Churchill die übrigen Kabinettsmitglieder mit seinem Redeschwall ein. Er war dafür bekannt, dass er keinen anderen zu Wort kommen ließ, wenn er einmal in Fahrt war. »Es ist nicht übertrieben zu behaupten«, bemerkte Asquith später, »dass Winston mindestens die Hälfte der Zeit [in der Kabinettssitzung] für sich beansprucht hat.«

Berlin. Der Kanzler erläuterte vor dem Bundesrat, der Vertretung der deutschen Länder, die Position der Reichsregierung. Er erklärte, dass Russland seine Truppen mobilisiert habe, statt die Verhandlungen mit Österreich fortzusetzen. Im Gegenzug habe Deutschland der russischen Regierung ein Ultimatum gestellt: Sie solle bis Mittag ihre militärischen Vorbereitungen einstellen, anderenfalls werde auch Deutschland die Mobilmachung anordnen. Darüber hinaus habe Deutschland auch Frankreich ultimativ aufgefordert, sich neutral zu verhalten – und dafür ausreichende Zusicherungen zu geben –, sonst würde Deutschland auch ihm den Krieg erklären. Das Ultimatum an Frankreich sollte um 13.00 Uhr auslaufen. Der Bundesrat unterstützte Bethmann Hollweg einmütig.

Der Mittag verstrich, und es kam keine Antwort aus Russland. Knapp eine Stunde später übermittelte die Reichsregierung die Kriegserklärung telegraphisch an den deutschen Botschafter in Russland, der sie in Sankt Petersburg übergeben sollte. Er erhielt zwei Textversionen, so dass man später entweder behaupten konnte, die Zarenregierung habe das Ultimatum zurückgewiesen, oder sie habe nicht darauf reagiert.

Zarskoje Selo. Gegen Mittag wurde der Zar über Deutschlands Mobilmachung informiert. Umgehend telegraphierte er an seinen Cousin Wilhelm: »Verstehe, dass Du gezwungen bist, mobilzumachen, aber ich wünsche von Dir dieselbe Garantie zu erhalten, wie ich sie Dir gegeben habe, dass diese Maßnahmen *nicht* Krieg bedeuten.«[95]

Aber natürlich befand sich der Zar im Irrtum. In der Welt von 1914 kannten nicht einmal Generale und Minister die genauen Unterschiede zwischen den verschiedenen Arten militärischer Vorbereitungsmaßnahmen, die in den einzelnen Ländern ergriffen wurden. Eines jedoch war völlig klar: Für Deutschland bedeutete Mobilmachung automatisch Krieg – spätestens binnen 24 Stunden.

Berlin. Bis vier Uhr nachts war noch keine Antwort aus Sankt Petersburg eingetroffen. Falkenhayn und Bethmann Hollweg fuhren zum Kaiser. Am vorhergehenden Abend waren sie übereingekommen, dass die Kriegserklärung erfolgen solle, auch wenn sich Russland auf Verhandlungen einlassen würde. Aber der Kaiser sträubte sich. Früher wäre dies ein ernstes Hindernis für ihre Pläne gewesen, doch mittlerweile sah es anders aus. In der letzten Juliwoche waren Wilhelms Anweisungen von seinem Kanzler, dem Außenminister und der Heeresleitung sowie auch dem österreichischen Kaiser und dessen Regierung missachtet worden. Wilhelms Befehle hatten einiges von ihrer Bedeutung eingebüßt.

Schließlich erklärte sich der Kaiser bereit, den Mobilisierungsbefehl zu unterzeichnen, der am folgenden Tag in Kraft treten sollte. Moltke hatte für Wilhelm eine Rede an das deutsche Volk entworfen. Der Reichskanzler, der erst später eintraf, war aufgebracht über Moltke, weil dieser sich Kompetenzen der zivilen Reichsleitung angemaßt hatte. Der sichtlich nervöse Moltke bemerkte gegenüber einem seiner Mitarbeiter: »Dieser Krieg wird sich zu einem Weltkrieg ausweiten, in den auch England eingreifen wird. Kaum jemand vermag heute zu sagen, welches Ausmaß dieser Krieg annehmen wird, wie lange er dauern und wie er enden wird. Niemand kann heute wissen, wie es ausgehen wird.«[96]

Als der Kaiser und die hohen Militärs ihre Gespräche beendet hatten und aufbrechen wollten, kam aus dem Auswärtigen Amt die Mitteilung, dass gerade ein wichtiges Telegramm aus Großbritannien entschlüsselt werde. Admiral von Tirpitz schlug den beiden Heerführern vor, noch einen Augenblick zu warten, damit auch sie es lesen könnten. Doch sie eilten davon mit ihrem unterzeichneten Mobilmachungsbefehl. Dabei hätten sie durchaus bleiben können, denn kurze Zeit später wurden sie wieder zurückbeordert.

Die Nachricht aus London durchkreuzte die Pläne der deutschen Regierung. Das Telegramm kam vom Fürst Lichnowsky, dem deutschen Botschafter, der Zusicherungen wiederholte, die er von Edward Grey erhalten zu haben glaubte. Falls Deutschland Frankreich in Ruhe lasse, wurde die englische und sogar die französische Neutralität in einem Krieg Deutschlands mit Russland in Aussicht gestellt.

Der Kaiser und seine Mitarbeiter triumphierten. Damit schien Deutschland ihrer Ansicht nach der Sieg praktisch sicher, weil nun nur noch Russland als Gegner blieb. Moltke, der als Generalstabschef die Aufmarschpläne umsetzen sollte, stand auf verlorenem Posten. Er berichtete später: »Der Kaiser sagte zu mir: ›Dann lassen wir eben die ganze Armee im Osten aufmarschieren.‹«[97]

Moltke war der Verzweiflung nahe. Der Kaiser hatte anscheinend den geltenden Kriegsplan nicht verstanden, der vorsah, mit dem Großteil der deutschen Truppen über Luxemburg und Belgien nach Frankreich vorzustoßen, während im Osten Russland mit kleineren Kräften in Schach gehalten werden sollte. Nach einem schnellen Sieg über Frankreich sollten die deutschen Truppen rasch von der französischen an die russische Front verlegt werden. Seit April 1913 hatte der Generalstab kein Konzept mehr verfolgt, das allein aus einem Aufmarsch gegen Russland bestand.

Der Westaufmarsch der Armeen für einen Angriff auf Frankreich war bereits angelaufen. Eine Rücknahme dieses Befehls würde ein Chaos auslösen, behauptete Moltke. Nach einem hitzigen Wortwechsel zwischen dem Kaiser und dem Generalstabschef wurde ein Kompromiss geschlossen: Die Mobilmachung sollte fortgesetzt werden, aber die Truppen, die in Richtung Frankreich marschierten, sollten kurzfristig nach Osten umdirigiert werden, falls ein Abkommen geschlossen wurde, das Englands und Frankreichs Neutralität garantierte.

Ein großes Problem blieb dadurch jedoch ungelöst. Nach dem deutschen Kriegsplan hätten die Truppen des Kaisers als Erstes die Eisenbahnlinien des neutralen Luxemburg unter ihre Kontrolle bringen sollen, bevor Frankreich dies tun konnte, um anschließend Belgien durch ein Ultimatum dazu zu bringen, sich aus dem Konflikt herauszuhalten und die deutschen Truppen, die Frankreich angreifen sollten, durchmarschieren zu lassen. Deutschland würde die Neutralität Belgiens und Luxemburgs garantieren.

Nachdem sich nun Frankreich nicht am Krieg zu beteiligen schien, mussten diese Pläne geändert werden. Laut Moltke »wandte sich der Kaiser, ohne mich zu fragen, an seinen Flügeladjutanten und befahl ihm, sofort telegraphisch … die Anweisung zu erteilen, dass der Einmarsch in Luxemburg abzublasen sei. Ich glaubte, mir bricht das Herz.«[98] Nachdem sich England und Frankreich weigerten, in den Krieg hineingezogen zu werden, meinte Moltke verdrossen: »Jetzt fehlt nur noch, dass auch Russland abschnappt.« Deutschland drohten alle seine Feinde abhanden zu kommen!

Unterdessen hatten der Kaiser und der Reichskanzler Telegramme nach London geschickt, um die Vereinbarung zu besiegeln: Wilhelm hatte sich an König Georg V. gewandt, Bethmann Hollweg an die britische Regierung. Doch König Georg schrieb in seinem Antworttelegramm: »Ich glaube, hier muss ein Missverständnis vorliegen.« Zu keinem Zeitpunkt sei die englische und französische Neutralität angeboten worden.[99]

Nachdem er die Depesche des Königs gelesen hatte, sagte Kaiser Wilhelm zu Moltke: »Jetzt können Sie machen, was Sie wollen.« Sofort kabelte Moltke seinen Streitkräften, die Invasion Luxemburgs sei wie geplant durchzuführen.

Um 19.00 Uhr nahmen deutsche Truppen ihre ersten Zielobjekte ein: eine Bahnstation und ein Telegraphenbüro in Luxemburg. Gegen 19.30 Uhr erschienen dort weitere Einheiten, um die Vorhut zurückzurufen. Sie sei irrtümlich losgeschickt worden, und man erwarte ein Telegramm von König Georg. Aber nach Moltkes Telegramm wurden die Befehle abermals geändert, und der Invasionsplan lief weiter.

London. Ermächtigt durch das Kabinett, warnte Grey den deutschen Botschafter in diplomatischen Worten, dass eine Verletzung der belgischen Neutralität Großbritannien zum Eingreifen veranlassen werde.

Sankt Petersburg. Der deutsche Botschafter übergab dem russischen Außenminister die Kriegserklärung seines Landes. In der Aufregung überreichte er ein Schriftstück, in dem beide Versionen enthalten waren, die Berlin ihm hatte zukommen lassen: die Behauptung, dass Russland nicht reagiert habe, und die Behauptung, dass Russlands Antwort unbefriedigend gewesen sei.

London. Nach Vermittlung seines Tory-Freundes Smith hatte Churchill Bonar Law, den Führer der Konservativen, und Edward Grey zum Abendessen zu sich in die Admiralität eingeladen. Smith hatte auch Sir Max Aitken, Laws engsten Freund, gebeten, an dieser Zusammenkunft teilzunehmen. Aber Law hatte die Einladung abgelehnt, und Grey begab sich stattdessen zum

Premierminister. Schließlich speiste Churchill allein in der Admiralität.

Etwa gegen 21.30 Uhr erschienen Smith und Aitken und trafen Churchill mit zwei Freunden an. Sie unterhielten sich über die Krise. Da kam die Nachricht, dass die Deutschen ihr Ultimatum an Russland verlängert hätten, was von den Anwesenden unterschiedlich beurteilt wurde. Drei der Männer spielten eine Runde Bridge mit Churchill, Aitken schaute zu.

Die Karten waren gerade verteilt worden, und das Spiel sollte beginnen, als für Churchill ein roter Aktenkoffer hereingebracht wurde. Churchill holte einen Schlüssel heraus und öffnete ihn. Darin lag nichts als ein Blatt Papier, »das unverhältnismäßig klein war in Anbetracht der Größe des Aktenkoffers«, wie Aitken später schrieb. Auf dem Zettel stand: »Deutschland hat Russland den Krieg erklärt.«[100]

Churchill übergab seine Bridgekarten an Aitken und ging in die Downing Street Nummer 10. Dort saß der Premierminister bereits mit Grey und anderen Beratern zusammen.

Churchill erklärte Asquith, dass er jetzt die Generalmobilmachung der Flotte anordnen werde. Er hatte natürlich nicht vergessen, dass sich das Kabinett am Vormittag noch dagegen gesperrt hatte. Daher wolle er, sagte er, sich am nächsten Morgen persönlich vor dem Kabinett verantworten.

Der Premier erwiderte nichts. Churchill kehrte in sein Büro zurück und verwendete den Rest der Nacht darauf sicherzustellen, dass die Royal Navy, was immer auch geschehen mochte, kampfbereit sein würde.

Im weiteren Verlauf der Nacht meldete die britische Botschaft in Berlin nach London, dass der deutsche Kaiser der Ansicht sei, seine Friedensbemühungen würden durch die russische Mobilmachung unterlaufen werden. Es wurde angefragt, ob König Georg vielleicht etwas unternehmen könne.

Asquith entwarf schnell eine Depesche an den Zaren im Namen

von König Georg, ließ ein Taxi bestellen und raste gegen halb zwei Uhr in der Nacht zum Buckingham-Palast, um sich die Unterschrift des Königs zu besorgen. »Der König wurde aus dem Bett geholt«, notierte der Premier in seinem Tagebuch. »Es war eines meiner seltsamsten Erlebnisse, als ich neben dem König saß, der einen Morgenrock trug, und ihm die Nachricht und den Antwortvorschlag vorlas.«[101]

Berlin. Zeitungen in Berlin und Hamburg berichteten über ein »Flottenbündnis« zwischen Großbritannien und Russland. Angeblich bemühten sich die Russen darum, die Royal Navy dafür zu gewinnen, noch vor Kriegsausbruch Transportschiffe in ihre Ostseehäfen zu entsenden. Diese Schiffe sollten russische Truppen an Bord nehmen, die für einen Einmarsch im Nordosten Deutschlands vorgesehen waren.

Aber die Gespräche zwischen Admiral Prince Louis of Battenberg und der russischen Admiralität waren erst für August angesetzt. Den deutschen Zeitungen zufolge war Battenberg noch nicht in Sankt Petersburg erschienen: »Der Krieg, den Russland uns aufgezwungen hat« verhinderte also die Bildung eines britisch-russischen Flottenbündnisses.

»Der Krieg, den Russland uns aufgezwungen hat«: Dies war die vorherrschende Einstellung in Deutschland. Als die russische Mobilmachung bekannt wurde, notierte der bayerische Militärattaché in seinem Tagebuch: »Ich laufe zum Kriegsministerium. Überall strahlende Gesichter. Auf den Gängen schüttelt man sich die Hände. Die Leute beglückwünschen sich, dass diese Hürde jetzt genommen ist.«[102] Das deutsche Volk, die politischen Parteien, die Gewerkschaften – ihnen allen war eingeredet worden, dass die Russen den Krieg angefangen hätten. Ein weiterer Tagebuchschreiber, der Leiter des Marinekabinetts des Kaisers, wurde noch deutlicher: »Die Stimmung ist prächtig. Der Regierung ist es hervorragend gelungen, uns als die Angegriffenen erscheinen zu lassen.«[103]

Die Reichsregierung gab bekannt, dass russische Truppen auf deutsches Gebiet vorgedrungen seien. Das deutsche Volk glaubte es.

Kapitel 40
2. August

London. Das britische Kabinett, das sich am Sonntag zu einer außerordentlichen Sitzung traf, bewegte sich erstmals in Richtung eines Eingreifens in die sich beschleunigende Krise. Die Sitzung dauerte von 11.00 Uhr bis 14.00 Uhr und wurde gegen 18.30 Uhr fortgesetzt.

Am Vormittag billigten die Minister Churchills Entscheidung zur Mobilmachung der Flotte. Sie erwogen die Entsendung eines Expeditionskorps auf den Kontinent, was vor einigen Jahren bei Geheimgesprächen zwischen den Generalstäben Großbritanniens und Frankreichs ins Auge gefasst worden war und wovon die meisten Kabinettsmitglieder nichts gewusst hatten. Aber dann wurde beschlossen, zumindest vorläufig darauf zu verzichten.

In der Sitzungspause teilte Grey dem französischen Botschafter mit, die britische Kriegsmarine werde die unbefestigte französische Atlantikküste gegen etwaige deutsche Flottenangriffe schützen.

In der Abendsitzung erfuhr das Kabinett, dass Deutschland die Neutralität Luxemburgs verletzt hatte. Die britische Regierung stellte sich auf den Standpunkt, dass ihre Verpflichtung gegenüber Luxemburg in einem kollektiven Rahmen zu sehen sei – das hieß, sie würde erst dann zum Handeln gezwungen sein, wenn auch die übrigen Garantiemächte dies taten. Mit Belgien verhielt es sich anders. Der Schutz der belgischen Neutralität wurde als eine individuelle Verpflichtung aufgefasst, worauf

Grey auch bereits den deutschen Botschafter hingewiesen hatte. Doch der Einmarsch deutscher Truppen in Luxemburg würde auch zu einer Invasion und Besetzung Belgiens führen. Als das Kabinett am Abend erneut zusammentrat, traf in Brüssel ein deutsches Ultimatum ein. Nun ordnete Asquith die Mobilmachung des Heeres an.

Im Laufe dieses Tages vollzog sich eine bemerkenswerte Veränderung der politischen Stimmung. Am Morgen hatte Asquith in einem persönlichen Brief seine Einschätzung der Lage in Europa folgendermaßen zusammengefasst:[104]

1. Wir sind weder Frankreich noch Russland in irgendeiner Weise verpflichtet, ihnen militärisch oder mit der Kriegsmarine beizustehen.
2. Die Entsendung eines Expeditionskorps, um Frankreich zu helfen, steht zum gegenwärtigen Zeitpunkt außer Frage und wäre auch nicht sinnvoll.
3. Wir dürfen die Bindungen nicht aufs Spiel setzen, die durch unsere langjährige und enge Freundschaft mit Frankreich entstanden sind.
4. Es liegt nicht im britischen Interesse, dass Frankreich als Großmacht ausgeschaltet wird.
5. Wir dürfen Deutschland nicht erlauben, den Kanal als feindliche Basis zu nutzen.
6. Wir haben eine Verpflichtung gegenüber Belgien und müssen verhindern, dass es von Deutschland für seine Zwecke benutzt und geschluckt wird.

Damit hatte der Premierminister im Wesentlichen die Grundlinien formuliert, die Großbritannien im heraufziehenden europäischen Sturm verfolgen sollte. Aber dies waren seine persönlichen Ansichten, die von seiner Liberalen Partei nicht geteilt wurden. Er schätzte, dass »gut drei Viertel unserer Abgeordneten« im Unterhaus »für Nichteinmischung um jeden Preis eintreten«.

Vor der vormittäglichen Kabinettssitzung hatte ihm die Führung der Konservativen versichert, dass sie seine Politik der Unterstützung Frankreichs mittragen werde. Dadurch geriet Asquith in die eigenartige Lage, dass er in seiner Außenpolitik maßgeblich auf den politischen Gegner angewiesen war. Sein Hauptziel indes bestand darin, die Geschlossenheit seiner Liberalen Partei zu wahren, unabhängig davon, welche Entscheidung das Kabinett fällen würde, während er sich zugleich bemühte, die Minister und vor allem Grey auf seine Seite zu bringen.

Berlin. Moltke schickte dem Auswärtigen Amt einige Empfehlungen »militärpolitischer Art«, denen er »vom militärischen Standpunkt aus Wichtigkeit« beimesse.[105] Wenn England in den Krieg eintrete, schlug Moltke vor, solle Deutschland versuchen, in Südafrika, Ägypten und Indien Aufstände gegen die Briten zu entfachen, wodurch sich der europäische Krieg zu einem Weltkrieg ausweiten würde. Der bislang geheime Bündnisvertrag Deutschlands mit der Türkei solle veröffentlicht werden, und Italien solle alsbald erklären, ob es gewillt sei, seinen Verbündeten Deutschland und Österreich beizustehen. Schweden und Norwegen sollten dazu gedrängt werden, gegen Russland mobilzumachen, um dadurch zusätzlichen Druck auf Russland auszuüben. Japan sollte aufgefordert werden, die Gelegenheit zu nutzen und in Asien seine Interessen gegen Russland durchsetzen. Die Schweiz habe bereits mobilgemacht, und der Chef des schweizerischen Generalstabs habe, wie Moltke mitteilte, den Entwurf eines Bündnisvertrags in Händen, durch den die gesamte schweizerische Armee der deutschen Heeresleitung unterstellt werde.

Das Auswärtige Amt gab bekannt, Frankreich und Russland hätten bereits die Feindseligkeiten eröffnet, was sich jedoch als unwahr herausstellte.[106]

Rom. Dem deutschen Botschafter wurde vom italienischen Außenminister, dem Marquis di San Giuliano, mitgeteilt, dass sich

Italien entschlossen habe, neutral zu bleiben. San Giuliano erklärte ihm, dass Italien aufgrund des Bündnisvertrags mit Deutschland und Österreich den beiden Ländern nur dann beistehen müsse, wenn sie angegriffen würden. Bei dem aktuellen Konflikt handele es sich jedoch um einen »Angriffskrieg« von ihrer Seite.[107] Daher werde sich Italien zunächst heraushalten. In einer späteren Darstellung dieser Unterredung behauptete San Giuliano, dass »der Krieg, den Österreich begonnen hatte, nach den Worten des deutschen Botschafters selbst ein aggressives Ziel verfolgt habe«.

Der italienische Generalstabschef erklärte, Italien könne nicht in den Krieg ziehen, weil nicht genügend Uniformen für die Soldaten vorhanden seien.

Basel. Der deutsche Generalkonsul berichtete nach Berlin, dass die Schweizer Behörden einen französischen Spion verhaftet hätten, der mit Hilfe von Brieftauben Informationen über deutsche Truppenbewegungen nach Frankreich übermittelt habe.

Luxemburg. Die Luxemburger Großherzogin Marie Adelheid telegraphierte an den deutschen Kaiser: »Das Großherzogtum wird in diesem Augenblick von deutschen Truppen besetzt.«[108] Sie protestierte dagegen und verlangte von Wilhelm, die Rechte ihres Landes zu wahren. Der Reichskanzler antwortete darauf: »Unsere militärischen Maßnahmen in Luxemburg bedeuten keine feindselige Haltung gegen Luxemburg, sondern lediglich Maßnahmen zur Sicherung der in unserem Betriebe befindlichen dortigen Eisenbahn gegen einen Überfall der Franzosen.«[109] Er versprach volle Entschädigung.

London. Der deutsche Botschafter schrieb an seine Regierung: »Die Frage, ob wir bei dem Krieg gegen Frankreich das belgische Gebiet verletzen, dürfte von ausschlaggebender Bedeutung für die Neutralität Englands sein.«[110]

In der abendlichen Kabinettssitzung ergab sich tatsächlich ein breiter Konsens darüber, dass es entscheidend auf Belgien ankam. Die rechtliche Situation war nicht ganz klar: Musste eine Garantiemacht, die für Belgiens Neutralität einstand, zwingend handeln, wenn die übrigen Garantiemächte dazu noch keine Veranlassung sahen? Wenn die Verletzung der Neutralität Belgiens als substanziell angesehen werden müsse und Belgien sich gegen die Eindringlinge wehre, darauf verständigte sich die Ministerrunde, würde Großbritannien verpflichtet sein, dem Land zu Hilfe kommen.[111]

Brüssel. Beunruhigt durch den Vorstoß deutscher Truppen nach Luxemburg, bestellte der belgische Außenminister den deutschen Gesandten ein. Grey hatte bereits Frankreich und Deutschland aufgefordert, ihre vertragliche Verpflichtung zum Schutz der Neutralität Belgiens zu bekräftigen. Frankreich hatte dieser Bitte entsprochen, Deutschland nicht. Gegenüber dem Außenminister äußerte sich der deutsche Gesandte jetzt ausweichend.

Es blieb ihm auch nichts anderes übrig. Er wusste noch nicht, was die versiegelten Instruktionen besagten, die er am 29. Juli durch Boten erhalten hatte und die er erst öffnen durfte, wenn man ihm dies mitteilte. Am 2. August war es schließlich so weit. Der deutsche Botschafter holte das Dokument aus dem Safe und löste das Siegel. Es war ein Ultimatum an die belgische Regierung, das er auftragsgemäß am Abend übergab. Belgien wurde darin eine Antwortfrist von 48 Stunden gesetzt. Obwohl die Note vom 26. Juli stammte, sollte sie den Anschein erwecken, als sei sie eben erst geschrieben worden. Im Text war von imaginären französischen Truppenbewegungen die Rede, und es wurde gefordert, dass Belgien die deutschen Streitkräfte durch ihr Staatsgebiet marschieren lassen solle, damit sie gegen Frankreich kämpfen könnten.

London. Bei der Sitzung am Abend erfuhr das britische Kabinett, dass Deutschland in Luxemburg eingefallen war und sich anschickte, nun auch in Belgien einzumarschieren. Daraufhin ordnete der Premierminister die Mobilmachung an.

Kapitel 41
3. August

Brüssel. Am frühen Montagmorgen wies König Albert von Belgien das deutsche Ultimatum zurück. Er übernahm das Kommando über die relativ bescheidenen Streitkräfte des Landes und ordnete an, alle Brücken und Tunnels zu zerstören, die die deutschen Truppen bei ihrem Einmarsch wahrscheinlich benutzen würden.

Luxemburg. In einer Proklamation, die von deutschen Invasionstruppen in der Stadt Luxemburg verteilt wurde, hieß es:»Nachdem Frankreich, die Neutralität Luxemburgs nicht achtend, wie zweifelsfrei festgestellt, die Feindseligkeiten von luxemburgischem Boden aus gegen Deutschland eröffnet hat«, hätten deutsche Truppen in Luxemburg einrücken müssen.[112] Der luxemburgische Regierungschef protestierte bei der deutschen Regierung und erklärte: »Es beruht dies auf Irrtum. Es befinden sich auf luxemburgischem Boden absolut keine französischen Soldaten...«[113]

London. In seiner Morgensitzung wurde das Kabinett vom deutschen Ultimatum an Belgien informiert. »Mit einer fast österreichischen Grobheit« seien die Deutschen über Belgien hergefallen, notierte Asquith in privaten Aufzeichnungen.[114] Im Kabinett vollzog sich ein dramatischer Sinneswandel. Belgien war der Dreh- und Angelpunkt. Noch in der Vorwoche hatte sich das Kabinett mit überwältigender Mehrheit gegen ein Eingreifen ausgesprochen. Damals wollten sich alle heraushalten, jetzt drängten sie zur Teilnahme am Krieg. Lloyd George, der sich bislang entschieden für den Frieden eingesetzt hatte, wurde zum wichtigsten Kriegsbefürworter. Das Kabinett war nahezu einhelliger Meinung. Dennoch trafen Asquith und Grey weiterhin Entscheidungen, über die sie nicht in der Ministerrunde abstimmen ließen.

Am Nachmittag trat Grey vor das Unterhaus. London war voll mit Urlaubern, denn an diesem Montag war der so genannte Bank Holiday, ein arbeitsfreier Tag. Auch im Parlament hielten sich viele Abgeordnete und Besucher auf. Das Unterhaus hatte sich laut Barbara Tuchman »zum ersten Mal, seit Gladstone 1893 das Home-Rule-Gesetz eingebracht hatte, vollzählig versammelt«.[115] »Grey hielt eine sehr bemerkenswerte Rede – beinahe eine Stunde lang –, die fast die ganze Zeit im Plauderton gehalten wurde«, schrieb Asquith.[116] Grey hatte keine Zeit mehr gefunden, den Text niederzuschreiben. Er stellte die Entwicklung der Krise dar, aber als er das Thema Belgien zur Sprache brachte, war klar, dass sich das Unterhaus mit überwältigender Mehrheit für ein Eingreifen aussprechen würde.

Noch eine Woche zuvor hatte Großbritannien wegen des Zankapfels Irland an der Schwelle zum Bürgerkrieg gestanden. Jetzt, nachdem Grey geendet hatte, erhob sich John Redmond, der Führer der irischen Nationalisten, und versicherte der Regierung, dass sie »morgen alle Truppen aus Irland abziehen« könne, weil »die bewaffneten nationalistischen Katholiken im Süden sich bereitwillig mit den bewaffneten protestantischen Ulstermen im Norden zusammenschließen« würden, um die Küsten des Vereinigten Königreiches zu verteidigen.

Und was geschieht jetzt?, fragte Violet Asquith ihren Vater, während Winston Churchill dieselbe Frage an Grey richtete.[117] Der Premier und der Außenminister gaben beide dieselbe Antwort: Wir stellen ein Ultimatum. Das wurde schließlich in einer Kabinettssitzung beschlossen, die nach der Unterhausdebatte einberufen wurde.

Kapitel 42

4. August

London. Um 9.00 Uhr protestierte Grey in einem Telegramm an Deutschland gegen das Ultimatum an Belgien und verlangte seine Rücknahme.

Als die Nachricht kam, dass Deutschland in Belgien einzumarschieren beabsichtige, übermittelte Grey um 14.00 Uhr ein Ultimatum an Berlin, in dem er von der deutschen Regierung verlangte, bis Mitternacht zu erklären, dass sie die Neutralität Belgiens achten werde. Das Telegramm wurde an den britischen Botschafter geschickt, der es erst um 19.00 Uhr übergeben konnte. Irgendwann merkte Grey, dass in der Note nicht angegeben war, ob das Ultimatum um Mitternacht britischer oder kontinentaler Zeit auslaufen solle, und man entschloss sich, die kontinentale Zeit zugrunde zu legen, wodurch Deutschland fünf Stunden Zeit für eine Antwort blieben.

Doch Deutschland reagierte nicht.

Durch den deutschen Einmarsch in Belgien, der Großbritannien in den Krieg hineinzog, weitete sich ein kontinentaler Krieg zu einem Weltkrieg aus. Das Britische Empire erstreckte sich über alle Teile der Welt, wo nun ebenfalls Krieg herrschen würde. Moltke hatte in seiner Denkschrift vom 2. August an das deutsche Außenministerium zu erkennen gegeben, dass man sich in Deutschland dessen durchaus bewusst war.

Angesichts der überragenden Bedeutung der britischen Entscheidung ist es sehr bemerkenswert, wie in dieser vordemokratischen Zeit dieser Beschluss zustande kam. Das Parlament stimmte nicht darüber ab. Das Kabinett spielte nur eine untergeordnete Rolle. Der Historiker Alan J. P. Taylor berichtet, dass König Georg V. am Abend des 4. August »ein geheimes Treffen im Buckingham-Palast« einberief, »an dem nur ein Minister und zwei Hofbeamte teilnahmen« und bei dem »die Ausrufung des Kriegszustands gebilligt« wurde. Erstaunlicher noch ist es, zumindest wenn man es mit heutigen Augen betrachtet, dass »die Regierungen und die Parlamente der Dominions nicht konsultiert wurden«. Stattdessen »verkündete jeder Generalgouverneur die königliche Proklamation eigenmächtig, wie beispielsweise der Vizekönig von Indien«.[118] Kanada, Australien, Neuseeland, Südafrika, Indien (zu dem damals auch noch Pakistan und Bangladesch gehörten) und der Großteil Afrikas wurden in einen Krieg verwickelt, ohne vorher gefragt worden zu sein.

Eigenartig, wenngleich auf andere Art, war auch die Situation Deutschlands, das sich nun mit Russland, Frankreich, Großbritannien, Luxemburg und Belgien im Krieg befand – angeblich nur, um Österreich zu stützen, das jedoch am 4. August noch mit allen diesen Ländern in Frieden lebte. Aber Deutschland führte keinen Krieg gegen Serbien, dem einzigen Land, dem Österreich den Krieg erklärt hatte, und das nach Ansicht Wiens eine Gefahr für die Existenz der Donaumonarchie darstellte.

Am folgenden Tag brach laut dem Historiker Hartmut Pogge von Strandmann »Panik in Berlin« aus,[119] als die deutschen Truppen allein und ohne Verbündete ihren Vormarsch fortsetzten. Moltke erklärte Tirpitz am 5. August, wenn Österreich sich weiter drücke, würde Deutschland, nur wenige Tage nach der Kriegserklärung, um Friedensverhandlungen nachsuchen müssen.[120]

Am 6. August gab Wien schließlich seinen Widerstand auf und erklärte Russland den Krieg.

Es ist daher nicht verwunderlich, dass sich die Krieg führenden Parteien von Beginn an genötigt sahen, ihrer Bevölkerung und den Völkern der anderen Länder die scheinbar verworrene Logik zu erklären, die sie auf das Schlachtfeld, beziehungsweise in Österreichs Augen, auf das falsche Schlachtfeld geführt hatte.

Kapitel 43
Vernichtung von Beweisen

Der Militärhistoriker Michael Howard schreibt über das Jahr 1914: »Wohl nur wenige Tage in der Geschichte wurden so genau unter die Lupe genommen wie jene zwischen dem 28. Juni, als der Erzherzog ermordet wurde, und dem 4. August, als Großbritannien den Krieg erklärte.« Dennoch bleiben einige Lücken. Argwöhnische Historiker werden zu Detektiven und nehmen sich dieser Lücken an. Denn die Unterdrückung oder die Beseitigung von Beweisen ist schon ein Beweis an sich, es stellt sich allerdings die Frage: ein Beweis *wofür?*[121]

Ein typisches Beispiel ist die Woche, die am Morgen des 28. Juni begann. In dieser Woche entschied Österreich-Ungarn darüber, wie es auf die Ermordung seines Thronfolgers reagieren sollte. Vor allem die privaten Aufzeichnungen von Außenminister Graf Berchtold wären in diesem Zusammenhang interessant. Sie könnten uns möglicherweise wichtige Anhaltspunkte liefern, worauf auch Holger Herwig verweist, der Autor eines maßgeblichen Werkes über Österreich und Deutschland im Ersten Weltkrieg: »Interessanterweise enthält Berchtolds offizielles Tagebuch im Außenministerium in dem Zeitraum zwischen dem 27. Juni und 5. Juli 1914 auffallend wenige Einträge.« Es besteht also eine Lücke von einer Woche. Dies lässt vermuten, dass Berchtold in dieser Woche irgendetwas tat, von dem er wusste, dass er es später würde abstreiten müssen. Auffällig ist auch, dass die Berichte der österreichischen Geheimdienste in den österreichischen Kriegsarchiven am 28. Juni abbrechen und erst ein Jahr später fortgesetzt werden. Als Deutschland am 3. August, zwei Tage nach der Kriegserklärung, sein Verhalten zu rechtfertigen versuchte, veröffentlichte es rund 30 Dokumente, »von denen die Hälfte plumpe Fälschungen waren«.

Während des Ersten Weltkriegs wollte jede Seite beweisen, dass nicht sie ihn angefangen habe; nach dem Ende des Krieges wollte keiner die Schuld auf sich nehmen, vor allem nicht die Deutschen, denen sie schließlich 1919 durch den Versailler Vertrag offiziell aufgebürdet wurde. Die deutschen Behörden veranlassten, dass wichtige Teile der Moltke-Papiere unterschlagen oder unterdrückt wurden.

Dies hatte zur Folge, dass auch in den Jahrzehnten nach dem Krieg Dokumente eher vernichtet, denn bewahrt wurden, und wenn man sie aufhob, wurden sie umgeschrieben oder neu zusammengestellt. Darüber hinaus betrieben die amtlichen Stellen in Deutschland unter den verschiedenen Regierungen einschließlich des nationalsozialistischen Regimes eine massive Desinformationskampagne, die Herwig in seinem Essay »Clio Deceived« ausführlich darstellte.

Anhand der Tagebücher von Kurt Riezler, des Privatsekretärs des deutschen Reichskanzlers, lässt sich zeigen, mit welchen Schwierigkeiten Historiker zu kämpfen haben. Vor seinem Tod hatte Riezler verfügt, dass seine Tagebücher vernichtet werden sollten. Die persönlichen Aufzeichnungen Bethmann Hollwegs waren bereits ein Jahrzehnt zuvor aus dem Verkehr gezogen oder vernichtet worden. Nach langem Hin und Her konnten die Aufzeichnungen Riezlers schließlich der Forschung zugänglich gemacht werden. Aber dabei stellte sich heraus, dass die Notizen vor und nach dem Sommer 1914 in Schulheften niedergelegt worden waren, jene aus den Schlüsselmonaten Juli und August aber auf losen Blättern verfasst und zudem in einem anderen Stil geschrieben waren, was den Verdacht nahe legt, dass diese zentralen Passagen umgeschrieben und anstelle der Originale eingefügt worden sein könnten. Auch die Aufzeichnungen von Georg Alexander von Müller, des Leiters des Marinekabinetts von Wilhelm II., waren gesäubert worden.

Aber nicht nur die Deutschen vernichteten oder verfälschten ihre schriftlichen Unterlagen. In den ersten Kriegswochen von 1914 veröffentlichte die französische Regierung das *Gelbbuch*, in dem sie alle ihre Handlungen rechtfertigte – ein Werk, über das Albertini in den 1940er Jahren schrieb: »Es versammelt 159 Dokumente, von denen viele verändert, verstümmelt oder verfälscht wurden.« In Sankt Petersburg wurde von den russischen Behörden das *Orangebuch* herausgebracht, das laut Albertini, »59 Dokumente enthält, von denen einige größtenteils gefälscht waren«. Und die serbischen Archive blieben ein halbes Jahrhundert lang verschlossen. Von den Sitzungen des serbischen Kabinetts 1914 wurden keine Protokolle aufbewahrt.

Aber in keinem Land wurde die Unterdrückung oder Vernichtung von Berichten, Tagebüchern und ähnlichen Aufzeichnungen in den folgenden Jahrzehnten so entschlossen betrieben wie in Deutschland. Daher gibt es keine Aufzeichnungen der Telefonate oder anderer Gespräche, die in dem fraglichen Zeitraum im deutschen Außenministerium geführt wurden. Auf deutscher Seite waren die beiden entscheidenden Wendepunkte zum einen die Gespräche mit den Österreichern am 5. Juli, die zum so genannten Blankoscheck führten, und zum anderen die Diskussionen der zivilen und militärischen Reichsleitung in der Woche ab dem 27. Juli, an deren Ende die Kriegsentscheidung stand. Über beide Komplexe existieren keine Aufzeichnungen aus dem Auswärtigen Amt mehr. Dem Historiker Imanuel Geiss zufolge fehlen auch die Aufzeichnungen der Gespräche des Kaisers mit der militärischen und der politischen Führung im Juli 1914. Daher gibt es auch keine Berichte über die Verhandlungen mit den Vertretern ausländischer Mächte in Berlin.

Dementsprechend waren es auch deutsche Wissenschaftler, angefangen mit dem mutigen Fritz Fischer in den 1960er Jahren, die sich besonders hervortaten beim Aufspüren und Zusammensetzen einzelner Bruchstücke von Berichten und Informationen und häufig unkonventionelle und einfallsreiche Feldforschung betrieben. Anfang der 1970er Jahre veröffentlichte John Röhl, ein ausgewiesener Experte für das Wilhelminische Deutschland, zwei außerordentlich wichtige Dokumente, die er »in einer

Truhe im Keller von Schloss Hemmingen in Württemberg und in einem Waschkorb im Dachgeschoss eines Herrenhauses in Hertefeld nahe der holländischen Grenze entdeckte«, wie er schreibt, »während ich dort nach Briefen suchte«.[122] Die beiden Dokumente waren ein halbes Jahrhundert lang dort versteckt gewesen.

Wir müssen somit die nahe liegende Schlussfolgerung ziehen, dass jene Dokumente, die vernichtet oder aus dem Verkehr gezogen wurden, wahrscheinlich belastende Informationen enthielten, und dass man gewisse Unterlagen zu zerstören oder zu verfälschen versuchte, um die Verantwortung für den Krieg abstreiten zu können.

Doch wie wir noch sehen werden, ist es der modernen Forschung möglich, trotz aller Vertuschungs- und Manipulationsversuche die Wahrheit über die Ereignisse ans Licht zu bringen.

Teil acht

Die Lösung des Rätsels

Kapitel 44
Ein Treffen in der Bibliothek

Eine Untersuchung der näheren Umstände des Ausbruchs der Feindseligkeiten 1914 liest sich in gewisser Hinsicht wie ein Detektivroman. Zunächst stellt sich die *einfache* Frage nach dem Täter: Wer stand hinter dem jungen Mann, der die tödlichen Schüsse abfeuerte, sofern er nicht aus eigenem Antrieb handelte? Daran schließt sich die *komplexe* Frage nach dem Täter an: Wer manipulierte die sich daraus ergebende Situation dahingehend, dass sie schließlich zur Zerstörung der bestehenden europäischen Ordnung führte?

Die klassische Detektivgeschichte, die in der Generation nach dem »Großen Krieg« vor allem in Großbritannien so populär wurde, endete häufig damit, dass sich alle überlebenden Personen in einem Raum versammelten. Dort, im Speisewagen eines Zuges, dem Ballsaal eines Hotels oder der Bibliothek eines Landhauses, erklärte dann Agatha Christies Hercule Poirot oder ein anderer Detektiv, was wirklich geschehen war, und beantwortete die alles entscheidende Frage: Wer war es?

Bei der Untersuchung, die uns hier beschäftigt, müssen wir uns zwangsläufig in einer Bibliothek einfinden. Die Protagonisten der Julikrise leben alle nicht mehr. Sie können unsere Fragen nicht mehr persönlich beantworten. Der italienische Historiker Luigi Albertini, der zu Beginn des Zweiten Weltkriegs starb, war vermutlich der letzte Forscher, der den Ereignissen von 1914 noch auf klassische detektivische Art nachspüren konnte: Er konnte die Stellungnahmen der Beteiligten einholen, sie befragen, ihre Aussagen vergleichen und Widersprüchen oder Ungereimtheiten auf den Grund gehen. Seine Bücher sind somit gewissermaßen die letzten Detektivromane.

Eine neue Ära begann in den 1960er Jahren mit den bahnbrechenden Arbeiten von Fritz Fischer, der die Archive durchpflügte wie Archäologen ein Ausgrabungsfeld. Sein Beispiel fand Nachahmer und führte zu vielen Entdeckungen. Die persönlichen Erinnerungen waren verloren, aber die Akten hatten überdauert. Immer wieder werden seither neue Enthüllungen gemacht, neue Erkenntnisse gewonnen, unbekannte Dokumente ans Tageslicht befördert. Die Beteiligten können nicht mehr zu uns sprechen, wohl aber die Literatur.

Tausende Bücher wurden geschrieben über die Ursachen des Ersten Weltkriegs, aber nur 50 oder vielleicht 100 davon, die in der Nach-Fischer-Ära entstanden, beinhalten, zumindest in ihren wichtigsten Passagen, eine wahrheitsgemäße Darstellung der Ereignisse in jenem schicksalhaften Sommer 1914, mit deren Folgen wir heute noch leben.

Kapitel 45
Was nicht geschah

In der Zeit nach Fischer haben die Historiker viele gängige Annahmen über die Ursachen des Ersten Weltkrieges revidiert. Doch die Erkenntnisse der Wissenschaft sind bislang nicht vollständig in das Bewusstsein der breiten Öffentlichkeit vorgedrungen. Viele weit verbreitete Ansichten über die Ereignisse im Juli 1914 wurden mittlerweile von den Wissenschaftlern in Zweifel gezogen oder widerlegt.

Laut jüngsten und sehr überzeugenden Forschungen verhielt

es sich keineswegs so – wie die Menschen der damaligen Zeit glaubten und viele Autoren später schrieben –, dass sich die europäische Welt im Juni 1914 in einem paradiesischen Zustand befunden habe, in dem der Ausbruch von Feindseligkeiten zwischen den Großmächten völlig überraschend gekommen sei. Im Gegenteil, Europa steckte in einem beispiellosen Rüstungswettlauf, wie den politischen und militärischen Eliten durchaus bewusst war; im Inneren wurden die Länder von gewaltsamen sozialen, wirtschaftlichen und politischen Kämpfen erschüttert; und die Generalstäbe diskutierten unentwegt – nicht jedoch über die Frage, ob es zu einem Krieg kommen werde, sondern darüber, wo und wann dieser Krieg stattfinden würde.

Auch die künftigen Konfliktfelder hätte man im Vorhinein ausmachen können. In den europäischen Staatskanzleien rechnete man allgemein damit, dass auf dem unruhigen Balkan bald eine neue Runde kriegerischer Auseinandersetzungen bevorstehen würde, in deren Verlauf das Osmanische Reich aus Europa zurückgedrängt werden würde. Die deutschen Staatsführer fürchteten (und einige russische Staatslenker hofften darauf), dass auch das Habsburgerreich zusammenbrechen könnte. Österreich-Ungarn hatte Angst, dass es sich nicht gegen die slawische Flut würde behaupten können. Deutschland erhöhte die Steuern, um seine Rüstungsprogramme in einem Tempo zu forcieren, das nicht lange durchzuhalten sein würde; es musste, wie es schien, entweder bald einen Krieg beginnen oder seine Ambitionen aufgeben. Niemand jedoch wusste, *wann* es zum Krieg kommen würde, in welchem Jahr oder welchem Jahrzehnt es schließlich losgehen würde.

Jenes Europa, das im Sommer 1914 zu den Waffen griff, war kein ruhiger und friedlicher Ort gewesen. Es wurde zerrissen durch tausenderlei Konflikte und war bereit zum Krieg.

Meiner Ansicht nach stimmt es auch nicht, dass der Weg in den Krieg erst am 28. Juni 1914 in Sarajevo begonnen hätte. Vielmehr hatten bereits der Zweite Balkankrieg (1913) und seine Folgen bei Berchtold und im österreichischen Außenministerium die Überzeugung reifen lassen, dass Österreich-Ungarn Serbien vernichten müsse. In diesem Zusammenhang sei noch einmal daran erinnert, dass Wien den Plan zur Zerschlagung Serbiens schon zwei Wochen *vor* dem Attentat in Sarajevo zu entwickeln begonnen hatte.

Auf deutscher Seite verstärkten die militärische Aufrüstung Russlands und der Ausbau seiner Infrastruktur und Industrie ab 1905 bei den Generalen den Wunsch nach einem schnellen Präventivschlag gegen Russland und seinen Verbündeten Frankreich. Auch deshalb blickten sie mit Bedauern auf das Jahr 1905 zurück: In diesem Jahr waren sowohl Russland als auch Frankreich vorübergehend gelähmt gewesen und hätten leicht besiegt werden können. Die Ursprünge der deutschen Vorgehensweise lassen sich also auf den Zeitraum zwischen 1904 und 1914 zurückführen, als sich die deutsche Militärführung für einen Präventivkrieg einzusetzen begann. In der letzten Juliwoche 1914 nutzten die Deutschen schließlich ihre Chance und entschlossen sich, jenen Präventivkrieg zu provozieren, von dem sie schon so lange träumten.

Unmittelbar nach den Morden vom 28. Juni glaubte Wien, der Anschlag sei das Ergebnis einer Verschwörung gewesen, die von Serbien angestiftet und organisiert worden sei. Doch das stimmt nicht ganz. Serbien trug eine Mitverantwortung, war aber nicht der allein Schuldige.

Die Morde wurden von einem Mann ausgeführt, der aus Bosnien stammte und damit österreichischer, nicht serbischer Staatsbürger war. Er handelte wahrscheinlich (wenn auch nicht sicher) aus eigener Initiative, obwohl er mehrere Helfer hatte. Sein Anschlag – das können wir heute sicher sagen – wurde durch die Unterstützung einiger abtrünniger Offiziere im serbischen Militär ermöglicht.

320

Es steht außer Zweifel, dass die Kugel, die den österreichischen Thronfolger Franz Ferdinand am späten Vormittag des 28. Juni 1914 tötete, aus einer Waffe stammte, die von dem jungen Terroristen Gavrilo Princip abgefeuert wurde.

Trotz seiner gegenteiligen Beteuerungen in den Tagen nach seiner Festnahme hatte Princip nicht völlig allein gehandelt. Vielleicht stammte die Idee zur Ermordung des Erzherzogs wirklich von ihm, worauf er bis zum Schluss beharrte, doch er war der Kopf einer Verschwörergruppe. Die übrigen Mitglieder dieser Gruppe waren wie er junge, hitzköpfige Nationalisten. Einer dieser Mitverschwörer versuchte ebenfalls den Erzherzog umzubringen, verfehlte jedoch sein Ziel. Am Ende war es Princip, der die tödlichen Schüsse abgab. Es gab keine dritte Kugel. Es gab auch keine grasbewachsene Anhöhe.

Die Verschwörung hätte nicht in die Tat umgesetzt werden können ohne die Unterstützung durch die serbische Geheimgesellschaft Schwarze Hand, die Waffen, Schießausbildung und eine »Untergrundroute« zur Verfügung stellte, auf der Princip und seine Gesinnungsgenossen von Serbien nach Bosnien geschleust wurden. Die Schwarze Hand konnte sich ihrerseits auf die Hilfe niedriger serbischer Regierungsbeamter und auf die organisatorischen Möglichkeiten der nationalistischen serbischen Kulturorganisation Narodna Odbrana stützen.

Apis und seine Leute, die Führer der Schwarzen Hand, waren hochrangige Offiziere, die die serbische Regierung unterwandert hatten. Es handelte sich um eine militärisch-politische Gruppe, die eine Verschwörung gegen den Ministerpräsidenten eingefädelt hatte; dieser konnte daher nicht verantwortlich gemacht werden für ihre Taten.

Bald kamen Gerüchte auf, die sich jahrzehntelang hielten, wonach Russland die Schwarze Hand und die Verschwörer von Sarajevo finanziell unterstützt habe. Doch diese Vermutungen erscheinen unbegründet. Möglicherweise wussten einige Anhänger des Panslawismus in russischen Regierungskreisen Bescheid darüber, dass Apis Princip half, und billigten diese Unterstützung, aber damit standen sie allein und vertraten in dieser Frage nicht die offizielle Regierungsmeinung. Der einflussreichste russische Panslawist auf dem Balkan, der Gesandte Hartwig in Serbien, stützte Ministerpräsident Pašić gegen die Schwarze Hand, was allein schon dagegen spricht, dass die Russen der Terroristengruppe in irgendeiner Weise geholfen haben könnten.

Der Attentäter Princip handelte aus einer Reihe von Motiven, die überwiegend auf Missverständnissen oder falschen Informationen beruhten. Obwohl der Erzherzog unter allen führenden Repräsentanten des Habsburger Herrscherhauses die slawenfreundlichste Position vertrat, wurde er von Princip als Feind der Slawen betrachtet. Princip fürchtete, dass die jährlichen Manöver, die Franz Ferdinand inspizieren wollte, den Auftakt zu einem Einmarsch der Österreicher in Serbien bilden sollten (was nicht den Tatsachen entsprach). Auch hatte Princip erfahren, dass der Erzherzog als Gemäßigter galt, dessen entgegenkommende Politik darauf zielte, alle Slawen unter die Herrschaft Österreichs zu bringen.

Wie viele andere Terroristen glaubte wohl auch Princip, dass die Ermordung eines Staatsführers die herrschenden Schichten demoralisieren würde. Er hatte bereits andere Vertreter der Habsburgermonarchie ins Auge gefasst, bevor er erfuhr, dass der Erzherzog nach Sarajevo kommen würde.

Princips Förderer Apis besaß anscheinend nicht viel mehr Informationen über Franz Ferdinands politische Vorstellungen als der Attentäter selbst. Doch die Frage nach dem Motiv von Apis ist komplizierter. Wie A. J. P. Taylor ausgeführt hat, dürften Princip und seine Freunde als potenzielle Attentäter keinen sonderlich überzeugenden Eindruck gemacht haben, als sie sich zum ersten Mal Agenten der Schwarzen Hand vorstellten. Sie waren Jugendliche, hatten keinerlei militärische Ausbildung oder Erfahrung und konnten auch nicht mit Waffen umgehen. Wie wollten sie die Leibwächter eines der wahrscheinlich am besten bewachten europäischen Politikers überrumpeln? Um Princips Plan zu verwirklichen, bedurfte es einer Reihe von schweren Fehlern auf Seiten der Österreicher und glücklichen Zufällen, mit denen man unmöglich rechnen konnte.

Erscheint es daher nicht plausibler, dass Apis, wie Taylor vermutet, die kleine Gruppe jugendlicher Hitzköpfe gerade *deshalb* unterstützte, weil er davon ausging, dass sie scheitern würden? Ohne gleich Österreich einen Vorwand für ein militärisches Vorgehen zu liefern, hätte der missglückte Anschlag den serbischen Ministerpräsidenten – den Feind von Apis – in große Schwierigkeiten gebracht und ihm bei den Wahlen geschadet, die für den 14. August angesetzt waren. Während also die Morde von Sarajevo bislang immer als eine Episode der Weltpolitik betrachtet wurden, sollten sie damals vielleicht in erster Linie einem innenpolitischen Manöver in Serbien dienen.

Allgemein ging man davon aus, dass die Handlungen Österreichs, von dem Attentat am 28. Juni bis zur Kriegserklärung an Serbien am 28. Juli, von dem Verlangen nach Bestrafung der Schuldigen motiviert worden seien. Kritiker wendeten ein, dass Wien viel zu schnell ein Urteil gefällt und Serbien aufgrund unzureichender Beweise als Drahtzieher beschuldigt habe.

Und wie wir heute wissen, ging es Österreich-Ungarn tatsächlich nicht darum, ob Serbien für die Morde verantwortlich war oder nicht. Einigen Angehörigen des Hofes kam das Attentat sogar durchaus gelegen. Die österreichisch-ungarische Regierung, die ziemlich gleichgültig auf den Tod des Erzherzogs und seiner Gemahlin reagierte – und die insgeheim sogar erleichtert war, das ungeliebte Paar auf so elegante Weise losgeworden zu sein –, benutzte die Ereignisse vom 28. Juni als Rechtfertigung für ein Vorgehen, das sie ohnehin beabsichtigt hatte. Das Attentat lieferte ihr eine günstige Gelegenheit, sich der Unterstützung Deutschlands zu versichern, die von entscheidender Bedeutung war für einen erfolgreichen Angriff auf Serbien. Am

28. Juni brauchte die k. u. k. Regierung nur noch die Zustimmung Deutschlands.

Normalerweise hätte sich Kaiser Wilhelm geweigert, die österreichische Aggression abzusegnen. Er hatte bereits ähnliche Bitten um Unterstützung abgeschlagen. Aber er war wirklich empört über den Doppelmord – vielleicht als Einziger – oder vermittelte zumindest diesen Eindruck. Offensichtlich ließ er sich dann von der Dynamik der Ereignisse mitreißen. Wie sein Homerscher Held Odysseus änderte er nun seine Meinung und befürwortete einen Krieg, um den Tod seines besten Freundes zu rächen.

Später galt es unter Historikern als ausgemacht, dass die Morde von Sarajevo lediglich ein Vorwand gewesen seien, um Serbien mit Krieg zu überziehen. Sie waren tatsächlich ein Vorwand, aber nicht nur. Die Morde waren auch für sich genommen wichtig, denn durch die Beseitigung des Erzherzogs und die Herbeiführung eines Meinungswandels beim deutschen Kaiser wurde der Widerstand jener beiden Personen ausgeschaltet, die wahrscheinlich die Habsburgermonarchie weiterhin davon abgehalten hätten, über Serbien herzufallen.

Das nächste Schlüsselereignis für einen Krieg mit Serbien fand am 5./6. Juli statt, als Kaiser Wilhelm und seine Regierung Österreich-Ungarn eine Blankovollmacht ausstellten. Dieses Verhalten haben die Historiker zu Recht heftig kritisiert: Eine Regierung ist verantwortlich für ihre Handlungen, und eine Blankovollmacht gibt einer Gruppe von Entscheidungsträgern Macht ohne Verantwortung und einer anderen Gruppe Verantwortung ohne Macht.

Aber Deutschland erhielt keine Gelegenheit, diese törichte Entscheidung zu bedauern, denn in der Praxis wurde der Blankoscheck nicht eingelöst. Vereinfacht ausgedrückt, nahm Österreich weiterhin Befehle von Deutschland entgegen, anstatt skrupellos selbst Entscheidungen für den Verbündeten zu treffen. Reichskanzler Bethmann Hollweg entwickelte die Invasionsstrategie, der Berchtold und seine Regierung folgten; und es war Berlin, nicht Wien, das im Anschluss daran auf diplomatischer Ebene das Konzept einer »Lokalisierung« des Konflikts ins Spiel brachte.

Es stimmt, dass die Österreicher den Krieg nicht abbliesen, als der deutsche Kaiser sie Ende Juli dazu aufforderte, aber als die Österreicher schließlich am 28. Juli Serbien den Krieg erklärten, taten sie dies auf Geheiß des deutschen Außenministers.

Der Blankoscheck wurde nie zur Auszahlung vorgelegt, aber es wäre falsch zu behaupten, seine Ausstellung sei daher ohne Bedeutung gewesen. Es war vielmehr die Sicherheit, die er Franz Joseph, Berchtold und Conrad bot und sie in ihrem Kriegskurs gegen Serbien bestärkte.

Die Entscheidung zur Ausstellung der Blankovollmacht wurde vom deutschen Kaiser getroffen. Die Mitglieder der militärischen und der zivilen Reichsleitung billigten diese Entscheidung und übernahmen damit die Mitverantwortung. Trotz aller Feindseligkeit, die Kaiser Wilhelm während des Krieges von Seiten der Alliierten entgegenschlug – »Hängt den Kaiser!« war eine beliebte Parole in Großbritannien –, zählte er nur in dieser speziellen Hinsicht zu den Hauptschuldigen für den Kriegsausbruch.

Kaiser Wilhelm, ein aufbrausender, zu Drohgebärden neigender und unausgeglichener Monarch, wollte sein Land und Europa nicht in den Krieg führen. Er war im Gegenteil in der Reichsführung der stärkste Fürsprecher des Friedens. Wilhelm und Franz Ferdinand waren die beiden am meisten verhassten Persönlichkeiten in Europa, aber sie hielten Hitzköpfe im Zaum und sprachen sich im Zweifel stets für die Erhaltung des Friedens aus. Erst nachdem sie beide aus dem Entscheidungsprozess ausgeschaltet waren, Franz Ferdinand dauerhaft und Wilhelm vorübergehend, bekam die Kriegsfraktion Oberwasser und nutzte ihre Chance. Wilhelm glaubte auch nicht, dass er durch die Blankovollmacht einen Krieg zwischen den Großmächten in Gang setzen würde. Er schien vielmehr überzeugt zu sein, dass er dadurch lediglich Österreich zu einem Krieg gegen Serbien ermutigte, in den sich jedoch keine der übrigen Großmächte einmischen würde.

Die Bezeichnung »Julikrise«, mit der die Historiker jene 37 Tage zwischen den Ereignissen in Sarajevo und dem Kriegsausbruch belegt haben, ist in gewisser Weise irreführend. Sie suggeriert, dass sich die Spannungen kontinuierlich, gewissermaßen täglich gesteigert hätten, aber wie bereits dargestellt, war das nicht der Fall.

Die Beratungen über die Ausstellung der Blankovollmacht am 5./6. Juli waren geheim, und der deutschen und der österreichischen Regierung gelang es anschließend sehr gut, den Eindruck zu erwecken, dass keinerlei Kriegsvorbereitungen gegen Serbien getroffen würden. Europa war daher nicht beunruhigt, und von wachsender Spannung war noch nichts zu spüren.

Eine Abschrift des österreichischen Ultimatums an Serbien wurde den europäischen Außenministerien am 23. oder 24. Juli zugestellt, erst danach begann die Krise zu eskalieren. Für Russland und Großbritannien war dieses Datum der 24. Juli; Frankreich wurde eine knappe Woche später alarmiert, nachdem Poincaré und Viviani aus Russland zurückgekehrt waren.

Das Ultimatum, das Österreich-Ungarn am 23. Juli an Serbien stellte, wirkte wie ein Schock in Europa. Man teilte weithin die Auffassung, dass ein Land, das derartige Bedingungen akzeptierte, seine Unabhängigkeit nicht länger würde behaupten können.

Aber nach den ernüchternden Erfahrungen des 20. Jahrhunderts wurden die Historiker vorsichtiger und betrachten die österreichischen Forderungen heute nicht mehr als unzumutbar.

Wir kritisieren zwar noch, dass der serbischen Regierung eine so kurze Frist gesetzt oder dass Serbien überhaupt ein Ultimatum gestellt wurde, halten Serbien aber weitgehend für schuldig. Serbien bot terroristischen Gruppen Unterschlupf und unterstützte sie vielleicht auch aktiv. Es ermöglichte den Verschwörern, die den Erzherzog ermordeten, sich zu organisieren und ihre Aktion vorzubereiten. Und zudem hatte das serbische Volk das Attentat eindeutig bejubelt.

Die Entscheidung Österreichs, darauf mit einem Einmarsch in Serbien zu antworten, die logistische Basis der Terroristen zu zerstören, alle Organisationen zu zerschlagen, die Angriffe auf Österreich unterstützt hatten, und die Schuldigen zur Rechenschaft zu ziehen, findet durchaus Parallelen im 21. Jahrhundert. Im Jahr 2001 handelte die US-Regierung ähnlich, als sie mit Unterstützung ihrer NATO-Verbündeten Truppen nach Afghanistan schickte.

Entsprechend dem Völkerrecht muss jede Regierung dafür sorgen, dass bewaffnete Gruppen ihr Territorium nicht als Ausgangsbasis für Angriffe auf andere Länder benutzen können. Aber wenn ein Land zu schwach ist und nicht verhindern kann, dass von seinem Staatsgebiet aus Aktionen gegen andere Staaten organisiert werden, verwirkt es seine diesbezüglichen Souveränitätsrechte, und der betroffene Nachbarstaat kann Truppen entsenden, um die Schuldigen zu bestrafen und weitere Attacken zu unterbinden. Dieses Recht nahm beispielsweise 1916 auch General John Pershing in Anspruch, als er seinen Soldaten befahl, die Kämpfer von Pancho Villa nach Mexiko zu verfolgen, nachdem diese zuvor auf US-Territorium vorgedrungen waren.

Damals glaubte man, dass Serbien mit seiner Antwort alle Forderungen Österreichs akzeptiert habe. Doch heute sind die Historiker anderer Ansicht. Dies lässt sich auch anhand der Lektüre der diplomatischen Noten beurteilen (Anhänge 1 und 2).

Angesichts der bevorstehenden Wahlen am 14. August musste

Ministerpräsident Pašić seine Wähler davon überzeugen, dass er gegenüber den Österreichern so gut wie keine Zugeständnisse machte, während er in der Antwortnote für Wien den Eindruck vermitteln musste, dass er praktisch alle Forderungen erfüllte. Das Dokument musste daher mehrdeutig formuliert werden. Russland wurde von einigen Historikern vorgeworfen, es habe Pašić geraten, nicht vollständig zu kapitulieren. Heute herrscht dagegen die Auffassung vor, dass Russland keine derartige Empfehlung abgab, sondern Serbien eher dazu drängte, mit Österreich Frieden zu schließen.

Wichtig ist jedoch zu erkennen, dass es gar nicht darauf ankam, was der serbische Ministerpräsident antwortete: Österreich war von vornherein entschlossen, die serbische Antwort nicht zu akzeptieren, egal, wie sie ausfiel. Das Ultimatum war so formuliert worden, dass es Serbien praktisch unmöglich gemacht wurde, es anzunehmen.

Österreich verfolgte nach dem 5./6. Juli seinen Kurs langsam, aber stetig weiter. Am 23. Juli übergab es das Ultimatum an Serbien, am 25. Juli wies es dessen Antwort zurück, und am 28. Juli erklärte es den Krieg. Unmittelbar darauf begann es mit den Vorbereitungen des Feldzugs.

Lange Zeit glaubte man, die politischen Strukturen Europas im Jahr 1914 – insbesondere die angeblich so starren Bündnissysteme – seien dafür verantwortlich gewesen, dass sich der Konflikt ausweitete und schließlich alle Großmächte in die Auseinandersetzung hineingezogen wurden. Rückblickend betrachtet, muss diese Annahme in Frage gestellt werden. Italien war durch den Dreibund mit Deutschland und Österreich verbündet, blieb aber 1914 dennoch neutral und schloss sich später sogar den Alliierten an. Großbritannien dagegen besaß keinen Bündnisvertrag mit Frankreich und Russland, stand ihnen aber trotzdem bei. Nicht die Verträge waren also ausschlaggebend dafür, auf welcher Seite ein Land in den Krieg eingriff.

Nicht die gegensätzlichen Paktsysteme zogen die Staaten in den Krieg. Die Bündnisse bremsten vielmehr (wie Kurt Riezler, Bethmann Hollwegs Sekretär, feststellte) das Abenteurertum und sicherten den Frieden, denn jedes Land neigte dazu, seine Verbündeten davon abzuhalten, größere Risiken einzugehen bei Streitfragen, an denen immer nur einer ein ernsthaftes Interesse besaß. Frankreich wirkte in der Regel mäßigend auf Russlands Balkanpolitik ein, während Russland Frankreich in Marokko zu Bedachtsamkeit mahnte. Die Partner hielten sich gegenseitig zurück, denn keiner wollte die Kämpfe des anderen ausfechten.

Die Beistandsverträge waren normalerweise defensiv ausgelegt, denn darin versprach ein Land einem anderen, ihm im Falle eines Angriffs zur Seite zu stehen. Dies änderte sich grundlegend im Jahre 1909. Abweichend von dem Bündnisvertrag von 1879 erklärte Moltke mit Billigung seiner Regierung, dass Deutschland *verpflichtet* sei, Österreich zu unterstützen, selbst wenn der Bündnispartner von sich aus einen Krieg anfangen sollte.

War es diese Bereitschaft Deutschlands, einem Verbündeten bedingungslos beizustehen, die 1914 zum Zusammenbruch der europäischen Ordnung führte? Das wäre möglich gewesen, aber in Wirklichkeit verhielt es sich anders: Deutschland stützte nicht blindlings Österreich bei seinem aggressiven Vorgehen; es trieb im Gegenteil Österreich erst zu einem aggressiven Kurs und drängte die Donaumonarchie dazu, immer weiterzugehen. Nicht das Bündnis mit Österreich zog Deutschland in den Krieg, sondern Österreich wurde durch sein Bündnis mit dem Deutschen Reich in den Krieg getrieben: in den Krieg gegen Russland und dessen Verbündete in den übrigen Teilen der Welt.

Wodurch wurde dann der Krieg verursacht? Oder durch wen? Am Nachmittag des 31. Juli, als sich Deutschland auf den Kriegsausbruch vorbereitete, erklärte Reichskanzler Bethmann Hollweg vor dem Kabinett, »dass alle Regierungen – auch die russische – und die große Mehrheit der Nationen friedlich gesinnt sind, aber die Lage ist außer Kontrolle geraten«.

Die Lage war außer Kontrolle geraten! Dies war die glaubhafteste Erklärung. Sie klang gerecht und unparteiisch. Sie exkulpierte die Staatsmänner, von denen viele tatsächlich keine Schuld traf. Und sie lieferte eine plausible Antwort auf die schwierige Frage, wer den Krieg verursacht hatte – und was »Ursache« in diesem Zusammenhang eigentlich bedeutete. Aber diese Erklärung ist nicht hinreichend, wie der Historiker Marc Trachtenberg und andere eindrucksvoll dargelegt haben, denn die Entscheidungsträger wussten sehr wohl, welche Konsequenzen ihre Handlungen nach sich ziehen würden.

Es trifft zu, dass Frankreich, Russland und Serbien nicht vollständig Herr der Lage waren. Sie alle wollten Frieden, doch diese Option stand ihnen nicht mehr zur Verfügung. Aber nicht aufgrund unbeabsichtigter Folgen der Mobilmachung, irgendwelcher Erfordernisse von Zugfahrplänen oder Verpflichtungen aus Bündnissystemen wurde ihnen im Sommer 1914 ein Krieg aufgezwungen. Sie gerieten in den Krieg, weil sie angegriffen wurden. Sie wurden von Deutschland und Österreich-Ungarn angegriffen.

Häufig wurde behauptet, Russlands Entscheidung zur Mobilmachung habe zum Krieg geführt. Das wäre möglicherweise unter anderen Umständen der Fall gewesen. Im Sommer 1914 traf es nicht zu. Die deutsche Regierung hatte sich zum Krieg entschlossen, *bevor* Russland seine Streitkräfte mobilmachte; der deutsche Entschluss konnte somit nicht durch die russische Entscheidung ausgelöst worden sein. Darüber hinaus hatten die deutschen Staatsführer geradezu darauf gewartet und gehofft, dass Russland die Mobilmachung erklärte: Dies lieferte ihnen den gewünschten Vorwand und ermöglichte es ihnen, die Unterstützung der Bevölkerung zu gewinnen.

Der russische Außenminister Sasonow wusste, wenn Russland die Mobilmachung anordnete, würde Deutschland den Krieg erklären und Russland die Schuld dafür zuschieben. Er war daher gegen die Mobilisierung, bis er schließlich einsehen musste, dass Deutschland, auch wenn Russland nicht mobilmachte, dasselbe tun würde: dass es den Krieg erklären und Russland als Schuldigen hinstellen würde. Die Frage der Mobilmachung musste daher in Sankt Petersburg allein unter dem Gesichtspunkt diskutiert werden, ob sie militärisch sinnvoll war.

Wenn also, wie die Tatsachen belegen, die österreichisch-ungarische Regierung Serbien absichtlich einen Krieg aufzwang und diesen mit einem unprovozierten Angriff begann, und wenn, wie die Tatsachen ebenfalls belegen, die deutsche Regierung Russland, Frankreich und Belgien absichtlich in einen Krieg zog und diesen ebenfalls durch einen unprovozierten Angriff einleitete, bedeutet das dann, dass Österreich und Deutschland die Schuld an diesem Krieg trifft? Nein – jedenfalls nicht in der Welt von 1914.

»Schuld« war eine Kategorie, die erst in der Nachkriegszeit entwickelt wurde. Bis zum Großen Krieg von 1914 war der Krieg eine normale und übliche Spielart der internationalen Politik. Theodore Roosevelt beispielsweise betrachtete ihn, wie bereits weiter vorne anhand eines Zitats gezeigt wurde, als gesund und wünschenswert. Heute sehen wir das anders, aber es wäre unfair, die Staatsmänner von 1914 nach unseren Maßstäben anstatt nach ihren eigenen zu beurteilen.

Moltke und Berchtold sowie ihre Berater und Mitarbeiter befanden sich nicht in dem Glauben, dass sie Kriege vom Zaun brachen, die hätten vermieden werden können – zu denen es ohne ihr Zutun nicht gekommen wäre. Ihrer Ansicht nach beschleunigten sie 1914 lediglich Kriege, die ohnehin früher oder später ausgebrochen wären. Sie waren lediglich für das Timing der Konflikte verantwortlich, nicht für die Konflikte selbst.

Und schließlich waren es die kleinen, herrschenden Cliquen Deutschlands und Österreichs, die für ihre jeweiligen Kriege die

Verantwortung trugen. Die Menschen, die sie ausfochten, hatten damit nichts zu tun.

Häufig wurde behauptet, die rigiden Vorgaben des Schlieffenplans, die so unerbittlich abliefen wie ein Uhrwerk, hätten Deutschland und damit auch das übrige Europa in den Krieg gezwungen. Diese These wurde in zahlreichen Büchern ausgebreitet. Doch wir wissen mittlerweile, dass es einen »Plan« Schlieffens im strengen Sinn nicht gab. Schlieffen hatte in seinem Memorandum lediglich ein Szenario entworfen. Deutschland initiierte den Krieg nicht auf der Grundlage von Schlieffens Denkschrift, sondern auf der Basis von Moltkes Operationsplan.

Kapitel 46
Der Schlüssel zu den Ereignissen

Vieles ereignete sich in jenem weit zurückliegenden Sommer des Jahres 1914, eines Sommers, der uns in vielfacher Hinsicht noch heute begleitet. Die entscheidende Frage jedoch lautet: Wie konnte damals ein Weltkrieg ausbrechen?

Einige Aspekte dieser Entwicklung blieben immer rätselhaft. In gewisser Weise war dies auch nicht verwunderlich, denn es wurden gezielt zahlreiche Beweise vernichtet, die Antworten auf unsere Fragen hätten liefern können. Aber durch die Wissenschaftler in der Nach-Fischer-Ära wurde ein großer Teil der Vergangenheit rekonstruiert, so dass wir nun mit einiger Sicherheit die Lücken schließen können.

Wir wissen heute, wie sich der Konflikt zwischen Österreich und Serbien entlud. Österreich hatte seit 1903 ein gespanntes Verhältnis zu Serbien, als sich durch einen Putsch die politische Ausrichtung dieses Balkanstaates änderte und der vormalige österreichische Satellit zu einem Verbündeten Russlands wurde. Wir wissen, dass Österreich in den Balkankriegen, die 1913 zu Ende gingen, eine tief sitzende Angst vor Serbien entwickelte. Es ist eindeutig belegt, dass Mitte Juni 1914 im Außenministerium der Habsburgermonarchie auf Anweisung von dessen Leiter eine Denkschrift entworfen wurde, in der die Beseitigung der serbischen Bedrohung gefordert wurde – ein Plan, der nur mit Unterstützung Deutschlands umgesetzt werden konnte. Hierin lag das Problem. Denn als der deutsche Kaiser Mitte Juni 1914 von Österreich um Rückendeckung gebeten wurde, lehnte er dieses Ansinnen ab.

Die völlig zufällige Ermordung von Franz Ferdinand und Sophie, die sich etwa zur selben Zeit ereignete, als die Denkschrift verfasst wurde, lieferte jedoch ein starkes, emotional berührendes Argument, das den deutschen Kaiser zu einem Sinneswandel veranlasste. Es war ein reiner Zufall, aber er hatte zur Folge, dass Wilhelm am 5./6. Juli Österreich eine Blankovollmacht ausstellte, die er noch wenige Wochen zuvor verweigert hatte.

Zum damaligen Zeitpunkt erschien diese Blankovollmacht nicht als so verhängnisvoll wie im Rückblick. Deutschland wollte damit nur die anderen europäischen Großmächte davon abhalten, sich einzumischen, wenn Österreich-Ungarn militärisch gegen Serbien vorging. Der Kaiser und viele seiner Berater sahen kein Risiko in dieser Selbstverpflichtung; sie waren völlig sicher – und das auch mit gutem Grund –, dass die übrigen Mächte nichts unternehmen würden, sofern die Donaumonarchie rasch handelte. Einige Mitglieder der Reichsleitung – zum Beispiel Kriegsminister Falkenhayn – waren sogar überzeugt, dass Deutschland überhaupt nichts würde tun müssen, weil Österreich untätig bleiben würde.

Als Kaiser Wilhelm nach den Besprechungen vom 5./6. Juli wie viele andere Staats- und Militärführer demonstrativ in seinen Sommerurlaub aufbrach, rechnete er damit, dass Österreich-Ungarn ungefähr zwei bis drei Wochen brauchen würde, um mit

Serbien fertig zu werden. Aber als die hohen Militärs drei Wochen später aus ihrer Sommerfrische zurückkehrten, mussten sie feststellen, dass sich ihre schlimmsten Befürchtungen bewahrheitet hatten: Österreich hatte während ihrer Abwesenheit nichts gegen Serbien unternommen. Der österreichische Generalstabschef Conrad verschob die Aktion abermals und benannte nun den 12. August als Termin, zu dem die Habsburger Armeen frühestens einsatzbereit sein würden.

Diese Situation fanden die deutschen Generale vor, als sie in der letzten Juliwoche ihre informellen Konsultationen aufnahmen.

Die Darstellung der Auseinandersetzung zwischen Österreich und Serbien zu Beginn des 20. Jahrhunderts konzentriert sich meist auf zwei Aspekte: wie sie begann und wie sie ihren schicksalhaften Verlauf nahm. Aber wie ging dieser Konflikt aus? Diese Frage wird seltsamerweise nur sehr selten gestellt. In den letzten Wochen des Juli 1914 schien Europa das Interesse am österreichisch-serbischen Konflikt verloren zu haben. Er hatte seine Schuldigkeit getan. Nun verschwand er weitgehend aus dem Blickfeld.

Die Hauptakteure in dem Drama, das in der letzten Juliwoche in Berlin begann, waren die deutschen Heeresführer. Falkenhayn hatte dem Kaiser mitgeteilt, dass die Dinge nun seiner (Wilhelms) Kontrolle entglitten seien, und der Kaiser schien sich im Großen und Ganzen damit abzufinden. Bisweilen jedoch redete und handelte er so, als habe er noch alles im Griff. Es hatte zwar keinen militärischen Staatsstreich gegeben, aber der Kaiser – und auch der Reichskanzler – schwenkten schließlich auf die Position der Generale ein.

Gegen Ende der Woche nahmen die Militärs das Heft in die Hand; das war die entscheidende Veränderung gegenüber vorher. Der Blankoscheck war die Idee des Kaisers gewesen, und seine

Offiziere hatten nichts dagegen eingewendet; die Ratschläge an Österreich, wie es am besten vorgehen solle, um seine Ziele zu erreichen, waren vom Reichskanzler formuliert worden, einem Zivilisten. Nach Bethmann Hollwegs Plan hätte Österreich Serbien so schnell niederwerfen sollen, dass den übrigen europäischen Großmächten keine Zeit mehr blieb, um einzugreifen oder etwas gegen den Einmarsch zu unternehmen. Die Aktion hätte erfolgen sollen, bevor die anderen Mächte richtig begriffen, was vor sich ging. Bethmann Hollweg hätte sicherstellen sollen, dass Österreich entsprechend handelte und den Zeitplan erfüllte. Aber Österreich hatte versagt. Jetzt brachten die hohen Militärs ihre eigenen Vorstellungen ins Spiel.

Moltke hatte einen Krieg gegen Russland schon immer für unausweichlich gehalten – er war überzeugt, dass es schicksalhaft zu einem Zusammenstoß zwischen Deutschen und Slawen kommen müsse und dass die Zeit für Russland arbeitete, so dass Deutschland so früh als möglich einen Präventivkrieg beginnen müsse. Das war seine Doktrin in der Julikrise, die auch seine Kollegen und der Große Generalstab zu teilen schienen.

Aber die Umstände mussten günstig sein: Das hatte Moltke immer wieder betont, ebenso wie andere hohe Generale.

Welche Bedingungen mussten erfüllt sein?

In der Marokko-Krise von 1911 – der so genannten Agadir-Affäre – war den Deutschen klar geworden, dass sich die Habsburger nicht für rein deutsche Interessen stark machen würden. Andererseits erwarteten sie, dass Deutschland sie bei der Verfolgung ihrer eigenen Interessen unterstützte. Es war somit in gewisser Weise eine einseitige Allianz.

Wenige Jahrzehnte zuvor hatte Preußen sein Ziel erreicht, Österreich aus dem deutschen Staatsverbund hinauszudrängen. In dem komplizierten und ambivalenten Verhältnis zwischen Berlin und Wien – zwei Rivalen, die aufeinander angewiesen waren – liegt die Erklärung für die Juli-Ereignisse.

Das Bündnis mit der Habsburgermonarchie war von zentraler Bedeutung für die langfristige Strategie Deutschlands. In dem Krieg, den Moltke kommen sah, brauchte er die österreichisch-ungarischen Armeen, um in den ersten Wochen des Feldzugs Russland in Schach halten zu können, während die deutschen Truppen mit Frankreich beschäftigt sein würden.

Einige der wichtigsten Voraussetzungen, die nach Moltkes Ansicht für einen erfolgreichen Krieg gegeben sein mussten, waren daher an die Donaumonarchie geknüpft. In dem Konflikt musste es deshalb zunächst um österreichische Interessen gehen, nicht um deutsche, sonst würde Österreich nicht mitspielen. Österreich musste zuerst vorpreschen. Durch sein Vorgehen musste sich Russland provoziert fühlen. Am Anfang des Konflikts durfte Deutschland lediglich als Beschützer Österreichs erscheinen. Dann musste Russland Deutschland angreifen – oder es musste zumindest in der deutschen Öffentlichkeit der Eindruck entstehen, dass Russland der Angreifer war.

Ende Juli konnte jeder General in Berlin erkennen, dass die Sterne nun dank einer glücklichen Fügung in der richtigen Position standen und die Konstellation so günstig war, wie sie es nie wieder werden würde. Moltke war nur einer von vielen, die darauf hinwiesen.

Daher setzten sich die Generale in Berlin in der letzten Juliwoche für den Krieg ein – nicht für einen Krieg Österreichs gegen Serbien, sondern für den Krieg Deutschlands gegen Russland.

Jahrzehntelang scheint den Historikern, die sich mit den Ursachen des Kriegsausbruchs 1914 beschäftigten, entgangen zu sein, dass in diesem Sommer *zwei* Kriege, nicht nur einer, vorgeschlagen und geplant wurden.

Zudem waren diese beiden Kriege anscheinend auch nicht völlig miteinander kompatibel. In dieser Hinsicht waren Moltke und Conrad nicht vollständig aufrichtig zueinander. Sobald die Feindseligkeiten eröffnet waren, würde sich zeigen, dass Conrad alle seine Truppen benötigte, um Serbien niederzuwerfen, während Moltke Conrads Armee brauchte, um Russland abzuwehren. Jeder hoffte, der andere würde, wenn es so weit war, seinen Krieg aufgeben. Conrad wollte, dass Deutschland Russland nur abschreckte – nicht aktiv bekriegte –, während er Serbien vernichtete. Moltke dagegen beharrte darauf, dass Österreich seine eigenen Absichten zurückstellte, bis Deutschland seine Kriegsziele erreicht hatte. Die deutsche Position wurde am 31. Juli durch die Mobilmachung eindeutig klar gemacht. An diesem Tag schickte Wilhelm Franz Joseph eine Botschaft, deren Bedeutung der Historiker Fritz Fellner zu Recht hervorhob. In seinem Telegramm schrieb der deutsche Kaiser:»In diesem schweren Kampfe ist es von größter Wichtigkeit, dass Österreich seine Hauptkräfte gegen Russland einsetzt und sich nicht durch gleichzeitige Offensive gegen Serbien zersplittert... Serbien spielt in diesem Riesenkampfe, in den wir Schulter an Schulter eintreten, eine ganz nebensächliche Rolle...«[1] Das entsprach keineswegs dem, was die Führer der Habsburgermonarchie hören wollten, und Conrad leistete diesen Wünschen nur widerstrebend und zögerlich Folge. Die Botschaft lautete: Schließt euch *unserem* Krieg an, denn dieser ist wichtiger, und verschiebt *euren* Krieg, der weniger wichtig ist, so lange, bis wir in der Lage sind, uns auch mit unbedeutenderen Dingen zu beschäftigen.

Unterscheidet man diese beiden Kriege voneinander, lassen sich auch viele Fragen beantworten, die im Zusammenhang mit der »Julikrise« aufkamen. Eine dieser Fragen, die von Anfang an in unterschiedlichen Formulierungen gestellt wurde, geht dahin, weshalb Menschen in allen Teilen der Erde in den Krieg zogen und starben, nur weil zwei Personen, die kaum jemand kannte – Franz Ferdinand und Sophie – etwas Schreckliches widerfahren war.

Die Antwort lautet: Nicht *deshalb* zogen die Menschen in den Krieg und opferten sich auf. Der lokale Krieg zwischen Öster-

337

reich und Serbien hatte durchaus etwas mit Franz Ferdinand und Sophie zu tun, aber der Große Krieg nicht; der Weltkrieg, bei dem es sich nicht um denselben Konflikt handelte, war ein Kampf um die Vormachtstellung zwischen den europäischen Großmächten. Das Streben danach, die Nummer eins zu werden, mag ein beklagenswerter Kriegsgrund gewesen sein, aber dass die Großmächte dadurch motiviert wurden, war weder überraschend noch erstaunlich. Zudem hatte Deutschland einen Vorwand genutzt, um den Weltkrieg zu beginnen, und dieser Vorwand barg die Möglichkeit in sich, dass Russland in den österreichisch-serbischen Krieg eingriff. So wurde Vorwand auf Vorwand gehäuft und der Nachwelt Sand in die Augen gestreut. Die beiden Kriege hingen in gewisser Weise zusammen, aber sie waren verschieden, und am Ende brachte Deutschland Österreich-Ungarn dazu, seinen eigenen Krieg zugunsten jenem von Deutschland zurückzustellen.

Die deutschen Generale hatten ihren Urlaub im Juli 1914 dazu genutzt, um ihre Pläne weiter zu vervollkommnen. Sie waren nicht vollständig von den Ereignissen abgeschnitten, sondern hatten dafür gesorgt, dass sie über alles Wichtige auf dem Laufenden gehalten wurden. Als sie nach Berlin zurückgekehrt waren, drängten sie zum Krieg – doch nicht zu einem Krieg gegen Serbien, sondern zu einem Krieg gegen Russland, für den ihnen die Serbien-Krise einen Vorwand lieferte.

Man bedenke, dass die Russen noch nichts unternommen hatten, als die hohen deutschen Militärs zwischen dem 23. und 27. Juli nach Berlin zurückkehrten. Die Russen hatten sich bislang nicht in die Krise eingemischt. Sie hatten nur minimale Vorbereitungen zu einer Mobilisierung ihrer Streitkräfte getroffen (am 26. Juli).

Was die Fieberkurve in Berlin nach oben trieb, war vielmehr die Aussicht, bereits 1914 militärisch gegen das französisch-russische Bündnis vorgehen zu können. Die deutschen Generale hatten sich bereits für den Krieg entschieden, bevor Russland mobilmachte (am 31. Juli), so dass nicht (wie so oft behauptet wurde) die russische Mobilmachung für den Kriegsausbruch verantwortlich war. Die Frage, über die sich Moltke den Kopf zerbrach und in der er auch häufig seine Meinung änderte, lautete daher, ob er Lüttich sofort angreifen solle, was absolut erforderlich schien, oder ob er warten solle, bis Russland die Mobilisierung anordnete und seiner Regierung daher eine Rechtfertigung für die Kriegserklärung lieferte.

Sobald Russland den Erwartungen entsprach und die Mobilmachung einleitete, konnte der lokale und verhältnismäßig kleine serbische Krieg in den Hintergrund treten und der Weltkrieg zwischen den Großmächten beginnen. Die Historiker würden dann eines Tages schreiben, dass der Serbienkrieg irgendwie außer Kontrolle geraten und zu einem Weltkrieg eskaliert sei. *Doch aus dem einen Krieg ging nicht zwangsläufig der andere hervor. Im Gegenteil, der eine Krieg musste beiseite gedrängt werden, damit der andere anfangen konnte.*

Es waren zwei Kriege, nicht einer; das ist der Schlüssel zum Verständnis der Entwicklung.

Der Historiker Michael Howard erklärte sehr klar und nachvollziehbar, weshalb den Wissenschaftlern der Erste Weltkrieg häufig Rätsel aufgab: Die deutsche Entscheidung war scheinbar unlogisch. Ausgehend von der Clausewitzschen Auffassung, dass militärische Pläne keine inhärente Logik besitzen, schreibt Howard: »Es lag gewiss keine Logik in der Entscheidung des deutschen Generalstabs, dass Deutschland, *um Österreich in einem Konflikt mit Russland über Serbien beizustehen,* Frankreich angreifen müsse, das von dieser Auseinandersetzung nicht betroffen war, und dass es dazu in Belgien einmarschieren müsse.«[2]

Lässt man den kursiv gesetzten Satzteil weg – nachdem wir nun wissen, dass Deutschland den Krieg gegen Russland aus eigenem Interesse anzettelte, nicht im Interesse Österreichs –, dann ist das Rätsel gelöst. Und es zeigt sich, dass die Entscheidungen des deutschen Generalstabs durchaus nicht einer gewissen Logik entbehrten. Nicht um die Unterstützung Österreichs ging es den deutschen Militärführern bei ihren Manövern im Juli. Sie wollten sich im Gegenteil Österreichs Unterstützung für ihren eigenen Krieg sichern. Die deutschen Generale mussten es schaffen, Österreich zuerst in einen Krieg hineinzutreiben, und es anschließend dazu bringen, sich gegen einen anderen Feind zu wenden. In gewisser Hinsicht waren die beiden Kriege nicht miteinander vereinbar. Das kann man jedoch erst erkennen, wenn man begriffen hat, dass es sich um *zwei* Kriege handelte, nicht um einen.

Kapitel 47
Worum ging es?

Versucht man herauszufinden, welchem Zweck ein Krieg diente, können unterschiedliche Fragestellungen hilfreich sein, wie etwa: Welche Gründe führten die Entscheidungträger für den Krieg an? Was glaubten sie in Wirklichkeit? Welche Ergebnisse erbrachte der Konflikt am Ende?

Im Fall des österreichisch-serbischen Konflikts behauptete Wien, es wolle durch den Feldzug die Morde von Sarajevo sühnen und ähnliche Verbrechen für die Zukunft verhindern. In Wirklichkeit wurden die österreichischen Staatsführer von ganz anderen Motiven bewegt. Sie glaubten, sie würden den Vielvölkerstaat Österreich-Ungarn verteidigen und vor dem Zerfall schützen. Sie fürchteten, Serbien würde, wenn man ihm nach den Balkankriegen eine längere Erholungspause gönnte, die Führung der südslawischen Völker innerhalb und außerhalb des Habsburgerimperiums an sich reißen. Sie kämpften also um den Bestand ihres Reiches.

Im Fall von Serbien war es noch einfacher. Die Serben kämpften, weil sie angegriffen wurden. Wenn Serbien verlor, musste es damit rechnen, von Österreich zerstückelt zu werden; Serbien drohte seine Existenz und seine Unabhängigkeit einzubüßen.

Die Österreicher vermuteten wahrscheinlich durchaus zu Recht, dass Serbien in einigen Jahren zu einer ernsten Gefahr für das Habsburgerreich heranwachsen würde. Wie sein deutscher Verbündeter begann daher auch Österreich 1914 einen Krieg, den es als Präventivkrieg verstand.

In den ersten Jahrzehnten seiner Herrschaft hatte sich Kaiser Wilhelm die Forderungen der Marine zu Eigen gemacht. Er hatte sich hinter Tirpitz' Flottenbauprogramm gestellt, durch das Deutschland Großbritannien als Seemacht zumindest ebenbürtig werden sollte. Wäre dieses Programm erfolgreich gewesen, wäre Deutschland – nach Angaben von Tirpitz – von einer beherrschenden kontinentaleuropäischen Macht zu einer Weltmacht aufgestiegen.

Doch das war nicht das Ziel – zumindest nicht das kurzfristige Ziel –, das die deutsche Regierung 1914 verfolgte. Jetzt war Russland der Feind, nicht Großbritannien. Die Marine war vom Heer verdrängt worden; Tirpitz hatte gegenüber Moltke und Falkenhayn stark an Einfluss verloren. Die Männer, die jetzt die deutsche Politik bestimmten – die Führer des Heeres –, wollten Deutschlands Besitzstand sichern. Ihnen ging es darum, die Vorherrschaft Deutschlands auf dem europäischen Kontinent zu festigen. Sie wollten verhindern, dass Russland irgendwann mit Unterstützung Frankreichs in der Lage sein würde, diese Position zu gefährden, und suchten daher einen Krieg zu provozieren, in dem Deutschland jetzt bessere Chancen haben würde als später.

Die hohen Armeeoffiziere in Berlin, die dem widerstrebenden Kaiser ihre Kriegspolitik aufzwangen, wurden durch die Angst vor Russlands wachsender Macht getrieben. Ihre Vorstellung, dass ein großer Schlagabtausch zwischen den Germanen und den

Slawen unausweichlich sei, erscheint heute unbegründet. Doch ihre Befürchtungen waren real.

Die Männer, die 1914 an der Spitze Deutschlands standen, betrieben nach ihrem eigenen Verständnis eine defensive Politik. Sie war konservativ in dem Sinne, dass es ihnen darum ging, Deutschlands militärische Vormachtstellung auf dem Kontinent zu erhalten. Der Feind – der Herausforderer, mit dem sie sich ihrer Ansicht nach früher oder später würden auseinander setzen müssen – hieß Russland. Ähnlich wie Österreich, das lieber heute als morgen gegen Serbien in den Krieg ziehen wollte, entschloss sich auch Deutschland – das heißt die deutsche Militärführung – dazu, lieber heute als morgen gegen Russland loszuschlagen.

Ende Juli 1914 waren die Entscheidungsträger in Berlin davon überzeugt, dass es in dem bevorstehenden Krieg darum gehen würde, welches Land in den kommenden Jahren Europa beherrschen würde: Deutschland oder Russland?

Während des Krieges befasste sich Wladimir I. Lenin, der kommunistische Theoretiker und künftige Diktator Russlands, in seinem Züricher Exil mit dem Zusammenhang zwischen Krieg und Imperialismus. Aufbauend auf Untersuchungen des britischen Historikers J. A. Hobson, behauptete Lenin, dass der Kapitalismus in sein höchstes und letztes Stadium eingetreten sei und die Wirtschaft der entwickelten kapitalistischen Länder nur noch durch den Erwerb von Kolonien und Kapitalexport expandieren könne. Der Krieg von 1914 war in seinen Augen ein Krieg zwischen imperialistischen Mächten um die militärische und politische Aufteilung der Welt.

Lenin irrte sich. In diesem Krieg ging es um die Vorherrschaft auf dem europäischen Kontinent, nicht um die Eroberung von Kolonialgebieten in Afrika oder Asien. Doch seine Thesen wirkten sehr glaubhaft und fanden vor allem in den 1920er und 1930er Jahren viele Anhänger. Die Tatsachen schienen für sie zu sprechen.

Wie sich nach dem Ende des Weltkriegs zeigte, war eines seiner wichtigsten Ergebnisse die starke Ausweitung des britischen Empire. England nahm Deutschland seine Kolonien in Afrika ab. Eine Million britische Soldaten standen als Besatzungstruppen im Mittleren Osten. Einige Beobachter zogen daraus den Schluss, dass der Weltkrieg tatsächlich ein imperialistischer Krieg gewesen sei, in dem es um imperiale Expansion gegangen sei. Doch das war ein Trugschluss. Als Grey und Asquith im August 1914 Großbritannien in den Krieg führten, hegten sie keine Expansionsgelüste und verfolgten auch keine Strategie, die auf eine weitere Vergrößerung des Empire gezielt hätte; sie verbanden mit dem Kriegseintritt ihres Landes nicht die Hoffnung oder die Erwartung, weitere Kolonialgebiete zu erwerben.

Dasselbe galt für das Deutsche Reich, wenngleich es seine Ziele im September 1914 höher steckte, wie auch viele andere Staaten auf beiden Seiten. Sie zogen in den Kampf, um ihren Besitzstand zu wahren. Aber als der Krieg entbrannt war und sich viele neue Möglichkeiten eröffneten, wurden Wunschlisten erstellt, die schließlich eine solch suggestive Kraft entfalteten, dass die Staatsmänner entschlossen waren, erst dann Frieden zu schließen, wenn sie ihre Ziele erreicht hatten. Je länger die Kämpfe dauerten, desto überspannter wurden die Kriegsziele. Das galt nicht nur für Deutschland, sondern auch für Frankreich und England.

Wie bereits dargestellt, hatte nicht der Imperialismus den Krieg verursacht; der Krieg löste vielmehr eine neue Welle des Imperialismus aus. Die Forderungen, die die Krieg führenden Parteien bei der Friedenskonferenz erhoben, hatten nur noch wenig zu tun mit ihren ursprünglichen Zielen, die sie in den Krieg getrieben hatten.

Wir haben gezeigt, weshalb Österreich und Deutschland in den Krieg zogen. Was Russland und Frankreich veranlasste, sich in den Kampf zu stürzen, lässt sich in einem Satz zusammenfassen:

Deutschland erklärte ihnen den Krieg, und sie verteidigten sich. Von den Großmächten, die sich im August 1914 gegen Deutschland und Österreich zusammenschlossen, hätte nur Großbritannien frei entscheiden können, ob es sich am Krieg beteiligte oder nicht.

Eine der erstaunlichsten Entwicklungen im Vorfeld des Krieges besteht darin, wie die Briten, die noch bis zum 1. oder 2. August mehrheitlich gegen eine Kriegsbeteiligung waren, umschwenkten und am 3. August nahezu einmütig den Kriegseintritt befürworteten. Diesen Meinungswandel führte Edward Grey herbei, indem er auf die Belgien-Karte setzte.

Die Neutralität Belgiens war von den Großmächten im 19. Jahrhundert zweimal garantiert worden. Es stand außer Frage, dass Großbritannien als eine der Garantiemächte berechtigt war, Belgiens Neutralität zu verteidigen, wenn es dies für geboten hielt. Weniger klar war jedoch, ob Großbritannien zum Eingreifen *verpflichtet* war, wenn sich die übrigen Signatarstaaten zurückhielten. Es stellte sich die Frage, ob die Garantie durch die europäischen Großmächte nur im Verbund einzulösen war oder von jedem Einzelnen der beteiligten Staaten.

Doch aus welchen Gründen auch immer rief der Fall Belgien in Großbritannien heftige emotionale Reaktionen hervor und einte Menschen unterschiedlichster politischer Ausrichtung. Manche erklärten, Großbritannien sei durch seine Ehre dazu verpflichtet, sein Versprechen zum Schutz Belgiens einzuhalten. Andere meinten, Deutschland müsse bestraft werden, weil es gegen eine vertragliche Verpflichtung verstoßen und damit sein Wort gebrochen habe. Andere verehrten die Neutralität als ein hohes Gut und schätzten Belgiens Entschlossenheit, sie zu verteidigen. Es wurde auch die Auffassung vertreten, England solle große Länder davon abhalten, auf den Rechten kleinerer Staaten herumzutrampeln. Schließlich gab es auch Leute, die in der belgischen Neutralität ein vitales Interesse Großbritanniens sahen und es als eine strategische Gefahr für die britischen Inseln betrachteten, dass die Kanalhäfen in die Hände eines potenziellen Feindes fallen könnten.

Große Teile des britischen Kabinetts, des Parlaments und der Öffentlichkeit wurden durch den einen oder anderen dieser Aspekte der Belgien-Frage – die Grey in seiner großen Rede vor dem Unterhaus am 3. August geschickt miteinander verband – dazu veranlasst, ihre Meinung zu ändern. Für Greys Zuhörerschaft war das Leiden Belgiens kein Vorwand, sondern der wirkliche Grund, dessentwegen England in diese Auseinandersetzung eingreifen müsse. Deshalb zogen sie in den Krieg, *sagten* die Briten, und sie *glaubten* es auch.

Doch Asquith und Grey, die das Land in den Krieg führten, wurden dabei nicht von irgendwelchen Idealen geleitet, sondern von einem lebenswichtigen Interesse Großbritanniens. Es gibt Anhaltspunkte dafür, dass sich Asquith und Grey anders verhalten hätten, wäre Belgiens Neutralität von Frankreich und nicht von Deutschland verletzt worden. Aber was Deutschland tat, war eine Bedrohung für Großbritannien. Durch die Vernichtung Frankreichs als Großmacht hätte Deutschland das europäische Kräftegleichgewicht zerstört und Englands globale Vorherrschaft gefährdet. Hätte Deutschland die gesamte belgische und französische Atlantikküste einschließlich der Kanalhäfen kontrolliert, wären die britischen Inseln ständig der Gefahr von Angriffen, Bombardements oder eines Einmarsches ausgesetzt gewesen. Für Asquith und Grey ging es in diesem Krieg um die Aufrechterhaltung des Kräftegleichgewichts und die nationale Sicherheit.

Lange Zeit gingen die Historiker (wie beispielsweise der weiter vorne zitierte Elie Halévy) davon aus, die Ursache für das englisch-deutsche Duell im Ersten Weltkrieg habe darin gelegen, dass Deutschland Großbritanniens Vormachtstellung in der bestehenden europäischen Ordnung in Frage gestellt habe. England führte somit einen Defensivkrieg, um den Status quo zu erhalten;

der dynamische Aggressor Deutschland versuchte demgegenüber, die Welt zu verändern.

Diese Theorie bedarf der Überprüfung. Sowohl Großbritannien wie auch Deutschland versuchten zumindest in gewisser Hinsicht, das bestehende Kräftegleichgewicht aufrechtzuerhalten, zumindest so, wie sie es verstanden. Deutschland konnte es sich nicht leisten, Österreich-Ungarn als Verbündeten und als Großmacht zu verlieren; Großbritannien wollte sich Frankreich als Verbündeten und als Großmacht erhalten. Deutschland kämpfte, um Österreich zu retten; Großbritannien zog in den Krieg, um Frankreich zu sichern. So ging es beiden Seiten zunächst darum, sich zu erhalten, was sie besaßen: ihren engsten Verbündeten. In diesem Sinn war der Krieg – jedenfalls am Anfang, später allerdings nicht mehr – von beiden Seiten defensiv ausgerichtet.

Für die ostpreußischen Großgrundbesitzer indes war der Krieg noch in einem allgemeineren Sinn ein Verteidigungskrieg. In Moltkes Offizierskorps war eine gewisse pessimistische Grundeinstellung verbreitet, die sich daraus speiste, dass diese alteingesessenen Aristokraten keine Möglichkeit mehr sahen, wie sich ihre Werte, ihre Lebensart und ihre beherrschende gesellschaftliche Position würden erhalten lassen.

Fritz Fischer verdanken wir die Entdeckung, dass die deutsche Regierung im September 1914 weit gesteckte, umfassende Kriegsziele formulierte: gewissermaßen einen großen Entwurf. Diese Kriegsziele waren expansionistisch und imperialistisch. Doch dieses Programm entstand im September, nicht im Juli. Es hatte nicht Falkenhayn und Moltke zu ihren Handlungen motiviert.

Dies galt nicht nur für die Krieg führenden Parteien von 1914, sondern auch für all jene Länder, die später in den Kampf eingriffen. Die Gründe für den Eintritt in den Krieg waren für die meisten Länder nicht identisch mit jenen, die sie dazu veranlassten, den Krieg weiterzuführen. Sie zogen aus bestimmten Gründen in den Krieg, aber im Verlauf des Konflikts entstanden neue Gründe, deretwegen sie den Kampf fortsetzten. Die Differenzen zur anderen Seite vergrößerten sich, wurden stärker und fanden neue Grundlagen. Durch den Eintritt Großbritanniens in den Konflikt weitete sich ein europäischer Krieg zu einem globalen Krieg aus. Der Eintritt der USA in den Krieg und in die Weltpolitik im Jahr 1917 veränderte das hergebrachte Kräftegleichgewicht. Durch die Beteiligung Amerikas und die beiden Revolutionen in Russland, die sich in diesem Jahr ereigneten, gewann der Konflikt schließlich auch ideologische Dimensionen, die vorher noch nicht vorhanden gewesen waren, jedoch den Rest des 20. Jahrhunderts prägen sollten.

Am Anfang allerdings ging es schlicht darum, dass die Großmächte ihre jeweilige Position zu behaupten und ihren Besitzstand zu verteidigen suchten.

Kapitel 48
Wer hätte den Krieg verhindern können?

In den wenigen Tagen, die ihnen im Juli 1914 verblieben, versuchten einige erfahrene europäische Staatsmänner, den Krieg noch abzuwenden. Warum ist ihnen dies nicht gelungen? Waren sie, wie behauptet wurde, nicht geschickt genug? In den 90 Jahren, die seitdem vergangen sind, wurde nahezu endlos darüber spekuliert, was man noch hätte unternehmen können. Aber hätte man wirklich noch etwas tun können?

Heute geht man allgemein davon aus, dass jeder in Frieden leben will, sofern ihm dafür keine unakzeptablen Bedingungen gestellt werden. In Europa erkannte man damals jedoch nicht, dass dies 1914 für zwei Staaten nicht galt. Wien war nicht bereit, sich mit Serbien zu arrangieren, sondern wollte einen Krieg provozieren. Berlin war nicht gewillt, friedlich mit Russland auszukommen, sondern wollte es in einen Krieg ziehen. In beiden Fällen wünschten die Regierungen den Krieg, oder genauer gesagt, wollten ihren Gegner so sehr schwächen, wie es nur durch einen erfolgreichen Krieg möglich war.

Um den Frieden zu bewahren, bedarf es zweier Beteiligter, einen Krieg kann auch einer allein anfangen. Wenn eine Regierung zum Krieg entschlossen ist, wird sie sich durch keine wie auch immer geartete Besänftigungspolitik davon abbringen lassen. Nachdem Europa 1914 nicht begriffen hatte, was sich damals abgespielt hatte, musste es diese Lektion schließlich nach dem Münchner Abkommen von 1938 lernen. Nur eine starke Gegenmacht kann einen Staat aufhalten, über ein anderes Land herzufallen.

Was den Krieg Österreichs betraf, war Wien bewusst, dass es Serbien erst angreifen konnte, wenn ihm Berlin Rückendeckung gewährte. Mit Unterstützung Deutschlands konnte es tun, was es wollte. Natürlich brauchte Österreich darüber hinaus die Zustimmung Ungarns, die es auch erhielt. Anschließend konnte nichts mehr Österreich-Ungarn davon abhalten, in den Krieg zu ziehen.

Die europäischen Staatsmänner tappten im Dunkeln bezüglich der Motive Österreichs und waren daher etwas desorientiert. Sie nahmen die Beteuerungen der Habsburgermonarchie für bare Münze und glaubten, dem Land gehe es nur darum, ein begangenes Verbrechen zu bestrafen. Doch in Wirklichkeit wollte Österreich kein Verbrechen rächen, sondern suchte einen Vorwand. Es wollte nicht Schuldige ihrer gerechten Strafe zuführen, denn dadurch wäre ihm die Entschuldigung abhanden gekommen, die es für sein eigentliches Vorhaben brauchte, nämlich einen Krieg vom Zaun zu brechen. Es stellte Serbien ein Ultimatum – nicht um das Nachbarland dazu zu zwingen, seine Bedingungen anzunehmen, sondern sie abzulehnen.

Natürlich arbeitete der schwerfällige Apparat der österreichisch-ungarischen Regierung viel zu langsam. Anfang August hatten die österreichischen Armeen noch nicht einmal mit den Feindseligkeiten begonnen, die Ende Juli eigentlich schon hätten beendet sein sollen. Wenn auch im Schneckentempo, so bewegte sich die Doppelmonarchie doch entschlossen auf ihr Ziel zu, ohne anzuhalten, ohne abzuweichen und ohne sich ablenken zu lassen. Sie wollte den Krieg und war nicht bereit, sich davon abbringen zu lassen.

Hätten Großbritannien, Frankreich oder auch Russland irgendetwas tun können, um den österreichischen Krieg gegen Serbien abzuwenden? Wir wissen jetzt mit Sicherheit, dass nichts, was diese Länder hätten unternehmen können, Österreich bei seinem Vorhaben hätte aufhalten können. Österreich war zum Krieg entschlossen und hätte allein durch Deutschland daran gehindert werden können.

An dieser Stelle können wir zwei alternative Szenarien durchspielen, die auf die Frage hinauslaufen: Was wäre gewesen, wenn? Das erste Szenario besteht darin, dass die deutsche Regierung in der Woche nach dem 27. Juli den Anordnungen des Kaisers gefolgt wäre und der Donaumonarchie die Unterstützung entzogen hätte, falls diese sich nicht mit einer Friedensregelung nach den deutschen Bedingungen einverstanden erklärte. Dies hätte wahrscheinlich zu einem überwältigenden diplomatischen Triumph der beiden deutschsprachigen Verbündeten geführt. Vermutlich hätte dadurch der Frieden gerettet werden können, Österreich wäre sehr gut dabei weggekommen, und Serbien wäre streng bestraft worden.

Ein zweites Szenario: Russland hätte sich aus dem Konflikt herausgehalten. Das wäre möglich gewesen, wenn man Russland hätte überzeugen können, dass Serbien für die Morde in Sarajevo verantwortlich war. In diesem Fall hätte Russland mit Österreich gemeinsame Sache gegen die Prinzenmörder und die Terroristen machen und Wien eine Blankovollmacht ausstellen können, wie es Deutschland getan hatte, um die Probleme im Verhältnis zu Serbien nach besten Kräften zu lösen. Durch dieses Verhalten hätte Russland der deutschen Militärführung die Voraussetzungen und die Vorwände entzogen, die sie brauchte, um ihren geplanten Krieg gegen Russland und Frankreich zu beginnen. Ein Weltkrieg wäre zumindest verschoben oder vielleicht auch ganz abgewendet worden.

Im Hinblick auf Deutschlands Krieg standen den Kriegsbefürwortern mehr Hindernisse im Weg. Zunächst mussten die Gewerkschaften und die Sozialdemokraten für den Krieg gewonnen werden, doch das gelang Bethmann Hollweg in der turbulenten letzten Juliwoche. Die komplizierten Vorbereitungsmaßnahmen, die getroffen werden mussten, bevor das Militär die Feindseligkeiten eröffnen konnte, hatten vor allem mit Österreich zu tun.

Wie wir gesehen haben, musste Wien dazu gebracht werden, seine Truppen zunächst für den Krieg gegen Serbien zu mobilisieren und sie dann in den Dienst einer anderen Unternehmung zu stellen: des deutschen Feldzugs gegen Russland, den Berlin im eigenen Land als einen Feldzug Russlands gegen Deutschland darstellte.

Nachdem dies alles bewältigt war, konnte nichts mehr die deutsche Regierung davon abhalten, einen Krieg zu dem ihr am günstigsten erscheinenden Zeitpunkt zu beginnen – wofür sich der 1. August 1914 anbot. Die stärkste Macht auf dem europäischen Kontinent, die über die schlagkräftigste Armee der Welt verfügte, tat, was ihr erforderlich schien, um ihre Position zu behaupten. Man kann sich nur schwer der Schlussfolgerung verschließen, dass sie sich von nichts davon hätte abbringen lassen.

Im Lauf des 20. Jahrhunderts wurde immer wieder eine Frage gestellt, die beispielsweise der Historiker James Joll in folgende

Formulierung kleidete:»Wenn in den vorhergehenden Krisen –
1908, 1911 und 1913 – ein Krieg hatte abgewendet werden können, warum gelang dies dann nicht auch 1914?«[3]
Eine Antwort darauf lautet, dass in diesen früheren Krisen
keine der beteiligten Großmächte wirklich einen Krieg wünschte.
Im Jahr 1914 aber wollten zwei Mächte einen Krieg. Und ein
Grund dafür, dass Deutschland in diesen früheren Konflikten
nicht in den Krieg ziehen wollte, bestand darin, dass es damals
noch nicht auf Österreich zählen konnte – und die deutschen Generale waren davon überzeugt, dass sie ohne die Unterstützung
österreichischer Truppen, die in der ersten Kriegsphase die Russen zurückhielten, einen Krieg nicht würden gewinnen können.

Kapitel 49
Wer hat angefangen?

Vereinfacht gesagt, hat die österreichisch-ungarische Regierung
den lokalen Krieg mit Serbien begonnen, während die deutsche
Heeresleitung den weltumspannenden Krieg mit Frankreich und
Russland angefangen hat, der als Erster Weltkrieg oder als Großer Krieg in die Geschichte eingegangen ist.

In der modernen Welt brechen Kriege aus einem komplexen
Geflecht von Gründen aus und betreffen eine Vielzahl von
Staaten, die auf unterschiedlichen Ebenen der Entscheidungsbildung in den Konflikt einbezogen werden. Auch unpersönliche
Kräfte können dabei ins Spiel kommen ebenso wie institutionelle
Zwänge. Kulturelle Bindungen können die Ereignisse maßgeblich beeinflussen. Aufgrund der vielfältigen Interessen, die eine
moderne Gesellschaft bestimmen, kann für die Kriegsentscheidung von Ländern der Innenpolitik eine ebenso große Bedeutung

zukommen wie internationalen Beziehungen. Daher lassen sich viele Ereignisse nach wie vor zu einem großen Teil auch durch Missverständnisse, Versehen, Fehleinschätzungen, individuelle Charakterzüge oder andere Zufallsfaktoren erklären.

Obwohl der Erste Weltkrieg in einer modernen, bereits einigermaßen demokratischen Zeit stattfand, in der auch die Öffentlichkeit schon eine gewisse Rolle spielte, hatte nur eine Hand voll Leute in einer Hand voll Staaten mit seiner Entstehung zu tun. Das ist die große Besonderheit dieses Krieges. Es geht nicht lediglich darum, dass nur eine winzige Gruppe von Personen die wichtigen Entscheidungen traf; erstaunlicher noch ist, dass nur ganz wenige Menschen wussten, dass sich irgendetwas anbahnte, oder dass bestimmte Entscheidungen anstanden oder getroffen wurden. Es war eine Krise, die im Verborgenen entstand und ihren Lauf nahm.

Natürlich gab es, betrachtet man die Entwicklung in einer weiter gefassten historischen Perspektive, machtvolle Kräfte, die im Verlauf von Jahrzehnten oder gar Jahrhunderten jene Welt geschaffen hatten, in der schließlich der Große Krieg ausbrach: die Entfesselung der Industriellen Revolution, die Ausbreitung des Nationalismus, der Aufstieg der Wissenschaften, der Triumph des Imperialismus und der Militarismus in der deutschen Gesellschaft, der eine Folge der spezifischen Form der deutschen Einigung in den 1860er und 1870er Jahren war. Doch keine dieser Massenbewegungen beziehungsweise Entwicklungen vermag *unmittelbar* den Ausbruch des Krieges zu erklären. Keine macht nachvollziehbar, warum Europa im Sommer 1913 noch den Deckel auf dem Pulverfass hielt, aber im Sommer 1914 nicht mehr.

Die Menschen, die die Zündschnur ansteckten, waren natürlich ein Produkt ihrer familiären Herkunft, ihrer Gesellschaft und der historischen Umstände, unter denen sie handelten. Sie sprachen nicht nur für sich selbst. Wenn sich beispielsweise Moltke äußerte, dann sprach er für die 650 Mitglieder des Großen Generalstabs und in gewisser Weise auch für das gesamte Offizierskorps. Er meldete sich mit dem Gewicht seines Amtes zu Wort; er war mehr als ein einzelner, für sich allein stehender Mensch. Wenn ich die These vertrete, dass ein Einzelner oder eine kleine Gruppe von Menschen den Ersten Weltkrieg begannen, dann verwende ich diese Begriffe in ihrer gewöhnlichen, alltäglichen Bedeutung. Ich will damit ausdrücken, dass es Männer gab, die einen Krieg anfangen wollten, die zielstrebig darauf hinarbeiteten und denen es schließlich auch gelang, einen Krieg auszulösen. In einem klassischen Kriminalroman würde der Detektiv, nachdem er vor den versammelten Gästen in der Bibliothek die Tatsachen zusammengefasst hat, mit dem Finger auf einen der Anwesenden zeigen und erklären: »Er war es!« Im Fall von Deutschland zeigen wir auf Moltke. Er hat den Weltkrieg begonnen, und zwar mit voller Absicht.

In Bezug auf den österreichisch-serbischen Krieg war Gavrilo Princip der offensichtlich Schuldige. Dieser unstete junge Mann und gescheiterte Dichter hat wahrscheinlich (wenngleich nicht sicher) das Mordkomplott von Sarajevo ersonnen, sich Mitverschwörer gesucht und den Anschlag durch seine Entschlossenheit und Beharrlichkeit auch ausgeführt, obwohl andere ihn davon abzubringen versuchten und die Umstände sich änderten.

Princip wollte aber Österreich keinen Vorwand liefern, in Serbien einzumarschieren. Er versuchte im Gegenteil in seinen Verhören die Österreicher davon zu überzeugen, dass er keinerlei Verbindung zu den Serben unterhalten habe. Zudem hatte das österreichisch-ungarische Außenministerium bereits vor Princips Anschlag Pläne zur Zerschlagung Serbiens entwickelt. Der verwirrte jugendliche Terrorist stieß durch die Ermordung des Erzherzogs, der diesen Plänen im Weg gestanden war, lediglich die Tür zu einem Einmarsch in Serbien auf, aber das wusste Princip nicht; er handelte somit unabsichtlich.

Kaiser Wilhelm, Reichskanzler Bethmann Hollweg, Außenminister Jagow und andere Vertreter der zivilen und militärischen

Reichsleitung ermutigten die Österreicher zu einem Angriff auf Serbien und waren daher direkt für diesen Krieg verantwortlich. Zur Entlastung Wilhelms muss allerdings gesagt werden, dass er jeden Ansatz einer friedlichen Lösung unterstützte, sobald sich eine solche Möglichkeit abzuzeichnen schien.

Der österreichisch-ungarische Außenminister Leopold Graf Berchtold war der Hauptinitiator des Serbienkriegs. Irgendwann im Lauf der Balkankriege oder danach war er zu der Überzeugung gelangt, dass sein Land nur dann als Großmacht würde überleben können, wenn Serbien niedergeworfen und als politischer Faktor ausgeschaltet werden würde. Er glaubte anscheinend, dass ein lediglich diplomatischer Triumph nicht ausreichend und nicht dauerhaft sein würde. Nur durch einen Sieg im Krieg glaubte er, dieses Ziel erreichen zu können, und dieser würde sich nur bewerkstelligen lassen, wenn Deutschland Russland daran hinderte, in den Konflikt einzugreifen, während das große Österreich-Ungarn das kleine Serbien in die Knie zwang.

Sobald Deutschland seinen Blankoscheck ausgestellt hatte, begann Berchtold mit den Vorbereitungen des Krieges. Er war ebenso beharrlich wie Princip und ließ sich nicht entmutigen oder von seinem Ziel abbringen.

Er ließ sich auch nicht in Gespräche oder Verhandlungen verstricken, die ihn am Ende vielleicht zu einer friedlichen Lösung gezwungen hätten – selbst wenn Österreich dabei sehr gut weggekommen wäre (ein Verhalten, das viele andere Staatsführer irritierte). Den übrigen Akteuren der europäischen Politik erschien die »Julikrise« ein wenig schleierhaft, weil sie das Gefühl hatten, dass ihnen irgendetwas entging. Ihnen war nicht klar, dass Wien nicht den Frieden wollte. Sie glaubten, Berchtold wolle nur seine Forderungen durchsetzen, auch wenn diese vielleicht etwas extrem waren. Aber darum ging es ihm nicht; er zog es vor, einen Krieg zu führen. Nach diesem Krieg sollte es (wie sein Gesandter Graf Hoyos im Juli 1914 in Berlin deutlich machte) nicht etwa ein unterworfenes Serbien geben (was sich der deutsche Kaiser vorstellte), sondern überhaupt keinen serbischen Staat mehr. Er strebte gewissermaßen nach einer Endlösung für das Problem, das Serbien für die Donaumonarchie darstellte.

Berchtold hatte mit mehreren Schwierigkeiten zu kämpfen: Der österreichisch-ungarische Verwaltungs- und Militärapparat arbeitete quälend langsam. Er kam nicht so schnell in Gang, dass er das *Fait accompli* hätte schaffen können, das die Deutschen verlangten. Alles dauerte viel zu lange – währenddessen die anderen Großmächte vielleicht eine friedliche Konfliktregelung durchsetzen konnten. Obwohl die österreichischen Truppen erst in einigen Wochen einsatzbereit sein würden, erklärte Berchtold Serbien den Krieg, unternahm jedoch zunächst nichts, sondern nutzte den »Kriegszustand«, um mögliche Friedensinitiativen abzuwehren.

Berchtold ließ sich von seinem Mitarbeiterstab im Außenministerium beraten, den Hitzköpfen, die er von Aehrenthal übernommen hatte. Sie bestärkten ihn vermutlich in seinen Plänen. Auch das Kabinett – selbst Tisza, nachdem er seinen einwöchigen Widerstand aufgegeben hatte – stand auf seiner Seite. Sie alle trugen Mitverantwortung für den Krieg. Und natürlich fand Berchtold auch volle Unterstützung bei Generalstabschef Conrad.

Berchtold hatte jedoch einen großen Vorteil, der ihm die Umsetzung seines Vorhabens erleichterte. Die Außenminister der übrigen Großmächte wären von ihren Bündnispartnern gezügelt worden. Wenn beispielsweise Russland ein Nachbarland hätte angreifen wollen, dann hätte Frankreich – das Russlands Aufrüstung finanzierte – Sankt Petersburg daran gehindert. Als sich Deutschland 1911 in Marokko einmischte, verweigerte ihm selbst Österreich die Gefolgschaft und bremste dadurch Berlin. Nur ein Land in Europa hatte einen Verbündeten, der ihm nicht in den Arm fallen, sondern ihn blindlings unterstützen würde. Das war Österreich, das sich auf die bedingungslose Rückendeckung durch Deutschland verlassen konnte, und es war zudem das einzige europäische Land, das von einem zum Krieg entschlossenen Staatsmann geführt wurde.

Weshalb war Berchtold imstande, den Krieg zu beginnen? Die Antwort lautet schlicht: Weil ihn niemand daran hinderte. Er war der einzige führende Staatsmann in Europa, wie wir nun wissen, der von seinem Bündnispartner eine Blankovollmacht erhalten hatte. Er erklärte den Krieg aber erst, nachdem – und weil – der deutsche Außenminister Jagow ihn dazu ermuntert hatte. Daher trifft auch Jagow eine Mitverantwortung für den österreichisch-serbischen Krieg.

Die Option eines Präventivkriegs gegen Russland und Frankreich beschäftigte die deutsche Heeresleitung schon seit langer Zeit. Dieser Vorschlag kam immer wieder ins Spiel, wenn eine Krise ausbrach. Häufig wird Moltke als ihr entschiedenster Fürsprecher bezeichnet, aber er sprach wahrscheinlich für das gesamte Offizierskorps. Als sich die »Julikrise« zuspitzte, sahen die deutschen Generale die Zeit zum Handeln gekommen.

Falkenhayn und Moltke nahmen das Heft in die Hand. Diese beiden Militärführer fällten, gestützt auf ihre Kollegen im Generalstab, im Sommer 1914 die eigentliche Entscheidung für den Krieg. Sie waren überzeugt, dass sie wussten, was sie taten. Moltke hatte vorhergesagt, dass dieser Krieg zum Untergang der europäischen Kultur führen würde, dennoch hielt er ihn für unvermeidlich. Er glaubte, er könne lediglich noch über den Zeitpunkt dieses Krieges entscheiden. Und diese Entscheidung traf er schließlich auch.

Hier können wiederum Missverständnisse auftreten, wenn man von einem Krieg, statt von zweien ausgeht. Am Anfang – nach der Freveltat von Sarajevo und dem Blankoscheck – lag nur die Initiative zu einem Krieg gegen Serbien auf dem Tisch: Dieser Krieg wurde von den Österreichern angestrebt. Aber es war die zivile deutsche Reichsleitung, die einen konkreten Operationsplan für Österreich entwickelte. Und diese zivile Regierung – der Reichskanzler und sein Außenminister – überwachte auch das Vorgehen der Österreicher.

Nachdem jedoch die Donaumonarchie bis Ende Juli mit den Kriegsplanungen nicht weitergekommen war (wie es die deutschen Generale gewünscht hatten) – und auch keine friedliche Regelung erreicht hatten (wie es sich der Kaiser vorgestellt hatte) –, wollte man in Deutschland dem Reichskanzler, dem Auswärtigen Amt und den Österreichern die Leitung des Unternehmens entziehen.

Wien hatte einen Krieg gegen Serbien anfangen und gewinnen wollen, aber bis Ende Juli hatte sich in dieser Hinsicht noch nichts getan. Stattdessen hatte Österreich etwas zuwege gebracht, das sowohl Kaiser Wilhelm als auch Bethmann Hollweg gerade nicht gewünscht hatten: eine diplomatische Krise, in die mehr oder weniger alle europäischen Großmächte verwickelt waren. Aber die deutschen Generale erkannten schnell, dass ihnen diese Krise durchaus Chancen bot.

Die diplomatische Krise und die Internationalisierung des Konflikts erzeugten Verwirrung. In der Zuschauerrolle überlegten Moltke, Falkenhayn und die übrigen Mitglieder der Heeresleitung im Juli, wie sie sich diese Verunsicherung zunutze machen konnten. Sie waren bereit gewesen, Österreich bei seinem serbischen Abenteuer zu unterstützen, wenngleich das für Deutschland ziemlich bedeutungslos war; aber die Österreicher hatten es jetzt vermasselt und sich dadurch noch mehr in Schwierigkeiten gebracht, so dass Deutschland nun auf Österreich-Ungarns volle Unterstützung für seine eigene Kriegsinitiative rechnen konnte – einen Krieg gegen die übrigen europäischen Großmächte.

Die deutsche Regierung änderte daher nach dem 25. Juli ihre Politik. Der Kaiser und der Reichskanzler gaben Moltke und Falkenhayn trotz mancher Bedenken nun freie Hand. In der Verwirrung, die durch die schwere diplomatische Krise gestiftet wurde, vertauschten die hohen deutschen Militärs geschickt den einen Krieg gegen den anderen. Der Welt wurde vorgegaukelt, damals und auch später, dass sich der große Krieg aus dem kleinen entwickelt habe, aber so war es nicht gewesen. Der eine Krieg hatte zurückgestellt werden müssen, um den anderen führen zu können. Moltke und Falkenhayn nutzten kaltblütig die Gunst der Stunde. Sie erkannten ihre Chance und ergriffen sie. Es war, als hätten sie ein voll getanktes Passagierflugzeug startbereit auf einer Rollbahn entdeckt, es bestiegen und den Kapitän mit vorgehaltener Waffe gezwungen, zu einem anderen als dem vorbestimmten Zielort zu fliegen. Moltke und Falkenhayn gelang ein beispielloser Akt politischen Hijackings; sie übernahmen Berchtolds Krieg gegen Serbien und zwangen dadurch den Verbündeten, ihnen in ihrem eigenen Krieg gegen Frankreich und Russland zur Seite zu stehen.

Kapitel 50
Könnte sich etwas Derartiges wiederholen?

In der Zeit nach dem Ersten Weltkrieg – in den 1920er und 1930er Jahren – wurde dieser verheerende, verlustreiche Krieg von den Überlebenden als ein europäischer Bürgerkrieg betrachtet. Die Auslösung des Krieges wurde als ein schwerer Fehler oder als ein schreckliches Verbrechen verurteilt. Man zog aus der Katastrophe die Lehre, dass die Menschheit etwas Derartiges nie wieder zulassen dürfe.

Aber natürlich kam es zu einer Auseinandersetzung vergleichbaren Ausmaßes, als die Alliierten – Frankreich, Großbritannien, Russland und die USA – zwischen 1939 und 1945 jenen Kampf fortsetzten, der 1914/18 noch nicht endgültig entschieden worden war. Anschließend jedoch brachen keine Feindseligkeiten zwischen den siegreichen Mächten – Großbritannien, Russland und USA – aus, als sie sich nicht auf die Bedingungen einer Friedensregelung einigen konnten, die den beiden Abschnitten des Weltkriegs zwischen 1914 und 1945 ein Ende hätte setzen können. Stattdessen begannen sie einen so genannten Kalten Krieg zu führen.

Während der Kuba-Krise von 1962 fühlte sich US-Präsident John F. Kennedy an einige Erkenntnisse erinnert, die er aus Barbara Tuchmans Buch *The Guns of August* über die Ursprünge des Ersten Weltkriegs gewonnen hatte. Er glaubte, dass dieser Krieg das Ergebnis einer unbeabsichtigten Kettenreaktion war.

Die Generation von Kennedy war in der Zwischenkriegszeit aufgewachsen, als der einflussreiche amerikanische Historiker Sidney B. Fay in seinem Werk *The Origins of the World War* die These vertreten hatte, dass keiner der beteiligten Staaten einen Krieg zwischen den Großmächten gewollt habe. Dennoch seien sie in den Großen Krieg hineingeraten, für den Österreich-Ungarn mehr Verantwortung trug als die anderen Staaten, wenngleich Österreich diesen Krieg nicht absichtlich ausgelöst habe. Ähnliche Ansichten wurden von Tuchman vertreten, deren Buch ein breites Publikum erreichte.

In seinen Kriegserinnerungen meinte der britische Premierminister David Lloyd George, die Nationen seien »in den heißen Glutofen des Krieges hineingeschlittert ohne auch nur eine Spur von Anspannung oder Bestürzung«.[4] Raymond Aron, einer der brillantesten politischen Denker des 20. Jahrhunderts, sah in den Ereignissen des Juli 1914 »die Entfesselung des Ersten Weltkriegs, den keiner der Hauptakteure bewusst oder unmittelbar wollte«.[5]

Die Lehre, die man aus dem Großen Krieg zu ziehen habe, so wurde behauptet, bestehe darin, dass sich die Regierungen ernsthaft darum bemühen müssten, stets die Dinge im Griff zu behalten. Sie dürften nicht zulassen, dass sich aus einer politischen Konfrontation unabsichtlich eine gewaltsame Auseinandersetzung entwickle. Sie müssten verhindern, dass kleine Konflikte zu großen Kriegen eskalierten. Sie müssten dafür sorgen, dass aus einem Buschfeuer kein Waldbrand werde.

Dies sind durchaus beherzigenswerte Lektionen, aber sie haben nichts mit dem Juli 1914 zu tun. Europa zog damals nicht durch Zufall in den Krieg. Der Krieg war vielmehr die Folge vorsätzlicher Entscheidungen zweier Regierungen. Nachdem diese beiden Länder ihre Nachbarn überfallen hatten, konnten sich diese nicht länger friedlich verhalten. Das galt auch für den Zweiten Weltkrieg; durch den Angriff auf Pearl Harbor traf Japan die Entscheidung über Krieg oder Frieden nicht nur für sich selbst, sondern auch für die Vereinigten Staaten. Und auch in Europa hatte Amerika 1941 keine Wahl: Hitlerdeutschland erklärte den USA den Krieg, worauf Amerika entsprechend reagieren musste. Wie bereits erwähnt, bedarf es zweier Beteiligter, um den Frieden zu bewahren, einen Krieg kann dagegen auch einer allein anfangen. Und das bedeutet, dass sich ein solcher Krieg auch jederzeit wieder ereignen könnte. Ein Aggressor kann auch heute einen großen Krieg vom Zaun brechen, selbst wenn die übrigen Großmächte weiter in Frieden leben wollen – sofern es kein anderes Land gibt, das stark genug ist, ihm Einhalt zu gebieten.

Aber zumindest eines hat sich seit damals grundlegend geändert. Im Jahr 1914 war der Ausbruch des Krieges für die Öffentlichkeit eine große Überraschung. In den offenen Gesellschaften der heutigen Zeit würde es zweifellos einige unübersehbare Warnsignale geben. Dadurch würde den Parlamenten und den Völkern zumindest die Möglichkeit geboten werden, ihre Meinung kundzutun. Was dies allerdings ändern würde, lässt sich nur schwer sagen.

Kapitel 51
Zusammenfassung

Der große internationale Konflikt im Sommer 1914 bestand aus zwei Kriegen, nicht aus einem. Beide wurden mit voller Absicht ausgelöst. Beide waren miteinander verbunden. Sie wurden von rivalisierenden Großmächten begonnen, die aufeinander angewiesen waren. Für den einen Krieg war die Habsburgermonarchie verantwortlich, für den anderen das Deutsche Reich. In beiden Fällen wurde die Kriegsentscheidung von einigen wenigen Menschen in der Staats- oder der Militärführung getroffen, während die Bevölkerung über diese Vorgänge völlig im Dunkeln blieb.

In beiden Kriegen ging es um Macht, vor allem um die Stellung der betreffenden Staaten im Gefüge der europäischen Großmächte, die damals die Welt beherrschten. Deutschland wie auch Österreich fürchteten, ihnen drohe ein machtpolitischer Abstieg. Beide begannen daher einen Krieg, um ihre Position zu behaupten.

Beim Krieg Österreichs gegen Serbien handelte es sich, wie bei vielen der kleinen, aber schrecklichen Balkankriege, um eine eher unbedeutende Episode der Geschichte. Dieser Krieg wäre bald vergessen worden, hätte er nicht für die deutschen Generale die Voraussetzungen geschaffen, die sie brauchten, um einen großen Krieg anzufangen: einen europäischen Konflikt, der sich zu einer globalen Auseinandersetzung ausweitete. Auch wenn die Soldaten, die nach 1914 vier lange Jahre in den Schützengräben lagen, diesen Krieg bald als sinnlos anzusehen begannen, besaß er doch eine tiefere Bedeutung: Er drehte sich um die wichtigste Frage der Politik: Wer sollte die Welt beherrschen?

Diese Frage wurde 1914 durch den Krieg Deutschlands erstmals aufgeworfen. In den folgenden Jahrzehnten entstanden neue Mächte und andere Kräfte, die sie ebenfalls stellten. Ob Deutschland oder Russland Europa dominieren solle und ob Europa weiterhin über Afrika und einen Großteil Asiens herrschen solle, waren Fragen, die sich mit widerstreitenden Ideologien wie dem Kommunismus, dem Faschismus, dem Nationalsozialismus, der liberalen Demokratie und anderen Weltanschauungen überschnitten. In den 1990er Jahren schienen diese Fragen endlich beantwortet zu sein. Fast alle Völker der Welt regierten sich selbst und wurden nicht mehr von fremden Mächten beherrscht, und die meisten Staaten strebten eine Demokratie an, was immer sie auch darunter verstanden.

Die Kriegsentscheidung 1914 wurde absichtsvoll getroffen; und auch der Krieg selbst war nicht sinnlos, wie Generationen von Historikern lehrten. Im Gegenteil, in diesem Krieg ging es um die entscheidenden Fragen der internationalen Politik: Wer würde die Vorherrschaft in Europa erringen, und damit in der ganzen Welt, und unter welcher Fahne und welchem Glauben würde dies geschehen?

Epilog

Kapitel 52
Österreichs Krieg

Von Anfang an – das heißt seit Mitte Juni, als Berchtold seinen Stab im Außenministerium mit der Ausarbeitung eines Angriffsplans beauftragte – hatte Wien das Ziel verfolgt, Serbien zu zerschlagen und dabei jede Einmischung von außen zu unterbinden. Alle Kräfte sollten auf den Serbien-Feldzug konzentriert werden. Am 28. Juli erklärte Wien schließlich Serbien den Krieg. Daraufhin verlegte Generalstabschef Conrad von Hötzendorf die Hälfte seiner Truppen per Bahn an die serbische Grenze, während die andere Hälfte als Reserve bereitstehen sollte.

Schnell jedoch wurde den Österreichern klar, dass sie und ihre deutschen Verbündeten unterschiedliche Ziele im Auge hatten. Wien hatte seinen Einmarsch in Serbien in dem Glauben vorbereitet, dass Berlin Maßnahmen ergreifen würde, um Russland aus dem Konflikt herauszuhalten. Stattdessen zog Berlin die Russen absichtlich in die Auseinandersetzung hinein.

Deutschland traf seine Kriegsentscheidung in der Woche nach dem 27. Juli und vollzog am 31. Juli mit der Generalmobilmachung den letzten Schritt. Am nächsten Tag erfolgte die Kriegserklärung an Russland. Moltke und die deutsche Heeresleitung baten Conrad, seinen Serbien-Feldzug vorübergehend hintanzustellen und den Großteil seiner Truppen an die russische Grenze zu schicken, so dass nur noch schwache Kräfte zurückgeblieben wären, die Österreich-Ungarn gegen einen möglichen serbischen Angriff hätten verteidigen können. Wenn Conrad dieser Aufforderung nachkam und seine Streitkräfte in neue Stellungen umdirigierte, nachdem sie die alten noch gar nicht eingenommen hatten, lief er Gefahr, ein großes administratives Durcheinander auszulösen.

Ein solcher Schritt hätte eine gewaltige logistische Herausforderung bedeutet. Conrad war dazu keinesfalls bereit. Er hatte seit vielen Jahren einen Krieg gegen Serbien vorbereitet, und es dürfte ihm unannehmbar erschienen sein, davon im letzten Augenblick wieder abzurücken – gerade nachdem er für sein Vorhaben grünes Licht erhalten hatte –, um Deutschland zu helfen. Er entschied, dass seine Truppen zunächst an der serbischen Grenze bleiben sollten und am 18. August ein Teil davon an die russische Front verlegt werden sollte.

Conrad wollte den deutschen Blankoscheck einlösen, bevor Deutschland ihn zurückziehen konnte. Er versuchte nun, den Einmarsch in Serbien, den er bereits im Juli hätte abgeschlossen haben sollen, im August durchzuführen. In einem Brief an Moltke vom 2. August erklärte er, er werde mit seinen Operationen gegen Serbien fortfahren, jedoch so, dass Russland sich nicht gezwungen sehen würde, in den Krieg einzutreten.

Aus Conrads Ausführungen geht hervor, dass er nicht begriffen hatte, dass sich die Politik und die Ziele Deutschlands geändert hatten. Am 5./6. Juli hatte Kaiser Wilhelm noch gehofft – und war auch davon überzeugt gewesen –, dass Europa untätig bleiben würde, wenn Österreich eine Strafaktion gegen Serbien unternahm. Deutschland ging es zu diesem Zeitpunkt noch darum, Russland, Frankreich, Großbritannien und die übrigen Mächte dazu zu bewegen, sich aus diesem Konflikt herauszuhalten. Doch auf Drängen von Moltke, Falkenhayn und anderer hoher Generale hatte sich Berlin mittlerweile anders entschieden. Conrad wurde mitgeteilt, dass Deutschland nun nicht mehr Österreichs Krieg unterstützen werde, sondern von seinem Verbündeten erwarte, Deutschland in dessen eigenem Krieg zur Seite zu stehen.

Moltke und Conrad hatten ihre Kriegspläne nie vollständig aufeinander abgestimmt. Da jeder den anderen für seine eigenen Zwecke einzuspannen beabsichtigte, konnten sie nicht rückhaltlos offen zueinander sein. Den Preis dafür bezahlten sie in der Eröffnungsphase des Krieges, als jeder seinen eigenen Weg zu gehen und seine eigenen Ziele durchzusetzen versuchte. Conrad hatte gewünscht, dass Russland abgeschreckt werden solle. Er wollte auf jeden Fall einen Krieg mit den Russen vermeiden – auch mit den Franzosen oder später den Briten und noch später den Amerikanern. Deutschlands Rolle sollte nach Auffassung Conrads darin bestehen, Russland in Schach zu halten und dazu zu bringen, sich nicht einzumischen. Allein gegen Serbien wollte der österreichische Generalstabschef im Sommer 1914 Krieg führen.*

Aber wie die Geschichte bis zu den Ereignissen in Sarajevo zeigte, betrachtete Deutschland Serbien nicht als Gefahr. Das Deutsche Reich hielt es nicht für erforderlich, das kleine Balkan-Königreich politisch auszuschalten. Nur Conrad und seine Regierung fürchteten Serbien. Moltke fürchtete Russland und dessen Verbündeten Frankreich. Aus deutschem Blickwinkel bestand der einzige Nutzen des Serbien-Konflikts darin, dass er Österreich an die Seite Deutschlands zwang und dazu veranlassen würde, Deutschland in seinem Krieg mit Frankreich und Russland beizustehen. Am 1. August 1914 war dieses Ziel erreicht. Für Moltke hatte die Serbien-Affäre ihren Zweck erfüllt, für Conrad jedoch war dieser Konflikt noch lange nicht geregelt.

* Conrad war jedoch kein Friedensfreund und hätte unter anderen Umständen gerne auch Nachbarländer wie Italien mit Krieg überzogen.

Daher spielte Conrad in den ersten Wochen der beiden miteinander verbundenen Kriege auf Zeit: Er schickte seine Soldaten weiterhin nach Süden, nicht in den Norden. Damit verschaffte er seinem Land zumindest für kurze Zeit die Chance, die ersehnte Abrechnung mit Serbien doch noch durchzuführen. Er ließ seine Armeen in Serbien einmarschieren. Dadurch wurden die Serben zum Kämpfen gezwungen. Und die Österreicher erlitten eine verheerende, demütigende Niederlage!

Die Streitkräfte der Donaumonarchie schienen sich nie wirklich zu erholen von dem anfänglichen organisatorischen Chaos. Nach der Niederlage gegen Serbien war ihr kleiner Privatkrieg beendet, und sie schlossen sich der größeren Auseinandersetzung an. Die österreichischen Truppen wurden an die Ostfront verlegt und auch dort geschlagen.

Bereits im Dezember 1914 konnte das Habsburgerreich dem Militärhistoriker John Keegan zufolge nicht mehr als militärische Großmacht gelten;[1] es hatte von 3 350 000 mobilisierten Soldaten 1 268 000 Mann verloren.[2] Die Österreicher kämpften unter deutschem Kommando weiter, doch für sie ging es nun nicht mehr um einen Eroberungskrieg, sondern eher um einen Überlebenskampf.

Conrad war verzweifelt. Nachdem ihm zu Beginn des Krieges eine hohe Auszeichnung verliehen worden war, hatte er geäußert: »Wenn ich nur wüsste, für was.«[3] Als sich die Fehlschläge und Niederlagen häuften, meinte er gegenüber Vertrauten, falls der Krieg verloren gehen sollte, würde ihn dies »seine geliebte Gina« kosten.[4] Er wurde von Selbstmitleid überwältigt. Die gesamte Schuld, so jammerte er, werde »mir aufgebürdet werden. Ich werde mich wie ein Verbrecher davonstehlen müssen. Ich werde kein Zuhause mehr haben und keine Frau, die mir in den letzten Jahren meines Lebens zur Seite stehen wird.«[5]

Er dachte wieder häufig an seinen zeitweiligen Mentor, Erzherzog Franz Ferdinand, dem seine geliebte österreichische Armee so sehr am Herzen gelegen war und der sich stets gegen Pläne gewandt hatte, Serbien zu bekriegen und Russland zu verärgern – an den Erzherzog, dessen Ermordung von Wien in zynischer Weise dazu ausgenutzt worden war, gerade jenen Krieg vom Zaun zu brechen, den er so entschieden bekämpft hatte. Franz Ferdinand warf in diesem Sommer einen langen Schatten über die Welt. Was hätte er in dieser Situation gedacht? Was hätte er gesagt? Was hätte er getan? Wäre der Erzherzog noch am Leben gewesen, so gestand Conrad ein, »hätte er mich wohl erschießen lassen«.[6]

Kapitel 53
Deutschlands Krieg

Berchtold (vor allem im Juli) und Conrad (vor allem im August) waren die treibenden Kräfte, die Österreich in den Krieg mit Serbien führten. Sie besaßen dabei die uneingeschränkte Unterstützung des Kabinetts und des Außenministeriums der Doppelmonarchie und zumindest die Billigung des greisen Kaisers Franz Joseph. Es besteht kein Zweifel daran, dass beide Männer in voller Absicht handelten. Lediglich inwieweit Berchtold dabei von den hohen Beamten in seinem Außenministerium beeinflusst wurde, ist nicht vollständig geklärt.

Berchtold wird häufig auch als der Hauptschuldige für den größeren Krieg bezeichnet. Das stimmt jedoch nicht, wie wir jetzt wissen. Bei dieser Anschuldigung werden die beiden Kriege durcheinander gebracht. Berchtold wollte den Serbienkrieg, nicht aber den Weltkrieg. Er war bereit, das Risiko eines größeren Konflikts einzugehen, drängte aber nicht danach.

Es war vielmehr Moltke, der einen Krieg mit Frankreich und Russland anstrebte. In den vorangegangenen Krisen hatte er stets davon Abstand genommen – oder war daran gehindert worden –, einen solchen Krieg zu beginnen, weil jedes Mal die Umstände nicht optimal erschienen. Es musste alles stimmen: Die Autorität des Kaisers musste im Schwinden begriffen sein, die Beteiligung Österreichs musste gesichert sein, und Russland musste als Angreifer hingestellt werden können. Nun plötzlich, Ende Juli 1914, schien alles zu passen. Moltke packte die Chance beim Schopf; er erkannte, dass jetzt seine Stunde gekommen war, und handelte entschlossen. Er setzte in Berlin geschickt seinen Krieg anstelle von Berchtolds Krieg auf die Tagesordnung und vollführte damit ein Täuschungsmanöver, durch das viele nachfolgende Generationen über die wirklichen Verursacher des Krieges im Unklaren gelassen wurden. Er tauschte die Politik von Anfang Juli gegen die Politik von Ende Juli und den einen Krieg gegen den anderen.

Das wäre ihm nicht möglich gewesen, hätte er nicht eine wesentlich stärkere, einflussreichere Kraft repräsentiert, als er allein es war. Er stand für die preußische Offizierskaste, die Deutschland durch die Militarisierung des Alltagslebens letzten Endes in den Krieg führte. Die militaristische Kultur Deutschlands war 1914 beispielsweise schon von dem amerikanischen Oberst House als Ursache für den heraufziehenden Krieg benannt worden.

Am 1. August erklärte Deutschland Russland den Krieg. Die Grundlage für den Feldzug bildete der Moltke-Plan. Dieser Planung zufolge sollten die deutschen Truppen bereits sechs Wochen nach Kriegsbeginn auf französischem Boden die Entscheidungsschlacht führen. Dadurch würde auch Frankreichs Bündnispartner Russland in den Kampf gezogen werden. Dieser Schlacht sollte zentrale Bedeutung zukommen. Frankreich sollte dadurch als militärischer Faktor, als Verbündeter Russlands und als politische Kraft in Europa ausgeschaltet werden.

Sechs Wochen nach Kriegsausbruch trat die deutsche Armee tatsächlich in Frankreich zur entscheidenden Schlacht an. Es war ein erbittertes, zähes Ringen, das die Deutschen beinahe gewonnen hätten. Aber letztlich behielten Frankreich und Großbritannien die Oberhand. Nach dieser Schlacht – der ersten Schlacht an der Marne – wurde klar, dass keine Seite dazu imstande sein würde, einen schnellen oder nachhaltigen Sieg zu erringen. Der Bewegungskrieg ging in einen mehrjährigen Stellungskrieg über, der Sieger und Besiegte gleichermaßen zermürbte. Auch die Ergebnisse des Krieges, die 1918 erzielt wurden, waren nicht eindeutig, denn keine der Parteien akzeptierte sie.

Der Krieg zwischen Deutschland auf der einen und Russland, Frankreich und den USA auf der anderen Seite wurde 1939–1941 wieder aufgenommen, aber auch diesmal konnte die Frage nicht geklärt werden, welcher Staat die Vormacht auf dem europäischen Kontinent haben solle – und ob die Vereinigten Staaten und Großbritannien eine solche Vormachtstellung akzeptieren würden. Der Konflikt, den die deutsche Heeresleitung durch die Kriegserklärung an Russland am 1. August 1914 auslöste, kam erst am 31. August 1994 zum Abschluss, als die letzten russischen Truppen von deutschem Boden abzogen.

Fast ein Jahrhundert lang stritten zunächst die Kriegsbeteiligten und später die Gelehrten über die entscheidende Schlacht, durch die der Moltke-Plan sein Ende fand: die Schlacht an der Marne im September 1914. Auf deutscher Seite wurde darüber diskutiert, ob Moltke selbst oder sein junger Emissär, Oberstleutnant Richard Hentsch, den Befehl zum Rückzug und zur Neugruppierung hinter der Marne gab, und ob der Rückzug die richtige Entscheidung war oder dadurch der mögliche Sieg verspielt wurde. Damals wurden 33 deutsche Generale von Kaiser Wilhelm entlassen. Kurz danach verlor auch Moltke seinen Posten. Wilhelm kannte keine Gnade.

Moltke konnte natürlich nicht vorhersehen, welche Gräuel und Verwüstungen dieser langwierigste Krieg des 20. Jahrhunderts hervorbringen würde (vom Ersten Weltkrieg 1914 über den Zweiten Weltkrieg 1939, der schließlich in den Kalten Krieg mündete); er konnte nicht ahnen, wie viele Millionen Menschen darin sterben und welch vielfältige Folgen dieser Krieg mittel- oder unmittelbar nach sich ziehen würde. Aber er wusste sehr genau, wer den Krieg angefangen hatte.

Im Juni 1915 beklagte sich Moltke, der auf einen Posten versetzt worden war, der ihm ziemlich unbedeutend erschien, gegenüber General Colmar Freiherr von der Goltz: »Es ist fürchterlich, in diesem Krieg zur Untätigkeit verurteilt zu sein«, schrieb er an seinen Freund, *»in diesem Krieg, den ich vorbereitet und initiiert habe«* (Hervorhebung durch den Autor).[7] Es ist ein beklemmender Gedanke, dass ein einzelner Mensch, nämlich dieser bescheidene, unauffällige und eher durchschnittliche Karriereoffizier, den Großen Krieg begonnen hat und damit das 20. Jahrhundert einläutete mit all seinen Schrecken und Wundern.

Anhang

Das österreichische Ultimatum

(aus: World War I Document Archive, http:www.lib.bye.edu/~rdh/wwi/)
Der österreichisch-ungarische Minister des Äußern an den Gesandten in Belgrad, Freiherr von Giesl:

Wien, am 22. Juli 1914
Euer Hochwohlgeboren wollen die nachfolgende Note am Donnerstag, den 23. Juli nachm., der königlichen Regierung überreichen:

»Am 31. März 1909 hat der königlich serbische Gesandte am Wiener Hofe im Auftrage seiner Regierung der k. und k. Regierung folgende Erklärung abgegeben:
›Serbien anerkennt, dass es durch die in Bosnien geschaffene Tatsache in seinen Rechten nicht berührt wurde und dass es sich demgemäß den Entschließungen anpassen wird, welche die Mächte in Bezug auf den Artikel 25 des Berliner Vertrages treffen werden. Indem Serbien den Ratschlägen der Großmächte Folge leistet, verpflichtet es sich, die Haltung des Protestes und des Widerstandes, die es hinsichtlich der Annexion seit dem vergangenen Oktober eingenommen hat, aufzugeben, und es verpflichtet sich ferner, die Richtung seiner gegenwärtigen Politik gegenüber Österreich-Ungarn zu ändern und künftighin mit diesem letzteren auf dem Fuße freundnachbarlicher Beziehungen zu leben.‹
Die Geschichte der letzten Jahre nun, und insbesondere die schmerzlichen Ereignisse des 28. Juni haben das Vorhandensein einer subversiven Bewegung in Serbien erwiesen, deren Ziel es ist, von der österreichisch-ungarischen Monarchie gewisse Teile ihres Gebietes loszutrennen. Diese Bewegung, die unter den Augen der serbischen Regierung entstand, hat in der Folge jenseits des Gebietes des Königreiches durch Akte des Terrorismus, durch eine Reihe von Attentaten und durch Morde Ausdruck gefunden.
Weit entfernt, die in der Erklärung vom 31. März 1909 enthaltenen formellen Verpflichtungen zu erfüllen, hat die k. Serbische Regierung nichts getan, um diese Bewegung zu unterdrücken. Sie duldete das ver-

brecherische Treiben der verschiedenen, gegen die Monarchie gerichteten Vereine und Vereinigungen, die zügellose Sprache der Presse, die Verherrlichung der Urheber von Attentaten, die Teilnahme von Offizieren und Beamten an subversiven Umtrieben, sie duldete eine ungesunde Propaganda im öffentlichen Unterricht und duldete schließlich alle Manifestationen, welche die serbische Bevölkerung zum Hasse gegen die Monarchie und zur Verachtung ihrer Einrichtungen verleiten können.

Diese Duldung, der sich die k. Serbische Regierung schuldig machte, hat noch in jenem Moment angedauert, in dem die Ereignisse des 28. Juni der ganzen Welt die grauenhaften Folgen solcher Duldung zeigten.

Es erhellt aus den Aussagen und Geständnissen der verbrecherischen Urheber des Attentates vom 28. Juni, dass der Mord von Sarajevo in Belgrad ausgeheckt wurde, dass die Mörder die Waffen und Bomben, mit denen sie ausgestattet waren, von serbischen Offizieren und Beamten erhielten, die der »Narodna Odbrana« angehörten, und dass schließlich die Beförderung der Verbrecher und deren Waffen nach Bosnien von leitenden serbischen Grenzorganen veranstaltet und durchgeführt wurde.

Die angeführten Ergebnisse der Untersuchung gestatten es der k. und k. Regierung nicht, noch länger die Haltung zuwartender Langmut zu beobachten, die sie durch Jahre jenen Treibereien gegenüber eingenommen hatte, die ihren Mittelpunkt in Belgrad haben und von da auf die Gebiete der Monarchie übertragen werden. Diese Ergebnisse legen der k. und k. Regierung vielmehr die Pflicht auf, Umtrieben ein Ende zu bereiten, die eine ständige Bedrohung für die Ruhe der Monarchie bilden.

Um diesen Zweck zu erreichen, sieht sich die k. und k. Regierung gezwungen, von der serbischen Regierung eine offizielle Versicherung zu verlangen, dass sie die gegen Österreich-Ungarn gerichtete Propaganda verurteilt, das heißt die Gesamtheit der Bestrebungen, deren Endziel es ist, von der Monarchie Gebiete loszulösen, die ihr angehören, und dass sie sich verpflichtet, diese verbrecherische und terroristische Propaganda mit allen Mitteln zu unterdrücken.

Um diesen Verpflichtungen einen feierlichen Charakter zu geben, wird die k. serbische Regierung auf der ersten Seite ihres offiziellen Organs vom 26. Juli nachfolgende Erklärung veröffentlichen:

›Die k. Serbische Regierung verurteilt die gegen Österreich-Ungarn gerichtete Propaganda, das heißt die Gesamtheit jener Bestrebungen, deren letztes Ziel es ist, von der österreichisch-ungarischen Monarchie Gebiete loszutrennen, die ihr angehören, und sie bedauert aufrichtigst die grauenhaften Folgen dieser verbrecherischen Handlungen.

Die k. Serbische Regierung bedauert, dass serbische Offiziere und Beamte an der vorgenannten Propaganda teilgenommen und damit die freundnachbarlichen Beziehungen gefährdet haben, die zu pflegen sich die k. Regierung durch ihre Erklärung vom 31. März 1909 feierlichst verpflichtet hatte.

Die k. Regierung, die jeden Gedanken oder jeden Versuch einer Einmischung in die Geschicke der Bewohner was immer für eines Teiles Österreich-Ungarns mißbilligt und zurückweist, erachtet es für ihre Pflicht, die Offiziere, Beamten und die gesamte Bevölkerung des Königreiches ganz ausdrücklich aufmerksam zu machen, dass sie künftighin mit äußerster Strenge gegen jene Personen vorgehen wird, die sich derartiger Handlungen schuldig machen sollten, Handlungen, denen vorzubeugen und die zu unterdrücken sie alle Anstrengungen machen wird.‹

Diese Erklärung wird gleichzeitig zur Kenntnis der k. Armee durch einen Tagesbefehl Sr. M. des Königs gebracht und in dem offiziellen Organe der Armee veröffentlicht werden.

Die k. Serbische Regierung verpflichtet sich überdies:

1. jede Publikation zu unterdrücken, die zum Hass und zur Verachtung der Monarchie aufreizt, und deren allgemeine Tendenz gegen die territoriale Integrität der letzteren gerichtet ist,

2. sofort mit der Auflösung des Vereines »Narodna Odbrana« vorzugehen, dessen gesamte Progagandamittel zu konfiszieren und in derselben Weise gegen die anderen Vereine und Vereinigungen in Serbien einzuschreiten, die sich mit der Propaganda gegen Österreich-Ungarn beschäftigen; die k. Regierung wird die nötigen Maßregeln treffen, damit die aufgelösten Vereine nicht etwa ihre Tätigkeit unter anderem Namen oder in anderer Form fortsetzen,

3. ohne Verzug aus dem öffentlichen Unterricht in Serbien, sowohl was den Lehrkörper als auch die Lehrmittel betrifft, alles zu beseitigen, was dazu dient oder dienen könnte, die Propaganda gegen Österreich-Ungarn zu nähren,

4. aus dem Militärdienst und der Verwaltung im Allgemeinen alle Offiziere und Beamten zu entfernen, die der Propaganda gegen Österreich-Ungarn schuldig sind, und deren Namen unter Mitteilung des gegen sie vorliegenden Materials der k. Regierung bekanntzugeben sich die k. und k. Regierung vorbehält,

5. einzuwilligen, dass in Serbien Organe der k. und k. Regierung bei der Unterdrückung der gegen die territoriale Integrität der Monarchie gerichteten subversiven Bewegung mitwirken,

6. eine gerichtliche Untersuchung gegen jene Teilnehmer des Komplotts vom 28. Juni einzuleiten, die sich auf serbischem Territorium befinden; von der k. und k. Regierung hiezu delegierte Organe werden an den bezüglichen Erhebungen teilnehmen,

7. mit aller Beschleunigung die Verhaftung des Majors Voija Takositsch und eines gewissen Milan Ciganovitsch, serbischen Staatsbeamten, vorzunehmen, welche durch die Ergebnisse der Untersuchung kompromittiert sind,

8. durch wirksame Maßnahmen die Teilnahme der serbischen Behörden an dem Einschmuggeln von Waffen und Explosivkörpern über die Grenze zu verhindern; jene Organe des Grenzdienstes von Schabatz und Losnitza, die den Urhebern des Verbrechens von Sarajevo bei dem Über-

tritt über die Grenze behilflich waren, aus dem Dienste zu entlassen und strenge zu bestrafen,

9. der k. und k. Regierung Aufklärungen zu geben über die nicht zu rechtfertigenden Äußerungen hoher serbischer Funktionäre in Serbien und im Auslande, die, ihrer offiziellen Stellung ungeachtet, nicht gezögert haben, sich nach dem Attentat am 28. Juni in Interviews in feindlicher Weise gegen Österreich-Ungarn auszusprechen,

10. die k. und k. Regierung ohne Verzug von der Durchführung der in den vorigen Punkten zusammengefassten Maßnahmen zu verständigen. Die k. und k. Regierung erwartet die Antwort der k. Regierung spätestens bis Samstag, den 25. d. M., um 6 Uhr nachmittag.

Eine Memoire über die Ergebnisse der Untersuchung von Sarajevo, soweit sie sich auf die im Punkt 7 und 8 genannten Funktionäre beziehen, ist dieser Note beigeschlossen.«

Beilage:

Die bei dem Gerichte in Sarajevo gegen Gavrilo Princip und Genossen wegen des am 28. Juni d. J. begangenen Meuchelmordes, beziehungsweise wegen Mitschuld hieran anhängige Strafuntersuchung hat bisher zu folgenden Feststellungen geführt:

1. Der Plan, den Erzherzog Franz Ferdinand während seines Aufenthaltes in Sarajevo zu ermorden, wurde in Belgrad von Gavrilo Princip, Nedeljko Cabrinovitsch, einem gewissen Milan Ciganovitsch und Trifko Grabesch unter Beihilfe des Majors Voija Takositsch gefasst.

2. Die sechs Bomben und vier Browningpistolen samt Munition, deren sich die Verbrecher als Werkzeuge bedienten, wurden dem Princip, Cabrinovitsch und Grabesch in Belgrad von einem gewissen Milan Ciganovitsch und dem Major Voija Takositsch verschafft und übergeben.

3. Die Bomben sind Handgranaten, die dem Waffendepot der serbischen Armee in Kragujevatz entstammen.

4. Um das Gelingen des Attentats zu sichern, unterwies Ciganovitsch den Princip, Cabrinovitsch und Grabesch in der Handhabung der Granaten und gab in einem Walde neben dem Schießfelde von Topschider dem Princip und Grabesch Unterricht im Schießen mit Browningpistolen.

5. Um dem Princip, Cabrinovitsch und Grabesch den Übergang über die bosnisch-herzegowinische Grenze und die Einschmuggelung ihrer Waffen zu ermöglichen, wurde ein ganzes geheimes Transportsystem durch Ciganovitsch organisiert. Der Eintritt der Verbrecher samt ihren Waffen nach Bosnien und der Herzegowina wurde von den Grenzhauptleuten von Schabatz (Rade Popovitsch) und Losnitza sowie von dem Zollorgan Budivoj Grbitsch von Losnitza mit Beihilfe mehrer anderer Personen durchgeführt.

Gelegentlich der Übergabe der vorstehenden Note wollen Euer Hochwohlgeboren mündlich hinzufügen, dass Sie beauftragt seien – falls Ihnen nicht inzwischen eine vorbehaltlose zustimmende Antwort der königlichen Regierung zugekommen sein sollte – nach Ablauf der in der Note vorgesehenen, vom Tage und von der Stunde Ihrer Mitteilung an zu rechnenden 48stündigen Frist mit dem Personale der k. und k. Gesandtschaft Belgrad zu verlassen.

Die serbische Antwortnote

(aus: Imanuel Geiss, Hg., *Juli 1914. Die europäische Krise und der Ausbruch des Ersten Weltkriegs*, München 1980, Dok. 72, S. 190–194)

Belgrad, den 25. Juli 1914

Die königlich serbische Regierung hat die Mitteilung der k. u. k. Regierung vom 23. d. M. erhalten und ist überzeugt, dass ihre Antwort jedes Missverständnis zerstreuen wird, welches die freundnachbarlichen Beziehungen zwischen der österreichisch-ungarischen Monarchie und dem Königreiche Serbien zu stören droht.

Die königliche Regierung ist sich bewusst, dass der großen Nachbarmonarchie gegenüber bei keinem Anlasse jene Proteste erneuert wurden, die seinerzeit sowohl in der Skupschtina, als auch in Erklärungen und Handlungen der verantwortlichen Vertreter des Staates zum Ausdrucke gebracht wurden und die durch die Erklärung der serbischen Regierung vom 31. März 1909 ihren Abschluss gefunden haben, sowie weiters, dass seit jener Zeit weder von den verschiedenen einander folgenden Regierungen des Königreiches, noch von deren Organen der Versuch unternommen wurde, den in Bosnien und der Herzegowina geschaffenen politischen und rechtlichen Zustand zu ändern. Die königliche Regierung stellt fest, dass die k. u. k. Regierung in dieser Richtung keinerlei Vorstellungen erhoben hat, abgesehen von dem Falle eines Lehrbuches, hinsichtlich dessen die k. u. k. Regierung eine vollkommen befriedigende Aufklärung erhalten hat. Serbien hat während der Dauer der Balkankrise in zahlreichen Fällen Beweise für seine pazifistische und gemäßigte Politik geliefert, und es ist nur Serbien und den Opfern, die es ausschließlich im Interesse des europäischen Friedens gebracht hat, zu danken, wenn dieser Friede erhalten geblieben ist.

Die königliche Regierung kann nicht für Äußerungen privaten Charakters verantwortlich gemacht werden, wie es Zeitungsartikel und die friedliche Arbeit von Gesellschaften ist, Äußerungen, die fast in allen Ländern ganz gewöhnliche Erscheinungen sind und die sich im Allgemeinen der staatlichen Kontrolle entziehen. Dies umso weniger, als die königliche

Regierung bei der Lösung einer ganzen Reihe von Fragen, die zwischen Serbien und Österreich-Ungarn aufgetaucht waren, großes Entgegenkommen bewiesen hat, wodurch es ihr gelungen ist, deren größeren Teil zu Gunsten des Fortschrittes der beiden Nachbarländer zu lösen.

Die königliche Regierung war deshalb durch die Behauptungen, dass Angehörige Serbiens an der Vorbereitung des in Sarajevo verübten Attentates teilgenommen hätten, schmerzlich überrascht. Sie hatte erwartet, zur Mitwirkung bei den Nachforschungen über dieses Verbrechen eingeladen zu werden, und war bereit, um ihre volle Korrektheit durch Taten zu beweisen, gegen alle Personen vorzugehen, hinsichtlich welcher ihr Mitteilungen zugekommen wären.

Den Wünschen der k. u. k. Regierung entsprechend, ist die königliche Regierung somit bereit, dem Gerichte ohne Rücksicht auf Stellung und Rang jeden serbischen Staatsangehörigen zu übergeben, für dessen Teilnahme an dem Sarajevoer Verbrechen ihr Beweise geliefert werden sollten; sie verpflichtet sich insbesondere, auf der ersten Seite des Amtsblattes vom 26. Juli folgende Enunziation zu veröffentlichen:

»Die königlich serbische Regierung verurteilt jede Propaganda, die gegen Österreich-Ungarn gerichtet sein sollte, d. h. die Gesamtheit der Bestrebungen, die in letzter Linie auf die Losreißung einzelner Gebiete von der österreichisch-ungarischen Monarchie abzielen, und sie bedauert aufrichtig die traurigen Folgen dieser verbrecherischen Machenschaften.

Die königliche Regierung bedauert, dass laut der Mitteilung der k. u. k. Regierung gewisse serbische Offiziere und Funktionäre an der eben genannten Propaganda mitgewirkt und dass diese damit die freundnachbarlichen Beziehungen gefährdet hätten, zu deren Beobachtung sich die königliche Regierung durch die Erklärung vom 31. März 1909 feierlich verpflichtet hatte.

Die königliche Regierung, die jeden Gedanken oder jeden Versuch einer Einmischung in die Geschicke der Bewohner was immer für eines Teiles Österreich-Ungarns missbilligt und zurückweist, erachtet es für ihre Pflicht, die Offiziere, Beamten und die gesamte Bevölkerung des Königreiches feierlich aufmerksam zu machen, dass sie künftighin mit äußerster Strenge gegen jene Personen vorgehen wird, die sich derartiger Handlungen schuldig machen sollten, Handlungen, denen vorzubeugen und die zu unterdrücken sie alle Anstrengungen machen wird.«

Diese Erklärung wird gleichzeitig zur Kenntnis der königlichen Armee durch einen Tagesbefehl Seiner Majestät des Königs gebracht und in dem offiziellen Organe der Armee veröffentlicht werden.

Die königliche Regierung verpflichtet sich weiters:

1. Anlässlich des nächsten ordnungsmäßigen Zusammentrittes der Skupschtina in das Pressegesetz eine Bestimmung einzuschalten, wonach die Aufreizung zum Hasse und zur Verachtung gegen die Monarchie sowie jede Publikation strengstens bestraft würde, deren allgemeine Tendenz gegen die territoriale Integrität Österreich-Ungarns gerichtet ist.

Sie verpflichtet sich anlässlich der demnächst erfolgenden Revision der Verfassung in den Artikel XXII des Verfassungsgesetzes einen Zusatz aufzunehmen, der die Konfiskation derartiger Publikationen gestattet, was nach den klaren Bestimmungen des Artikels XXII der Konstitution derzeit unmöglich ist.

2. Die Regierung besitzt keinerlei Beweise dafür und auch die Note der k. u. k. Regierung liefert ihr keine solchen, dass der Verein »Narodna Odbrana« und andere ähnliche Gesellschaften bis zum heutigen Tage durch eines ihrer Mitglieder irgendwelche verbrecherischen Handlungen dieser Art begangen hätten. Nichtsdestoweniger wird die königliche Regierung die Forderung der k. u. k. Regierung annehmen und die Gesellschaft »Narodna Odbrana« sowie jede Gesellschaft, die gegen Österreich-Ungarn wirken sollte, auflösen.

3. Die königlich serbische Regierung verpflichtet sich, ohne Verzug aus dem öffentlichen Unterrichte in Serbien alles auszuscheiden, was die gegen Österreich-Ungarn gerichtete Propaganda fördern könnte, falls ihr die k. u. k. Regierung tatsächliche Nachweise für diese Propaganda liefert.

4. Die königliche Regierung ist auch bereit, jene Offiziere und Beamten aus dem Militär- und Zivildienste zu entlassen, hinsichtlich welcher durch gerichtliche Untersuchung festgestellt wird, dass sie sich Handlungen gegen die territoriale Integrität der Monarchie haben zuschulden kommen lassen; sie erwartet, dass ihr die k. u. k. Regierung zwecks Einleitung des Verfahrens die Namen dieser Offiziere und Beamten und die Tatsachen mitteilt, welche denselben zur Last gelegt werden.

5. Die königliche Regierung muss bekennen, dass sie sich über den Sinn und die Tragweite jenes Begehrens der k. u. k. Regierung nicht volle Rechenschaft geben kann, welches dahin geht, dass die königlich serbische Regierung sich verpflichten soll, auf ihrem Gebiete die Mitwirkung von Organen der k. u. k. Regierung zuzulassen, doch erklärt sie, dass sie jene Mitwirkung anzunehmen bereit wäre, welche den Grundsätzen des Völkerrechtes und des Strafprozesses sowie den freundnachbarlichen Beziehungen entsprechen würde.

6. Die königliche Regierung hält es selbstverständlich für ihre Pflicht, gegen alle jene Personen eine Untersuchung einzuleiten, die an dem Komplotte vom 28. Juni beteiligt waren oder beteiligt gewesen sein sollen und die sich auf ihrem Gebiete befinden. Was die Mitwirkung von hiezu speziell delegierten Organen der k. u. k. Regierung an dieser Untersuchung anbelangt, so kann sie eine solche nicht annehmen, da dies eine Verletzung der Verfassung und des Strafprozessgesetzes wäre. Doch könnte den österreichisch-ungarischen Organen in einzelnen Fällen Mitteilung von dem Ergebnisse der Untersuchung gemacht werden.

7. Die königliche Regierung hat noch am Abend des Tages, an dem ihr die Note zukam, die Verhaftung des Majors Voislav Tankosic verfügt. Was aber den Milan Ciganovic anbelangt, der ein Angehöriger der ös-

terreichisch-ungarischen Monarchie ist und der bis zum 28. Juni (als Aspirant) bei der Eisenbahndirektion bedienstet war, so konnte dieser bisher nicht ausgeforscht werden, weshalb ein Steckbrief gegen ihn erlassen wurde. Die k. u. k. Regierung wird gebeten, zwecks Durchführung der Untersuchung so bald als möglich die bestehenden Verdachtsgründe und die bei der Untersuchung in Sarajevo gesammelten Schuldbeweise in der üblichen Form bekannt zu geben.

8. Die serbische Regierung wird die bestehenden Maßnahmen wegen Unterdrückung des Schmuggels von Waffen und Explosivstoffen verschärfen und erweitern.

Es ist selbstverständlich, dass sie sofort eine Untersuchung einleiten und jene Beamten des Grenzdienstes in der Linie Sabac-Loznica streng bestrafen wird, die ihre Pflicht verletzt und die Urheber des Verbrechens die Grenze haben überschreiten lassen.

9. Die königliche Regierung ist gerne bereit, Aufklärung über die Äußerungen zu geben, welche ihre Beamten in Serbien und im Auslande nach dem Attentate in Interviews gemacht haben und die nach der Behauptung der k. u. k. Regierung der Monarchie feindselig waren, sobald die k. u. k. Regierung die Stellen dieser Ausführungen bezeichnet und bewiesen haben wird, dass diese Äußerungen von den betreffenden Funktionären tatsächlich gemacht worden sind. Die königliche Regierung wird selbst Sorge tragen, die nötigen Beweise und Überführungsmittel hiefür zu sammeln.

10. Die königliche Regierung wird, insofern dies nicht schon in dieser Note geschehen ist, die k. u. k. Regierung von der Durchführung der in den vorstehenden Punkten enthaltenen Maßnahmen in Kenntnis setzen, sobald eine dieser Maßregeln angeordnet und durchgeführt wird.

Die königlich serbische Regierung glaubt, dass es im gemeinsamen Interesse liegt, die Lösung dieser Angelegenheit nicht zu überstürzen, und ist daher, falls sich die k. u. k. Regierung durch diese Antwort nicht für befriedigt erachten sollte, wie immer bereit, eine friedliche Lösung anzunehmen, sei es durch Übertragung der Entscheidung dieser Frage an das internationale Gericht im Haag, sei es durch Überlassung der Entscheidung an die Großmächte, welche an der Ausarbeitung der von der serbischen Regierung am 31. März 1909 abgegebenen Erklärung mitgewirkt haben.

Personenverzeichnis

Einige der wichtigsten europäischen Diplomaten, Staatsmänner und Militärführer im Jahr 1914

Alexander, Kronprinz: Regent von Serbien
Asquith, Herbert Henry: britischer Premierminister
Benckendorff, Alexander Graf: russischer Botschafter in London
Berchtold, Leopold Graf von: Außenminister Österreich-Ungarns
Bertie, Sir Francis: britischer Botschafter in Paris
Bethmann Hollweg, Theobald von: deutscher Reichskanzler
Bienvenue-Martin, Jean-Baptiste: französischer Justizminister
Buchanan, Sir George: britischer Botschafter in Sankt Petersburg
Cambon, Jules: französischer Botschafter in Berlin
Cambon, Paul: französischer Botschafter in London
Churchill, Winston S.: britischer Marineminister (Erster Lord der Admiralität)
Conrad von Hötzendorf, Franz Freiherr von: Chef des Generalstabs von Österreich-Ungarn
Crowe, Sir Eyre: Hilfsunterstaatssekretär im britischen Außenministerium
Falkenhayn, General Erich von: deutscher Kriegsminister
Flotow, Ludwig von: deutscher Botschafter in Rom
Forgách, Johann Graf von: Erster Sektionschef im österreichisch-ungarischen Außenministerium
Franz Ferdinand, Erzherzog: österreichisch-ungarischer Thronfolger
Franz Joseph I.: Kaiser von Österreich und König von Ungarn
Georg V.: britischer König
Giesl von Gieslingen, Wladimir Freiherr von: österreichisch-ungarischer Gesandter in Belgrad
Goschen, Sir Edward: britischer Botschafter in Berlin
Grey, Sir Edward: britischer Außenminister
Hartwig, Nikolai von: russischer Gesandter in Belgrad
House, Edward: Sondergesandter Präsident Wilsons

Hoyos, Alexander Graf von: Legationsrat und Kabinettschef im österreichisch-ungarischen Außenministerium

Iswolski, Alexander Petrowitsch: russischer Botschafter in Paris (und ehemaliger Außenminister)

Jagow, Gottlieb von: deutscher Außenminister

Lichnowsky, Karl Max Fürst von: deutscher Botschafter in London

Lloyd George, David: britischer Schatzkanzler

Lyncker, Moritz Freiherr von: Chef des Militärkabinetts Wilhelms II.

Macchio, Karl Freiherr von: Erster Sektionschef im österreichisch-ungarischen Außenministerium

Matscheko, Franz von: hoher Beamter im österreichisch-ungarischen Außenministerium

Moltke, Helmuth Graf von (der Jüngere): Chef des deutschen Generalstabs

Müller, Georg Alexander von: deutscher Admiral, Chef des Marinekabinetts Wilhelms II.

Nikolaus II.: Zar von Russland

Nicolson, Sir Arthur: ständiger Unterstaatssekretär im britischen Außenministerium

Paléologue, Maurice: französischer Botschafter in Sankt Petersburg

Pašić, Nikola: serbischer Ministerpräsident

Poincaré, Raymond: französischer Staatspräsident

Potiorek, Oskar: Feldzeugmeister, Landeschef von Bosnien und Herzegowina

Pourtalès, Friedrich Graf von: deutscher Botschafter in Sankt Petersburg

Rumbold, Sir Horace: britischer Geschäftsträger in Berlin

San Giuliano, Antonino Marquis di: italienischer Außenminister

Sasonow, Sergej: russischer Außenminister

Schebeko, Nikolai: russischer Botschafter in Wien

Schoen, Wilhelm Freiherr von: deutscher Botschafter in Paris

Stürgkh, Karl Graf von: österreichischer Ministerpräsident

Stumm, Wilhelm von: Leiter der Politischen Abteilung des deutschen Auswärtigen Amtes

Swerbejew, Sergej Nikolajewitsch: russischer Botschafter in Berlin

Szápáry von Szápár, Friedrich Graf von: österreichisch-ungarischer Botschafter in Sankt Petersburg

Tirpitz, Alfred von: Großadmiral, Staatssekretär des deutschen Reichsmarineamtes

Tisza, István Graf: ungarischer Ministerpräsident

Tschirschky, Heinrich Graf von: deutscher Botschafter in Wien

Viviani, René: französischer Ministerpräsident

Wilhelm II.: König von Preußen und deutscher Kaiser

Zimmermann, Arthur: stellvertretender Staatssekretär im deutschen Auswärtigen Amt

Anmerkungen

Prolog

1 Nach Zeitungsberichten.
2 *Encyclopedia Britannica*, 15. Auflage, Kapitel »Weltkriege«.
3 Jay Winter, Geoffrey Parker und Mary R. Habek, *The Great War and the Twentieth Century*, New Haven 2000, S. 2.
4 Holger Herwig, *The First World War: Germany and Austria-Hungary, 1914–1918*, London 1997, S. 1.
5 *Encyclopedia Britannica*, 15. Auflage, Kapitel »Weltkriege«.
6 William McNeill, *Plagues and Peoples*, Garden City 1976, S. 255.
7 Zitiert in: *The Economist*, 31. Dezember 1999, S. 30.
8 George Kennan, *The Decline of Bismarcks European Order*, Princeton 1979, S. 3 (zitiert nach deutscher Ausgabe: *Bismarcks europäisches System in der Auflösung*, Frankfurt/Main 1981, S. 12).
9 Fritz Stern, *Einstein's German World*, Princeton 2001, S. 200.
10 Martin Gilbert, *Winston S. Churchill: The Challenge of War*, Boston 1971, S. 355.
11 George Kennan, *American Diplomacy: 1900–1950*, New York 1951, S. 51.
12 Steven E. Miller, Sean M. Lynn-Jones und Stephen Van Evera, *Military Strategy and the Origins of the First World War*, Princeton 1991, S. XI.
13 Laurence Lafore, *The Long Fuse: An Interpretation of the Origins of World War I*, New York 1971, S. 17.
14 Zitiert in: David Fromkin, *In the Time of the Americans: FDR, Truman, Eisenhower, Marshall, MacArthur – The Generation That Changed America's Role in the World*, New York 1995, S. 58.
15 Stefan Zweig, *Die Welt von Gestern. Erinnerungen eines Europäers*, Stuttgart 1981, S. 248.
16 Alan J. P. Taylor, *English History: 1914–1945*, Oxford 1965, S. 1.
17 Fernand Braudel, *Afterthoughts on Material Civilization and Capitalism*, Baltimore 1979, S. 104.

18 John Maynard Keynes, *The Economic Consequences of the Peace*, New York 1920, S. 11 f.
19 John Micklethwait und Adrian Wooldridge, *A Future Perfect*, New York 2000, S. 18 (zitiert nach deutscher Ausgabe: *Futur II – Globalisierung als Erfolgsgeschichte*, München 2000, S. 17).
20 Kennan, 1951, S. 9.
21 Zweig, 1981, S. 14.
22 J. F. V. Keiger, *France and the Origins of the First World War*, London 1983, S. 133.
23 Ebenda.

Teil eins: Die vielfältigen Spannungen in Europa

Kapitel 3

1 Roderick R. McLean, *Royalty and Diplomacy in Europe: 1890–1914*, Cambridge 2001, S. 98.

Kapitel 4

2 Henry Adams, *The Education of Henry Adams: An Autobiography*, Boston 1918, S. 383.
3 Paul Fussell, *The Great War and Modern Memory*, New York 1975, S. 8.
4 David Stevenson, *Armaments and the Coming of War: Europe 1904–1914*, Oxford 1996, S. 1.
5 Ebenda, S. 203.
6 Gunther E. Rothenberg, »Moltke, Schlieffen and the Doctrine of Strategic Envelopment«, in: Paret 1986, S. 306.
7 Daniel Moran, »Alfred von Schlieffen«, in: Robert Cowley und Geoffrey Parker, Hg., *The Reader's Companion to Military History*, Boston 1996, S. 415.
8 Annika Mombauer, *Helmuth von Moltke and the Origins of the First World War*, Cambridge 2001, S. 55.
9 Ebenda, S. 54 ff.
10 Ebenda, S. 51.

Kapitel 5

11 Alan J. P. Taylor, *Englishmen and Others*, London 1956, S. 121.
12 Edmund Morris, *The Rise of Theodore Roosevelt*, New York 1979, S. 569.

13 Hew Strachan, *The First World War, Vol. 1, To Arms*, Oxford 2001,
    S. 68.

Kapitel 6

14 Hans J. Morgenthau, *Politics Among Nations: The Struggle for Po-
    wer and Peace*, New York 1978, S. 248 (zitiert nach deutscher Aus-
    gabe: *Macht und Frieden. Grundlegung einer Theorie der internatio-
    nalen Politik*, Gütersloh 1963, S. 215).
15 McLean, 2001, S. 16.
16 Ebenda, S. 44.
17 Ebenda, S. 79.

Teil zwei: Ein Gang über Minenfelder

Kapitel 9

1   Volker R. Berghahn, *Germany and the Approach of War in 1914*,
    New York 1993, S. 172; vgl. das Originalzitat von Gustav Schmidt,
    »Innenpolitische Blockbildungen in Deutschland am Vorabend des
    Ersten Weltkrieges«, in: *Das Parlament* (Beilage), 13. Mai 1972, S. 4.
2   James Joll, *The Origins of the First World War*, Harlow, Essex 1992,
    S. 56; deutsche Ausgabe: *Die Ursprünge des Ersten Weltkriegs*, Mün-
    chen 1988, S. 82.
3   Berghahn, 1993, S. 28.
4   Elie Halévy, *The World Crisis of 1914–1918: An Interpretation*,
    Oxford 1930, S. 6.
5   Berghahn, 1993, S. 88.
6   Ausführlich zu John Röhls These siehe John Röhl, *Wilhelm II. Die
    Jugend des Kaisers 1859–1888*, München 1993, S. 36; sowie Chris-
    topher M. Clark, *Kaiser Wilhelm II.*, Harlow, Essex 2000, S. 19.
7   Clark, 2000, S. 20; Röhl, 1993, S. 63.
8   Clark, 2000, S. 123; zitiert nach John Röhl, *Kaiser, Hof und Staat.
    Wilhelm II. und die deutsche Politik*, München 1995, S. 20.
9   Clark, 2000, S. 125.
10 Berghahn, 1993, S. 16.
11 Fritz Fischer, *War of Illusions. German Policies from 1911 to 1914*,
    London 1975, S. 28.

Teil drei: Europa treibt auf einen Krieg zu

Kapitel 10

1 Stanford J. Shaw und Ezel Kurel Shaw, *History of the Ottoman Empire and Modern Turkey*. Bd. 2: *Reform, Revolution, and Republic: The Rise of Modern Turkey, 1808–1975*, Cambridge 1977, S. 207 f.

Kapitel 11

2 F. R. Bridge, *The Habsburg Monarchy Among the Great Powers, 1815–1918*, New York 1990, S. 228.
3 Johannes Lepsius, Albrecht Mendelssohn Bartholdy, Friedrich Thimme, Hg., *Die Große Politik der europäischen Kabinette 1871–1914*. *Sammlung der diplomatischen Akten des Auswärtigen Amtes* (im Folgenden: *Große Politik*), Bd. 26,1, Dok. 8939, S. 53; vgl. Luigi Albertini, *The Origins of War of 1914*. 3 Bde. Oxford 1952, Bd. 1, S. 228.
4 Bernhard Fürst von Bülow, *Denkwürdigkeiten in vier Bänden*. Bd. 2: *Von der Marokko-Krise bis zum Abschied*, Berlin 1930, S. 342; vgl. Albertini, 1952, Bd. 1, S. 230.
5 Berghahn, 1993, S. 93; zitiert nach Original in: R. Graf Zedlitz-Trützschler, *Zwölf Jahre am Kaiserhof*, Stuttgart, Berlin, Leipzig 1924, S. 226.
6 Berghahn, 1993, S. 91.
7 Gordon A. Craig, *Germany: 1866–1945*, New York 1978, S. 323.

Kapitel 12

8 Joll, 1988, S. 85; dazu auch: Fritz Fischer, *Krieg der Illusionen*, Düsseldorf 1969, S. 135.
9 G. P. Gooch und Harold Temperley, Hg., *British Documents on the Origins of the War*, Bd. 11, London 1926, S. 205.
10 Winston S. Churchill, *The World Crisis: 1911–1914*, London 1923, S. 48.
11 David G. Herrmann, *The Arming of Europe and the Making of the First World War*, Princeton 1996, S. 172.

Kapitel 13

12 Daniele Varé, *Laughing Diplomat*, London 1938, S. 70.
13 Albertini, 1952, Bd.1, S. 486.

Kapitel 14

14 Röhl, *The Kaiser and His Court: Wilhelm II. and the Government of Germany,* Cambridge 1994, S. 181.
15 Clark, 2000, S. 189.
16 Ebenda, S. 190.
17 *Große Politik,* Bd. 33, Dok. 12225, S. 164 ff.
18 Ebenda.
19 Ebenda.
20 Ebenda, Bd. 33, Dok. 12321, S. 276 f.
21 Ebenda, Bd. 33, Dok.12320, S. 274 ff.
22 Ebenda, Bd. 33, Dok.12339, S. 295; dazu auch: Röhl, *Kaiser, Hof und Staat,* S. 181.
23 *Große Politik,* Bd. 33, Dok. 12339, S. 295.
24 Clark, 2000, S. 190; dazu auch Röhl, 1995, S. 182.
25 Röhl, 1995, S. 181.
26 Ebenda, S. 182 f.
27 Ebenda, S. 183.
28 Ebenda.
29 Ebenda, S. 184.
30 Ebenda.
31 Ebenda, S. 187.
32 Ebenda.
33 Ebenda, S. 175.
34 Ebenda, S. 175 f.
35 Ebenda, S. 176.
36 John Röhl, 1994, S. 176.
37 Herrmann, 1996, S. 177.
38 David Stevenson, *Armaments and the Coming of War: Europe 1904–1914,* Oxford 1996, S. 264.

Kapitel 15

39 Ludwig Bittner, Hans Uebersberger, Hg., *Österreich-Ungarns Außenpolitik von der Bosnischen Krise 1908 bis zum Kriegsausbruch 1914,* Wien, Leipzig 1930, Dok. 8934, Bd. 7, S. 512 f.; vgl. Albertini, 1952, Bd. 1, S. 488.
40 *Die Deutschen Dokumente zum Kriegsausbruch 1914.* Von Karl Kautsky zusammengestellte amtliche Aktenstücke. Herausgegeben im Auftrag des Auswärtigen Amtes von Max Montgelas und Walter Schücking, 2. Aufl., Berlin 1921, Band 1, Dok. 2, S. 3.
41 Ebenda.

Kapitel 16

42 Feldmarschall Conrad [von Hötzendorf], *Aus meiner Dienstzeit,* Wien 1922, Bd. 3, S. 597.

43 Hew Strachan, *The First World War,* Bd. 1: *To Arms.* Oxford 2001, S. 69.

44 Imanuel Geiss, Hg., *Julikrise und Kriegsausbruch 1914. Eine Dokumentensammlung,* Hannover 1963, Bd. 1, S. 44.

Kapitel 17

45 Arthur D. Howden Smith, *Mr. House of Texas,* New York, London 1940, S. 51.

46 Ebenda, S. 102.

47 Ebenda, S. 2.

48 House Papers, Tagebuch von 1914, 23. Mai.

49 Joseph Frazier Wall, *Andrew Carnegie,* Pittsburgh 1989, S. 909.

50 Ebenda, S. 924.

51 Arthur S. Link, Hg., *The Papers of Woodrow Wilson,* Bd. 30. Princeton 1979, S. 108 f.; zitiert nach der gekürzten deutschen Übersetzung der von Charles Seymour veröffentlichten House Papers: Charles Seymour, Hg., *Die vertraulichen Dokumente des Obersten House,* Stuttgart, Berlin, Leipzig 1930, S. 24.

52 Charles Seymour, Hg., *The Intimate Papers of Colonel House,* Bd. 1: *Behind the Political Curtain, 1912–1915,* London 1926, Tagebucheintrag vom 27. Mai 1914, S. 257.

53 House Papers, Tagebuch von 1914, 1. Juni.

54 Ebenda; in der veröffentlichten deutschen Fassung Seymour, 1930, S. 26.

55 Link, 1979, S. 139; teilweise auch in Seymour, 1930, S. 27 zitiert.

56 Link, 1979, S. 140.

57 Ebenda.

58 House Papers, Tagebuch von 1914, 24. Juni.

59 Ebenda, 1. Juni 1914.

60 House Papers, Tagebuch von 1914, 12. Juni; Seymour, 1926, S. 265 f.

61 Link, 1979, S. 190; Seymour, *Intimate Papers,* S. 268.

62 House Papers, Tagebuch von 1914, 27. Juni; Seymour, 1930, S. 28.

63 House Papers, Tagebuch von 1914, 27. Juni.

64 Ebenda, 24. Juni 1914.

65 Grey, Viscount of Fallodon, *Twenty-Five Years.* 2 Bde. London 1925, Bd. 1, S. 323.

Teil vier: Mord!

Kapitel 18

1 Samuel R. Williamson, *Austria-Hungary and the Origins of the First World War*, London 1991, S. 21.

Kapitel 19

2 R. J. W. Evans und Hartmut Pogge von Strandmann, Hg., *The Coming of the First World War*, Oxford 1990, S. 32.
3 Ebenda, S. 23.
4 Luigi Albertini, *The Origins of the War of 1914*, 3 Bde., Oxford 1952, Bd. 2, S. 63.

Kapitel 20

5 Ebenda, S. 117.
6 George Malcolm Thomson, *The Twelve Days: 24 July to 4 August 1914*, New York 1964, S. 47.
7 Keith Wilson, Hg., *Decisions for War, 1914*, London 1995, S. 85.

Kapitel 21

8 Joachim Remak, *Sarajevo*, New York 1959; Frederic Morton, *Thunder at Twilight: Vienna 1913/14*, New York 1989.
9 Alan J. P. Taylor, *Politics in Wartime and Other Essays*, London 1964, S. 72.

Kapitel 22

10 Thomas Mann, *Betrachtungen eines Unpolitischen*, Frankfurt/M. 1983.
11 Morton 1989, S. 267.
12 Ebenda.
13 Albertini, 1952, Bd. 2, S. 115.
14 Ebenda, S. 216.
15 J. F. V. Keiger, *Raymond Poincaré*, Cambridge 2002, S. 164.
16 Z. A. B. Zeman, *The Gentlemen Negotiators: A Diplomatic History of the First World War*, New York 1971, S. 2.
17 Keiger, 2002, S. 102.
18 Ebenda, S. 160.
19 Zeman, 1971, S. 2.

20 Stefan Zweig, *Die Welt von Gestern. Erinnerungen eines Europäers,*
   Stuttgart 1981, S. 250.

Kapitel 23

21 Albertini, 1952, Bd. 2, S. 117.
22 Ebenda.

Kapitel 24

23 Ebenda, S. 42 f.
24 Vladimir Dedijer, »Sarajevo Fifty Years After«, in: *Foreign Affairs,* 42,
   Nr. 4 (Juli 1964).
25 Albertini, 1952, Bd. 2, S. 43.
26 Samuel R. Williamson, *Austria-Hungary and the Origins of the First
   World War,* London 1991, S. 193.
27 S. L. A. Marshall, *The American Heritage History of World War I,*
   New York 1964, S. 25.
28 *Die Deutschen Dokumente zum Kriegsausbruch 1914.* Von Karl
   Kautsky zusammengestellte amtliche Aktenstücke. Herausgegeben im
   Auftrag des Auswärtigen Amtes von Max Montgelas und Walter
   Schücking, 2. Aufl., Berlin 1921 (im Folgenden: Kautsky, 1921), Bd. 1,
   Dok. 10, S. 13.
29 Ebenda, Dok. 10, S. 15.
30 Great Britain, *War 1914: Punishing the Serbs,* London 1915, S. 10.
31 Ebenda, S. 11.
32 Ebenda, S. 12.
33 Kautsky, 1921, Dok. 7, S. 11.
34 Great Britain, 1915, S. 9 f.
35 Dominic Lieven, *Russia and the Origins of the First World War,* London 1983, S. 140.

Teil fünf: Die Verbreitung von Lügen

Kapitel 25

1 *Die Deutschen Dokumente zum Kriegsausbruch 1914.* Von Karl
   Kautsky zusammengestellte amtliche Aktenstücke. Herausgegeben im
   Auftrag des Auswärtigen Amtes von Max Montgelas und Walter
   Schücking, 2. Aufl., Berlin 1921 (im Folgenden: Kautsky, 1921),
   Bd. 1, Dok. 7, S. 11.

2 Luigi Albertini, *The Origins of the War 1914,* Bd. 2, Oxford 1952, S. 125.
3 Imanuel Geiss, Hg., *Juli 1914. Die europäische Krise und der Ausbruch des Ersten Weltkriegs,* 2. Aufl., München 1980, Dok. 3, S. 41.
4 Volker R. Berghahn, *Germany and the Approach of War in 1914,* New York 1993, S. 200.
5 Kautsky, 1921, Bd. 1, Dok. 13, S. 21.
6 Berghahn, 1993.
7 Samuel R. Williamson, *Austria-Hungary and the Origins of the First World War,* London 1991, S. 197.
8 Berghahn, 1993, S. 199.
9 Ebenda.
10 Geiss, 1980, S. 47.
11 Ebenda.
12 Ebenda, Dok. 6, S. 52.
13 Ebenda, S. 47.

Kapitel 26

14 Geiss, 1980, S. 68.
15 Kautsky, 1921, Bd. 1, S. XVI.
16 Ebenda, S. XVIII.
17 Fritz Fischer, *Krieg der Illusionen. Die deutsche Politik von 1911–1914,* Düsseldorf 1969, S. 692.
18 Berghahn, 1993, S. 204.
19 Geiss, 1980, S. 83.
20 Kautsky, 1921, Bd. 1, Dok. 32a, S. 54.
21 Geiss, 1980, S. 94.
22 Albertini, 1952, Bd. 2, S. 277.

Kapitel 28

23 Richard Bosworth, *Italy and the Approach of the First World War,* London 1983, S. 121.
24 Williamson, 1991, S. 201.
25 Albertini, 1952, Bd. 2, S. 184.
26 Ebenda.
27 Berghahn, 1993, S. 197.

Teil sechs: Krise!

Kapitel 29

1 Luigi Albertini, *The Origins of the War of 1914*, 3 Bde, Bd. 2, Oxford 1952, S. 184 f.
2 Encyclopedia Britannica, 11. Aufl., Kapitel »Bavaria«.
3 Imanuel Geiss, Hg., *Juli 1914. Die europäische Krise und der Ausbruch des Ersten Weltkriegs*, 2. Aufl., München 1980, Dok. 33, S. 108–111.
4 Volker R. Berghahn, *Germany and the Approach of War in 1914*, New York 1993, S. 209.
5 *Die Deutschen Dokumente zum Kriegsausbruch 1914*. Von Karl Kautsky zusammengestellte amtliche Aktenstücke. Herausgegeben im Auftrag des Auswärtigen Amtes von Max Montgelas und Walter Schücking, 2. Aufl., Berlin 1921 (im Folgenden: Kautsky, 1921), Bd. 1, Dok. 49, S. 75.
6 Ebenda, Dok. 65, S. 93.
7 Ebenda, Dok. 87, S. 115.
8 Frederic Morton, *Thunder at Twilight: Vienna 1913/1914*, Cambridge 2001, S. 298.
9 Geiss, 1980, Dok. 35, S. 120.
10 Ebenda.
11 Ebenda, Dok. 36, S. 123.
12 Ebenda, Dok. 41, S. 138.
13 Geiss, 1980, Dok. 44, S. 143; Albertini, 1952, Bd. 2, S. 212.
14 David Fromkin, *In the Time of the Americans: FRD, Truman, Eisenhower, Marshall, MacArthur – The Generation That Changed America's Role in the World*, New York 1995, S. 98.
15 John C. Röhl, Hg., *Delusion or Design*, New York 1973, S. 29.
16 Berghahn, 1993, S. 201.
17 Ebenda.
18 Ebenda.
19 Ebenda, S. 201 f.
20 Viscount of Fallodon Grey, *Twenty-Five Years*, 2 Bde., London 1925, S. 298 ff.
21 Berghahn, 1993, S. 209.
22 Kautsky, 1921, Bd. 1, Dok. 92, S. 117.
23 Winston S. Churchill, *The World Crisis: 1911–1914*, London 1923, S. 178.
24 Ebenda, S. 181.
25 H. Montgomery Hyde, *Carson*, London 1953, S. 370.
26 Michael Brock und Eleanor Brock, *H. H. Asquith: Letters to Venetia Stanley*, Oxford und New York 1985, S. 122.

Kapitel 30

27 Albertini, 1952, Bd. 2, S. 280.
28 Ebenda, S. 282.
29 Churchill, 1923, S. 193.
30 Brock und Brock, 1985, S. 122 f.
31 Randolph S. Churchill, *Winston S. Churchill. Companion*, Bd. 2, Teil 3, Boston 1969, S. 1987 f.
32 Great Britain, *War 1914: Punishing the Serbs*, London 1915, S. 30 f.
33 Kautsky, 1921, Bd. 1, Dok. 157, S. 169 ff.
34 Albertini, 1952, Bd. 2, S. 378.
35 Ebenda.
36 Ebenda, S. 291.
37 R. J. W. Evans und H. Pogge von Strandmann, Hg., *The Coming of the First World War*, Oxford 1990, S. 76.
38 Ebenda, S. 77.
39 Ebenda.
40 Ebenda.
41 Robert K. Massie, *Nicholas and Alexandra*, London 1996, S. 186.
42 Kautsky, 1921, Bd. 1, Dok. 153, S. 165.
43 Ebenda.
44 Ebenda, Dok. 155, S. 167 f.
45 M. B. Hayne, *The French Foreign Office and the Origins of the First World War: 1914–1918*, Oxford 1993, S. 294 f.
46 Geiss, 1980, Dok. 53, S. 165.

Kapitel 31

47 Walter Görlitz, Hg., *The Kaiser and His Court*, New York 1961, S. 5.
48 Albertini, 1952, Bd. 2, S. 348.
49 Fritz Fischer, *Krieg der Illusionen. Die deutsche Politik von 1911–1914*, Düsseldorf 1969, S. 668.
50 Geiss, 1980, Dok. 71, S. 190; Albertini, 1952, Bd. 2, S. 372.
51 Kautsky, 1921, Bd. 1, Dok. 159, S. 173.
52 Evans und Strandmann, 1990, S. 102.

Teil sieben: Der Countdown

Kapitel 32

1 Volker R. Berghahn, *Germany and the Approach of War in 1914*, New York 1993, S. 212.

2 Annika Mombauer, *Helmuth von Moltke and the Origins of the First World War*, Cambridge 2001, S. 186.
3 Ebenda, S. 187.
4 Ebenda.
5 Ebenda, S. 200.
6 Winston Churchill, *The World Crisis: The Eastern Front*, London 1931, S. 120–126.
7 John Keegan, *The First World War*, New York 1999, S. 77f. (zitiert nach deutscher Ausgabe: *Der Erste Weltkrieg. Eine europäische Tragödie*, Reinbek 2003, S. 122).

Kapitel 33

8 Zara S. Steiner, *The Foreign Office and Foreign Policy, 1898–1914*, Cambridge 1969, S. 12.
9 Luigi Albertini, *The Origins of the War of 1914*, Bd. 2, Oxford 1952, S. 390.
10 Ebenda.
11 Michael Brock und Eleanor Brock, *H. H. Asquith: Letters to Venetia Stanley*, Oxford und New York 1985, S. 125f.
12 George Riddell, *The Riddell Diaries, 1908–1923*, London 1986, S. 84.
13 Zara S. Steiner, *Britain and the Origins of the First World War*, London 1977, S. 219.
14 Albertini, 1952, Bd. 2, S. 404.
15 Imanuel Geiss, *Juli 1914. Die europäische Krise und der Ausbruch des Ersten Weltkriegs*, 2. Aufl., München 1980, Dok. 94, S. 229.
16 Ebenda, Dok. 86, S. 219f.
17 *Die Deutschen Dokumente zum Kriegsausbruch 1914*. Von Karl Kautsky zusammengestellte amtliche Aktenstücke. Herausgegeben im Auftrag des Auswärtigen Amtes von Max Montgelas und Walter Schücking, 2. Aufl., Berlin 1921 (im Folgenden: Kautsky, 1921), Bd. 1, Dok. 217, S. 219.
18 Mombauer, 2001, S. 197.

Kapitel 34

19 Bernhard Fürst von Bülow, *Denkwürdigkeiten*, Berlin 1931, Bd. 3, S. 165.
20 Fritz Fischer, *Griff nach der Weltmacht*, Düsseldorf 1961, S. 78.
21 Geiss, 1980, Dok. 95, S. 230f.
22 Riddell, 1986, S. 85.
23 Randolph S. Churchill, *Winston S. Churchill. Companion*, Bd. 2, Teil 3: *1911–1914*, Boston 1969, S. 1988.
24 Geiss, 1980, Dok. 97, S. 233.

25 Ebenda, Dok. 99, S. 234.
26 Ebenda, S. 235.
27 Albertini, 1952, Bd. 2, S. 416.
28 Berghahn, 1993, S. 216.
29 Great Britain, *War 1914: Punishing the Serbs,* London 1915, S. 74.

Kapitel 35

30 Holger H. Herwig, *The First World War: Germany and Austria-Hungary, 1914–1918,* London 1997, S. 26.
31 Berghahn, 1993, S. 212.
32 Geiss, 1980, Dok. 112, S. 252f.
33 Christopher M. Clark, *Kaiser Wilhelm II.,* Harlow, Essex 2000, S. 208.
34 Geiss, 1980, Dok. 112, S. 252f.
35 Clark, 2000, S. 208f.
36 Ebenda, S. 209.
37 Mombauer, 2001, S. 199.
38 Clark, 2000, S. 208,
39 Herwig, 1997, S. 26.
40 R. C. K. Ensor, *England: 1870–1914,* Oxford 1936, S. 484.
41 Albertini, 1952, Bd. 2, S. 460f.
42 Kautsky, 1921, Bd. 1, Dok. 257, S. 249.
43 Geiss, 1980, Dok. 117, S. 259.
44 Ebenda, Dok. 116, S. 258.
45 Berghahn, 1993, S. 216.
46 R. Churchill, 1967, S. 692.
47 Ebenda, S. 694.
48 Brock und Brock, 1985, S. 161.

Kapitel 36

49 Geiss, 1980, Dok. 131, S. 291.
50 Ebenda, Dok. 130, S. 288.
51 Albertini, 1952, Bd. 2, S. 499.
52 Ebenda, S. 488f.
53 Ebenda, S. 495.
54 Ebenda, S. 498.
55 Geiss, 1980, Dok. 134, S. 294.
56 Albertini, 1952, Bd. 3, S. 1.
57 Mombauer, 2001, S. 205.
58 Kautsky, 1921, Bd. 2, Dok. 368, S. 87.
59 Albertini, 1952, Bd. 2, S. 513f.
60 Kautsky, 1921, Bd. 2, Dok. 368, S. 86.

61 Ebenda, S. 87.
62 Ebenda, S. 88.
63 Brock und Brock, 1985, S. 132.
64 W. Churchill, 1923, S. 212.

Kapitel 37

65 Keith Wilson, Hg., *Decisions for War, 1914,* London 1995, S. 125.
66 Kautsky, 1921, Bd. 2, Dok. 433, S. 159 f.
67 Ebenda, Dok. 441, S. 165.
68 Ebenda.
69 Geiss, 1980, Dok. 132, S. 292.
70 Albertini, 1952, Bd. 3, S. 3.
71 Geiss, 1980, Dok. 142, S. 308.
72 Dominic Lieven, *Russia and the Origins of the First World War,* London 1983, S. 146.
73 Kautsky, 1921, Bd. 2, Dok. 445, S. 169; Stephen J. Cimbala, »Steering Through Rapids: Russian Mobilization and World War I«, in: *Journal of Slavic Military Studies 9,* S. 376–398.
74 Berghahn, 1993, S. 217.
75 Ebenda.
76 Mombauer, 2001, S. 205.
77 Kautsky, 1921, Bd. 2, Dok. 401, S. 132.
78 Violet Bonham-Carter, *Winston Churchill as I Knew Him,* London 1965, S. 305.
79 Wilson, 1995, S. 127.
80 Albertini, 1952, Bd. 2, S. 604.
81 Brock und Brock, 1985, S. 136.

Kapitel 38

82 M. B. Hayne, *The French Foreign Office and the Origins of the First World War,* Oxford 1993, S. 293.
83 Samuel R. Williamson jr., *Austria-Hungary and the Origins of the First World War,* London 1991, S. 112 und 207.
84 Geiss, 1980, Dok. 157, S. 330.
85 Ebenda, S. 329.
86 Albertini, 1952, Bd. 3, S. 62.
87 Martin Gilbert, *Winston S. Churchill: The Challenge of War,* Boston 1971, S. 21.
88 Brock und Brock, 1985, S. 138.
89 Riddell, 1986, S. 85.
90 Gilbert, 1971, S. 21.
91 Ebenda, S. 22.

Kapitel 39

92 Brock und Brock, 1985, S. 140.
93 R. Churchill, 1969, S. 701.
94 Ebenda.
95 Robert K. Massie, *Nicholas and Alexandra,* London 1996, S. 258.
96 Mombauer, 2001, S. 206.
97 Albertini, 1952, Bd. 3, S. 172.
98 Ebenda, S. 176.
99 Ebenda, S. 177.
100 Lord Beaverbrook, *Politicians and the War, 1914–1916,* London 1960, S. 29.
101 Brock und Brock, 1985, S. 140.
102 R. J. W. Evans und Hartmut Pogge von Strandmann, Hg., *The Coming of the First World War,* Oxford 1990, S. 120.
103 Ebenda.

Kapitel 40

104 Brock und Brock, 1985, S. 146.
105 Geiss, 1980, Dok. 179, S. 359–364.
106 Kautsky, 1921, Bd. 3, Dok. 663, S. 137.
107 Ebenda, Dok. 675, S. 145.
108 Ebenda, Dok. 638, S. 117.
109 Ebenda, Dok. 640, S. 118.
110 Ebenda.
111 Albertini, 1952, Bd. 3, S. 410.

Kapitel 41

112 Kautsky, 1921, Bd. 3, Dok. 730, S. 182.
113 Ebenda.
114 Brock und Brock, 1985, S. 148.
115 Barbara W. Tuchman, *The Guns of August,* New York 1963, S. 139.
116 Roy Jenkins, *Asquith: Portait of a Man and an Era,* New York 1966, S. 329.
117 Bonham-Carter, 1965, S. 312.

Kapitel 42

118 Alan J. P. Taylor, *English History: 1914–1945,* Oxford 1965, S. 2f.
119 Evans und Strandmann, 1990, S. 116.
120 Ebenda.

Kapitel 43

121 Herwig, 1997; die Ausführungen in diesem Kapitel beruhen auf Herwigs Beitrag in: Jay Winter, Geoffrey Parker und Mary R. Habeck, Hg., *The Great War and the Twentieth Century*, New Haven 2000.
122 John C. G. Röhl, Hg., *1914: Delusion or Design?*, New York 1973, S. 17.

Teil acht: Die Lösung des Rätsels

Kapitel 46

1 *Die Deutschen Dokumente zum Kriegsausbruch 1914*. Von Karl Kautsky zusammengestellte amtliche Aktenstücke. Herausgegeben im Auftrag des Auswärtigen Amtes von Max Montgelas und Walter Schücking, 2. Aufl., Berlin 1921, Bd. 3, Dok. 503, S. 20; siehe ferner Keith Wilson, Hg., *Decisions for War, 1914*, London 1995, S. 22.
2 Michael Howard, Hg., *The First World War*, Oxford 2002, S. 28.

Kapitel 48

3 James Joll, *The Origins of the First World War*, Harlow, Essex 1992, S. 234.

Kapitel 50

4 Annika Mombauer, *Helmuth von Moltke and the Origins of the First World War*, Cambridge 2001, S. 95.
5 Raymond Aron, *Memoirs: Fifty Years of Political Reflection*, New York 1990, S. 275.

Epilog

Kapitel 52

1 John Keegan, *The First World War*, New York 1999, S. 170 (zitiert nach deutscher Ausgabe: *Der Erste Weltkrieg. Eine europäische Tragödie*, Reinbek 2001, S. 243).
2 Ebenda.

3 Holger H. Herwig, *The First World War: Germany and Austria-Hungary 1914–1918,* London 1997, S. 91.
4 Ebenda, S. 92.
5 Ebenda, S. 96.
6 Ebenda, S. 94.

Kapitel 53

7 Annika Mombauer, *Helmuth von Moltke and the Origins of the First World War,* Cambridge 2001, S. 281.

Bibliographie

Adams, Henry, *The Education of Henry Adams: An Autobiography,* Boston 1918.

Albertini, Luigi, *The Origins of the War of 1914,* 3 Bde., Oxford 1952.

Aron, Raymond, *Memoirs: Fifty Years of Political Reflection,* New York 1990.

Bartlett, C. J., *The Global Conflict. The International Rivalry of the Great Powers 1880–1990,* London 1994.

Beaverbrook, Lord, *Politicians and the War, 1914–1916,* London 1960.

Beckett, Ian F. W., *The Great War: 1914–1918,* Harlow 2001.

Berghahn, Volker R., *Germany and the Approach of War in 1914,* New York 1993.

Berghahn, Volker R., *Der Erste Weltkrieg,* München 2003.

Bittner, Ludwig und Hans Uebersberger, Hg., *Österreich-Ungarns Außenpolitik von der Bosnischen Krise 1908 bis zum Kriegsausbruch 1914,* Wien und Leipzig 1930.

Bonham-Carter, Violet, *Winston Churchill as I knew Him,* London 1965.

Bosworth, Richard, *Italy and the Approach of the First World War,* London 1983.

Braudel, Fernand, *Afterthoughts on Material Civilization and Capitalism,* Baltimore 1979.

Bridge, F. R., *The Habsburg Monarchy Among the Great Powers, 1815–1918,* New York 1990.

Brock, Michael und Eleanor Brock, *H. H. Asquith: Letters to Venetia Stanley,* Oxford und New York 1985.

Bülow, Bernhard Fürst von, *Denkwürdigkeiten,* 3 Bde., Berlin 1931.

Cawood, Ian und David McKinnon Bell, *The First World War,* London 2001.

Churchill, Randolph S., *Winston S. Churchill: Young Statesman – 1904–1914,* Boston 1967.

Churchill, Randolph S., *Winston S. Churchill. Companion,* Bd. 2, Teil 3, *1911–1914,* Boston 1969.

Churchill, Winston S., *The World Crisis: 1911–1914,* London 1923.

Churchill, Winston S., *The World Crisis: The Eastern Front*, London 1931.

Cimbala, Stephen J., »Steering Through Rapids: Russian Mobilization and World War I«, in: *Journal of Slavic Military Studies*, 9. Jg., S. 376–398.

Clark, Christopher M., *Kaiser Wilhelm II.*, Harlow, Essex 2000.

Conrad von Hötzendorf, Franz Freiherr von, *Aus meiner Dienstzeit*, Wien 1922.

Cowley, Robert und Geoffrey Parker, Hg., *The Reader's Companion to Military History*, Boston 1996.

Craig, Gordon A., *Germany: 1866–1945*, New York 1978 (deutsche Ausgabe: *Deutsche Geschichte 1866–1945. Vom Norddeutschen Bund bis zum Ende des Dritten Reiches*, München 1980).

Dangerfield, George, *The Strange Death of Liberal England*. New York 1961.

Dedijer, Vladimir, »Sarajevo Fifty Years After«, *Foreign Affairs*, Nr. 42 (Juli 1964).

Dedijer, Vladimir, *The Road to Sarajevo*, New York 1966.

Die Deutschen Dokumente zum Kriegsausbruch 1914. Von Karl Kautsky zusammengestellte amtliche Aktenstücke. Herausgegeben im Auftrag des Auswärtigen Amtes von Max Montgelas und Walter Schücking, 4 Bde., 2. Aufl., Berlin 1921.

Earle, Edward Mead, Hg., *Makers of Modern Strategy: Military Thought from Machiavelli to Hitler*, Princeton 1943.

Eksteins, Modris, *Rites of Spring: The Great War and the Birth of the Modern Age*, London 2000.

Ensor, R. C. K., *England: 1870–1914*, Oxford 1936.

Evans, R. J. W. und Hartmut Pogge von Strandmann, Hg., *The Coming of the First World War*, Oxford 1990.

Ferguson, Niall, *The Pity of War*, New York 1998 (deutsche Ausgabe: *Der falsche Krieg – Der Erste Weltkrieg und das 20. Jahrhundert*, München 2001).

Fischer, Fritz, *Griff nach der Weltmacht – Die Kriegszielpolitik des kaiserlichen Deutschland*, Düsseldorf 1961.

Fischer, Fritz, *Krieg der Illusionen. Die deutsche Politik von 1911 bis 1914*, Düsseldorf 1969.

Foley, Robert T., *Alfred von Schlieffen's Military Writings*, London 2003.

Fromkin, David, *In the Time of the Americans: FDR, Truman, Eisenhower, Marshall, MacArthur – The Generation That Changed America's Role in the World*, New York 1995.

Fussell, Paul, *The Great War and Modern Memory*, New York 1975.

Geiss, Imanuel, Hg., *Julikrise und Kriegsausbruch 1914. Eine Dokumentensammlung*, Hannover 1963.

Geiss, Imanuel, Hg., *Juli 1914. Die europäische Krise und der Ausbruch des Ersten Weltkriegs*, München 1980.

Geiss, Imanuel, *Der lange Weg in die Katastrophe. Die Vorgeschichte des Ersten Weltkriegs*, München 1991.

Gilbert, Martin, *Winston S. Churchill: The Challenge of War*, Boston 1971.

Gilbert, Martin, *Winston S. Churchill: The Stricken World*, Boston 1975.

Glenny, Misha, *The Balkans, 1804–1999: Nationalism, War and the Great Powers*, London 1999.

Gooch, G. P. und Harold Temperley, Hg., *British Documents on the Origins of the War*, Bd. 11, London 1926.

Gooch, John, *Army, State and Society in Italy, 1870–1915*, New York 1989.

Görlitz, Walter, Hg., *The Kaiser and His Court*, New York 1961.

Great Britain, *War 1914: Punishing the Serbs*. London 1915.

Grey, Viscount of Fallodon, *Twenty-Five Years*, 2 Bde., London 1925.

Halévy, Elie, *The World Crisis of 1914–1918: An Interpretation*, Oxford 1930.

Hayne, M. B., *The French Foreign Office and the Origins of the First World War: 1914–1918*, Oxford 1993.

Herrmann, David G., *The Arming of Europe and the Making of the First World War*, Princeton 1996.

Herwig, Holger H., *The First World War: Germany and Austria-Hungary, 1914–1918*, London 1997.

House, Edward M., *Papers*, New Haven.

Howard, Michael, »The Great War: Mystery or Error?«, in: *The National Interest* 64 (Sommer 2001).

Howard, Michael, *The First World War*, Oxford 2002.

Hughes, Michael, *Diplomacy Before the Russian Revolution: Britain, Russia and the Old Diplomacy, 1894–1917*, New York 2000.

Hunt, Barry und Adrian Preston, Hg., *War Aims and Strategic Policy in the Great War*, London 1997.

Hyde, H. Montgomery, *Carson*, London 1953.

Jannen, William jr., *The Lions of July: Prelude to War, 1914*, Novato 1997.

Jarausch, Konrad H., *The Enigmatic Chancellor*, New Haven 1973.

Jenkins, Roy, *Asquith: Portrait of a Man and an Era*, New York 1966.

Joll, James, »Politics and the Freedom to Choose«, in: Alan Ryan, Hg., *The Idea of Freedom: Essays in Honour of Isaiah Berlin*, New York 1979.

Joll, James, *The Origins of the First World War*, Harlow, Essex 1992 (deutsche Ausgabe: *Die Ursprünge des Ersten Weltkriegs*, München 1988).

Keegan, John, *The First World War*, New York 1999 (deutsche Ausgabe: *Der Erste Weltkrieg. Eine europäische Tragödie*, Reinbek 2001).

Keiger, J. F. V., *France and the Origins of the First World War*, London 1983.

Keiger, J. F. V., *Raymond Poincaré*, Cambridge 2002.

Kennan, George, *American Diplomacy: 1900–1950*, New York 1951.

Kennan, George, *The Decline of Bismarcks European Order*, Princeton 1979 (deutsche Ausgabe: *Bismarcks europäisches System in der Auflösung*, Frankfurt/M. 1981).

Kennedy, Paul M., *The Rise of the Anglo-German Antagonism*, London 1980.

Kennedy, Paul M., *The War Plans of the Great Powers*, Boston 1985.

Keynes, John Maynard, *The Economic Consequences of the Peace*, New York 1920 (deutsche Ausgabe: *Die wirtschaftlichen Folgen des Friedensvertrages*, München 1920).

Lafore, Laurence, *The Long Fuse: An Interpretation of the Origins of World War I*, 2. Aufl., New York 1971.

Lepsius, Johannes, Albrecht Mendelssohn Bartholdy und Friedrich Thimme, Hg., *Die Große Politik der europäischen Kabinette 1871–1914, Sammlung der diplomatischen Akten des Auswärtigen Amtes*, Berlin 1922–1927.

Lieven, Dominic, *Russia and the Origins of the First World War*, London 1983.

Lieven, Dominic, Hg., *Empire: The Russian Empire and Its Rivals*, London 1979.

Link, Arthur S., Hg., *The Papers of Woodrow Wilson*, Bd. 30, Princeton 1979.

Ludwig, Emil, *July '14*, New York 1929.

MacKenzie, David, *Apis: The Congenial Conspirator: The Life of Colonel Dragutin T. Dimitrijevic*, New York 1989.

MacKenzie, David, *The »Black Hand« on Trial: Salonika, 1917*, New York 1995.

MacKenzie, David, *The Exoneration of the »Black Hand«: 1917–1953*, New York 1998.

McLean, Roderick R., *Royalty and Diplomacy in Europe, 1890–1914*, Cambridge 2001.

McNeill, William H., *Plagues and Peoples*, Garden City 1976.

Mann, Thomas, *Betrachtungen eines Unpolitischen*, Frankfurt/M. 1983.

Marder, Arthur J., *From the Dreadnought to Scapa Flow: The Royal Navy in the Fisher Era, 1904–1914*, London 1961.

Marshall, S. L. A., *The American Heritage History of World War I*, New York 1964.

Martel, Gordon, *The Origins of the First World War*, 2. Aufl., London und New York 1996.

Massie, Robert K., *Dreadnought: Britain, Germany, and the Coming of the Great War*, New York 1991.

Massie, Robert K., *Nicholas and Alexandra*, London 1996.

Micklethwait, John und Adrian Wooldridge, *A Future Perfect: The*

Essentials of Globalization, New York 2000 (deutsche Ausgabe: *Futur II – Globalisierung als Erfolgsgeschichte. Herausforderungen und Chancen in der neuen Weltwirtschaft*, München 2000).

Miller, Steven E., Sean M. Lynn-Jones und Stephen Van Evera, Hg., *Military Strategy and the Origins of the First World War*, Princeton 1991.

Miller, Susanne, *Burgfrieden und Klassenkampf – Die deutsche Sozialdemokratie im Ersten Weltkrieg*, Düsseldorf 1974.

Mombauer, Annika, *Helmuth von Moltke and the Origins of the First World War*, Cambridge 2001.

Morgenthau, Hans J., *Politics Among Nations: The Struggle for Power and Peace*, 5. rev. Aufl., New York 1978 (deutsche Ausgabe: *Macht und Frieden. Grundlegung einer Theorie der internationalen Politik*, Gütersloh 1963).

Morris, Edmund, *The Rise of Theodore Roosevelt*, New York 1979.

Morton, Frederic, *Thunder at Twilight: Vienna 1913/14*, New York 1989.

Nicolson, Colin, *The First World War. Europe 1914–1918*, Harlow 2001.

Paret, Peter, *Makers of Modern Strategy: From Machiavelli to the Nuclear Age*, Princeton 1986.

Ponting, Clive, *Thirteen Days: The Road to the First World War*, London 2002.

Porch, Douglas, *The Conquest of Morocco*, New York 1986.

Prior, Robin und Trevor Wilson, *The First World War*, London 2001.

Remak, Joachim, *Sarajevo*, New York 1959.

Riddell, Sir George, *The Riddell Diaries, 1908–1923*, London 1986.

Robbins, Keith, *The First World War*, Oxford und New York 1993.

Röhl, John C. G., *Kaiser, Hof und Staat. Wilhelm II. und die deutsche Politik*, München 1965.

Röhl, John C. G., Hg., *1914: Delusion or Design*, New York 1973.

Röhl, John C. G., *The Kaiser and His Court: Wilhelm II and the Government of Germany*, Cambridge 1994.

Röhl, John C. G., *Wilhelm II. Die Jugend des Kaisers 1859–1888*, München 1993.

Schorske, Carl E., *Fin-de-Siècle Vienna: Politics and Culture*, New York 1980.

Seaman, L. C. B., *From Vienna to Versailles*, London 1955.

Seymour, Charles, Hg., *The Intimate Papers of Colonel House*, London 1926 (deutsche Ausgabe: *Die vertraulichen Dokumente des Obersten House*, Stuttgart, Berlin und Leipzig 1930).

Shaw, Stanford J. und Ezel Kurel Shaw, *History of the Ottoman Empire and Modern Turkey*. Bd. 2: *Reform, Revolution, and Republic: The Rise of Modern Turkey, 1808–1975*, Cambridge 1977.

Smith, Arthur D. Howden, *Mr. House of Texas*, New York und London 1940.

Steiner, Zara S., *The Foreign Office and Foreign Policy, 1898–1914*, Cambridge 1969.

Steiner, Zara. S., *Britain and the Origins of the First World War*, London 1977.

Stern, Fritz, *Einstein's German World*, Princeton 1999.

Stevenson, David, *The First World War and International Politics*, Oxford 1991.

Stevenson, David, *Armaments and the Coming of War: Europe 1904–1914*, Oxford 1996.

Stevenson, David, *The Outbreak of the First World War: 1914 in Perspective*, New York 1996.

Strachan, Hew, *The First World War*. Bd. 1: *To Arms*, Oxford 2001 (deutsche Ausgabe: *Der Erste Weltkrieg. Eine neue illustrierte Geschichte*, München 2004).

Taylor, Alan J. P., *The Habsburg Monarchy: 1809–1918*, London 1948.

Taylor, Alan J. P., *From Napoleon to Stalin*, London 1950.

Taylor Alan J. P., *The Struggle for Mastery in Europe: 1848–1918*, Oxford 1954.

Taylor, Alan J. P., *Englishmen and Others*, London 1956.

Taylor, Alan J. P., *The First World War: An Illustrated History*, London 1963.

Taylor, Alan J. P., *Politics in Wartime and Other Essays*, London 1964.

Taylor, Alan J. P., *English History: 1914–1945*, Oxford 1965.

Taylor, Alan J. P., *From Sarajevo to Potsdam*, New York 1966.

Thomson, George Malcolm, *The Twelve Days: 24 July to 4 August 1914*, New York 1964.

Tuchman, Barbara W., *The Guns of August*, New York 1963 (deutsche Ausgabe: *August 1914*, Bern und München 1964).

Tuchman, Barbara W., *The Proud Tower. A Portrait of the World Before the War, 1890–1914*, New York 1966 (deutsche Ausgabe: *Der stolze Turm. Ein Porträt der Welt vor dem Ersten Weltkrieg, 1890–1914*, München 1969).

Turner, L. C., *Origins of the First World War*, New York 1980.

Varé, Daniele, *Laughing Diplomat*, London 1938.

Wall, Joseph Frazier, *Andrew Carnegie*, Pittsburgh 1989.

Weber, Eugen, *France: Fin de Siècle*, Cambridge, Mass. 1986.

Williamson, Samuel R. jr., *Austria-Hungary and the Origins of the First World War*, London 1991.

Wilson, Keith, Hg., *Decisions for War, 1914*, London 1995.

Winter, Jay, Geoffrey Parker und Mary R. Habeck, Hg., *The Great War and the Twentieth Century*, New Haven 2000.

Wohl, Robert, *The Generation of 1914*, Cambridge, Mass. 1979.

Wolff, Theodor, *The Eve of 1914*, New York 1936.

Zeman, Z. A. B., *The Gentlemen Negotiators: A Diplomatic History of the First World War*, New York 1971.

Zuber, Terence, *Inventing the Schlieffen Plan: German War Planning, 1871–1914,* Oxford 2003.

Zweig, Stefan, *Die Welt von Gestern. Erinnerungen eines Europäers,* Stuttgart, Hamburg und München 1981.

Danksagungen

Ungefähr im Jahr 1999 schickte mir Joy de Menil, der ich einmal auf einer Party kurz vorgestellt worden war, einen Brief, in dem sie meine Darstellung der Julikrise von 1914 – in einer meiner früheren Arbeiten – mit gerade erschienenen Büchern von anderen Historikern verglich. Dieser Brief fiel mir wieder ein, als ich mich kurze Zeit später mit Ashbel Green, meinem Lektor beim Verlag Knopf, zum Essen traf. Ich fragte Ash, welches Thema ich in meinem nächsten Buch für Knopf aufgreifen solle. Er antwortete, er denke an ein Buch über die europäische Krise in einem eng begrenzten Zeitraum. Da wusste ich sofort, worüber ich schreiben würde: über die 37 Tage zwischen der Ermordung von Erzherzog Franz Ferdinand und dem Ausbruch des Ersten Weltkriegs. In den vergangenen Jahrzehnten waren so viele hervorragende neue Monographien zu diesem Thema herausgekommen, dass ich überzeugt war, wenn ich sie alle zusammenfasste und verglich, würde ein neues Bild der Julikrise entstehen.

Als ich mit den Recherchen für dieses Buch begann, bemerkte ich erstaunt, von wie vielen überkommenen Annahmen ich mich verabschieden musste. Aus solch überzeugenden Werken wie den Büchern von John Maynard Keynes und Alan J. P. Taylor, die hier ebenfalls zitiert werden, hatte ich die Vorstellung übernommen, Europa habe bis zum Krieg in einer friedlichen, geradezu idyllischen Welt gelebt. Doch in Wirklichkeit war es eine zerrissene, konfliktreiche Zeit gewesen, die von einem erbitterten Rüstungswettlauf geprägt wurde, den man durchaus als selbstmörderisch bezeichnen konnte. Ich suchte nach einer Metapher für diese Zeit und fand sie schließlich in der zivilen Luftfahrt: auf der einen Seite zerstörerische Kräfte, die in der Luft lauern, zunächst aber, da sie unsichtbar sind, von den Passagieren nicht bemerkt werden; auf der anderen Seite der Unterschied zwischen den ahnungslosen Passagieren und dem Kapitän und der Besatzung, die sich sehr wohl dieser Gefahren bewusst sind. Dabei fiel mir ein Zeitungsbericht über einen bestimmten Flug ein, den ich zur Illustration heranziehen konnte. Elie Montazeri, eine ehemalige Studentin von mir, erklärte sich freundlicherweise bereit, die erforderlichen Recherchen durchzuführen, und erledigte sie sehr geschickt. Joy, Ash und Elie möchte ich dafür danken, dass sie mir den Einstieg in das Buch ermöglicht haben.

Ich suchte nach Räumlichkeiten, in denen ich im Sommer, während der Semesterferien, die uns Zeit zum Schreiben geben, ungestört arbeiten konnte. Ich bedanke mich bei Richard Herland und Martine Callandrey herzlich dafür, dass sie mir in dieser Hinsicht alle Wünsche erfüllten und mir mehrere Sommer hintereinander in ihrem Haus in Cap d'Antibes in Frankreich gewissermaßen eine Einpersonenschriftstellerkolonie einrichteten. Zu Dank verpflichtet bin ich auch Gwenyth E. Todd, die mir im August 2003 freundlicherweise ein ruhiges Plätzchen zum Arbeiten zur Verfügung stellte, und Robert Baker, der mir dies und vieles andere vermittelte.

Carol Shookhoff nahm es auf sich, mein handschriftliches Manuskript zu lesen und in eine veröffentlichungsfähige Form zu bringen. Ihr gilt meine Bewunderung und mein Dank. Ebenso danke ich Dr. Ilya Zaslowsky, die für mich in russischen Archiven Recherchen durchführte.

Für intensive Lektüre des fertigen Manuskripts, hilfreiche Hinweise und anspornende Kritik auf nahezu jeder Seite danke ich Timothy Dickinson, dem emeritierten Professor Alain Silvera vom Bryn Mawr College und Dr. Annika Mombauer von der

Open University in Großbritannien. In diesem Zusammenhang möchte ich nachdrücklich betonen, dass diese frühen Leser keinerlei Verantwortung tragen für den Text dieses Buches oder die darin geäußerten Ansichten.

Mein herzlicher Dank gilt meinem hervorragenden Lektor Ash Green sowie seiner stets hilfsbereiten Assistentin Luba Ostashevsky. Danken will ich auch Carol Janeway, die Wunder vollbrachte; möge sie noch lange meinem Team angehören.

Wie immer danke ich auch meiner Agentin Suzanne Gluck, der besten Agentin, die ich je hatte. Dank gebührt auch ihren freundlichen und engagierten Assistentinnen, zunächst Emily Nurkin und dann Christine Price, die ihre Arbeit mit unauffälliger Effizienz verrichteten.

Meinen Dank aussprechen möchte ich ferner Robert und Jeanne-Mary Sigmon, die mir in Großbritannien einige benötigte Bücher und Fotos besorgten.

Durch die anregenden Gespräche bei den sonntäglichen Mittagessen mit Professor Ralph Buultjens erhielt ich viele Denkanstöße, für die ich dankbar bin.

Und schließlich gilt mein Dank wie stets James Chace, meinem lebenslangen literarischen Berater. In gewisser Weise sind alle meine Arbeiten ihm gewidmet.

David Fromkin
Antigny-le-Château, Côte d'Or, Frankreich
27. August 2003

Register

Adams, Henry 44
Aehrenthal, Alois Lexa von
  92–96, 98, 111, 193, 355
Aitken, Max 299 f.
Albert (belgischer König) 307
Albertini, Luigi 158, 161, 166,
  182, 313, 317
Alexander II. (russischer Zar)
  240
Alexandra (russische Zarin)
  241
Apis (Dragutin Dimitrijevic)
  157–161, 163 f., 166, 185,
  321 ff.
Aron, Raymond 359
Artamanow, Viktor 166
Asquith, Herbert Henry 104, 135,
  226, 229, 234, 257 f., 277,
  282 f., 289, 293, 295, 300,
  304 f., 308, 343, 345
Asquith, Margot 289
Asquith, Violet 289, 308

Bakunin, Michail 154
Balfour, Arthur 25
Ballin, Albert 246
Battenberg, Louis of 226, 260,
  301
Berchtold, Leopold Graf von 125,
  128 ff., 162, 174, 186,
  191–195, 204, 206 f., 209–212,
  220 f., 236 f., 242, 246 f., 261 f.,

265, 270, 273, 281, 285, 311,
  320, 325, 331, 354 ff., 358,
  363, 367 f.
Berghahn, Volker R. 74, 77, 82,
  213
Bergson, Henri 49
Berthelot, Philippe 237
Bethmann Hollweg, Theobald von
  97 f., 102, 114, 116, 185,
  197 f., 200, 204, 221, 224 f.,
  227, 253, 263–266, 269, 272,
  276, 279–282, 284 f., 288,
  295 f., 298, 312, 325, 329, 335,
  350, 353, 357
Bienvenue-Martin, Jean-Baptiste
  237 f.
Bilinski, Leon von 162 f., 184
bin Laden, Osama 19
Bismarck, Otto von 23, 35 f.,
  55 f., 69, 75, 80 f., 83, 227
Boyer, Charles 147
Bullitt, William 224
Bülow, Fürst Bernhard von 75,
  95 ff., 175, 264

Cabrinovic, Nedeljiko 170 f.,
  183 f.
Caillaux, Joseph 106, 178 ff.
Calmette, Gaston 179 f.
Cambon, Jules 291
Capelle, Eduard von 205
Carnegie, Andrew 135

411

412

414